公路水运工程施工企业主要负责人和安全生产管理人员考核大纲及模拟题库

本书编写委员会 编

人民交通出版社股份有限公司
China Communications Press Co.,Ltd.

内 容 提 要

本书为推进落实公路水运工程施工企业主要负责人和安全生产管理人员安全生产知识和管理能力考核管理工作而编写。全书共两部分，第一部分为考核大纲，包括考核目的、考核范围、考核方法及考试内容；第二部分为模拟题库，分为公路篇和水运篇，均包括综合知识和能力、法律法规及规章规范、安全生产管理和安全生产技术四个部分，含单选题、多选题、判断题及案例题共计2800余道。

本书可作为公路水运工程施工企业主要负责人和安全生产管理人员考核之参考用书，也可供安全生产其他相关人员参阅。

图书在版编目(CIP)数据

公路水运工程施工企业主要负责人和安全生产管理人员考核大纲及模拟题库/《公路水运工程施工企业主要负责人和安全生产管理人员考核大纲及模拟题库》编写委员会编. — 北京：人民交通出版社股份有限公司,2016.10

ISBN 978-7-114-13359-6

Ⅰ.①公… Ⅱ.①公… Ⅲ.①道路工程—工程施工—安全生产—技术培训—考试大纲②道路工程—工程施工—安全生产—技术培训—习题集③航道工程—工程施工—安全生产—技术培训—考试大纲④航道工程—工程施工—安全生产—技术培训—习题集 Ⅳ.①U415.12-4 ②U615.1-4

中国版本图书馆CIP数据核字(2016)第232786号

书　　名	公路水运工程施工企业主要负责人和安全生产管理人员考核大纲及模拟题库
著　作　者	本书编写委员会
责任编辑	孙　玺　黎小东
出版发行	人民交通出版社股份有限公司
地　　址	(100011)北京市朝阳区安定门外外馆斜街3号
网　　址	http://www.ccpcl.com.cn
销售电话	(010)85285857
总　经　销	人民交通出版社股份有限公司发行部
经　　销	各地新华书店
印　　刷	北京市密东印刷有限公司
开　　本	787×1092　1/16
印　　张	25.25
字　　数	585千
版　　次	2016年10月　第1版
印　　次	2025年3月　第18次印刷
书　　号	ISBN 978-7-114-13359-6
定　　价	88.00元

(有印刷、装订质量问题的图书由本公司负责调换)

本书封面贴有配数字资源的正版图书二维码。任何侵犯本书权益的行为，人民交通出版社股份有限公司将依法追究其法律责任。

《公路水运工程施工企业主要负责人和安全生产管理人员考核大纲及模拟题库》

编写委员会

主 任 委 员：李志强

副主任委员：黄 勇　何 勇　周纪昌　袁秋红　张巧梅

委　　　员：陈 萍　周荣贵　翁优灵　梁 洪　张高强
　　　　　　桂志敬　曹 坤　王树威　王昱程　吴忠广
　　　　　　许建盛　王 刚　吴 永　宋宛兴　于 涵

公 路 部 分

主　　编：喻小明

副 主 编：张 湘　向 英

编写人员：梁建新　高中权　陈万球　戴谋富　韦秉旭
　　　　　何 祎　康石磊　王强华　张凤玲

水 运 部 分

主　　编：王立强

副 主 编：卢曹康　吴 亮

编写人员：段新胜　张明锋　郭安文　苏云平　李永峰

出 版 说 明

为贯彻落实《安全生产法》《建设工程安全生产管理条例》《交通运输部关于印发公路水运工程施工企业主要负责人和安全生产管理人员考核管理办法的通知》(交安监发[2016]65号)等法律、法规及文件精神,进一步做好公路水运工程施工企业主要负责人和安全生产管理人员安全生产知识和管理能力考核管理工作,根据考核工作实际需要,交通运输部安全与质量监督管理司组织,交通运输部公路科学研究院牵头,会同中国公路建设行业协会、中国水运建设行业协会成立编写委员会编写本书。

全书共两部分,第一部分为公路水运工程施工企业主要负责人和安全生产管理人员考核大纲,包括考核目的、考核范围、考核方法及考试内容,施工企业主要负责人和安全生产管理人员可依据大纲要求,有针对性地开展安全生产知识学习。第二部分为公路水运工程施工企业主要负责人和安全生产管理人员考核模拟题库,分为公路篇和水运篇,均包括综合知识和能力、法律法规及规章规范、安全生产管理和安全生产技术等四个部分,含单选题、多选题、判断题及案例题共计2800余道。试题所考查的知识范围分别为:综合知识和能力部分主要涉及公共基本知识及能力、安全管理知识及行为能力等;法律法规及规章规范部分主要涉及公路水运工程安全生产相关的法律法规、规章制度、标准规范等;安全生产管理部分主要涉及公路水运工程安全生产管理理论、管理职责、管理制度等;安全生产技术部分主要涉及公路水运工程施工安全技术准备、现场布设、机械设备、专业工程等相关安全生产技术。为便于学习需要,每部分结尾附有相关试题的参考答案。

在本书编写过程中,得到了长沙理工大学、中国交通建设(股份)集团有限公司及下属公司等单位的大力支持和帮助,在此一并表示感谢。

限于编写委员会水平和经验,书中难免存在疏漏和不足,欢迎广大读者提出宝贵意见和建议,以供修订时参考。

本书编写委员会
2016年10月

目 录

第一部分 考核大纲

公路工程施工企业主要负责人和安全生产管理人员考核大纲 ………………………… 3
水运工程施工企业主要负责人和安全生产管理人员考核大纲 ………………………… 22

第二部分 模拟题库

公 路 篇

一、综合知识和能力 ………………………………………………………………………… 43
 （一）单项选择题 ……………………………………………………………………… 43
 （二）多项选择题 ……………………………………………………………………… 46
 （三）判断题 …………………………………………………………………………… 53
 （四）案例题 …………………………………………………………………………… 55
 参考答案 ………………………………………………………………………………… 58
二、法律法规及规章规范 …………………………………………………………………… 59
 （一）单项选择题 ……………………………………………………………………… 59
 （二）多项选择题 ……………………………………………………………………… 78
 （三）判断题 …………………………………………………………………………… 99
 （四）案例题 …………………………………………………………………………… 115
 参考答案 ………………………………………………………………………………… 121
三、安全生产管理 …………………………………………………………………………… 124
 （一）单项选择题 ……………………………………………………………………… 124
 （二）多项选择题 ……………………………………………………………………… 133
 （三）判断题 …………………………………………………………………………… 141
 （四）案例题 …………………………………………………………………………… 147
 参考答案 ………………………………………………………………………………… 152
四、安全生产技术 …………………………………………………………………………… 154
 公路工程 ……………………………………………………………………………… 154
  （一）单项选择题 …………………………………………………………………… 154

（二）多项选择题 ……………………………………………………… 174
　（三）判断题 ………………………………………………………… 198
　（四）案例题 ………………………………………………………… 207
交通机电工程 …………………………………………………………… 212
　（一）单项选择题 …………………………………………………… 212
　（二）多项选择题 …………………………………………………… 216
　（三）判断题 ………………………………………………………… 218
　参考答案 ……………………………………………………………… 223

水 运 篇

一、综合知识和能力
　（一）单项选择题 …………………………………………………… 227
　（二）多项选择题 …………………………………………………… 231
　（三）判断题 ………………………………………………………… 237
　（四）案例题 ………………………………………………………… 239
　参考答案 ……………………………………………………………… 242

二、法律法规及规章规范
　（一）单项选择题 …………………………………………………… 243
　（二）多项选择题 …………………………………………………… 259
　（三）判断题 ………………………………………………………… 278
　（四）案例题 ………………………………………………………… 288
　参考答案 ……………………………………………………………… 293

三、安全生产管理
　（一）单项选择题 …………………………………………………… 296
　（二）多项选择题 …………………………………………………… 307
　（三）判断题 ………………………………………………………… 318
　（四）案例题 ………………………………………………………… 326
　参考答案 ……………………………………………………………… 343

四、安全生产技术
　（一）单项选择题 …………………………………………………… 346
　（二）多项选择题 …………………………………………………… 356
　（三）判断题 ………………………………………………………… 370
　（四）案例题 ………………………………………………………… 377
　参考答案 ……………………………………………………………… 392

参考文献 ………………………………………………………………… 395

第一部分 考核大纲

公路工程施工企业主要负责人和安全生产管理人员考核大纲

一、考核目的

考核公路工程施工企业主要负责人和安全生产管理人员对安全生产知识的了解、熟悉、掌握的程度与安全生产管理能力。

二、考核范围

1. 综合知识和能力。
2. 法律法规及规章规范。
3. 安全生产管理。
4. 安全生产技术。

三、考核方法

（一）考核方式

采用书面或计算机闭卷考试方式,考试时间为120分钟。

（二）试卷组卷原则

1. 试题类型包括:单项选择题、多项选择题、判断题和案例题。
2. 试卷组卷比例见下表。

试卷组卷比例

内容与比例 人员类别	法律法规	安全管理	安全技术	综合知识和能力	合计
企业负责人	45%	35%	12%	8%	100%
项目负责人	35%	35%	22%	8%	100%
安全生产管理人员	30%	25%	37%	8%	100%

其中,试卷组卷中基础题库的试题占比不少于85%,地方试题占比不多于15%。

四、考试内容

（一）综合知识和能力

1 综合知识

　　1.1 公共知识

1.1.1 了解职业道德的核心原则、基本要求、时代价值
1.1.2 掌握心理健康知识与心理调适方法
1.2 安全知识
1.2.1 熟悉安全的基本概念
1.2.2 熟悉安全理念的发展历史与现实
1.2.3 掌握生产安全事故的等级划分
1.2.4 掌握生产安全事故致因理论
1.2.5 掌握生产安全事故预防的常见方法
1.2.6 掌握生产安全事故应急处理的一般程序
1.3 管理知识
1.3.1 了解管理的基本概念
1.3.2 了解管理的思维类型与特征
1.3.3 了解管理的手段、过程与技术
1.3.4 了解现代安全管理原理
1.3.5 熟悉系统安全分析
1.3.6 熟悉安全标准化管理

2 综合能力
2.1 公共基本能力
2.1.1 掌握并具备语言表达与沟通能力
2.1.2 掌握并具备规范理解能力
2.1.3 熟悉并具备道德评价能力
2.1.4 熟悉并具备心理承受能力
2.1.5 熟悉并具备突发事件处置能力
2.2 安全管理行为能力
2.2.1 熟悉并具备安全规范执行能力
2.2.2 熟悉并具备安全监督检查能力
2.2.3 熟悉并具备危险源识别与隐患排查治理能力
2.2.4 熟悉并具备安全业绩考核能力
2.2.5 掌握并具备典型事故分析能力
2.2.6 掌握并具备"三违"行为制止能力
2.2.7 熟悉并具备信息选择与反应能力

(二)法律法规及规章规范

3 安全生产相关法律
3.1 《中华人民共和国安全生产法》
3.1.1 熟悉安全生产法的立法目的
3.1.2 熟悉适用范围
3.1.3 掌握安全生产方针

3.1.4 生产经营单位的安全生产保障规定
　　3.1.4.1 掌握生产经营单位应当具备的安全生产条件
　　3.1.4.2 掌握生产经营单位的主要负责人的安全生产工作职责
　　3.1.4.3 熟悉安全生产资金投入的规定
　　3.1.4.4 掌握安全生产管理机构和安全生产管理人员的配备及职责
　　3.1.4.5 熟悉从业人员安全生产培训的规定
　　3.1.4.6 熟悉特种作业人员的范围和资格
　　3.1.4.7 熟悉建设项目安全设施的"三同时"规定
　　3.1.4.8 了解建设项目的安全条件论证和安全评价的规定
　　3.1.4.9 了解建设项目的安全实施设计和安全条件论证的规定
　　3.1.4.10 熟悉建设项目安全设施竣工验收的规定
　　3.1.4.11 掌握安全警示标志的规定
　　3.1.4.12 熟悉安全设备达标的规定
　　3.1.4.13 熟悉特种设备检测、检验的规定
　　3.1.4.14 熟悉生产安全工艺、设备管理的规定
　　3.1.4.15 掌握危险物品管理的规定
　　3.1.4.16 掌握重大危险源管理的规定
　　3.1.4.17 了解生产设施、场所安全距离和紧急疏散的规定
　　3.1.4.18 熟悉爆破、吊装等作业现场安全管理的规定
　　3.1.4.19 掌握劳动防护用品的规定
　　3.1.4.20 掌握交叉作业安全管理的规定
　　3.1.4.21 熟悉生产经营项目、场所、设备发包或者出租的安全管理
　　3.1.4.22 熟悉工伤保险的规定
　3.1.5 熟悉从业人员的安全生产权利义务
　3.1.6 了解安全生产的监督管理
　3.1.7 熟悉生产安全事故的应急救援与调查处理
　3.1.8 掌握相关法律责任
3.2 《中华人民共和国建筑法》
　3.2.1 了解立法目的与适用范围
　3.2.2 熟悉建筑工程施工许可
　3.2.3 熟悉从业资格
　3.2.4 熟悉建筑工程发包与承包
　3.2.5 熟悉与施工许可、从业资格等相关的法律责任
3.3 《中华人民共和国突发事件应对法》
　3.3.1 了解立法目的和适用范围
　3.3.2 了解管理体制、工作原则
　3.3.3 熟悉突发事件应急管理主体

3.3.4 掌握突发事件的预防与应急准备的工作要求
3.3.5 掌握突发事件应急处置与救援措施
3.3.6 熟悉相关法律责任
3.4 《中华人民共和国特种设备安全法》
3.4.1 了解立法目的和适用范围
3.4.2 掌握特种设备概念
3.4.3 熟悉特种设备安全工作的原则
3.4.4 熟悉特种设备的使用规定
3.4.5 熟悉特种设备的检验检测
3.4.6 了解特种设备的监督管理
3.4.7 熟悉相关法律责任
3.5 《中华人民共和国消防法》
3.5.1 了解立法目的和适用范围
3.5.2 熟悉消防工作方针、责任主体
3.5.3 熟悉建设工程火灾预防工作
3.5.4 掌握消防工作责任
3.5.5 掌握消防组织与灭火救援
3.5.6 熟悉相关法律责任
3.6 《中华人民共和国劳动法》
3.6.1 了解立法目的和适用范围
3.6.2 了解用人单位在职业安全卫生方面的职责
3.6.3 掌握职业安全卫生条件及劳动防护用品要求
3.6.4 熟悉伤亡事故及职业病统计报告处理制度
3.6.5 熟悉对劳动者的职业培训
3.6.6 熟悉劳动者在职业安全卫生方面的权利和义务
3.6.7 熟悉相关法律责任
3.7 《中华人民共和国劳动合同法》
3.7.1 了解立法目的和适用范围
3.7.2 掌握劳动合同的订立
3.7.3 熟悉劳动合同的履行和变更
3.7.4 了解劳动合同的解除和终止
3.7.5 了解集体合同劳务派遣非全日制用工
3.7.6 熟悉相关法律责任
3.8 《中华人民共和国职业病防治法》
3.8.1 了解立法目的与适用范围
3.8.2 熟悉职业病防治工作方针
3.8.3 掌握用人单位的主要职责

3.8.4 熟悉劳动者的主要权利
3.8.5 熟悉劳动者的义务
3.8.6 熟悉相关法律责任

3.9 《中华人民共和国环境保护法》
3.9.1 了解立法目的与适用范围
3.9.2 熟悉环境保护责任制度
3.9.3 熟悉环境保护的"三同时制度"
3.9.4 了解环境污染的处理报告制度
3.9.5 了解相关法律责任

3.10 《中华人民共和国刑法》
3.10.1 了解立法目的与适用范围
3.10.2 熟悉犯罪构成要件
3.10.3 掌握重大责任事故罪
3.10.4 掌握强令违章冒险作业罪
3.10.5 掌握重大劳动安全事故罪
3.10.6 掌握工程重大安全事故罪
3.10.7 掌握不报、谎报安全事故罪
3.10.8 熟悉《关于办理危害生产安全刑事案件适用法律若干问题的解释》

3.11 《中华人民共和国公路法》
3.11.1 了解立法目的与适用范围
3.11.2 熟悉公路施工中的安全管理
3.11.3 掌握公路养护作业中的安全管理
3.11.4 熟悉路政管理中的安全管理
3.11.5 熟悉相关法律责任

4 安全生产相关行政法规

4.1 《建设工程安全生产管理条例》
4.1.1 了解立法目的与适用范围
4.1.2 了解勘察、设计、监理单位的安全责任
4.1.3 熟悉建设单位的安全责任
4.1.4 掌握施工单位的安全责任
4.1.5 掌握生产安全事故的应急救援和调查处理
4.1.6 熟悉相关法律责任

4.2 《生产安全事故报告和调查处理条例》
4.2.1 了解立法目的与适用范围
4.2.2 掌握生产安全事故等级划分
4.2.3 掌握生产安全事故的报告、调查和处理
4.2.4 熟悉相关法律责任

4.3 《安全生产许可证条例》
    4.3.1 了解立法目的与适用范围
    4.3.2 熟悉安全生产许可证取得条件
    4.3.3 了解安全生产许可证的管理
    4.3.4 熟悉相关法律责任

4.4 《民用爆炸物品安全管理条例》
    4.4.1 了解立法目的与适用范围
    4.4.2 了解民用爆炸物品生产、销售条件与管理规定
    4.4.3 熟悉民用爆炸物品购买、运输、储存管理规定
    4.4.4 掌握爆破作业条件与安全管理规定
    4.4.5 熟悉相关法律责任

5 安全生产相关部门规章或制度

5.1 《公路水运工程安全生产监督管理办法》
    5.1.1 熟悉制定依据
    5.1.2 掌握适用范围
    5.1.3 掌握安全管理方针
    5.1.4 熟悉安全管理体系
    5.1.5 了解工程安全生产监督管理工作
    5.1.6 熟悉从业单位的安全生产条件
    5.1.7 掌握从业单位的安全生产责任
    5.1.8 了解相关法律责任

5.2 《安全生产违法行为行政处罚办法》
    5.2.1 了解制定目的与适用范围
    5.2.2 了解安全生产违法行为行政处罚原则
    5.2.3 熟悉行政处罚的程序
    5.2.4 熟悉行政处罚的执行和备案
    5.2.5 掌握行政处罚的种类、管辖
    5.2.6 掌握行政处罚的适用

5.3 《生产安全事故罚款处罚规定(试行)》
    5.3.1 了解制定目的与适用范围
    5.3.2 熟悉生产安全事故迟报、漏报、谎报和瞒报认定情形
    5.3.3 熟悉事故发生单位主要负责人、直接负责的主管人员等的处罚额度

5.4 《安全生产领域违法违纪行为政纪处分暂行规定》
    5.4.1 了解制定目的与适用范围
    5.4.2 熟悉企业及其工作人员安全生产领域违法违纪行为的认定
    5.4.3 熟悉企业及其工作人员安全生产领域违法违纪行为的处罚种类

5.5 《水上水下活动通航安全管理规定》

5.5.1 了解制定目的与适用范围
5.5.2 了解水上水下活动通航安全管理原则、主管机关
5.5.3 熟悉水上水下活动许可证的申请
5.5.4 熟悉水上水下活动许可证的管理
5.5.5 熟悉通航安全影响论证评估制度
5.5.6 掌握水上水下活动安全主体责任
5.5.7 熟悉水上水下活动监督管理

5.6 《企业安全生产费用提取和使用管理办法》
5.6.1 了解制定目的与适用范围
5.6.2 熟悉企业安全生产费用管理
5.6.3 掌握安全费用的提取标准
5.6.4 熟悉安全费用的使用

5.7 近三年安全生产管理新规定
5.7.1 熟悉《公路水运工程施工企业项目负责人施工现场带班生产制度(暂行)》
5.7.2 熟悉《生产经营单位安全培训规定》
5.7.3 熟悉《生产经营单位安全生产不良记录"黑名单"管理暂行规定》
5.7.4 掌握《企业安全生产风险公告六条规定》
5.7.5 掌握《企业安全生产应急管理九条规定》
5.7.6 掌握《企业安全生产责任体系五落实五到位规定》
5.7.7 掌握《公路水运工程施工企业主要负责人和安全生产管理人员考核管理办法》
5.7.8 掌握《公路水运工程生产安全事故应急预案》
5.7.9 掌握《公路水运工程重大事故隐患清单管理制度》
5.7.10 掌握《隧道施工安全九条规定》

6 安全生产相关技术标准与规范
6.1 了解《建筑施工碗扣式脚手架安全技术规范》(JGJ 166)
6.2 了解《建筑施工门式钢管脚手架安全技术规范》(JGJ 128)
6.3 了解《建筑施工扣件式钢管脚手架安全技术规范》(JGJ 130)
6.4 了解《建筑施工模板安全技术规范》(JGJ 162)
6.5 了解《塔式起重机安全规程》(GB 5144)
6.6 了解《施工升降机安全规程》(GB 10055)
6.7 了解《龙门架及井架物料提升机安全技术规范》(JGJ 88)
6.8 了解《建筑拆除工程安全技术规范》(JGJ 147)
6.9 了解《建筑施工高处作业安全技术规范》(JGJ 80)
6.10 熟悉《建筑机械使用安全技术规程》(JGJ 33)
6.11 熟悉《施工现场机械设备检查技术规程》(JGJ 160)
6.12 熟悉《施工现场临时用电安全技术规范》(JGJ 46)

6.13 熟悉《建设工程施工现场消防安全技术规范》(GB 50720)
6.14 熟悉《爆破安全规程》(GB 6722)
6.15 熟悉《施工企业安全生产管理规范》(GB 50656)
6.16 熟悉《生产经营单位生产安全事故应急预案编制导则》(GB/T 29639)
6.17 掌握《公路工程施工安全技术规范》(JTG F90)

(三) 安全生产管理

7 安全生产管理理论

7.1 安全生产管理的相关概念、要素和方针
   7.1.1 掌握安全的概念
   7.1.2 掌握本质安全的概念
   7.1.3 熟悉安全生产的目标
   7.1.4 熟悉安全生产管理的概念
   7.1.5 熟悉安全生产管理要素、方针
   7.1.6 掌握事故和事故隐患概念
   7.1.7 掌握危险、危险源与重大危险源概念

7.2 安全生产管理原理与方法
   7.2.1 熟悉海因希里事故因果连锁理论
   7.2.2 熟悉博德事故因果连锁理论
   7.2.3 熟悉亚当斯事故因果连锁理论
   7.2.4 熟悉人机轨迹交叉理论
   7.2.5 熟悉破窗理论

7.3 安全生产管理体系
   7.3.1 熟悉安全组织机构保证体系
   7.3.2 熟悉安全生产的目标管理
   7.3.3 熟悉安全管理的模式
   7.3.4 熟悉职业健康安全管理体系
   7.3.5 熟悉安全生产管理的长效管理机制

7.4 安全生产风险管理
   7.4.1 了解风险、风险管理的概念
   7.4.2 熟悉风险管理的目标
   7.4.3 熟悉风险管理的内容
   7.4.4 掌握风险管理的过程与方法
   7.4.5 掌握危险源识别方法与步骤
   7.4.6 掌握风险评价方法
   7.4.7 掌握公路工程施工安全事故发生的内在规律
   7.4.8 掌握风险控制的原则、方法
   7.4.9 熟悉桥梁、隧道、路基高边坡风险评估要求

7.5 安全生产应急管理
  7.5.1 熟悉应急组织体系
  7.5.2 掌握应急救援预案
  7.5.3 熟悉应急响应
  7.5.4 熟悉应急保障
  7.5.5 熟悉应急培训与演练

8 安全生产管理职责
 8.1 公路工程从业单位安全生产管理责任
  8.1.1 了解建设单位的安全生产职责和义务
  8.1.2 了解监理单位的安全生产职责和义务
  8.1.3 了解咨询、勘察设计单位安全责任和义务
  8.1.4 掌握施工单位的安全生产职责和义务
 8.2 公路工程施工企业安全生产管理人员职责
  8.2.1 掌握企业法定代表人的安全生产职责
  8.2.2 掌握企业分管安全生产工作负责人的安全生产职责
  8.2.3 掌握企业分管技术工作负责人的安全生产职责
  8.2.4 掌握企业专职安全生产管理人员的安全生产职责
  8.2.5 掌握项目经理的安全生产职责
  8.2.6 掌握项目主管安全生产工作副经理的安全生产职责
  8.2.7 掌握项目总工程师的安全生产职责
  8.2.8 掌握项目专职安全生产管理人员的安全生产职责

9 安全生产管理制度
 9.1 安全生产管理制度概述
  9.1.1 了解建立安全生产管理制度的目的和意义
  9.1.2 熟悉安全生产管理制度的主要内容
 9.2 安全生产责任制
  9.2.1 了解建立安全生产责任制的目的和意义
  9.2.2 了解物资保障责任
  9.2.3 熟悉资金保障责任
  9.2.4 熟悉机构设置和人员配备责任
  9.2.5 熟悉安全生产规章制度制定责任
  9.2.6 掌握教育培训责任
  9.2.7 掌握安全管理责任
  9.2.8 掌握事故报告和应急救援责任
  9.2.9 熟悉法律、法规、规章规定的其他安全生产责任
 9.3 安全生产组织管理制度
  9.3.1 了解建立制度的目的和意义

9.3.2 熟悉安全生产委员会或安全生产领导小组的建立
9.3.3 熟悉安全生产组织机构的建立及设置要求
9.3.4 熟悉企业安全生产组织机构的主要工作内容
9.3.5 熟悉企业内部安全组织管理的重点
9.3.6 熟悉制度的实施流程

9.4 安全生产会议制度
9.4.1 了解建立制度的目的和意义
9.4.2 熟悉安全生产会议职责
9.4.3 熟悉主要工作程序
9.4.4 熟悉安全生产会议的分类
9.4.5 熟悉制度的实施流程

9.5 安全生产管理人员考核制度
9.5.1 了解建立制度的目的和意义
9.5.2 熟悉安全生产考核形式和对象
9.5.3 掌握安全生产管理人员考核管理内容
9.5.4 熟悉制度的实施流程

9.6 安全生产教育与培训制度
9.6.1 了解建立制度的目的和意义
9.6.2 熟悉安全教育培训的形式
9.6.3 熟悉安全教育和培训的对象
9.6.4 掌握安全教育培训的时间和要求
9.6.5 掌握企业三级安全教育的具体要求
9.6.6 熟悉制度的实施流程

9.7 安全生产费用管理制度
9.7.1 了解建立制度的目的和意义
9.7.2 掌握安全生产费用的使用范围
9.7.3 熟悉制度的实施流程

9.8 安全风险评估与管控制度
9.8.1 了解建立制度的目的和意义
9.8.2 掌握安全风险的辨识与评价
9.8.3 熟悉危险危害因素的分析、分类及管理措施
9.8.4 熟悉安全风险评估
9.8.5 熟悉出具安全风险评估报告
9.8.6 熟悉制度的实施流程

9.9 安全技术交底制度
9.9.1 了解建立制度的目的和意义
9.9.2 掌握安全技术交底的具体要求

  9.9.3 熟悉制度的实施流程
9.10 危险性较大工程专项施工方案审批论证制度
  9.10.1 了解建立制度的目的和意义
  9.10.2 掌握危险性较大工程的范围
  9.10.3 掌握专项施工方案的编制
  9.10.4 熟悉专项施工方案的审核、审批
  9.10.5 熟悉专项施工方案的论证
  9.10.6 熟悉制度的实施流程
9.11 特种设备及作业人员安全管理制度
  9.11.1 了解建立制度的目的和意义
  9.11.2 熟悉特种设备的分类
  9.11.3 熟悉特种设备的安装与调试
  9.11.4 熟悉特种设备的管理
  9.11.5 熟悉特种设备作业人员管理
  9.11.6 熟悉制度的实施流程
9.12 职业健康安全和劳动防护用品管理制度
  9.12.1 了解建立制度的目的和意义
  9.12.2 熟悉职业病防治管理
  9.12.3 熟悉常见的劳动防护用品
  9.12.4 熟悉劳动防护用品的配备与使用
  9.12.5 掌握施工安全"三宝"的内容及使用方法
  9.12.6 熟悉制度的实施流程
9.13 生产安全事故隐患排查和治理制度
  9.13.1 了解建立制度的目的和意义
  9.13.2 熟悉事故隐患的分级
  9.13.3 掌握事故隐患的排查治理
  9.13.4 熟悉事故隐患排查治理的报告
  9.13.5 熟悉事故隐患排查结果公示
  9.13.6 熟悉事故隐患治理和验收销号
  9.13.7 熟悉制度的实施流程
9.14 安全检查制度
  9.14.1 了解建立制度的目的和意义
  9.14.2 掌握安全检查的类型
  9.14.3 掌握安全检查的方法
  9.14.4 掌握安全检查的内容
  9.14.5 熟悉制度的实施流程
9.15 生产安全事故应急管理制度

9.15.1 了解建立制度的目的和意义
9.15.2 熟悉生产安全事故应急管理内容
9.15.3 熟悉生产安全事故应急管理要求
9.15.4 熟悉制度的实施流程

9.16 分包单位安全生产管理考评制度
9.16.1 了解建立制度的目的和意义
9.16.2 熟悉安全生产管理考评的方法
9.16.3 熟悉安全生产信息评价的主要内容
9.16.4 熟悉安全生产考评的应用
9.16.5 熟悉制度的实施流程

9.17 生产安全事故报告及调查处理制度
9.17.1 了解建立制度的目的和意义
9.17.2 掌握生产安全事故分类
9.17.3 掌握生产安全事故报告程序和主要内容
9.17.4 熟悉生产安全事故处理的一般要求
9.17.5 熟悉制度的实施流程

9.18 企业负责人带班生产制度
9.18.1 了解建立制度的目的和意义
9.18.2 掌握施工企业负责人带班检查要求
9.18.3 掌握项目负责人带班生产要求
9.18.4 熟悉监督检查重点
9.18.5 熟悉制度的实施流程

9.19 其他管理制度
9.19.1 熟悉平安工地考核评价制度
9.19.2 熟悉重大事故隐患清单管理制度
9.19.3 熟悉生产安全重大事故隐患挂牌督办制度(暂行)
9.19.4 熟悉桥梁和隧道工程施工安全风险评估制度

(四)安全生产技术

10 施工安全技术准备
10.1 施工组织设计
10.1.1 熟悉施工组织设计安全技术措施编制要求
10.1.2 熟悉施工组织设计安全技术措施的主要内容
10.2 专项施工方案
10.2.1 掌握危险性较大工程范围的分类
10.2.2 掌握专项施工方案的主要内容
10.2.3 熟悉专项施工方案的审批
10.2.4 熟悉专项施工方案的实施

10.3 安全技术交底
　10.3.1 了解设计交底
　10.3.2 熟悉施工交底
　　10.3.2.1 熟悉施工安全技术交底要求
　　10.3.2.2 熟悉施工安全技术交底的主要内容
　10.3.3 熟悉班组交底

11 施工现场布设
11.1 施工驻地设置
　11.1.1 熟悉施工驻地设置的安全要求
11.2 材料加工场、预制场、拌和场
　11.2.1 熟悉材料加工场、预制场、拌和场选址要求
　11.2.2 熟悉材料加工场、预制场、拌和场安全管理要求
11.3 施工便道
　11.3.1 熟悉施工便道安全管理要求
11.4 临时码头、栈桥
　11.4.1 熟悉临时码头、栈桥安全管理要求
11.5 跨线工程
　11.5.1 熟悉跨线工程安全施工一般规定
　11.5.2 熟悉安全防护棚设置与施工要求
　11.5.3 熟悉跨线工程施工安全控制要求
11.6 施工现场标志标牌
　11.6.1 掌握施工现场标志标牌的安全要求
11.7 施工现场消防安全管理
　11.7.1 熟悉施工现场防火要求
11.8 临时用电
　11.8.1 熟悉施工现场临时用电的一般规定
　11.8.2 熟悉临时用电组织设计要求
　11.8.3 熟悉配电系统与变配电装置安全要求
　11.8.4 掌握配电线路安全要求
　10.8.5 熟悉用电防护与防雷安全要求

12 个体安全防护
12.1 个体安全防护的基本规定
　12.1.1 掌握个体安全防护的一般规定
12.2 安全帽
　12.2.1 熟悉安全帽的安全要求
　12.2.2 掌握安全帽的佩戴方法
12.3 安全带

12.3.1 熟悉安全带的安全要求
12.3.2 掌握安全带的佩戴方法
12.4 救生衣
12.4.1 熟悉救生衣的安全要求
12.4.2 掌握救生衣的穿戴方法
12.5 防护服
12.5.1 了解防护服的种类与作用
12.5.2 掌握防护服的安全要求
12.6 防护鞋
12.6.1 了解防护鞋的种类与作用
12.6.2 掌握防护鞋的安全要求
12.7 防护手套
12.7.1 了解防护手套的种类与作用
12.7.2 掌握防护手套的安全要求
12.8 防护用具
12.8.1 熟悉防护用具的种类与作用
12.8.2 掌握防护用具的安全要求

13 施工机械设备
13.1 施工机械设备安全生产管理要求
13.1.1 熟悉施工机械设备安全生产管理制度
13.2 特种设备安全管理要求
13.2.1 掌握特种设备安全管理制度
13.3 特种设备及专用设备安全防护
13.3.1 熟悉特种设备及专用设备安全防护要求
13.4 常用设备及机具安全防护
13.4.1 熟悉常用设备及机具安全防护要求
13.5 机械事故的预防和处理
13.5.1 熟悉机械事故的预防和处理

14 通用作业
14.1 支架及模板工程
14.1.1 掌握支架支撑体系安全控制要求
14.1.2 掌握桩、柱梁式支架安全控制要求
14.1.3 熟悉模板加工制作安全控制要求
14.1.4 掌握模板安装安全控制要求
14.1.5 掌握模板、支架拆除安全控制要求
14.1.6 熟悉模板存放的安全规定
14.2 钢筋工程

14.2.1 掌握普通钢筋加工安全要求
14.2.2 掌握钢筋冷拉施工安全要求
14.3 混凝土工程
14.3.1 熟悉混凝土工程施工一般要求
14.3.2 熟悉混凝土泵送安全要求
14.3.3 熟悉混凝土振捣安全要求
14.3.4 熟悉混凝土养护安全要求
14.4 电焊与气焊作业
14.4.1 熟悉焊接与热切割作业人员的管理规定
14.4.2 熟悉氧气瓶、乙炔瓶与电焊机的安全规定
14.4.3 掌握焊接及切割作业安全控制要求
14.5 起重吊装作业
14.5.1 掌握起重吊装的一般安全要求
14.5.2 熟悉吊索吊具的安全规定
14.5.3 熟悉塔式起重机安全控制要求
14.5.4 熟悉缆索起重机安全控制要求
14.5.5 熟悉门式起重机安全控制要求
14.6 高处作业
14.6.1 熟悉高处作业与高处作业的分级
14.6.2 掌握高处作业安全控制要求
14.6.3 掌握高处作业场所临边防护要求
14.6.4 掌握安全网使用的安全规定
14.6.5 掌握安全带使用的安全规定
14.6.6 熟悉登高梯道的安全规定
14.7 水上作业
14.7.1 熟悉水上作业的一般安全要求
14.7.2 了解起重船作业安全控制要求
14.7.3 了解打桩船作业安全控制要求
14.8 爆破作业
14.8.1 掌握爆破工程施工的一般安全要求
14.8.2 熟悉爆破前后的安全检查和处理
14.8.3 熟悉盲炮处理要求

15 专业工程
15.1 路基工程
15.1.1 熟悉路基工程施工安全的一般规定
15.1.2 土方工程
15.1.2.1 熟悉取土场(坑)安全控制要求

15.1.2.2 熟悉路堑开挖安全控制要求
15.1.2.3 掌握高填方路堤施工安全控制要求
15.1.2.4 熟悉土方工程施工机械的安全规定

15.1.3 石方工程
15.1.3.1 熟悉石方工程施工安全的一般规定
15.1.3.2 熟悉石方爆破开挖作业的规定

15.1.4 防护工程
15.1.4.1 了解砌筑施工安全控制要求
15.1.4.2 了解人工开挖支挡抗滑桩施工的安全控制要求
15.1.4.3 了解挡土墙施工的安全控制要求

15.1.5 特殊路基
15.1.5.1 掌握滑坡地段路基施工安全控制要求
15.1.5.2 掌握崩塌与岩堆地段施工安全控制要求
15.1.5.3 熟悉岩溶地区施工安全控制要求
15.1.5.4 熟悉泥石流地区施工安全控制要求
15.1.5.5 熟悉采空区施工安全控制要求
15.1.5.6 熟悉沿江、河、水库等地区施工安全控制要求

15.2 路面工程
15.2.1 熟悉路面工程施工安全的一般规定
15.2.2 基层与底基层
15.2.2.1 熟悉集中拌和基层材料作业的安全要求
15.2.2.2 熟悉基层施工机械的安全要求
15.2.2.3 熟悉摊铺及碾压作业的安全要求

15.2.3 路面面层施工
15.2.3.1 熟悉沥青面层施工的安全控制要求
15.2.3.2 熟悉水泥混凝土面层施工的安全控制要求

15.3 桥涵工程施工
15.3.1 桥涵工程安全施工的一般规定
15.3.1.1 掌握桥涵工程施工安全一般规定
15.3.1.2 熟悉跨既有公路施工安全控制要求

15.3.2 预应力混凝土工程
15.3.2.1 熟悉预应力张拉机具设备要求
15.3.2.2 掌握张拉作业的一般安全规定
15.3.2.3 熟悉先张法施工的安全控制要求
15.3.2.4 熟悉后张法施工的安全控制要求

15.3.3 桥梁基础工程施工
15.3.3.1 掌握钻(挖)孔灌注桩施工安全控制要求

15.3.3.2 熟悉沉入桩施工安全控制要求
15.3.3.3 熟悉沉井施工安全控制要求
15.3.3.4 熟悉地下连续墙施工安全控制要求
15.3.3.5 掌握围堰施工安全控制要求
15.3.3.6 掌握明挖地基施工安全控制要求
15.3.4 桥梁下部结构施工
15.3.4.1 熟悉现浇墩、台身、盖梁施工安全控制要求
15.3.4.2 熟悉高墩翻模施工安全控制要求
15.3.4.3 熟悉高墩爬(滑)模施工安全控制要求
15.3.5 桥梁上部结构施工
15.3.5.1 掌握钢筋混凝土和预应力梁式桥安全控制要求
15.3.5.2 熟悉拱桥施工安全控制要求
15.3.5.3 熟悉斜拉桥施工安全控制要求
15.3.5.4 熟悉悬索桥施工安全控制要求
15.3.5.5 熟悉钢桥施工安全控制要求
15.3.5.6 熟悉桥面及附属工程施工安全控制要求
15.4 隧道工程
15.4.1 掌握隧道施工一般安全规定
15.4.2 超前地质预报和监控量测
15.4.2.1 了解工程地质预测预报仪器
15.4.2.2 熟悉工程地质预测预报技术
15.4.2.3 掌握工程地质预测预报的主要内容
15.4.2.4 熟悉超前地质预报和监控量测的一般要求
15.4.2.5 熟悉超前地质预报安全控制要求
15.4.2.6 熟悉监控量测作业安全控制要求
15.4.3 洞口工程与明洞施工
15.4.3.1 掌握洞口工程施工安全控制要求
15.4.3.2 掌握明洞施工安全控制要求
15.4.4 开挖
15.4.4.1 掌握开挖与爆破施工安全控制要求
15.4.4.2 了解装渣与运输安全控制要求
15.4.5 支护
15.4.5.1 掌握锚固注浆支护施工安全控制要求
15.4.5.2 掌握隧道支护施工一般安全要求
15.4.5.3 了解喷射混凝土施工安全控制要求
15.4.5.4 熟悉钢架施工安全控制要求
15.4.6 衬砌

15.4.6.1 熟悉仰拱与隧底施工安全控制要求
15.4.6.2 了解模筑混凝土衬砌施工安全控制要求
15.4.6.3 熟悉喷锚衬砌施工安全控制要求
15.4.6.4 掌握隧道衬砌施工一般安全要求

15.4.7 辅助坑道
15.4.7.1 熟悉一般安全要求
15.4.7.2 了解横洞与平行导坑、设备洞施工安全控制要求
15.4.7.3 熟悉竖井与斜井施工安全控制要求

15.4.8 通风防尘、照明、排水及防火
15.4.8.1 掌握隧道施工风、水、电供应安全要求
15.4.8.2 熟悉隧道施工照明安全要求
15.4.8.3 熟悉隧道施工排水安全要求
15.4.8.4 掌握隧道施工防尘防毒安全要求
15.4.8.5 熟悉隧道施工防火安全要求
15.4.8.6 掌握隧道施工通风安全要求

15.4.9 不良地质和特殊岩土地段
15.4.9.1 熟悉富水软弱破碎围岩隧道施工安全控制要求
15.4.9.2 了解岩溶地质隧道施工安全控制要求
15.4.9.3 熟悉含水沙层和风积沙隧道施工安全控制要求
15.4.9.4 了解黄土隧道施工安全控制要求
15.4.9.5 了解膨胀岩土地质隧道施工安全控制要求
15.4.9.6 熟悉岩爆地质隧道施工安全控制要求
15.4.9.7 熟悉软岩大变形地质隧道施工安全控制要求
15.4.9.8 掌握含瓦斯隧道施工安全控制要求
15.4.9.9 了解冻土隧道施工安全控制要求

15.4.10 盾构施工
15.4.10.1 了解盾构始发安全要求
15.4.10.2 熟悉盾构掘进安全控制要求
15.4.10.3 了解特殊地质和施工环境盾构施工安全控制要求
15.4.10.4 了解盾构施工运输安全要求

15.4.11 逃生与救援
15.4.11.1 掌握隧道施工逃生与救援的一般要求
15.4.11.2 熟悉隧道施工逃生通道的设置要求

15.5 改扩建工程
15.5.1 熟悉改扩建工程安全一般规定
15.5.2 拆除
15.5.2.1 了解拆除工程安全一般规定

15.5.2.2 掌握桥梁拆除的安全控制要求
15.5.2.3 了解隧道拆除的安全控制要求
15.5.3 加固
15.5.3.1 了解加固工程安全一般规定
15.5.3.2 熟悉桥梁加固的安全控制要求
15.5.3.3 了解隧道加固的安全控制要求
15.6 交通工程
15.6.1 交通安全设施
15.6.1.1 熟悉护栏、交通标志标线、隔离栅和桥梁护网安全控制要求
15.6.2 机电系统
15.6.2.1 掌握供配电及防雷系统安全控制要求
15.6.2.2 熟悉公路外场设备安装安全控制要求
15.6.2.3 熟悉公路外场光电缆施工安全控制要求

16 特殊季节与特殊环境施工

16.1 一般规定
16.1.1 熟悉特殊季节与特殊环境施工的一般规定
16.2 特殊季节施工
16.2.1 熟悉冬季施工的安全控制要求
16.2.2 熟悉雨季施工的安全控制要求
16.2.3 掌握台风季节施工的安全控制要求
16.2.4 熟悉汛期施工的安全控制要求
16.3 特殊环境施工
16.3.1 掌握夜间施工的安全控制要求
16.3.2 熟悉高温施工的安全控制要求
16.3.3 熟悉能见度不良施工的安全控制要求
16.3.4 熟悉沙漠地区施工的安全控制要求
16.3.5 熟悉高海拔地区施工的安全控制要求

水运工程施工企业主要负责人和安全生产管理人员考核大纲

一、考核目的

考核水运工程施工企业主要负责人和安全生产管理人员对安全生产知识的了解、熟悉、掌握的程度与安全生产管理能力。

二、考核范围

1. 综合知识和能力。
2. 法律法规及规章规范。
3. 安全生产管理。
4. 安全生产技术。

三、考核方法

（一）考核方式

采用书面或计算机闭卷考试方式，考试时间为120分钟。

（二）试卷组卷原则

1. 试题类型包括：单项选择题、多项选择题、判断题和案例题。
2. 试卷组卷比例见下表。

试卷组卷比例

内容与比例 人员类别	法律法规	安全管理	安全技术	综合知识和能力	合计
企业负责人	45%	35%	12%	8%	100%
项目负责人	35%	35%	22%	8%	100%
安全生产管理人员	30%	25%	37%	8%	100%

其中，试卷组卷中基础题库的试题占比不少于85%，地方试题占比不多于15%。

四、考试内容

（一）综合知识和能力

1 综合知识

1.1 公共知识

        1.1.1 了解职业道德的核心原则、基本要求、时代价值
        1.1.2 掌握心理健康知识与心理调适方法
    1.2 安全知识
        1.2.1 熟悉安全的基本概念
        1.2.2 熟悉安全理念的发展历史与现实
        1.2.3 掌握生产安全事故的等级划分
        1.2.4 掌握生产安全事故致因理论
        1.2.5 掌握生产安全事故预防的常见方法
        1.2.6 掌握生产安全事故应急处理的一般程序
    1.3 管理知识
        1.3.1 了解管理的基本概念
        1.3.2 了解管理的思维类型与特征
        1.3.3 了解管理的手段、过程与技术
        1.3.4 了解现代安全管理原理
        1.3.5 熟悉系统安全分析
        1.3.6 熟悉安全标准化管理
2 综合能力
    2.1 公共基本能力
        2.1.1 掌握并具备语言表达与沟通能力
        2.1.2 掌握并具备规范理解能力
        2.1.3 熟悉并具备道德评价能力
        2.1.4 熟悉并具备心理承受能力
        2.1.5 熟悉并具备突发事件处置能力
    2.2 安全管理行为能力
        2.2.1 熟悉并具备安全规范执行能力
        2.2.2 熟悉并具备安全监督检查能力
        2.2.3 熟悉并具备危险源识别与隐患排查治理能力
        2.2.4 熟悉并具备安全业绩考核能力
        2.2.5 掌握并具备典型事故分析能力
        2.2.6 掌握并具备"三违"行为制止能力
        2.2.7 熟悉并具备信息选择与反应能力

(二) 法律法规及规章规范

3 安全生产相关法律
    3.1 《中华人民共和国安全生产法》
        3.1.1 熟悉安全生产法的立法目的
        3.1.2 熟悉适用范围
        3.1.3 掌握安全生产方针

3.1.4 生产经营单位的安全生产保障规定
　　3.1.4.1 掌握生产经营单位应当具备的安全生产条件
　　3.1.4.2 掌握生产经营单位的主要负责人的安全生产工作职责
　　3.1.4.3 熟悉安全生产资金投入的规定
　　3.1.4.4 掌握安全生产管理机构和安全生产管理人员的配备及职责
　　3.1.4.5 熟悉从业人员安全生产培训的规定
　　3.1.4.6 熟悉特种作业人员的范围和资格
　　3.1.4.7 熟悉建设项目安全设施的"三同时"规定
　　3.1.4.8 了解建设项目的安全条件论证和安全评价的规定
　　3.1.4.9 了解建设项目的安全实施设计和安全条件论证的规定
　　3.1.4.10 熟悉建设项目安全设施竣工验收的规定
　　3.1.4.11 掌握安全警示标志的规定
　　3.1.4.12 熟悉安全设备达标的规定
　　3.1.4.13 熟悉特种设备检测、检验的规定
　　3.1.4.14 熟悉生产安全工艺、设备管理的规定
　　3.1.4.15 掌握危险物品管理的规定
　　3.1.4.16 掌握重大危险源管理的规定
　　3.1.4.17 了解生产设施、场所安全距离和紧急疏散的规定
　　3.1.4.18 熟悉爆破、吊装等作业现场安全管理的规定
　　3.1.4.19 掌握劳动防护用品的规定
　　3.1.4.20 掌握交叉作业安全管理的规定
　　3.1.4.21 熟悉生产经营项目、场所、设备发包或者出租的安全管理
　　3.1.4.22 熟悉工伤保险的规定
3.1.5 熟悉从业人员的安全生产权利义务
3.1.6 了解安全生产的监督管理
3.1.7 熟悉生产安全事故的应急救援与调查处理
3.1.8 掌握相关法律责任

3.2 《中华人民共和国建筑法》
　3.2.1 了解立法目的与适用范围
　3.2.2 熟悉建筑工程施工许可
　3.2.3 熟悉从业资格
　3.2.4 熟悉建筑工程发包与承包
　3.2.5 熟悉与施工许可、从业资格等相关的法律责任

3.3 《中华人民共和国突发事件应对法》
　3.3.1 了解立法目的与适用范围
　3.3.2 了解管理体制、工作原则
　3.3.3 熟悉突发事件应急管理主体

3.3.4　掌握突发事件的预防与应急准备的工作要求
3.3.5　掌握突发事件应急处置与救援措施
3.3.6　熟悉相关法律责任
3.4　《中华人民共和国特种设备安全法》
3.4.1　了解立法目的和适用范围
3.4.2　掌握特种设备概念
3.4.3　熟悉特种设备安全工作的原则
3.4.4　熟悉特种设备的使用规定
3.4.5　熟悉特种设备的检验检测
3.4.6　了解特种设备的监督管理
3.4.7　熟悉相关法律责任
3.5　《中华人民共和国消防法》
3.5.1　了解立法目的与适用范围
3.5.2　熟悉消防工作方针、责任主体
3.5.3　熟悉建设工程火灾预防工作
3.5.4　掌握消防工作责任
3.5.5　掌握消防组织与灭火救援
3.5.6　熟悉相关法律责任
3.6　《中华人民共和国劳动法》
3.6.1　了解立法目的和适用范围
3.6.2　了解用人单位在职业安全卫生方面的职责
3.6.3　掌握职业安全卫生条件及劳动防护用品要求
3.6.4　熟悉伤亡事故及职业病统计报告处理制度
3.6.5　熟悉对劳动者的职业培训
3.6.6　熟悉劳动者在职业安全卫生方面的权利和义务
3.6.7　熟悉相关法律责任
3.7　《中华人民共和国劳动合同法》
3.7.1　了解立法目的和适用范围
3.7.2　掌握劳动合同的订立
3.7.3　熟悉劳动合同的履行和变更
3.7.4　了解劳动合同的解除和终止
3.7.5　了解集体合同劳务派遣非全日制用工
3.7.6　熟悉相关法律责任
3.8　《中华人民共和国职业病防治法》
3.8.1　了解立法目的与适用范围
3.8.2　熟悉职业病防治工作方针
3.8.3　掌握用人单位的主要职责

3.8.4 熟悉劳动者的主要权利
3.8.5 熟悉劳动者的义务
3.8.6 熟悉相关法律责任
3.9 《中华人民共和国环境保护法》
3.9.1 了解立法目的与适用范围
3.9.2 熟悉环境保护责任制度
3.9.3 熟悉环境保护的"三同时制度"
3.9.4 了解环境污染的处理报告制度
3.9.5 了解相关法律责任
3.10 《中华人民共和国刑法》
3.10.1 了解立法目的与适用范围
3.10.2 熟悉犯罪构成要件
3.10.3 掌握重大责任事故罪
3.10.4 掌握强令违章冒险作业罪
3.10.5 掌握重大劳动安全事故罪
3.10.6 掌握工程重大安全事故罪
3.10.7 掌握不报、谎报安全事故罪
3.10.8 熟悉《关于办理危害生产安全刑事案件适用法律若干问题的解释》
3.11 《中华人民共和国海上交通安全法》
3.11.1 了解立法目的与适用范围
3.11.2 了解船舶检验和登记
3.11.3 熟悉船舶、设施上的人员配置
3.11.4 熟悉航行、停泊和作业的管理规定
3.11.5 掌握安全保障措施
3.11.6 掌握海难救助规定
3.11.7 掌握交通事故的调查处理
3.11.8 掌握相关法律责任

4 安全生产相关行政法规
4.1 《建设工程安全生产管理条例》
4.1.1 了解立法目的与适用范围
4.1.2 了解勘察、设计、监理单位的安全责任
4.1.3 熟悉建设单位的安全责任
4.1.4 掌握施工单位的安全责任
4.1.5 掌握生产安全事故的应急救援和调查处理
4.1.6 熟悉相关法律责任
4.2 《生产安全事故报告和调查处理条例》
4.2.1 了解立法目的与适用范围

    4.2.2 掌握生产安全事故等级划分
    4.2.3 掌握生产安全事故的报告、调查和处理
    4.2.4 熟悉相关法律责任
  4.3 《安全生产许可证条例》
    4.3.1 了解立法目的与适用范围
    4.3.2 熟悉安全生产许可证取得条件
    4.3.3 了解安全生产许可证的管理
    4.3.4 熟悉相关法律责任
  4.4 《民用爆炸物品安全管理条例》
    4.4.1 了解立法目的与适用范围
    4.4.2 了解民用爆炸物品生产、销售条件与管理规定
    4.4.3 熟悉民用爆炸物品购买、运输、储存管理规定
    4.4.4 掌握爆破作业条件与安全管理规定
    4.4.5 熟悉相关法律责任
  4.5 《内河交通安全管理条例》
    4.5.1 了解立法目的与适用范围
    4.5.2 熟悉船舶、浮动设施航行、活动条件
    4.5.3 掌握船舶、浮动设施和船员与航行、停泊和作业的规定

5 安全生产相关部门规章或制度
  5.1 《公路水运工程安全生产监督管理办法》
    5.1.1 熟悉制定依据
    5.1.2 掌握适用范围
    5.1.3 掌握安全管理方针
    5.1.4 熟悉安全管理体系
    5.1.5 了解工程安全生产监督管理工作
    5.1.6 熟悉从业单位的安全生产条件
    5.1.7 掌握从业单位的安全生产责任
    5.1.8 了解相关法律责任
  5.2 《安全生产违法行为行政处罚办法》
    5.2.1 了解制定目的与适用范围
    5.2.2 了解安全生产违法行为行政处罚原则
    5.2.3 熟悉行政处罚的程序
    5.2.4 熟悉行政处罚的执行和备案
    5.2.5 掌握行政处罚的种类、管辖
    5.2.6 掌握行政处罚的适用
  5.3 《生产安全事故罚款处罚规定(试行)》
    5.3.1 了解制定目的与适用范围

5.3.2 熟悉生产安全事故迟报、漏报、谎报和瞒报认定情形
5.3.3 熟悉事故发生单位主要负责人、直接负责的主管人员等的处罚额度

5.4 《安全生产领域违法违纪行为政纪处分暂行规定》
5.4.1 了解制定目的与适用范围
5.4.2 熟悉企业及其工作人员安全生产领域违法违纪行为的认定
5.4.3 熟悉企业及其工作人员安全生产领域违法违纪行为的处罚种类

5.5 《水上水下活动通航安全管理规定》
5.5.1 了解制定目的与适用范围
5.5.2 了解水上水下活动通航安全管理原则、主管机关
5.5.3 熟悉水上水下活动许可证的申请
5.5.4 熟悉水上水下活动许可证的管理
5.5.5 熟悉通航安全影响论证评估制度
5.5.6 掌握水上水下活动安全主体责任
5.5.7 熟悉水上水下活动监督管理

5.6 《海上航行警告和航行通告管理规定》
5.6.1 了解制定目的与适用范围
5.6.2 熟悉海上航行警告和海上航行通告的发布形式
5.6.3 掌握申请发布海上航行警告、航行通告活动类别
5.6.4 掌握发布海上航行警告、航行通告书面申请的时间与内容
5.6.5 掌握违反本规定的法律责任

5.7 《海上海事行政处罚规定》
5.7.1 了解制定目的与适用范围
5.7.2 熟悉海事行政处罚的适用
5.7.3 熟悉海事行政处罚程序
5.7.4 掌握海事行政违法行为和行政处罚

5.8 《船舶最低安全配员规则》
5.8.1 了解制定目的与适用范围
5.8.2 熟悉最低安全配员原则
5.8.3 熟悉最低安全配员管理

5.9 《潜水员管理办法》、《潜水员管理办法实施细则》
5.9.1 了解制定目的与适用范围
5.9.2 了解潜水员培训与考核管理
5.9.3 熟悉潜水员证书管理
5.9.4 熟悉水上水下活动监督管理

5.10 《企业安全生产费用提取和使用管理办法》
5.10.1 了解制定目的与适用范围
5.10.2 掌握安全费用的提取标准

5.10.3 熟悉安全费用的使用

5.10.4 了解罚则

5.11 《国际海上人命安全公约》

5.11.1 了解制定目的与适用范围

5.11.2 熟悉 SOLAS1974 附则的相关内容

5.12 近三年安全生产管理新规定

5.12.1 熟悉《公路水运工程施工企业项目负责人施工现场带班生产制度(暂行)》

5.12.2 熟悉《生产经营单位安全培训规定》

5.12.3 熟悉《生产经营单位安全生产不良记录"黑名单"管理暂行规定》

5.12.4 掌握《企业安全生产风险公告六条规定》

5.12.5 掌握《企业安全生产应急管理九条规定》

5.12.6 掌握《企业安全生产责任体系五落实五到位规定》

5.12.7 掌握《公路水运工程施工企业主要负责人和安全生产管理人员考核管理办法》

5.12.8 掌握《公路水运工程生产安全事故应急预案》

5.12.9 掌握《公路水运工程建设重大事故隐患清单管理制度》

6 安全生产相关技术标准与规范

6.1 了解《建筑施工模板安全技术规范》(JGJ 162)

6.2 了解《建筑工程大模板技术规程》(JGJ 74)

6.3 熟悉《建筑机械使用安全技术规程》(JGJ 33)

6.4 熟悉《施工现场机械设备检查技术规程》(JGJ 160)

6.5 熟悉《施工现场临时用电安全技术规范》(JGJ 46)

6.6 熟悉《建设工程施工现场消防安全技术规范》(GB 50720)

6.7 熟悉《爆破安全规程》(GB 6722)

6.8 熟悉《施工企业安全生产管理规范》(GB 50656)

6.9 熟悉《生产经营单位生产安全事故应急预案编制导则》(GB/T 29639)

6.10 掌握《水运工程施工安全防护技术规范》(JTS 205-1)

(三)安全生产管理

7 安全生产管理理论

7.1 安全生产管理的相关概念、要素和方针

7.1.1 掌握安全的概念

7.1.2 掌握本质安全的概念

7.1.3 熟悉安全生产的目标

7.1.4 熟悉安全生产管理的概念

7.1.5 熟悉安全生产管理要素、方针

7.1.6 掌握事故和事故隐患概念

7.1.7 掌握危险、危险源与重大危险源概念
7.2 安全生产管理原理与方法
　　7.2.1 熟悉海因希里事故因果连锁理论
　　7.2.2 熟悉博德事故因果连锁理论
　　7.2.3 熟悉亚当斯事故因果连锁理论
　　7.2.4 熟悉人机轨迹交叉理论
　　7.2.5 熟悉破窗理论
7.3 安全生产管理体系
　　7.3.1 熟悉安全组织机构保证体系
　　7.3.2 熟悉安全生产的目标管理
　　7.3.3 熟悉安全管理的模式
　　7.3.4 熟悉职业健康安全管理体系
　　7.3.5 熟悉安全生产管理的长效机制
7.4 安全生产风险管理
　　7.4.1 了解风险、风险管理的概念
　　7.4.2 熟悉风险管理的目标
　　7.4.3 熟悉风险管理的内容
　　7.4.4 掌握风险管理的过程与方法
　　7.4.5 掌握危险源识别方法与步骤
　　7.4.6 掌握风险评价方法
　　7.4.7 掌握水运工程施工安全事故发生的内在规律
　　7.4.8 掌握风险控制的原则、方法
7.5 安全生产应急管理
　　7.5.1 熟悉应急组织体系
　　7.5.2 掌握应急救援预案
　　7.5.3 熟悉应急响应
　　7.5.4 熟悉应急保障
　　7.5.5 熟悉应急培训与演练

8 安全生产管理职责

8.1 水运工程从业单位安全生产管理责任
　　8.1.1 了解建设单位的安全生产职责和义务
　　8.1.2 了解监理单位的安全生产职责和义务
　　8.1.3 了解咨询、勘察设计单位安全责任和义务
　　8.1.4 掌握施工单位的安全生产职责和义务
8.2 水运工程施工企业安全生产管理人员职责
　　8.2.1 掌握企业法定代表人的安全生产职责
　　8.2.2 掌握企业分管安全生产工作负责人的安全生产职责

8.2.3　掌握企业分管技术工作负责人的安全生产职责
　　8.2.4　掌握企业专职安全生产管理人员的安全生产职责
　　8.2.5　掌握项目经理的安全生产职责
　　8.2.6　掌握项目主管安全生产工作副经理的安全生产职责
　　8.2.7　掌握项目总工程师的安全生产职责
　　8.2.8　掌握项目专职安全生产管理人员的安全生产职责

9　安全生产管理制度
　9.1　安全生产管理制度概述
　　9.1.1　了解建立安全生产管理制度的目的和意义
　　9.1.2　熟悉安全生产管理制度的主要内容
　9.2　安全生产责任制
　　9.2.1　了解建立安全生产责任制的目的和意义
　　9.2.2　了解物资保障责任
　　9.2.3　熟悉资金保障责任
　　9.2.4　熟悉机构设置和人员配备责任
　　9.2.5　熟悉安全生产规章制度制定责任
　　9.2.6　掌握教育培训责任
　　9.2.7　掌握安全管理责任
　　9.2.8　掌握事故报告和应急救援责任
　　9.2.9　熟悉法律、法规、规章规定的其他安全生产责任
　9.3　安全生产组织管理制度
　　9.3.1　了解建立制度的目的和意义
　　9.3.2　熟悉安全生产委员会或安全生产领导小组的建立
　　9.3.3　熟悉安全生产组织机构的建立及设置要求
　　9.3.4　熟悉企业安全生产组织机构的主要工作内容
　　9.3.5　熟悉企业内部安全组织管理的重点
　　9.3.6　熟悉制度的实施流程
　9.4　安全生产会议制度
　　9.4.1　了解建立制度的目的和意义
　　9.4.2　熟悉安全生产会议职责
　　9.4.3　熟悉主要工作程序
　　9.4.4　熟悉安全生产会议的分类
　　9.4.5　熟悉制度的实施流程
　9.5　安全生产管理人员考核制度
　　9.5.1　了解建立制度的目的和意义
　　9.5.2　熟悉安全生产考核形式和对象
　　9.5.3　掌握安全生产管理人员考核管理内容

9.5.4 熟悉制度的实施流程
9.6 安全生产教育与培训制度
9.6.1 了解建立制度的目的和意义
9.6.2 熟悉安全教育培训的形式
9.6.3 熟悉安全教育培训的对象
9.6.4 掌握安全教育培训的时间和要求
9.6.5 掌握企业三级安全教育的具体要求
9.6.6 熟悉制度的实施流程
9.7 安全生产费用管理制度
9.7.1 了解建立制度的目的和意义
9.7.2 掌握安全生产费用的使用范围
9.7.3 熟悉制度的实施流程
9.8 安全风险评估与管控制度
9.8.1 了解建立制度的目的和意义
9.8.2 掌握安全风险的辨识与评价
9.8.3 熟悉危险危害因素的分析、分类及管理措施
9.8.4 熟悉安全风险评估
9.8.5 熟悉出具安全风险评估报告
9.8.6 熟悉制度的实施流程
9.9 安全技术交底制度
9.9.1 了解建立制度的目的和意义
9.9.2 掌握安全技术交底的具体要求
9.9.3 熟悉制度的实施流程
9.10 危险性较大工程专项施工方案审批论证制度
9.10.1 了解建立制度的目的和意义
9.10.2 掌握危险性较大工程的范围
9.10.3 掌握专项施工方案的编制
9.10.4 熟悉专项施工方案的审核、审批
9.10.5 熟悉专项施工方案的论证
9.10.6 熟悉制度的实施流程
9.11 特种设备及作业人员安全管理制度
9.11.1 了解建立制度的目的和意义
9.11.2 熟悉特种设备的分类
9.11.3 熟悉特种设备的安装与调试
9.11.4 熟悉特种设备的管理
9.11.5 熟悉特种设备作业人员管理
9.11.6 熟悉制度的实施流程

9.12 职业健康安全和劳动防护用品管理制度
    9.12.1 了解建立制度的目的和意义
    9.12.2 熟悉职业病防治管理
    9.12.3 熟悉常见的劳动防护用品
    9.12.4 熟悉劳动防护用品的配备与使用
    9.12.5 掌握施工安全"三宝"的内容及使用方法
    9.12.6 熟悉制度的实施流程

9.13 生产安全事故隐患排查和治理制度
    9.13.1 了解建立制度的目的和意义
    9.13.2 熟悉事故隐患的分级
    9.13.3 掌握事故隐患的排查治理
    9.13.4 熟悉事故隐患排查治理的报告
    9.13.5 熟悉事故隐患排查结果公示
    9.13.6 熟悉事故隐患治理和验收销号
    9.13.7 熟悉制度的实施流程

9.14 安全检查制度
    9.14.1 了解建立制度的目的和意义
    9.14.2 熟悉安全检查的类型
    9.14.3 掌握安全检查的方法
    9.14.4 掌握安全检查的内容
    9.14.5 熟悉制度的实施流程

9.15 生产安全事故应急管理制度
    9.15.1 了解建立制度的目的和意义
    9.15.2 熟悉生产安全事故应急管理内容
    9.15.3 熟悉生产安全事故应急管理要求
    9.15.4 熟悉制度的实施流程

9.16 分包单位安全生产考评制度
    9.16.1 了解建立制度的目的和意义
    9.16.2 熟悉安全生产管理考评的方法
    9.16.3 熟悉安全生产信息评价的主要内容
    9.16.4 熟悉安全生产考评的应用
    9.16.5 熟悉制度的实施流程

9.17 安全生产事故报告及调查处理制度
    9.17.1 了解建立制度的目的和意义
    9.17.2 掌握生产安全事故分类
    9.17.3 掌握生产安全事故报告程序和主要内容
    9.17.4 熟悉生产安全事故处理的一般要求

9.17.5 熟悉制度的实施流程
9.18 企业负责人带班生产制度
9.18.1 了解建立制度的目的和意义
9.18.2 掌握施工企业负责人带班检查要求
9.18.3 掌握项目负责人带班生产要求
9.18.4 熟悉监督检查重点
9.18.5 熟悉制度的实施流程
9.19 其他管理制度
9.19.1 熟悉平安工地考核评价制度
9.19.2 熟悉重大事故隐患清单管理制度
9.19.3 熟悉生产安全重大事故隐患挂牌督办制度(暂行)

(四)安全生产技术

10 施工安全技术准备
10.1 施工组织设计
10.1.1 熟悉施工组织设计安全技术措施编制要求
10.1.2 熟悉施工组织设计安全技术措施主要内容
10.2 专项施工方案
10.2.1 掌握危险性较大工程范围的分类
10.2.2 掌握专项施工方案的主要内容
10.2.3 熟悉专项施工方案的审批
10.2.4 熟悉专项施工方案的实施
10.3 安全技术交底
10.3.1 了解设计交底
10.3.2 熟悉施工交底
  10.3.2.1 熟悉施工安全技术交底原则要求
  10.3.2.2 熟悉施工安全技术交底的主要内容
10.3.3 熟悉班组交底

11 施工现场布设
11.1 施工现场总体布置与文明施工
11.1.1 熟悉施工现场总体布置要求
11.1.2 熟悉文明施工要求
11.2 预制场地
11.2.1 了解预制场地勘察与综合论证要求
11.2.2 熟悉预制场地选择要求
11.3 水上临时设施
11.3.1 了解水上临时设施的种类
11.3.2 熟悉水上临时设施设置要求

11.4 安全用电
　　11.4.1 熟悉施工现场临时用电的一般规定
　　11.4.2 熟悉临时用电组织设计要求
　　11.4.3 掌握自备发电机组布置要求
　　11.4.4 掌握施工现场临时用电原则与安全配置要求
　　11.4.5 熟悉用电防护与防雷安全要求
11.5 施工现场消防安全管理
　　11.5.1 熟悉施工现场防火要求

12 个体安全防护

12.1 个体安全防护的基本规定
　　12.1.1 掌握个体安全防护的一般规定
12.2 安全帽
　　12.2.1 熟悉安全帽的安全要求
　　12.2.2 掌握安全帽的佩戴方法
12.3 安全带
　　12.3.1 熟悉安全带的安全要求
　　12.3.2 掌握安全带的佩戴方法
12.4 救生衣
　　12.4.1 熟悉救生衣的安全要求
　　12.4.2 掌握救生衣的穿戴方法
12.5 防护服
　　12.5.1 了解防护服的种类与作用
　　12.5.2 掌握防护服的安全要求
12.6 防护鞋
　　12.6.1 了解防护鞋的种类与作用
　　12.6.2 掌握防护鞋的安全要求
12.7 防护手套
　　12.7.1 了解防护手套的种类与作用
　　12.7.2 掌握防护手套的安全要求
12.8 防护用具
　　12.8.1 熟悉防护用具的种类与作用
　　12.8.2 掌握防护用具的安全要求

13 施工机械设备

13.1 施工机械安全防护
　　13.1.1 了解水运工程施工机械的种类
　　13.1.2 熟悉机械管理的基本要求
　　13.1.3 熟悉机械管理的基础工作

13.1.4 掌握主要施工机械通用安全防护知识
13.1.5 掌握主要施工机械安全防护技术

13.2 施工船舶安全防护
13.2.1 了解水运工程施工船舶的种类
13.2.2 熟悉主要施工船舶的性能
13.2.3 熟悉主要施工船舶安全防护设备
13.2.4 熟悉主要施工船舶安全操作
13.2.5 熟悉施工船舶水上消防

13.3 施工船舶调遣
13.3.1 熟悉非自航工程船舶水上拖带调遣安全防护技术
13.3.2 熟悉自航工程船舶水上调遣安全防护技术
13.3.3 熟悉海船航区划分
13.3.4 掌握施工船舶调遣流程

13.4 施工船舶防风
13.4.1 了解我国近海风浪概况
13.4.2 熟悉海浪对施工作业的影响
13.4.3 掌握施工船舶防风、防台工作内容
13.4.4 掌握施工现场抗风与避风措施

14 通用作业

14.1 一般规定
14.1.1 熟悉水运工程施工作业安全防护的一般规定

14.2 测量作业
14.2.1 熟悉陆上测量安全防护
14.2.2 熟悉水上测量安全防护
14.2.3 熟悉测量设备安全

14.3 模板工程
14.3.1 了解模板工程施工中的常见事故
14.3.2 掌握模板工程施工安全技术防护
14.3.3 掌握模板存放的安全

14.4 钢筋工程
14.4.1 了解钢筋工程施工中的常见事故
14.4.2 掌握钢筋工程施工安全技术防护
14.4.3 掌握钢筋冷拉和预应力张拉安全技术

14.5 混凝土工程
14.5.1 了解混凝土工程施工中的常见事故
14.5.2 掌握混凝土工程施工安全技术防护

14.6 电焊、气焊作业

14.6.1 了解电焊、气焊作业中的常见事故
14.6.2 熟悉电焊、气焊作业时应注意的事项
14.6.3 掌握电焊、气焊作业安全技术防护

14.7 起重吊装作业
14.7.1 熟悉起重作业应遵守的规定
14.7.2 熟悉起重索具安全要求
14.7.3 掌握常用的起重机械安全作业要求
14.7.4 掌握特定情况下起重作业安全要求

14.8 高处作业
14.8.1 了解高处作业中的常见事故
14.8.2 熟悉高处作业的基本类型
14.8.3 掌握高处作业的安全技术防护

14.9 水上抛石
14.9.1 熟悉水上抛石方法和特点
14.9.2 掌握水上抛石安全操作要求

14.10 潜水作业
14.10.1 熟悉潜水作业一般安全规定
14.10.2 熟悉特殊施工环境下的潜水作业安全规定

14.11 爆破作业
14.11.1 了解爆破设计单位规定
14.11.2 熟悉爆破施工企业规定
14.11.3 掌握爆破施工作业的一般规定

14.12 软基处理工程
14.12.1 掌握软基处理工程的安全防护技术

14.13 拆除工程
14.13.1 掌握拆除工程安全技术管理

15 专业工程

15.1 预制构件起吊、出运和安装
15.1.1 了解水运工程预制构件的种类
15.1.2 熟悉预制构件起吊、出运方法
15.1.3 熟悉沉箱拖运技术准备工作
15.1.4 掌握预制构件安装安全防护技术

15.2 桩基施工
15.2.1 熟悉桩基施工的一般要求
15.2.2 掌握陆上锤击、振动、水冲沉桩施工安全技术措施
15.2.3 掌握水上锤击、振动、水冲沉桩安全规定
15.2.4 掌握灌注桩施工安全技术措施

15.3 深基坑支护及开挖
　　15.3.1 熟悉深基坑支护及开挖一般安全规定
　　15.3.2 掌握板桩支护安全规定
　　15.3.3 掌握地下连续墙施工安全规定
　　15.3.4 掌握沉井施工安全规定
15.4 疏浚和吹填工程
　　15.4.1 熟悉疏浚和吹填工程施工作业安全防护的一般要求
　　15.4.2 掌握各类挖泥船施工作业安全防护
　　15.4.3 掌握吹泥船施工作业安全防护
　　15.4.4 掌握泥驳施工作业安全防护
　　15.4.5 掌握吹填区围堰施工作业安全防护
　　15.4.6 掌握排泥管线敷设施工作业安全防护
15.5 沉排、铺排及冲沙袋施工
　　15.5.1 熟悉沉排、铺排及冲沙袋施工的一般要求
　　15.5.2 掌握铺排船施工作业安全防护技术
　　15.5.3 掌握干滩和浅水人工铺排作业安全防护
　　15.5.4 掌握冲沙袋施工作业安全防护
15.6 水下爆破施工
　　15.6.1 掌握水下爆炸排淤施工安全要求
　　15.6.2 掌握水下爆炸夯实施工安全要求
　　15.6.3 掌握水下炸礁施工安全要求

16 特殊季节与特殊环境施工

16.1 雨季施工
　　16.1.1 了解雨季施工总要求
　　16.1.2 熟悉雨季施工准备措施
　　16.1.3 掌握重点分项工程雨季施工安全措施
16.2 冬季施工
　　16.2.1 掌握冬季施工安全防护措施
16.3 高温季节施工
　　16.3.1 熟悉高温季节施工安全防护措施
16.4 热带气旋季节施工
　　16.4.1 掌握热带气旋季节施工安全防护措施
16.5 夜间施工
　　16.5.1 掌握夜间施工安全防护措施
16.6 能见度不良天气施工
　　16.6.1 掌握能见度不良天气施工安全防护措施
16.7 无掩护水域施工

16.7.1 掌握无掩护水域施工安全防护措施
16.8 其他特殊条件施工
16.8.1 熟悉其他特殊条件施工安全防护措施

第二部分　模拟题库

公路篇

一、综合知识和能力

（一）单项选择题

1. 安全生产管理人员使用最多的辨识危险源的方法是（   ）。
   A. 事故树分析法   B. 工作任务分析法
   C. 现场调查法   D. 故障树分析法
2. 担任项目安全生产委员会主任的是（   ）。
   A. 项目经理   B. 项目副总经理
   C. 项目安全总监   D. 技术副总经理
3. 安全生产管理长效机制建构中，事故持续高发的阶段是（   ）。
   A. 内容设计阶段   B. 要素构建阶段
   C. 反馈完善阶段   D. 整合运行阶段
4. 安全系统工程最早起源于（   ）。
   A. 经济管理部门   B. 交通建设部门
   C. 道路运输部门   D. 航空部门
5. 一般中型以上的公路水运工程施工单位，应当（   ）组织一次安全检查。
   A. 每一个季度   B. 每一个月
   C. 每一年度   D. 每一星期
6. 生产安全事故应急管理的第一原则是（   ）。
   A. 防止事故扩大，减少人员伤亡   B. 分工合作，落实责任
   C. 以人为本、关爱生命   D. 服从命令，听从指挥
7. 应急管理的四个阶段依次为（   ）。
   A. 接警、响应、准备、恢复   B. 预防、准备、响应、恢复
   C. 启动、响应、准备、救援   D. 准备、响应、救援、恢复
8. 《公路水运工程"平安工地"考核评价标准（试行）》规定，"平安工地"考评等级分为达标、不达标与（   ）三个等级。
   A. 示范   B. 优秀   C. 优良   D. 创建
9. 《公路水运工程施工企业项目负责人施工现场带班生产制度（暂行）》规定，公路水运工

程施工企业应建立本企业项目负责人施工现场带班生产的责任考核制度,每( )至少组织1次对所承揽工程项目经理部的定期检查考核。

  A.半年   B.一年   C.两年   D.三年

10.( )应对安全技术措施内容是否符合强制性标准要求进行重点审查,审查合格后方可同意工程开工。

  A.设计单位   B.建设单位

  C.施工单位   D.监理单位

11.安全技术交底由( )负责实施,实行逐级安全技术交底制度。

  A.设计单位技术负责人   B.施工单位项目部技术负责人

  C.施工单位专职安全员   D.施工单位项目部班组长

12.安全生产领域有一个"南风法则",即北风和南风比威力,看谁把行人身上的大衣吹掉,北风呼啸,结果行人把大衣裹得更紧,南风徐徐,行人感到春意浓浓,最后脱掉大衣。这一法则反映出安全生产管理必须坚持( )的理念。

  A.以人为本   B.综合治理

  C.预防为主   D.本质安全

13.各项安全管理制度的核心是( )。

  A.教育培训制度   B.责任追究制度

  C.组织管理制度   D.安全生产责任制度

14.如果我们把一个企业、一个项目、一个班组看做一个系统,系统内部都有人、物、环境、关系四大要素,从管理哲学来看,安全生产管理着重是管理( )。

  A.系统中的人   B.系统中的物

  C.系统所处的环境   D.系统内外要素之间的关系

15.安全生产管理的最高境界是( )。

  A.管理安全   B.规范安全   C.操作安全   D.本质安全

16.曾有"安全公理"之称的事故致因分析理论是( )。

  A.系统安全理论   B.海因里希的因果连锁理论

  C.人机轨迹交叉理论   D.破窗理论

17.从安全生产法律体系的构成来看,2015年5月1日开始实施的《公路工程施工安全技术规范》属于( )。

  A.安全基本法   B.行政法规   C.部门规章   D.国际条约

18.2014年12月1日开始实施的新《安全生产法》第18条将生产经营单位的主要负责人的安全责任在原来6大责任基础上增加到7大责任,下面属于新增加的是( )。

  A.建立、健全本单位安全生产责任制

  B.及时、如实报告生产安全事故

  C.保证本单位安全生产投入的有效实施

  D.组织制定并实施本单位安全生产教育和培训计划

19.《建筑法》第四十八条规定:建筑施工企业应当依法为职工参加工伤保险缴纳工伤保

险费。鼓励企业为从事危险作业的职工办理意外伤害保险,支付保险费。建筑工人意外伤害保险属于( )。

  A.法定保险 B.选择性保险 C.强制保险 D.责任保险

20. 有机溶剂的应用日趋广泛,围绕人们的衣食住行,都可以观察到有机溶剂的踪影,如四氯乙烯广泛用于纺织品的干洗,汽车防冻液、汽车轮胎制造等领域与有机溶剂密不可分。有机溶剂种类和用量的不断增加改善了人们的生活质量,同时也会给人们带来健康方面的损害。规避有机溶剂的伤害重在预防。对生产环节中可能存在的有机溶剂必须做好密闭化管理。存在有机溶剂的工作场所,应当定期检测空气中各种有机溶剂的浓度,使其符合国家职业卫生标准。家庭装修使用的有机溶剂,除了购买安全环保产品外,在入住前应当充分开窗通风,将空气中的有机溶剂控制在安全的剂量水平。这段文字意在强调( )。

  A.避免有机溶剂伤害的方法 B.有机溶剂的用途十分广泛
  C.有机溶剂造成伤害可以避免 D.有机溶剂可能伤害人的健康

21. 由细颗粒物造成的灰霾天气对人体健康的危害甚至要比沙尘暴更大。粒径10微米以上的颗粒物,会被挡在人的鼻子外面;粒径在2.5微米至10微米之间的颗粒物,能够进入上呼吸道,但部分可通过痰液等排出体外,另外也会被鼻腔内部的绒毛阻挡,对人体健康危害相对较小;而粒径在2.5微米以下的细颗粒物吸入人体后会进入支气管,干扰肺部的气体交换,引发包括哮喘、支气管炎和心血管病等方面的疾病。这些颗粒还会进入血液,其中的有害气体、重金属等溶解在血液中,对人体健康的伤害更大。这段文字意在说明( )。

  A.重金属等会溶解于血液中危及人体健康
  B.灾害天气中各自尺寸颗粒物的致病机理
  C.不同粒径的颗粒物对人体健康的不同影响
  D.灰霾天气中的细颗粒物对人体健康伤害大

22. 某公司三名销售人员2011年的销售业绩如下:甲的销售额是乙和丙销售额的1.5倍,甲和乙的销售是丙的销售额的5倍,已知乙的销售额是56万元,问甲的销售额是( )。

  A.98万元 B.112万元 C.140万元 D.144万元

23. 企业社会响应是指企业受社会伦理道德标准的引导满足社会某种普遍需要。根据上述定义,下列选项不属于企业社会响应的是( )。

  A.某工厂发生污染事故,周边企业出资垫付事故赔偿金
  B.工程队在工地周围铺设防尘网,减少粉尘造成的污染
  C.某企业捐赠3亿股企业股票给慈善组织设立专项基金
  D.某公司按照《残疾人保障法》的规定安排残疾人就业

24. 小王、小张、小李、小顾四位舍友预测某次考试的结果。小王:我想这次大家都能过吧!小张:怎么可能?你没看见我乌云密布吗?小李:小顾肯定是没问题的。小顾:拜托!要是我没问题,大家就都没问题。成绩公布后,证明四人中只有一个人的说法是错误的。说法错误的是( )。

  A.小王 B.小张 C.小李 D.小顾

25. 下列法律法规中,第一次详细规定各参建单位的安全责任以及政府部门监管责任的是

( )。

  A.《安全生产法》   B.《安全生产许可证条例》

  C.《建设工程安全生产管理条例》   D.《建筑法》

26. 2008年3月5日下午某时,某在建公路发生坍塌事故,死亡31人,重伤55人,直接经济损失4900多万元,请问该事故应在( )小时内报至当地政府。

  A.5   B.7   C.9   D.1

27. 风险识别的结果是( )。

  A.建立风险清单   B.发现危险源

  C.发现事故隐患   D.规划风险控制对策

28. 心理学研究表明,一种良好的安全行为习惯的形成,需要( )次行为的反复。

  A.10   B.21   C.30   D.11

29. 某公司董事长由上一级单位总经理张某兼任,张某长期在外地,不负责该公司日常工作。该公司总经理安某在国外脱产学习,期间日常工作由常务副总经理徐某负责,分管安全生产工作的副总经理姚某协助其工作。根据安全生产法有关规定,此期间对该公司的安全生产工作全面负责的人是( )。

  A.安某   B.张某

  C.徐某   D.姚某

30. 重大隐患排查治理的责任主体是( )。

  A.建设单位   B.施工单位

  C.设计单位   D.监理单位

(二)多项选择题

1. 风险管理包括策划、组织、领导、协调和控制等方面的工作,其工作流程应包括( )步骤。

  A.风险辨识   B.风险分析   C.风险控制   D.风险转移

  E.风险规避

2. 构成安全隐患的因素有( )。

  A.致害物   B.不安全状态+起因物

  C.不安全状态+不安全行为+起因物   D.不安全行为+起因物

  E.起因物

3. 以下物体(品)中,既是起因物又是致害物的是( )。

  A.架空高压裸线   B.雷击、导电物体

  C.易燃物   D.一氧化碳、瓦斯和其他有毒气体

  E.水泥浆

4. 公路工程施工行业的生产经营单位新进场的从业人员,必须进行( )的三级安全培训教育。

  A.区域级   B.公司

C. 项目经理部(或工区、工程队等)　　D. 作业队(或班组等)

E. 国家级

5.《公路水运工程施工企业项目负责人施工现场带班生产制度(暂行)》规定现场带班的方式是(　　)。

A. 现场巡视检查　　　　　　　B. 现场工作例会

C. 蹲点带班生产　　　　　　　D. 现场专题讲座

E. 典型经验介绍

6. 下列属于安全生产管理的基本原理的是(　　)。

A. 系统原理　　B. 强制原理　　C. 预防原理　　D. 人本原理

E. 破窗原理

7. 下列属于海因里希因果连锁理论所提到的关键性因素的是(　　)。

A. 人的缺点　　　　　　　　　B. 遗传与社会环境

C. 人的不安全行为与物的不安全状态　　D. 管理缺陷

E. 现场失误

8. 下列属于第一类危险源的是(　　)。

A. 吊起重物的势能　　　　　　B. 噪声的声能

C. 机械和车辆的动能　　　　　D. 高处坠落的势能

E. 未正确佩戴安全防护用品

9. 人的不安全行为大多是因为对安全不重视、态度不正确、技能或知识不足、健康或生理状态不佳和劳动条件不良等因素造成的。下列属于人的不安全行为的是(　　)。

A. 使用不安全设备　　　　　　B. 以手工取代工具

C. 冒险进入危险场所　　　　　D. 不安全装束

E. 未贯彻落实安全管理法律法规

10. 辨识危险源除了主要使用现场调查法之外,还采用以下(　　)方法。

A. 事故树分析法　　　　　　　B. 安全检查表法

C. 危险与可操作性研究法　　　D. 具体实践法

E. 专家论证法

11. 安全理念发展的主要动力是(　　)。

A. 生产社会化程度的提高　　　B. 生产自动化、信息化水平的提升

C. 科学技术的进步　　　　　　D. 人类生命与健康意识的增强

E. 人类生产力水平的提高

12. 迄今为止,安全理念经历的三大转化是(　　)。

A. 从宿命理念向可控理念转化

B. 从关注单一安全因素向关注系统安全转化

C. 从关注财产安全向关注生命安全转化

D. 从关注安全向关注生命与健康并举转化

E. 从"物本"安全向"人本"安全转化

13. 下列费用可以在安全生产费用中列支的有(　　)。

A. 购买消防车的费用　　　　　　　　B. 设置围挡的费用
C. 购买用电专用开关的费用
D. 施工单位组织对重大隐患进行评估的费用
E. 施工单位的招待费用

14. 以下属于较大安全生产事故的是（　　）。
    A. 造成 3 人以上 10 人以下死亡的事故
    B. 造成 10 人以上 30 人以下死亡的事故
    C. 造成 10 人以上 50 人以下重伤的事故
    D. 造成 1000 万元以上 5000 万元以下直接经济损失的事故
    E. 造成恶劣社会影响的事故

15. 特种设备出厂时，应当随附安全技术规范要求的（　　）相关技术资料和文件，并在设备显著位置设置产品铭牌、安全警示标志及其说明。
    A. 设计文件　　　　　　　　　　B. 产品质量合格证明
    C. 安装及使用维护保养说明　　　　D. 监督检验证明
    E. 使用说明书

16. 习近平总书记十八大以来一直强调，在安全生产工作中要贯彻的思维是（　　）。
    A. 底线思维　　B. 红线思维　　C. 人本思维　　D. 效益思维
    E. 历史思维

17. 安全生产领域有一个"市场法则"，即 1∶8∶25。也就是说，一个人如果对安全工作满意，他会向 8 个人表达，如果不满意，就会向 25 个人表达。下列对这一法则理解正确的是（　　）。
    A. 安全管理必须不断加强安全文化建设
    B. 安全管理必须提升员工的安全满意度
    C. 生产安全事故影响大，影响坏，好事不出门，坏事传千里
    D. 安全工作没有终点，只有起点
    E. 每一个安全事故都是可以预防的

18. 《中央企业安全生产监督管理暂行办法》第十三条规定：中央企业应当建立健全安全生产管理体系，积极推行和应用国内外先进的安全生产管理方法、体系等，实现安全生产管理的规范化、标准化、科学化、现代化。下列属于中央企业安全生产管理体系的有（　　）。
    A. 监督保证体系　　B. 教育培训体系　　C. 安全责任体系　　D. 组织制度体系
    E. 技术开发体系

19. 责任追究制度提出的"四不放过"是指（　　）。
    A. 原因没有查清不放过　　　　　　B. 责任人没有受到严肃处理不放过
    C. 广大群众没有受到教育不放过　　D. 防范措施没有落实不放过
    E. 赔偿资金不到位不放过

20. 下列关于应急救援的表述正确的是（　　）。
    A. 应急预案应该 2 年修订一次

B. 启动应急预案应该做好相关记录
C. 应急预案应该定期进行演练
D. 综合应急预案是最有整体性、科学性、针对性的应急预案
E. 应急救援应该在安全生产委员会统一领导下进行

21. 在事故中,一座大桥的一个桥墩坏了,我们上报损失时往往只报一个桥墩的损失,但是实际上,整个桥梁都坏了。这一桥墩法则说明( )。
    A. 事故的损失不仅仅是直接的有形损失,还包括无形的间接损失
    B. 事故的真正损失是长期的、全局的、潜在的
    C. 在看待事故损失时应有系统的、整体的思维
    D. 预防事故发生是安全管理的重心所在
    E. 这属于谎报瞒报事故

22. 下列关于生产安全事故档案管理表述正确的是( )。
    A. 凡造成人员死亡或者重伤的事故档案必须永久保管
    B. 造成1000万元以上直接经济损失的事故档案必须永久保管
    C. 造成1000万元直接经济损失的事故档案必须永久保管
    D. 未造成人员死亡或者重伤,且直接经济损失在1000万元以下的事故档案为30年保管
    E. 任何安全生产事故的档案都应永久保存

23. 根据《安全生产许可证条例》,下列属于取得安全生产许可证所必须具备的条件是( )。
    A. 安全投入符合安全生产要求
    B. 主要负责人和安全生产管理人员经考核合格
    C. 依法进行安全评价
    D. 依法参加工伤保险,为从业人员缴纳保险费
    E. 应该具有较高安全技术水平

24. 下列属于安全目标的表述形式的有( )。
    A. 绝对数表达法,如本企业职工年死亡人数不高于0.2%
    B. 相对数表达法,如较大事故起数下降30%
    C. 模糊表达法,如切实提高安全生产管理水平
    D. 远景描述法,如百亿元产值安全事故死亡率低于同行业平均水平
    E. 事故描述法,如详细描述某一事故的发生情况

25. 企业持有安全生产标准化达标证书,但是具有如下情况的应实施附加考评( )。
    A. 发生重特大安全生产事故的
    B. 一年内企业连续发生二次及以上较大安全责任事故的
    C. 企业被举报并经核实其安全生产管理存在重大安全问题的
    D. 主管机关认为确实有必要进行附加考评的
    E. 企业没有持续进行安全技术开发的

26. 下列属于国内外建筑行业必须普遍遵循的职业道德准则是( )。
   A. 诚实信用　　　B. 遵纪守法　　　C. 廉洁自律　　　D. 公平公正
   E. 忠诚勇敢

27. 2015年印发的《国家安全监管总局特别重大生产安全事故调查处理工作程序》规定,特别重大事故调查处理的工作程序包括( )。
   A. 调查准备阶段　　B. 调查结案阶段　　C. 评估与归档阶段　　D. 反思与总结阶段
   E. 整改提高阶段

28. 预防生产安全事故有三大支柱,简称"3E",它们是( )。
   A. 技术手段　　　B. 教育手段　　　C. 经济手段　　　D. 管理手段
   E. 行政手段

29. 安全管理人员不但应该遵守法律规范,还应该遵守职业道德规范。下列属于违反职业道德规范的行为是( )。
   A. 不如实报告事故死亡人数
   B. 不及时认真学习安全知识,掌握安全技能
   C. 不公正处理安全事故
   D. 不努力提升安全管理能力
   E. 强令工人冒险作业

30. 公路工程安全生产工作目前面临的独特性主要表现为( )。
   A. 公路施工地域分布广　　　　　B. 公路施工环境条件复杂
   C. 跨线施工成为新常态　　　　　D. 大量新型特种设备广泛投入使用
   E. 安全管理人员的安全素质有待提高

31. 2015年5月1日开始实施的《公路工程安全施工技术规范》贯彻的三大理念是( )。
   A. 本质安全理念
   B. 以人为本,安全发展理念
   C. 安全第一,预防为主,综合治理理念　　D. 安全与健康并举理念
   E. 系统安全理念

32. 《公路工程施工安全技术规范》的修订主要基于( )四大矛盾。
   A. 公路工程总规模的新变化与原来规程的矛盾
   B. 公路工程项目空间布局的新变化与原来规程的矛盾
   C. 公路工程技术的新变化与原来规程的矛盾
   D. 公路工程设备新变化与原来规程的矛盾
   E. 公路工程总需求与总供给的矛盾

33. 消防人员的"四个能力"建设是指( )。
   A. 检查消除火灾隐患的能力　　　B. 扑救初级火灾的能力
   C. 组织疏散逃生能力　　　　　　D. 消防宣传教育能力
   E. 有效处理事故能力

34. 安全生产管理有三种境界,分别为( )。

A. 以无人员伤亡为目标的基本安全
B. 以生命与健康并举为目标的规范安全
C. 以消除事故发生可能性为目标的本质安全
D. 以提高整体安全性能为目标的系统安全
E. 以提高安全科技水平为目标的科技安全

35. 德国人海恩提出的一个在航空界关于飞行安全的法则叫做海恩法则,它表明每一起严重事故的背后,必然有29次轻微事故,300起未遂先兆,1000起事故隐患。这一法则表明( )。

A. 任何一起事故都是有原因的,并且是有征兆的
B. 安全生产是可以控制的,安全事故是可以避免的
C. 事故的发生是量的积累的结果
D. 再好的技术,再完美的规章,在实际操作层面,也无法取代人自身的素质和责任心
E. 安全责任是安全生产管理的灵魂

36. 2015年8月31日,山东滨源化学有限公司发生重大爆炸事故,2015年9月15日,公司负责人李倍祥被捕,在法庭上,李倍祥忏悔道:"这次事故,像是挥之不去的梦魇,如毒蛇般时刻吞噬着我的心灵,时刻围绕在我的眼前。如果能用我的生命去换回他们的生命,我都愿意去做。"这一事故教训告诉我们( )。

A. 每一位企业老总在安全问题上都不要心存侥幸
B. 安全领域内没有亡羊补牢的机会
C. 他人今天的事故就是故事
D. 再沉痛的忏悔也改变不了生命逝去、家庭破碎的现实
E. 企业每一位员工都应成为优秀的安全员

37. 下列属于可能引发高处作业风险的是( )。

A. 高处作业人员不熟悉作业环境
B. 未佩戴防坠落防滑用品
C. 作业人员患有恐高症、高血压等职业禁忌症
D. 基坑开挖作业未按照规定配备通信联络工具
E. 未召开安全工作会议

38. 在进行吊装作业时,应注意( )。

A. 吊装指挥人员应该由生产经营单位主要负责人担任
B. 斜拉重物不能起吊
C. 起吊指挥信号必须明确、统一、专业
D. 起吊重物不能超过5m
E. 应加强安全检查

39. 在进行动土作业时,为了化解作业风险,必须( )。

A. 动土临近地下隐蔽设施时,禁止使用抓斗
B. 挖掘土方应该自下而上进行

C. 落实人员进出口和撤离等保护措施

D. 作业人员上下时要铺设跳板

E. 应为作业人员配备供氧设备

40. 在进行断路作业时,下列行为可能引发生产安全事故的是(   )。

  A. 施工单位没有设置围栏   B. 施工单位随意堆放施工材料

  C. 夜间没有悬挂警示红灯   D. 施工单位没有设置安全巡检员

  E. 施工单位没有定期展开三级安全教育

41. 2011年7月1日起,《建筑法》第四十八条修改为:建筑施工企业应当依法为职工参加工伤保险缴纳工伤保险费。鼓励企业为从事危险作业的职工办理意外伤害保险,支付保险费。关于这一修改下列理解正确的是(   )。

  A. 意外伤害保险现在属于强制的法定保险

  B. 该修改降低了对建筑工程的保障力度

  C. 该规定从2011年7月1日实施

  D. 工伤保险属于强制法定保险

  E. 意外伤害保险与工伤险都属于强制险

42. 十八大以来,习近平总书记提出了"一带一路"战略,这一战略实施过程中可能面临的安全风险主要有(   )。

  A. 自然风险 B. 主权风险 C. 社会风险 D. 政治风险

  E. 法律风险

43. 为提高安全治理能力与治理体系的现代化、科学化水平,企业积极出台加强和创新安全管理的措施。下列措施中不属于创新安全管理的是(   )。

  A. 加强安全培训教育

  B. 通过微博、微信向企业与项目部提供安全资讯

  C. 提高一线安全管理人员的待遇水平

  D. 推进"互联网+安全管理"活动的深度、力度与广度

  E. 设立安全生产委员会

44. 十八届五中全会提出实施依法治国战略,在公路工程生产安全领域主要体现为(   )。

  A. 加强安全法律法规教育培训

  B. 处理生产安全事故必须体现法治精神,不可随心所欲

  C. 在公路工程生产安全领域做到有法必依

  D. 提升企业负责人、项目负责人以及专职安全生产管理人员依法治安的能力与水平

  E. 加强公路工程各道工序的隐患排查工作

45. 海外公路工程施工过程中应当积极贯彻中国精神,传播中华文化,其中中国精神的内核是(   )。

  A. 以改革创新为核心的时代精神 B. 以心忧天下,敢为人先的探索精神

  C. 以爱国主义为核心的民族精神 D. 以大爱无疆为特征的国际主义精神

E. 以永不停息为特征的进取精神

(三) 判断题

1. 作业队(班组)进行班前、班后岗位安全检查属于定期检查。( )
   A. 正确　　　　　　　　　　　　B. 错误
2. 检查中发现重大隐患,不能够立即解决的,应下达停工指令。( )
   A. 正确　　　　　　　　　　　　B. 错误
3. 在企业生产经营活动中,员工之间团结互助的基本要求是讲究合作,避免竞争。( )
   A. 正确　　　　　　　　　　　　B. 错误
4. 企业的整体形象是由职工的个体形象组成的,个体形象是整体形象的一部分,没有个体形象就没有整体形象,整体形象要靠个体形象来维护。( )
   A. 正确　　　　　　　　　　　　B. 错误
5. 危险驾驶罪就是指醉酒后驾驶机动车辆的情形。( )
   A. 正确　　　　　　　　　　　　B. 错误
6. 两个以上生产经营单位在同一作业区域内进行生产经营活动,可能危及对方生产安全的,应当签订安全生产管理协议。( )
   A. 正确　　　　　　　　　　　　B. 错误
7. 生产经营单位从业人员发现直接危及人身安全的紧急情况时,必须先报告,而不能停止作业。( )
   A. 正确　　　　　　　　　　　　B. 错误
8. 建筑施工企业从业人员超过200人就必须设置安全生产管理机构,配备专职安全生产管理人员。( )
   A. 正确　　　　　　　　　　　　B. 错误
9. 国家对特种设备的生产、经营、使用,实施分类的、全过程的安全监督管理。( )
   A. 正确　　　　　　　　　　　　B. 错误
10. 生产经营单位与从业人员订立的协议,可以适当免除或者减轻其对从业人员因生产安全事故伤亡依法应承担的责任。( )
    A. 正确　　　　　　　　　　　　B. 错误
11. 特种设备安全工作应当坚持安全第一、预防为主、节能环保、综合治理的原则。( )
    A. 正确　　　　　　　　　　　　B. 错误
12. 建设单位"不得压缩合同约定的工期"指的是不得单方面压缩工期。( )
    A. 正确　　　　　　　　　　　　B. 错误
13. 建设单位在编制工程概算时,应当确定建设工程安全作业环境及安全施工措施所需费用。( )
    A. 正确　　　　　　　　　　　　B. 错误
14. 建设工程实行施工总承包的,由总承包单位与分包单位对施工现场的安全生产负连带

责任。（　　）

  A. 正确　　　　　　　　　　　B. 错误

15. 特别重大事故、重大事故应逐级上报至国务院安全生产监督管理部门和负有安全生产监督管理职责的有关部门。（　　）

  A. 正确　　　　　　　　　　　B. 错误

16. 较大事故由省级人民政府直接组织事故调查组或授权或委托有关部门调查。（　　）

  A. 正确　　　　　　　　　　　B. 错误

17. 企业应当将安全费用优先用于满足安全生产监督管理部门对企业安全生产提出的整改措施或达到安全生产标准所需支出。（　　）

  A. 正确　　　　　　　　　　　B. 错误

18. 企业为职工提供的职业病防治、工伤保险、医疗保险所需费用在安全费用中列支。（　　）

  A. 正确　　　　　　　　　　　B. 错误

19. 施工单位对编制的专项施工方案必须组织专家进行审查。（　　）

  A. 正确　　　　　　　　　　　B. 错误

20. 海因里希的因果连锁理论着重强调的是人的不安全行为和物的不安全状态在事故发生中的作用。（　　）

  A. 正确　　　　　　　　　　　B. 错误

21. 第一类危险源决定事故发生的可能性，第二类危险源决定事故后果的严重程度。（　　）

  A. 正确　　　　　　　　　　　B. 错误

22. 在同一生产安全事故中，起因物和致害物是相同的物体。（　　）

  A. 正确　　　　　　　　　　　B. 错误

23. "人机轨迹交叉理论"强调人的因素和物的因素在事故发生中具有同等重要的地位。（　　）

  A. 正确　　　　　　　　　　　B. 错误

24. 生产经营单位待岗、转岗、换岗的从业人员，再重新上岗前，必须接受一次安全培训教育，时间不得少于20学时。（　　）

  A. 正确　　　　　　　　　　　B. 错误

25. 危险性较大工程专项施工方案需要论证的，应当由建设单位组织召开专家论证会。（　　）

  A. 正确　　　　　　　　　　　B. 错误

26. 对已经按要求治理的事故隐患应及时销号，解除监控。（　　）

  A. 正确　　　　　　　　　　　B. 错误

27. 重特大事故的档案保存期为70年。（　　）

  A. 正确　　　　　　　　　　　B. 错误

28. 系统安全理论认为，安全是一个相对主观的概念。（　　）

  A. 正确　　　　　　　　　　　B. 错误

29. 人们不可能消除一切危险源，只能消除或降低现有危险源的危险性。（　　）

A. 正确 B. 错误
30. 安全风险是指安全事故发生的可能性即损失程度的不确定性。( )
A. 正确 B. 错误
31. 破窗理论告诉我们,不安全行为往往是受从众心理的影响。( )
A. 正确 B. 错误
32. 生产经营单位可结合公司和项目情况为职工办理工伤社会保险。( )
A. 正确 B. 错误

(四) 案例题

1. 背景资料:2012年2月14日上午7时,某公司××大桥作业队队长谯××、副队长徐××带领17名作业队作业人员从××项目部驻地前往大桥南侧边跨工作现场。7时40分左右到达现场,班长蒲××对作业人员进行了分工,3人在南塔顶、6人在靠近南塔的箱梁段清理工具和废料作业;副队长徐××、班长蒲××、邓××、先××、杜××等8人到南侧上游边跨猫道上拆除改吊绳,7时50分左右,17名作业人员按照分工分别到达各自岗位,8名作业人员从南向北,从高到低依次拆除改吊绳。8时20分左右,改吊绳只剩下最后一根,先××、杜××、邓××3人留下继续拆除,其余人员撤离现场到桥面上收拾工具,准备将工具转送到北边跨。8时25分左右,猫道突然倾斜,上述3名工人坠落至地面(垂直高度45m),现场有关人员立即将3人紧急送往某市人民医院抢救,经抢救无效3人均于当天死亡。经过调查发现,大桥南边跨上游侧猫道最后一根改吊绳解除后,猫道下放过程中,因突发团雾,邓××、先××、杜××3名作业人员没有能够及时发现存在的不安全状态,导致猫道内侧触及塔锚间引桥翼缘板,外侧猫道发生局部倾斜扭转。因为猫道特殊的柔性结构体系,局部倾斜扭转后,松放猫道的外侧手拉葫芦受力瞬间突然加大,导致葫芦断裂,猫道局部瞬间侧翻,加之3名作业人员安全意识不强,麻痹大意,没有按规定将身上穿戴的安全带系挂在扶手索上,在猫道局部倾斜扭转时,失去保护,从而导致事故发生。

(1) 本事故属于( )。
 A. 一般事故 B. 较大事故
 C. 重大事故 D. 特大事故
(2) 本事故应该由( )负责调查。
 A. 县级人民政府 B. 设区的市级人民政府
 C. 省级人民政府 D. 国务院
(3) 本事故的直接原因是该公司安全管理制度不完善。( )
 A. 正确 B. 错误
(4) 如果要对事故发生单位进行罚款,根据新《安全生产法》的规定,应该处以上一年收入的百分之四十。( )
 A. 正确 B. 错误

2. 背景资料:2008年12月27日7时30分许,位于韶山路的"上海城"工程施工电梯(荷载9人)在运送施工人员时发生坠落,造成18人死亡、1人重伤。2008年12月26日16时许,高某对施工电梯进行加节安装,同日 21 时许完成。经安全监察部门鉴定,电梯标准节的螺栓没有按要求安装是导致本次事故的直接原因,而未按要求安装附着及增加附着后未按规定验收合格就投入使用是导致本次事故的次要原因。

(1)安装人员无执业资格证书,是本次事故发生的直接原因。( )

  A. 正确   B. 错误

(2)项目部也未安排安全员进行现场安全管理,表明管理松懈。( )

  A. 正确   B. 错误

(3)监理人汤某未履行旁站监督职责,未对该栋楼的施工电梯及其使用、运行进行检查,应承担相应的法律责任是( )。

  A. 民事责任   B. 刑事责任   C. 行政责任   D. 经济责任

(4)升降机上乘坐的工人远远超载是事故发生的( )。

  A. 直接原因   B. 间接原因   C. 次要原因   D. 重要原因

3. 背景资料:××高速公路分四个阶段施工,其中软基段长达 14km,该段软土地基处理采用清除鱼塘淤泥及田地杂物,回填河砂至地表,再铺设 60cm 厚的砂砾垫层,打塑料板间距 1.2m,长度为 11m,其上层铺两层土工布,土工布之间是 50cm 砂,第二层土工布上仍是填砂。施工单位自××年 3 月底开始施工到××年 10 月底,填砂已达到设计高程。路基填筑高度为 4m 左右,后因邻近的季华路立交桥高程提高,线路纵坡重新调整,12 月底,路基填筑高度增加 2.32~2.85m,施工单位接到变更设计图纸后继续施工,到××年 12 月底,路基填筑高度高达 5.8m。次年元旦,该段路基产生了滑坍,路基平均下沉 2m,工人 C 和 X 正在此段路填筑土,C 及时跳离逃生,X 则随路基滑下,后被救起,经医院抢救无效后死亡。

(1)本次事故的技术原因,主要在于在该段路基变更设计情况下,设计单位未增设反压护道。( )

  A. 正确   B. 错误

(2)根据相关技术规范,路基高程平均提高 2.5cm,路基竖向沉降每日必须超过 1.5cm。( )

  A. 正确   B. 错误

(3)关于本次事故的管理原因,下列表述错误的是( )。

  A. 设计单位对设计方案考虑欠周全

  B. 没有按规范编制专项的工程安全施工组织设计

  C. 缺乏专门的管理人员进行现场指挥和监管

  D. 违反特种设备操作规程

(4)关于预防同类事故的对策,下列表述错误的是( )。

  A. 对不同情况的软土地基,要考虑不同的设计方案

  B. 软土地基填筑时,必须严格控制填土速率

  C. 软土地基填筑时,必须进行沉降监测

  D. 避免盲目施工

  E. 此类施工不属于必须编制专项施工方案的类型

4.背景资料:2011年5月17日12时许,××高速公路B3标××桥大桥左线2号墩进行第二节墩身浇筑(第一节墩高13m,第二节浇筑高度10.6m)时,模具底部漏浆而发生模板爆裂,导致正在浇筑的墩身倾斜倒塌,4根缆风绳断裂,现场作业的4人从23m高处坠落后死亡。

(1)本次事故发生的直接原因是模板底部及侧向的螺栓未按规定上足并拧紧,模板与中系梁连接处爆裂。(　　)

　　A.正确　　　　　　　　　　　B.错误

(2)进行此类施工时应防范施工过程中因发生大风而发生高处坠落风险。(　　)

　　A.正确　　　　　　　　　　　B.错误

(3)下列不属于高墩模板爆裂事故发生的直接原因是(　　)。

　　A.模板本身有质量问题　　　　B.螺栓本身质量问题和安装问题
　　C.施工现场管理不到位　　　　D.未按照规定进行安全教育

(4)下列不属于高墩模板爆裂事故发生的共同特征是(　　)。

　　A.模板本身纵向开裂　　　　　B.模板连接螺栓断裂
　　C.未建立风险清单　　　　　　D.多数事故发生在混凝土浇筑临近结束

参 考 答 案

(一) 单项选择题

1. C	2. A	3. B	4. D	5. A	6. A	7. B	8. A	9. A	10. D
11. B	12. A	13. D	14. D	15. D	16. B	17. C	18. D	19. B	20. A
21. D	22. D	23. D	24. B	25. C	26. D	27. A	28. B	29. C	30. B

(二) 多项选择题

1. ABCD	2. BCD	3. BCD	4. BCD	5. AC
6. ABCD	7. ABC	8. ABC	9. ABCD	10. ABC
11. ACD	12. ABD	13. BCD	14. ACD	15. ABCD
16. ABC	17. ABC	18. ABCD	19. ABCD	20. BC
21. ABCD	22. ABC	23. ABCD	24. ABD	25. ABCD
26. AD	27. ABC	28. ABD	29. BCD	30. ABCD
31. ABC	32. ABCD	33. ABCD	34. ABC	35. ABCD
36. ABDE	37. ABC	38. BC	39. ACD	40. ABCD
41. CD	42. ABCDE	43. AC	44. ABCD	45. AC

(三) 判断题

1. B	2. A	3. B	4. A	5. B	6. A	7. B	8. B	9. A	10. B
11. A	12. A	13. A	14. B	15. A	16. B	17. A	18. B	19. B	20. A
21. B	22. B	23. A	24. A	25. B	26. A	27. B	28. A	29. A	30. A
31. A	32. B								

(四) 案例题

1. (1) B	(2) B	(3) B	(4) A
2. (1) B	(2) A	(3) C	(4) A
3. (1) A	(2) B	(3) D	(4) E
4. (1) A	(2) A	(3) D	(4) C

二、法律法规及规章规范

(一) 单项选择题

1. 根据《建筑工程安全生产管理条例》,意外伤害保险费由施工单位支付。实行施工总承包的,由总承包单位支付意外伤害保险费。意外伤害保险期限自( )止。
   A. 建设工程开工之日起至有意外伤害发生
   B. 有意外伤害发生起到竣工验收合格
   C. 开工令下达起至竣工
   D. 建设工程开工之日起至竣工验收合格

2. 建筑施工企业在编制施工组织设计时,应当根据( )制订相应的安全技术措施。
   A. 建筑工程的特点   B. 建设单位的要求
   C. 本单位的特点   D. 主管部门的要求

3. 在( )中,我国第一次确立了企业安全生产的准入制度,是强化安全生产源头管理,全面落实安全生产方针的重大举措。
   A.《建筑法》   B.《安全生产法》
   C.《建设工程安全生产管理条例》 D.《安全生产许可证条例》

4. 生产经营单位发生生产安全事故造成人员伤亡、他人财产损失的,应当依法承担( );拒不承担或者其负责人逃匿的,由人民法院依法强制执行。
   A. 民事责任   B. 刑事责任   C. 行政责任   D. 赔偿责任

5. 根据《建设工程安全生产管理条例》,施工单位应当设立( ),配备专职安全生产管理人员。
   A. 安全生产管理机构   B. 安全生产监督机构
   C. 安全生产实施机构   D. 安全生产保障机构

6. 根据《建设工程安全生产管理条例》,总承包单位应当自行完成建设工程( )的施工。
   A. 整体结构   B. 主要结构   C. 所有结构   D. 主体结构

7. 根据《建设工程安全生产管理条例》,建设单位在申请领取施工许可证时,应当提供建设工程有关( )的资料。
   A. 相关技术措施 B. 质量保证措施 C. 安全施工措施 D. 进度保证措施

8. 在建设工程安全生产管理基本制度中,( )是最基本的安全生产管理制度,是所有安全规章制度的核心。
   A. 安全生产责任制度   B. 群防群治制度
   C. 安全生产检查制度   D. 安全责任追究

9.制定《建设工程安全生产管理条例》的主要目的是( )。
   A.制定评分办法,便于行业管理
   B.加强建设安全生产监督管理,保障人民群众生命和财产
   C.以最少的安全投入实现有效的安全管理
   D.建立统一的司法解释,有助于法律程序的执行

10.根据《建设工程安全生产管理条例》规定,公路施工企业施工单位对因建设工程可能造成损害的毗邻建筑物、构筑物和地下管线等,应当采取( )。
   A.施工组织设计   B.施工方案
   C.安全技术措施   D.专项防护措施

11.根据《建设工程安全生产管理条例》,安全警示标志必须符合( )。
   A.国家标准   B.行业标准   C.企业标准   D.地方标准

12.建设单位不得明示或暗示施工单位违反( )。
   A.工程建设国家标准   B.工程建设行业标准
   C.工程建设强制性标准   D.工程建设企业标准

13.生产经营单位的特种作业人员必须按照国家有关规定经专门的安全作业培训,取得( ),方可上岗作业。
   A.安全生产合格证   B.特种作业上岗证
   C.特种作业操作资格证书   D.合格证书

14.《生产安全事故报告和调查处理条例》自( )年6月1日起施行。
   A.2002   B.2005   C.2007   D.2009

15.对事故报告和调查处理中的违法行为,( )和个人有权向安全生产监督管理部门、监察机关或者其他有关部门举报,接到举报的部门应当依法及时处理。
   A.建设单位   B.监理单位   C.任何单位   D.设计单位

16.( )事故、火灾事故自发生之日起7日内,事故造成的伤亡人数发生变化的,应当及时补报。
   A.生产安全   B.意外伤害   C.道路交通   D.医疗意外

17.《生产安全事故报告和调查处理条例》规定的罚款的行政处罚,由( )监督管理部门决定。
   A.卫生行政   B.建筑行政   C.劳动保障   D.安全生产

18.特别重大事故以下等级事故,事故发生地与事故发生单位不在同一个县级以上行政区域的,由事故发生地人民政府负责调查,( )所在地人民政府应当派人参加。
   A.建设单位   B.监理单位   C.事故发生单位   D.设计单位

19.某剧院工程,建设单位在领取施工许可证后满一年才开工,则开工时( )。
   A.建设单位应当向发证机关报告   B.应当报发证机关核验施工许可证
   C.应当报发证机关申请延期   D.施工许可证已自行作废

20.施工单位应当对管理人员和作业人员进行( )安全生产教育培训,其教育培训情况记入个人工作档案。

A. 每半年至少一次 B. 每季度至少一次
C. 每年至少一次 D. 每两年至少一次

21. 工程建设中如果采用国际标准或者国外标准,而我国现行强制性标准未作规定的,( )应当向国务院建设行政主管部门或者国务院有关行政主管部门备案。
A. 建设单位 B. 施工单位 C. 设计单位 D. 质量监督机构

22. 某工程施工中发生如下事件,当事人对( )不服可以申请行政复议。
A. 由于项目经理失职,建筑公司没收了其资格证书
B. 总包单位对违反安全规定的农民工处以罚款
C. 由于质量不合格,建设单位扣押了某批建材
D. 由于存在严重安全隐患,现场被建设行政管理部门要求暂停施工整改

23. ( )是指国务院有关主管部门对没有国家标准而又需要在全国某个行业范围内有统一的技术要求所制定的技术规范。
A. 规范性文件 B. 强制性标准 C. 行业标准 D. 规章

24. 建设项目职业病危害分类管理办法由国务院( )监督管理部门制定。
A. 卫生行政 B. 建筑行政 C. 劳动保障 D. 安全生产

25. ( )应当保障职业病防治所需的资金投入,不得挤占、挪用,并对因资金投入不足导致的后果承担责任。
A. 用人单位 B. 建设单位 C. 事业单位 D. 行政部门

26. 职业健康检查应当由( )以上人民政府卫生行政部门批准的医疗卫生机构承担。
A. 县级 B. 市级 C. 区级 D. 省级

27. 《职业病防治法》自( )年5月1日起施行。
A. 2001 B. 2002 C. 2009 D. 2015

28. 《建设工程安全生产管理条例》自( )年2月1日起施行。
A. 2001 B. 2004 C. 2009 D. 2015

29. 依法批准开工报告的建设工程,建设单位应当自开工报告批准之日起( )内,将保证安全施工的措施报送建设工程所在地的县级以上地方人民政府建设行政主管部门或者其他有关部门备案。
A. 10日 B. 15日 C. 30日 D. 60日

30. 设计单位应当按照法律、法规和工程建设( )性标准进行设计,防止因设计不合理导致生产安全事故的发生。
A. 行业 B. 强制 C. 地方 D. 企业

31. 专职安全生产管理人员的配备办法由国务院( )行政主管部门会同国务院其他有关部门制定。
A. 交通 B. 建设 C. 安全 D. 行业

32. 施工现场临时搭建的建筑物应当符合安全使用要求,施工现场使用的装配式活动房屋应当具有( )。
A. 生产许可证 B. 产品合格证 C. 安全许可证 D. 质量认证

33.施工单位应当自施工起重机械和整体提升脚手架、模板等自升式架设设施验收合格之日起(　　)内,向建设行政主管部门或者其他有关部门登记。

　　A.10 日　　　　B.15 日　　　　C.30 日　　　　D.60 日

34.(　　)的主要负责人、项目负责人、专职安全生产管理人员应当经建设行政主管部门或者其他有关部门考核合格后方可任职。

　　A.建设单位　　B.监理单位　　C.施工单位　　D.设计单位

35.建设行政主管部门或者其他有关部门可以将施工现场的监督检查委托给建设工程(　　)监督机构具体实施。

　　A.质量　　　　B.标准　　　　C.安全　　　　D.计量

36.国务院负责特种设备安全监督管理的部门应当将允许使用的新材料、新技术、新工艺的有关技术要求,及时纳入(　　)。

　　A.安全技术规范　B.安全技术标准　C.安全技术要求　D.安全技术文件

37.锅炉、气瓶、氧舱、客运索道、大型游乐设施的设计文件,应当经负责特种设备安全监督管理的部门核准的检验机构(　　),方可用于制造。

　　A.鉴定　　　　B.审核　　　　C.核准　　　　D.批准

38.电梯的维护保养应当由电梯(　　)或者依照本法取得许可的安装、改造、修理单位进行。

　　A.使用单位　　B.制造单位　　C.鉴定单位　　D.监督单位

39.负责特种设备安全监督管理的部门实施安全监督检查时,应当有(　　)以上特种设备安全监察人员参加,并出示有效的特种设备安全行政执法证件。

　　A.3 名　　　　B.2 名　　　　C.5 名　　　　D.1 名

40.特种设备发生一般事故,由(　　)会同有关部门组织事故调查组进行调查。

　　A.国务院或者国务院授权有关部门
　　B.国务院负责特种设备安全监督管理的部门
　　C.省、自治区、直辖市人民政府负责特种设备安全监督管理的部门
　　D.设区的市级人民政府负责特种设备安全监督管理的部门

41.违反法律规定,应当承担民事赔偿责任和缴纳罚款、罚金,其财产不足以同时支付时,先承担(　　)。

　　A.行政赔偿责任　B.民事赔偿责任　C.刑事赔偿责任　D.国家赔偿责任

42.特种设备进行(　　),按照规定需要变更使用登记的,应当办理变更登记,方可继续使用。

　　A.报废　　　　B.出租　　　　C.转让　　　　D.改造修理

43.用人单位应当为劳动者创造符合(　　)职业卫生标准和卫生要求的工作环境和条件,并采取措施保障劳动者获得职业卫生保护。

　　A.行业　　　　B.企业　　　　C.地方　　　　D.国家

44.用人单位制定或者修改有关职业病防治的规章制度,应当听取(　　)的意见。

　　A.劳动部门　　B.安监部门　　C.职工　　　　D.工会组织

45. 有关防治职业病的国家职业卫生标准,由国务院( )部门组织制定并公布。
   A. 建筑管理   B. 卫生行政   C. 劳动保障   D. 安全监督

46. 用人单位应当依照( )要求,严格遵守国家职业卫生标准,落实职业病预防措施,从源头上控制和消除职业病危害。
   A. 安全生产   B. 卫生标准   C. 法律法规   D. 政策文件

47. 用人单位工作场所存在职业病目录所列职业病的危害因素的,应当及时、如实向所在地( )监督管理部门申报危害项目,接受监督。
   A. 卫生行政   B. 建筑行政   C. 劳动保障   D. 安全生产

48. 下列可以使用行政处分的人员是( )。
   A. 个体户   B. 中央企业主要负责人
   C. 私营企业主   D. 农民

49. 下列关于民事责任的表述,错误的是( )。
   A. 民事责任以财产责任为主
   B. 民事责任以向相对特定的权利人或受害人承担责任
   C. 民事责任以等价、补偿性质为主
   D. 民事责任的承担方式中包括罚款

50. 根据《建设工程安全生产管理条例》第65条规定,施工单位有下列( )行为的,可以责令限期改正,逾期未改的,责令停业整顿,并处10万元以上30万元以下罚款。
   A. 未按规定设立安全生产管理机构
   B. 未向作业人员提供安全防护用具
   C. 在尚未竣工的建筑物内设置员工集体宿舍
   D. 安全防护用具进入施工现场前未经查验

51. 与《建设工程安全生产管理条例》相比较,《公路水运工程安全生产监督管理办法》关于专职安全员的安全职责增加了( )。
   A. 现场监督   B. 检查记录   C. 隐患报告   D. 违章制止

52. 根据《〈生产安全事故报告和调查处理条例〉罚款处罚暂行办法》第13条规定,事故发生后逃匿的,处上一年收入( )的罚款。
   A. 60%   B. 70%   C. 80%   D. 100%

53. 事故发生后,事故现场有关人员应当立即向本单位负责人报告;单位负责人接到报告后,应当于( )小时内向事故发生地县级以上人民政府安全生产监督管理部门和负有安全生产监督管理职责的有关部门报告。
   A. 1   B. 2   C. 12   D. 24

54. 担任工程项目安全生产委员会主任单位的是( )。
   A. 建设单位   B. 施工单位   C. 设计单位   D. 监理单位

55. 下列对总承包单位和分包单位安全责任的描述中,错误的是( )。
   A. 建设工程实行总包和分包的,总承包商具有施工现场的统一管理权
   B. 总承包单位和分包单位对整体工程的安全生产承担连带责任

C. 分包单位不服从管理导致生产安全事故的,由分包单位承担主要责任
D. 建设工程实行施工总承包的,由总承包单位对施工现场的安全生产负总责

56. 下列关于安全生产许可证的说法中,表述错误的是( )。
   A. 安全生产许可证的有效期为3年
   B. 期满后需要延期的,应当于期满前3个月申请
   C. 遗失安全生产许可证在申请补办的同时,应当在公众媒体上声明
   D. 企业变更地址的,应当办理安全生产许可证变更手续

57. 某公路项目建设过程中,考虑到工程安全,施工单位编制了高大模板工程专项施工方案,该方案还须专家进行论证、审查,则方案论证、审查工作由( )来组织。
   A. 建设单位   B. 建设行政主管部门
   C. 施工单位   D. 监理单位

58. 下列工程建设法律责任的承担方式中,属于行政责任承担方式的是( )。
   A. 恢复原状   B. 停止侵害   C. 责令停产停业   D. 有期徒刑

59. 特种设备安全工作应当坚持( )的原则。
   A. 安全第一、预防为主、节能环保、综合治理
   B. 安全第一、预防为主
   C. 安全第一、预防为主、综合治理
   D. 管生产必须管安全

60. ( )和地方各级人民政府应当加强对特种设备安全工作的领导,督促各有关部门依法履行监督管理职责。
   A. 国务院   B. 国家安监总局
   C. 省、自治区、直辖市政府   D. 生产经营单位

61. ( )有权向负责特种设备安全监督管理的部门和有关部门举报涉及特种设备安全的违法行为,接到举报的部门应当及时处理。
   A. 任何单位和个人   B. 企业安全管理机构
   C. 安监部门   D. 个体户

62. 事故调查组由有关人民政府、安全生产监督管理部门、负有安全生产监督管理职责的有关部门、监察机关、公安机关以及工会派人组成,并应当邀请( )派人参加。
   A. 检察院   B. 法院   C. 纪委   D. 反贪局

63. 警告、记过、降级、降职、撤职、开除等属于( )。
   A. 行政处分   B. 行政处罚   C. 刑事责任   D. 民事责任

64. ( )是公安机关就近执行的,短期剥夺犯罪分子人身自由的刑罚方法。
   A. 缓刑   B. 拘役   C. 劳动教养   D. 监外执行

65. 事故发生单位主要负责人在事故发生后( )的,处上一年年收入80%的罚款。
   A. 不立即组织事故抢救   B. 迟报事故
   C. 漏报事故   D. 擅离职守

66. 下列法律法规中,第一次详细规定各参建单位的安全责任以及政府部门监管责任的是

(   )。

　　A.《安全生产法》　　　　　　　　B.《安全生产许可证条例》

　　C.《建设工程安全生产管理条例》　　D.《建筑法》

67. 2008年3月5日下午某时,某在建地铁发生坍塌事故,死亡31人,重伤55人,直接经济损失4900多万元。请问该事故层层上报至国务院最多需要(   )小时。

　　A.5　　　　　　B.7　　　　　　C.9　　　　　　D.11

68. 企业安全生产许可证可以延期的唯一条件是(   )。

　　A.原来有效期满

　　B.原有效期内,企业严格遵守有关安全生产的法律法规,未发生死亡事故

　　C.原有效期内,企业严格遵守有关安全生产的法律法规,未发生伤亡事故

　　D.原安全生产许可证颁发机关审查同意

69. 2012年5月10日,某施工单位发生一起生产安全事故,1人因公死亡,如果2011年全国城镇居民人均可支配收入为22458元,根据2010年《国务院关于进一步加强企业安全生产工作的通知》,应该发放的工亡补助金大约为(   )。

　　A.45万元　　　　B.22万元　　　　C.30万元　　　　D.60万元

70.《公路水运工程安全生产监督管理办法》规定的安全生产方针是(   )。

　　A.生产必须安全,安全为了生产　　　B.安全第一,预防为主

　　C.安全第一,预防为主,综合治理　　D.安全责任,重于泰山

71. 根据《公路水运工程安全生产监督管理办法》规定,下例说法正确的是(   )。

　　A.项目副总经理不属于项目负责人

　　B.企业安全生产工作的负责人属于施工单位主要负责人

　　C.公路水运工程安全生产管理实行统一监管,统一负责

　　D.滑坡和高边坡处理不属于危险性较大的工程

72. 根据《〈生产安全事故报告和调查处理条例〉罚款处罚暂行办法》规定,对发生特大事故的单位及其责任人员处以罚款的行政处罚由(   )决定。

　　A.国务院　　　　　　　　　　　B.国家安监总局

　　C.事故发生地省级人民政府　　　D.事故发生单位所在地省级人民政府

73.《公路工程施工安全技术规范》(JTG F90—2015)自(   )起施行。

　　A.2015年2月1日　　　　　　　B.2015年3月1日

　　C.2015年5月1日　　　　　　　D.2015年4月1日

74. 下列刑罚中,不是附加刑的是(   )。

　　A.无期徒刑　　B.剥夺政治权利　　C.罚金　　D.没收财产

75. 下列关于数罪并罚的表述,错误的是(   )。

　　A."数罪"是指判决宣告以前一人犯数罪

　　B.判决宣告以后刑罚执行完毕以前,发现犯罪分子还有"漏罪"

　　C.判决宣告以后刑罚执行完毕以前,犯罪分子又犯新罪

　　D.数罪并罚是指对数罪所判刑罚的代数相加

76. 较大安全事故发生单位主要负责人受到刑事处罚或者撤职处分的,自刑罚执行完毕或者受处分之日起,(   )不得担任本行业企业的主要负责人。
   A.1年内　　　　B.2年内　　　　C.5年内　　　　D.终身

77. 建设单位应当在拆除工程施工前(   )日前,将有关资料报送建管部门备案。
   A.3　　　　　　B.5　　　　　　C.10　　　　　　D.15

78. 安全生产许可证有效期满需要延期的,企业应当于期满前(   )向原颁证机关办理延期手续。
   A.一个月　　　　B.两个月　　　　C.三个月　　　　D.六个月

79. 对因生产安全事故造成的职工死亡,一次性工亡补助金按全国上一年度城镇居民人均可支配收入的(   )倍计算。
   A.5　　　　　　B.10　　　　　　C.15　　　　　　D.20

80. 意外伤害保险费应由施工单位支付,实行施工总承包的,由(   )单位支付意外伤害保险费。
   A.总包　　　　　B.分包　　　　　C.建设　　　　　D.实际施工

81. 根据《企业安全生产费用提取和使用管理办法》规定,港口与航道、公路工程类别安全费用提取标准为(   )。
   A.10%　　　　　B.1.5%　　　　　C.15%　　　　　D.1%

82. 对重大、特别重大及以上事故并负有主要责任的企业,其企业主要负责人,(   )不得担任本行业企业的负责人。
   A.三年内　　　　B.五年内　　　　C.十年内　　　　D.终身

83. 在修建道路以及停电、停水、截断通信线路时有可能影响消防队灭火救援的,有关单位(   )当地公安机关消防机构。
   A.必须事先通知　　　　　　B.应当事后通知
   C.可以事先通知　　　　　　D.根据情况通知

84. 《中华人民共和国消防法》的立法宗旨是为了预防火灾和减少火灾危害,加强应急救援工作,保护(   )安全,维护公共安全。
   A.生命　　　　　B.财产　　　　　C.人身、财产　　　D.公民人身

85. 《中华人民共和国劳动法》规定,延长工作时间每月最长的时限是(   )小时。
   A.12　　　　　　B.24　　　　　　C.36　　　　　　D.48

86. 当事人申请劳动争议仲裁的时效,是从知道或应当知道权利受侵害之日起(   )。
   A.15日内　　　　B.30日内　　　　C.60日内　　　　D.90日内

87. 下列关于法律责任,说法错误的是(   )。
   A.有行为才有责任
   B.谎报事故只是表达一种想法,不是行为,不需要承担法律责任
   C.安全生产的违法行为包括积极行为和消极行为
   D.损害事实是法律责任的必要条件

88. 根据《生产安全事故报告和调查处理条例》规定,对于发生特别重大事故的单位,给予

罚款的最高限额为( )。

  A. 500 万元 B. 1000 万元 C. 1500 万元 D. 2000 万元

89. 根据《建设工程安全生产管理条例》的规定,( )应当向施工单位提供施工现场及毗邻区域内供水、排水、供电、供气、供热、通信、广播电视等地下管线资料,并保证资料的真实、准确、完整。

  A. 监理单位 B. 建设单位 C. 设计单位 D. 规划部门

90. 根据《建设工程安全生产管理条例》的规定,( )在编制工程概算时,应当确定建设工程安全作业环境及安全施工措施所需费用。

  A. 工程监理企业 B. 施工单位 C. 设计单位 D. 建设单位

91. 《生产安全事故报告和调查处理条例》规定,( )上报至设区的市级人民政府安全生产监督管理部门和负有安全生产监督管理职责的有关部门。

  A. 一般事故 B. 较大事故 C. 重大事故 D. 特大事故

92. 根据《安全生产许可证条例》相关规定,下述中正确的是( )。

  A. 已经进行生产的企业,在《安全生产许可证条例》施行之日起 1 年内向颁发管理机关申请办理

  B. 安全生产许可证颁发管理机关完成审查扣发证工作的时限是自收到申请之日起 50 日之内

  C. 安全生产许可证有效期为 3 年,企业应当于期满前 2 个月内向原颁发管理机关办理延期手续

  D. 安全生产状况良好、没有发生死亡事故的企业予以免审延期,不需在有效期满前向原颁发管理机关提出延期申请

93. 下列属于较大事故的是( )。

  A. 3 人以下死亡

  B. 10 人以下重伤

  C. 1000 万元以上 5000 万元以下直接经济损失

  D. 20 人以下轻伤事故

94. 下列刑罚中最重的主刑是( )。

  A. 拘役 B. 有期徒刑 C. 驱逐出境 D. 罚金

95. 赔偿损失与支付违约金两种承担民事责任的方式( )。

  A. 不能单独适用 B. 不能合并使用

  C. 可以单独使用 D. 可以单独适用也可以合并适用

96. 用人单位拖欠或者未足额支付劳动报酬的,劳动者可以依法向当地人民法院申请( )。

  A. 法律援助 B. 支付令 C. 社会救济 D. 依法制裁用人单位

97. 职工患病,在规定的医疗期内劳动合同期满时,劳动合同( )。

  A. 即时终止   B. 续延半年后终止

  C. 续延一年后终止 D. 续延到医疗期满时终止

98. 劳动合同终止后,用人单位应当在( )内为劳动者办理档案和社会保险关系转移手续。

    A. 七日   B. 十五日   C. 一个月   D. 三个月

99. 用人单位( ),劳动者可以立即解除劳动合同,不需事先告知用人单位。

    A. 未按照劳动合同约定提供劳动保护或者劳动条件的

    B. 未及时足额支付劳动报酬的

    C. 以暴力、威胁或者非法限制人身自由的手段强迫劳动者劳动的

    D. 规章制度违反法律、法规的规定,损害劳动者权益的

100. 用人单位未足额向劳动者支付劳动报酬的,劳动者可以因此解除劳动合同,这种解除属于( )。

    A. 普通性预告解除   B. 特殊性预告解除

    C. 普通性即时解除   D. 特殊性即时解除

101. 劳动者( ),用人单位不可以解除劳动合同。

    A. 在试用期间被证明不符合录用条件的

    B. 患病或非因工负伤,在规定的医疗期内的

    C. 严重违反用人单位的规章制度的

    D. 被依法追究刑事责任的

102. 劳动者可以随时解除劳动合同的法定情形是用人单位( )。

    A. 变更名称、法定代表人、主要负责人

    B. 发生合并或者分立

    C. 变更投资人

    D. 未依法为劳动者缴纳社会保险费

103. 集体合同由( )代表企业职工一方与用人单位订立。

    A. 工会   B. 职工代表大会   C. 监事会   D. 股东代表大会

104. 因( )集体合同发生争议,经协商解决不成的,工会可以依法申请仲裁、提起诉讼。

    A. 签订   B. 履行   C. 订立   D. 检查

105. 对依法应当编制( )的建设项目,建设单位应当在编制时向可能受影响的公众说明情况,充分征求意见。

    A. 环境影响评价文件   B. 环境影响报告表

    C. 环境影响报告书   D. 环境影响登记表

106. 国家对严重污染环境的工艺、设备和产品实行淘汰制度。任何单位和个人不得( )严重污染环境的工艺、设备和产品。

    A. 生产、销售   B. 生产、销售或者转移、使用

    C. 生产、销售、使用   D. 生产、转移、使用

107. 机关、团体、企业、事业单位违反《消防法》的规定,未履行消防安全职责的,责令限期改正;逾期不改正的,对其直接负责的主管人员和其他直接责任人员可依法给予( )。

A. 行政拘留　　　　　　　　　　B. 处分或者警告处罚
C. 警告或罚款　　　　　　　　　D. 十五日以下拘留

108. 《中华人民共和国消防法》是由(　　)审议通过的。
A. 国务院　　　　　　　　　　　B. 全国人民代表大会常务委员会
C. 全国人民代表大会　　　　　　D. 中央军委

109. 根据《消防法》规定,消防工作贯彻(　　)的方针。
A. 谁主管,谁负责　　　　　　　B. 预防为主,防消结合
C. 专门机关与群众相结合　　　　D. 遏制重特大火灾

110. 直接涉及劳动者切身利益的规章制度和重大事项决定在实施过程中,工会或者职工认为不适当的,有权(　　)。
A. 不遵照执行
B. 宣布废止
C. 向用人单位提出,通过协商予以修改完善
D. 请求劳动行政部门给予用人单位处罚

111. 《劳动合同法》调整的劳动关系是一种(　　)。
A. 人身关系
B. 财产关系
C. 人身关系和财产关系相结合的社会关系
D. 经济关系

112. 用人单位自(　　)起即与劳动者建立劳动关系。
A. 用工之日　　　　　　　　　　B. 签订合同之日
C. 上级批准设立之日　　　　　　D. 劳动者领取工资之日

113. 用人单位招用劳动者,(　　)扣押劳动者的居民身份证和其他证件,不得要求劳动者提供担保或者以其他名义向劳动者收取财物。
A. 可以　　　B. 必须　　　C. 应当　　　D. 不得

114. 已经建立劳动关系,未同时订立书面劳动合同的,应当自用工之日起(　　)内订立书面劳动合同。
A. 十五日　　B. 一个月　　C. 二个月　　D. 三个月

115. 无固定期限劳动合同,是指用人单位与劳动者约定无确定(　　)时间的劳动合同。
A. 解除　　　B. 续订　　　C. 终止　　　D. 中止

116. 以下属于劳动合同必备条款的是(　　)。
A. 劳动报酬　　B. 试用期　　C. 保守商业秘密　　D. 福利待遇

117. 劳动合同期限一年以上不满三年的,试用期不得超过(　　)。
A. 一个月　　B. 二个月　　C. 半个月　　D. 一个半月

118. 劳动者在试用期的工资不得低于本单位相同岗位最低档工资或者劳动合同约定工资的(　　),并不得低于用人单位所在地的最低工资标准。
A. 百分之三十　　B. 百分之五十　　C. 百分之六十　　D. 百分之八十

119. 劳动合同被确认无效,劳动者已付出劳动的,用人单位(　　)向劳动者支付劳动报酬。
　　A. 可以　　　　　B. 不必　　　　　C. 应当　　　　　D. 不得

120. 用人单位发生合并或者分立等情况,原劳动合同(　　)。
　　A. 继续有效　　　　　　　　　　B. 失去效力
　　C. 效力视情况而定　　　　　　　D. 由用人单位决定是否有效

121. 用人单位变更名称、法定代表人、主要负责人或者投资人等事项,(　　)劳动合同的履行。
　　A. 影响　　　　　　　　　　　　B. 不影响
　　C. 不一定影响　　　　　　　　　D. 法律未规定是否影响

122. 用人单位应当按照劳动合同约定和国家规定,向劳动者(　　)支付劳动报酬。
　　A. 提前　　　　B. 及时分期　　　C. 提前足额　　　D. 及时足额

123. 万某、叶某、姚某、徐某4人被某劳务派遣公司派遣到一家公司工作。一天公司为从业人员发放劳动防护用品,但没有给他们4人发。公司负责人安某告诉他们说,由于你们和公司没有建立劳动关系,不是正式员工,按照国家规定由劳务派遣单位为你们提供劳动防护用品。徐某和他辩论说,不对,你们应当把我们和其他人一样对待,提供劳动防护用品。见两人争执不下,万某劝徐某说,算了,咱就是个临时工,不给咱发也说得过去。叶某说,咱和人家身份不一样,就别争了。姚某说,不给咱发也行,咱就干活儿拿钱,他们那些规章制度咱也不用听。以上说法正确的是(　　)。
　　A. 安某　　　　B. 徐某　　　　C. 万某和姚某　　　D. 叶某

124. 关于事故隐患排查治理制度,以下表述错误的是(　　)。
　　A. 生产经营单位应当采取技术、管理措施,及时发现并消除事故隐患
　　B. 事故隐患应当报告主管的负有安全生产监督管理职责的部门
　　C. 县级以上地方各级人民政府负有安全生产监督管理职责的部门应当建立健全重大事故隐患治理督办制度
　　D. 事故隐患排查治理情况应当如实记录,并向从业人员通报

125. 生产经营单位的安全生产管理人员在对本单位安全生产状况进行检查时,对发现的安全问题,正确的处理方式是(　　)。
　　A. 应当立即报告主管的负有安全生产监督管理职责的部门
　　B. 应当首先报告本单位主要负责人
　　C. 应当首先报告本单位有关负责人
　　D. 应当立即处理;不能处理的,应当及时报告本单位有关负责人

126. 国家加强生产安全事故应急能力建设,在建立应急救援基地和应急救援队伍时,应该选择(　　)。
　　A. 所有行业、领域　　　　　　　B. 重点行业、领域
　　C. 经济发达地区　　　　　　　　D. 经济欠发达地区

127. 根据《安全生产法》的规定,下列说法错误的是(　　)。

A.生产经营单位必须依法参加工伤保险

B.生产经营单位必须依法参加意外伤害保险,为从业人员缴纳保费

C.从业人员发现事故隐患或其他不安全因素时,应当立即向现场安全管理人员报告

D.危险物品的生产、经营、储存单位以及矿山、建筑施工单位应当建立应急救援组织

128.下列说法不符合《安全生产法》规定的是( )。

    A.建筑施工企业的主要负责人、安全生产管理人员、从业人员以及特种作业人员必须取得考核合格

    B.生产经营单位对重大危险源可以登记建档,进行定期检测、评估、监控,并制订应急预案

    C.生产、经营、储存、使用危险物品的车间、商店、仓库不得与员工宿舍在同一建筑物内

    D.两个以上施工企业在同一作业区域内进行施工,可能危及对方生产安全的,应当签订安全生产管理协议

129.依据《安全生产法》的规定,从业人员发现直接危及自身安全的紧急情况时,( )。

    A.应采取一切技术手段抢险救灾

    B.要立即向现场安全管理人员报告

    C.应在采取必要的个人防护措施后,在现场静观事态变化

    D.有权停止作业或在采取可能的应急措施后撤离作业现场

130.根据《劳动合同法》第十条第一款的规定,建立劳动关系,应当订立( )。

    A.书面劳动合同   B.口头劳动合同

    C.书面或者口头劳动合同   D.劳务协议

131.劳务派遣单位派遣劳动者应当与接受以劳务派遣形式用工的单位订立( )。

    A.劳动合同   B.集体合同

    C.用工协议   D.劳务派遣协议

132.被派遣劳动者在无工作期间,劳务派遣单位应当按照所在地人民政府规定的( ),向其按月支付报酬。

    A.最低工资标准   B.最低生活保障标准

    C.行业工资指导线   D.失业保险金领取标准

133.劳务派遣单位与被派遣劳动者订立的劳动合同,除应当载明《劳动合同法》第十七条规定的事项外,还应当载明被派遣劳动者的用工单位以及派遣期限、( )等情况。

    A.试用期   B.培训   C.保守秘密   D.工作岗位

134.用人单位与劳动者订立的劳动合同中劳动报酬和劳动条件等标准( )集体合同规定的标准。

    A.不得低于   B.可以低于   C.必须高于   D.应当高于

135.用人单位在制定、修改或者决定有关劳动报酬、工作时间、休息休假、劳动安全卫生、保险福利、职工培训、劳动纪律以及劳动定额管理等直接涉及劳动者切身利益的规章制度或者重大事项时,应当经职工代表大会或者全体职工讨论,提出方案和意见,与( )或者职工代

表平等协商确定。

A. 董事会　　　　B. 监事会　　　　C. 工会　　　　D. 职工代表大会

136. 下列表述中,不属于生产经营单位安全生产管理人员法定职责的是( )。

A. 落实本单位重大危险源的安全管理措施
B. 为本单位主要负责人起草有关安全生产管理的讲话材料
C. 组织或者参与本单位应急救援演练
D. 落实本单位安全生产整改措施

137. 为保证生产安全,根据《安全生产法》规定,生产经营单位新建、改建、扩建工程项目的( )设施必须与主体工程同时设计、同时施工、同时投入生产和使用。

A. 生产　　　　B. 公共　　　　C. 储存　　　　D. 安全

138. 为保证生产安全,根据《消防法》规定,按照国家工程建设消防技术标准需要进行消防涉及的建设工程,建设单位应当自依法取得施工许可证之日起( )个工作日内,将消防涉及文件报公安机关消防机构备案,公安机关消防机构应当进行抽查。

A. 8　　　　B. 6　　　　C. 7　　　　D. 9

139. 为保证生产安全,根据《公路法》规定,改建公路时,施工单位应当在施工路段两端设置明显的施工标志、( )标志。

A. 防尘　　　　B. 安全　　　　C. 防盗　　　　D. 防火

140. 对未按照规定设立安全生产管理机构或者配备安全生产管理人员的生产经营单位可以依法( )。

A. 责令限期改正　　　　　　　　B. 责令停业整顿
C. 罚款 5 万元　　　　　　　　　D. 吊销营业执照

141. 关于生产经营单位对从业人员进行安全生产教育和培训的说法,正确的是( )。

A. 对所有从业人员都应当进行安全生产教育和培训
B. 对有过相似工作经验的从业人员可以不进行安全生产教育和培训
C. 从业人员培训不合格的应予以辞退
D. 可以根据情况决定是否建立安全生产教育和培训档案

142. 两个以上的生产经营单位在同一作业区域内进行生产经营活动,可能危及对方安全的,应当( )。

A. 请有关部门进行协调　　　　　B. 签订安全生产管理协议
C. 错开生产经营活动的时间　　　D. 由其中的一个单位负责安全管理

143. 公路施工企业( )为从事危险作业的职工办理意外伤害保险,支付保险费。

A. 可以　　　　B. 应当　　　　C. 必须　　　　D. 不必

144. 由于施工单位降低工程质量标准,造成工程倒塌。该行为构成( )。

A. 重大责任事故罪　　　　　　　B. 重大劳动安全事故罪
C. 工程重大安全事故罪　　　　　D. 重大质量安全事故罪

145. 因发生较大生产安全事故单位主要负责人受到刑事处罚或者撤职处分的,自刑罚执行完毕或者受处分之日起,( )年内不得担任任何生产经营单位的主要负责人。

A. 1   B. 2   C. 5   D. 10

146. 根据《消防法》规定，建筑构件、建筑材料和室内装修、装饰材料的防火性能必须符合( )。

  A. 国际标准   B. 行业标准   C. 欧盟标准   D. 国家标准

147. 我国《安全生产法》规定，生产经营单位建设项目的安全设施投资应当纳入( )。

  A. 建设项目概算   B. 经营成本

  C. 生产成本   D. 建设项目保障费

148. 我国《安全生产法》规定，从业人员发现直接危及人身安全的紧急情况而停止作业，生产经营单位应当( )。

  A. 降低其工资   B. 解除与其订立的劳动合同关系

  C. 允许该行为   D. 对其给予警告处分

149. 下列行为中，构成重大责任事故罪的是( )。

  A. 某人到建筑工地行窃，因夜黑风高，不慎失足从10层高的楼上跌落死亡

  B. 某包工头素来与某工人不和，明知某行为违反安全管理的规定，可能会发生重大伤亡事故，仍然强迫该工人实施这一行为，导致该工人死亡

  C. 某安全生产管理人员，因为怕麻烦，没有严格执行工人进工地必须戴安全帽的安全规定，结果因为砖墙倒塌，砸死工人数名

  D. 某工地施工人员不按安全生产规定，擅自将废弃的建筑用的钉子，扔到周围的地上造成15人被扎伤

150. 某道路运输企业共有基层员工83人，管理人员15人。依据《安全生产法》的规定，下列关于该企业安全生产管理机构设置和安全生产管理人员配备的说法，正确的是( )。

  A. 该企业可根据需要，自主决定是否设置安全生产管理机构、配备安全生产管理人员，这是其经营自主权范围内的事

  B. 该企业规模较小，配备兼职安全生产管理人员就可以

  C. 该企业应当设置安全生产管理机构或者配备专职安全生产管理人员

  D. 该企业应当配备专职或者兼职的安全生产管理人员

151. 生产经营单位预防和减少安全事故的前提是( )。

  A. 建立安全生产的规章制度   B. 安全生产的资金保证

  C. 建立安全生产管理的机构   D. 具备安全生产条件

152. 根据《刑法》规定，重大劳动安全事故罪的犯罪客体是( )。

  A. 直接负责的主管人员   B. 其他直接责任人员

  C. 公共安全   D. 劳动安全

153. 某桥梁施工现场栈桥所用木板因雨水浸泡，局部出现严重腐烂，存在较大安全隐患，现场专职管理人员多次提出更换建议但均不为项目经理采纳，后因此而导致职工运料经过时坠亡，项目经理涉嫌( )。

  A. 重大责任事故罪   B. 重大劳动安全事故罪

  C. 工程重大安全事故罪   D. 谎报瞒报事故罪

154.《安全生产法》规定的行政处分不包括( )。
　　A.警告　　　　B.记过　　　　C.开除　　　　D.吊销执照

155.根据《安全生产法》规定,负有安全生产监督管理职责的部门依法对生产经营单位执行有关安全生产的法律、法规和国家标准或行业标准的情况进行监督检查,其职权不包括( )。
　　A.现场调查取证权　　　　　　B.现场处理权
　　C.查封、扣押行政强制措施权　　D.安全方案审批权

156.按照国家工程建设消防技术标准需要进行消防设计的建设工程,建设单位应当自依法取得施工许可之日起七个工作日内,将消防设计文件报( )备案并抽查。
　　A.上级主管单位　　　　　　　B.监理单位
　　C.县级以上人民政府　　　　　D.公安机关消防机构

157.将建筑工程的消防设计图纸及有关资料报送公安消防机构审核的单位是( )。
　　A.设计单位　　B.监理单位　　C.建设单位　　D.施工单位

158.刑罚中最轻的主刑是( )。
　　A.管制　　　　B.有期徒刑　　C.拘役　　　　D.剥夺政治权利

159.某生产经营单位主要负责人张某在本单位发生生产安全事故后逃匿,根据《安全生产法》的有关规定,应当处以拘留( )。
　　A.5日　　　　B.10日　　　　C.15日　　　　D.30日

160.根据《安全生产法》规定,给予拘留的行政处罚由( )决定。
　　A.负责安全生产监督管理的部门报请县级以下人民政府按照国务院规定的权限
　　B.县级以上人民政府
　　C.公安机关依照治安管理处罚条例的规定
　　D.负责安全生产监督管理的部门

161.根据《安全生产法》规定,生产经营单位与从业人员订立协议,免除或者减轻其对从业人员因生产安全事故伤亡依法应承担的责任的,该协议无效;对生产经营单位的主要负责人、个人经营的投资人给予( )。
　　A.责令停止生产　　　　　　　B.责令停产整顿
　　C.责令限期改正　　　　　　　D.罚款处罚

162.施工企业的( )对本企业的安全生产负总责。
　　A.技术人员　　　　　　　　　B.项目经理
　　C.专职安全生产管理人员　　　D.法定代表人

163.我国现阶段建设工程安全生产管理必须坚持( )的方针。
　　A.安全第一、预防为主、综合治理　　B.事中控制与事后控制相结合
　　C.经济效益第一　　　　　　　D.技术先进

164.王某为某国有矿山的主要负责人,下列关于王某在安全生产方面的职责的表述,不正确的是( )。
　　A.组织制定本单位的安全生产规章制度　　B.组织制定本单位的事故应急救援预案

C. 亲自为职工讲授安全生产培训课程　　D. 保证本单位安全生产投入的有效实施

165. 关于安全生产领域有关协会组织发挥的作用,表述错误的是(　　)。
　　A. 为生产经营单位提供安全生产方面的信息服务
　　B. 为生产经营单位提供安全生产方面的培训服务
　　C. 加强对生产经营单位的安全生产管理
　　D. 发挥自律作用

166. 根据《安全生产法》规定,公路等施工企业作业人员有权(　　)。
　　A. 拒绝接受施工交底　　　　　　　B. 修改施工交底和施工方案
　　C. 拒绝违章指挥和强令冒险作业　　D. 修改工艺规格

167. 保证生产经营单位应当具备的安全生产条件所必需的资金投入的主体是(　　)。
　　A. 当地县级以上人民政府
　　B. 主管的负有安全生产监管职责的部门
　　C. 生产经营单位的财务部门
　　D. 生产经营单位的决策机构、主要负责人或者个人经营的投资人

168. 张某在脚手架上施工时,发现部分扣件松动而可能倒塌,所以停止了作业。这属于从业人员在行使(　　)。
　　A. 知情权　　　B. 拒绝权　　　C. 紧急避险权　　　D. 检举权

169. 在某工程项目建设过程中,发生了下列事件,其中符合《消防法》规定的是(　　)。
　　A. 将工地食堂建在木模板仓库的一个角落里
　　B. 因工期紧张,让从未接触过电焊工作的王某与其他工人一起焊接钢梁
　　C. 组织防火检查时,指派维修工李某更换灭火器中的化学药品
　　D. 对工人进行消防安全知识培训和考核,并将考核不合格的工人赵某辞退

170. 根据《劳动合同法》规定,用人单位自用工之日起超过一个月不满一年未与劳动者订立书面劳动合同的,应当向劳动者每月支付(　　)倍的工资。
　　A. 2　　　　B. 3　　　　C. 4　　　　D. 5

171. 关于生产经营单位提取和使用安全生产费用,正确的说法是(　　)。
　　A. 所有生产经营单位都可以提取安全生产费用
　　B. 生产经营单位可以根据本单位情况,自行决定是否提取安全生产费用
　　C. 安全生产工作经费较为充足,或者安全生产状况较好的生产经营单位,可以不提取安全生产费用
　　D. 有关生产经营单位应当按照国家有关规定提取和使用安全生产费用

172. 下列说法不符合《安全生产法》规定的是(　　)。
　　A. 建筑施工企业的主要负责人、安全生产管理人员、从业人员以及特种作业人员必须取得考核合格证书
　　B. 生产经营单位对重大危险源可以登记建档,进行定期检测、评估、监控,并制订应急预案
　　C. 生产、经营、储存、使用危险物品的车间、商店、仓库不得与员工宿舍在同一建筑

物内

D. 两个以上施工企业在同一作业区域内进行施工,可能危及对方生产安全的,应当签订安全生产管理协议

173. 根据《刑法修正案(六)》规定,强令他人违章冒险作业,因而发生重大伤亡事故或者造成其他严重后果的,处( )年以下有期徒刑或者拘役;情节特别恶劣的,处( )年以上有期徒刑。

  A. 5;5   B. 3;3   C. 3;7   D. 10;10

174. 根据《刑法》规定,建设单位、设计单位、施工单位、工程监理单位违反国家规定,降低工程质量标准,造成重大安全事故,属于( )。

  A. 重大责任事故罪   B. 重大劳动安全事故罪
  C. 工程重大安全事故罪   D. 工程安全罪

175. 安全生产法律责任是指( )。

  A. 由于违反安全生产法律规定所引起的法律后果
  B. 由于违反安全生产法律规定所引起的不利法律后果
  C. 由于违反安全生产法律规定所引起的刑事责任后果
  D. 由于违反安全生产法律规定所引起的行政责任后果

176. ( )是对罪犯不予关押,但限制其一定自由,由公安机关执行和群众监督改造的刑罚方法。

  A. 缓刑   B. 管制   C. 劳动教养   D. 监外执行

177. 某建筑施工企业有从业人员100人,自成立以来其主要负责人从未参加过任何形式的安全生产管理考核,根据《安全生产法》的相关规定,行政执法机关可以对该企业进行的处罚不包括( )。

  A. 责令限期改正   B. 责令停业整顿
  C. 处2万元以上5万元以下罚款   D. 处1万元以下罚款

178. 下列刑罚中不可附加使用的是( )。

  A. 管制   B. 剥夺政治权利   C. 罚金   D. 没收财产

179. 现行《建筑法》施行的时间是( )。

  A. 1998年   B. 1997年   C. 2000年   D. 2001年

180. 《公路法》规定,在大中型公路桥梁和渡口周围( )范围内,不得挖砂、采石、取土、倾倒废弃物,不得进行爆破作业。

  A. 100m   B. 200m   C. 300m   D. 500m

181. 2014年12月1日经修订后开始实施的《安全生产法》规定我国的安全生产工作方针是( )。

  A. 以人为本、安全第一、预防为主   B. 安全第一、预防为主、政府监管
  C. 安全第一、预防为主、综合治理   D. 安全第一、预防为主、群防群治

182. 强令他人违章冒险作业,因而发生重大伤亡事故或者造成其他严重后果的,情节特别恶劣的,处( )有期徒刑。

A. 三年以下 B. 三年以上七年以下
C. 七年以下 D. 五年以上

183. 下列关于《安全生产法》适用范围的理解,正确的是( )。
   A. 生产经营单位的安全生产适用本法,但消防安全和道路交通安全、铁路交通安全、水上交通安全、民用航空安全以及核与辐射安全、特种设备安全除外
   B. 生产经营单位的安全生产,适用本法;有关法律、行政法规对消防安全和道路交通安全、铁路交通安全、水上交通安全、民用航空安全以及核与辐射安全、特种设备安全另有规定的,适用其规定
   C. 生产经营单位的安全生产,适用本法;消防安全和道路交通安全、铁路交通安全、水上交通安全、民用航空安全以及核与辐射安全、特种设备安全,参照本法有关规定
   D. 生产经营单位的安全生产,适用本法;消防安全和道路交通安全、铁路交通安全、水上交通安全、民用航空安全以及核与辐射安全、特种设备安全,适用其他有关法律、行政法规的规定

184. 根据《安全生产法》,国家对严重危及施工安全的工艺、设备实行( )制度。
   A. 禁止生产 B. 销毁 C. 淘汰 D. 限制使用

185. 关于安全生产法的理解,错误的是( )。
   A. 安全生产法有广义和狭义上的理解
   B. 安全生产法具有广泛的社会性、一般的科技性
   C. 安全生产法是调整安全生产中的人身关系、安全生产财产关系以及安全管理关系等社会关系的法律法规的总和
   D. 安全生产法是保护劳动者在劳动过程中安全与健康和国家及人民财产安全的法律规定

186. 根据《安全生产法》规定,生产经营单位的( )对本单位的安全生产工作全面负责。
   A. 董事长 B. 总经理
   C. 安全总监 D. 主要负责人

187. 根据《安全生产法》规定,生产经营单位主要负责人具有的安全责任不包括( )。
   A. 建立健全本单位安全生产责任制
   B. 落实本单位安全生产规章制度和操作规程
   C. 及时如实报告事故
   D. 发生重大生产安全事故时立即组织抢救,不得在调查处理期间擅离职守

188. 根据2014年新修订的《安全生产法》,矿山、金属冶炼、建筑施工、道路运输单位和危险物品之外的其他生产、经营、储存单位,从业人员超过( )人的,应当设置安全生产管理机构或配备专职安全生产管理人员。
   A. 100 B. 200
   C. 300 D. 400

(二) 多项选择题

1. 根据《安全生产法》的规定,从业人员有权对本单位安全生产工作存在的问题提出( )。
   A. 批评　　　　　B. 检举　　　　　C. 控告　　　　　D. 嘉奖
   E. 报酬

2. 从业人员有权( ),生产经营单位不得降低其工资、福利等待遇或者解除与其订立的劳动合同。
   A. 对本单位安全生产工作中存在的问题提出批评、检举、控告或者拒绝违章指挥、强令冒险作业
   B. 对本单位的安全生产工作提出建议
   C. 在紧急情况下停止作业或者采取紧急撤离措施
   D. 没有及时听从指挥号令
   E. 无故撤离作业现场

3. 根据《安全生产法》规定,生产经营单位的工会有权( )。
   A. 对建设项目的安全设施与主体工程同时设计、同时施工、同时投入生产和使用进行监督,提出意见
   B. 对生产经营单位违反安全生产法律、法规,侵犯从业人员合法权益的行为,要求纠正
   C. 发现生产经营单位违章指挥、强令冒险作业或者发现事故隐患时,提出解决的建议,生产经营单位应当及时研究答复
   D. 发现危及从业人员生命安全的情况时,向生产经营单位建议组织从业人员撤离危险场所,生产经营单位必须立即做出处理
   E. 依法参加事故调查,必要时对有关人员采取行政拘留

4. 事故调查应当按照( )的原则,及时、准确地查清事故原因,查明事故性质和责任,总结事故教训,提出整改措施,并对事故责任者提出处理意见。
   A. 廉洁高效　　　B. 科学严谨　　　C. 依法依规　　　D. 实事求是
   E. 注重实效

5. 单位负责人接到事故报告后,应当迅速采取有效措施,组织抢救,防止事故扩大,减少人员伤亡和财产损失,并按照国家有关规定立即如实报告当地负有安全生产监督管理职责的部门,不得( )。
   A. 隐瞒不报　　　B. 迟报　　　　　C. 谎报　　　　　D. 故意破坏事故现场
   E. 采取任何措施

6. 生产经营单位拒不执行负有安全生产监督管理职责的部门执法决定,有发生生产安全事故现实危险的,在保证安全的前提下,经本部门主要负责人批准,负有安全生产监督管理职责的部门可以采取通知有关单位( )等措施,强制生产经营单位履行决定。
   A. 停止供水　　　　　　　　　　　B. 停止供暖
   C. 停止供电　　　　　　　　　　　D. 停止供应民用爆炸物品

E. 停止供应原料

7. 对违法行为情节严重的生产经营单位,应当向社会公告,并通报(　　)。
   A. 行业主管部门　　　　　　　B. 投资主管部门
   C. 国土资源主管部门　　　　　D. 证券监督管理机构
   E. 工商管理部门

8. 乡、镇人民政府以及(　　)等地方人民政府的派出机关应当按照职责,加强对本行政区域内生产经营单位安全生产状况的监督检查,协助上级人民政府有关部门依法履行安全生产监督管理职责。
   A. 街道办事处　　　　　　　　B. 开发区管理机构
   C. 安监站　　　　　　　　　　D. 居民委员会
   E. 村民委员会

9. (　　)等单位有进行安全生产公益宣传教育的义务,有对违反安全生产法律法规的行为进行舆论监督的权利。
   A. 新闻　　　B. 出版　　　C. 广播　　　D. 电影
   E. 学校

10. 生产经营单位必须执行依法制定的保障安全生产的(　　)标准。
    A. 国家　　　B. 地方　　　C. 行业　　　D. 企业
    E. 国际

11. 根据《安全生产法》规定,生产经营单位应当具备(　　)规定的安全生产条件。
    A. 安全生产法和有关法律　　　B. 国家标准或者行业标准
    C. 行政法规　　　　　　　　　D. 地方标准
    E. 企业标准

12. 下列不属于《安全生产法》明确赋予从业人员的权利的有(　　)。
    A. 建议权　　　　　　　　　　B. 批评权
    C. 服从管理权　　　　　　　　D. 报告权
    E. 放弃权

13. 生产经营单位的从业人员是指该单位从事生产经营活动各项工作的所有人员,包括(　　)。
    A. 管理人员　　　　　　　　　B. 技术人员
    C. 各岗位的工人　　　　　　　D. 临时聘用的人员
    E. 地方官员

14. 2014年修订后的《安全生产法》规定的从业人员安全生产义务主要有(　　)。
    A. 遵章守规,服从管理　　　　B. 佩戴和使用劳动防护用品
    C. 接受培训,掌握安全生产技能　D. 发现事故隐患及时报告
    E. 组织制定规章制度

15. 生产经营单位的主要负责人对本单位安全生产工作负有(　　)职责。
    A. 建立、健全本单位安全生产责任制;组织制订本单位安全生产规章制度和操作规程

B. 组织制订并实施本单位安全生产教育和培训计划;保证本单位安全生产投入的有效实施

C. 督促、检查本单位的安全生产工作,及时消除生产安全事故隐患

D. 组织制订并实施本单位的生产安全事故应急救援预案;及时、如实报告生产安全事故

E. 组织制订单位发展战略目标

16. 新《安全生产法》建立了严重违法行为公示和通报制度,以下表述正确的有(　　)。
   A. 要求负有安全生产监督管理职责的部门建立安全生产违法行为信息库,如实记录生产经营单位的安全生产违法行为信息
   B. 对违法行为情节严重的生产经营单位,应当向社会公告
   C. 生产经营单位负责人必须在主流媒体公开做出检查
   D. 通报行业主管部门、投资主管部门、国土资源主管部门、证券监督管理部门和有关金融机构
   E. 通报新闻媒体和工商部门

17. 工会有权对建设项目的安全设施与主体工程(　　)进行监督,提出意见。
   A. 工程进度　　B. 工程质量　　C. 同时设计　　D. 同时施工
   E. 同时投入生产和使用

18. 生产经营单位应建立健全(　　),改善安全生产条件,推进安全生产标准化建设,提高安全生产水平,确保安全生产。
   A. 作业人员岗前培训制度　　　B. 安全生产责任制
   C. 安全生产规章制度　　　　　D. 安全检查机制
   E. 应急预案

19. 生产经营单位对重大危险源应当登记建档,进行定期(　　)并制订应急预案,告知从业人员和相关人员在紧急情况下应当采取的应急措施。
   A. 整改　　B. 检测　　C. 检查　　D. 评估
   E. 监控

20. 生产经营单位的从业人员有依法获得安全生产保障的(　　),并应当依法履行安全生产方面的(　　)。
   A. 责任　　B. 权力　　C. 权利　　D. 规定
   E. 义务

21. 根据《安全生产法》规定,生产经营单位的安全生产责任制应当明确各岗位的(　　)等内容。
   A. 责任人员　　B. 责任范围　　C. 考核范围　　D. 考核标准
   E. 责任时限

22. 根据《安全生产法》规定,生产经营单位做出涉及安全生产的经营决策,应当听取(　　)的意见。
   A. 分管安全生产的负责人　　　B. 安全生产管理机构
   C. 当地安全监管部门　　　　　D. 安全生产管理人员

E. 专业咨询机构

23. 根据《安全生产法》规定,生产经营单位的从业人员有权了解其作业场所和工作岗位存在的(　　)。
    A. 技术要求　　　B. 危险因素　　　C. 防范措施　　　D. 事故应急措施
    E. 环境评估

24. (　　)在有关环境服务活动中弄虚作假,对造成的环境污染和生态破坏负有责任的,除依照有关法律法规规定予以处罚外,还应当与造成环境污染和生态破坏的其他责任者承担连带责任。
    A. 环境影响评价机构
    B. 环境监测机构
    C. 从事环境监测设备和防治污染设施维护、运营的机构
    D. 从事环境保护产业的单位
    E. 环保组织

25. 任何单位和个人不得(　　)严重污染环境的工艺、设备和产品。
    A. 生产　　　B. 销售　　　C. 转移　　　D. 使用
    E. 淘汰

26. 公民、法人和其他组织发现(　　)等主管部门不依法履行职责的,有权向其上级机关或者监察机关举报。
    A. 地方各级人民政府
    B. 县级以上人民政府环境保护主管部门
    C. 县级以上人民政府其他负有环境保护监督管理职责的部门
    D. 国有企业单位
    E. 国有事业单位

27. 企业事业单位和其他生产经营者超过污染物排放标准或者超过重点污染物排放总量控制指标排放污染物的,县级以上人民政府环境保护主管部门可以责令其采取(　　)等措施;情节严重的,报经有批准权的人民政府批准,责令停业、关闭。
    A. 限制生产　　　B. 停产整治　　　C. 停止排污　　　D. 限期转产
    E. 吊销执照

28. 根据《劳动合同法》规定,确认劳动合同无效的机构有(　　)。
    A. 工商管理部门　　　　　　B. 劳动行政部门
    C. 劳动争议仲裁委员会　　　D. 人民法院
    E. 县级人民政府

29. 劳动者可以随时通知用人单位解除劳动合同的情形有(　　)。
    A. 未依法为劳动者缴纳社会保险费的
    B. 用人单位强迫劳动的
    C. 用人单位未按照劳动合同约定支付劳动报酬的
    D. 用人单位未提供符合国家标准的劳动条件的

E. 奖金不满意的

30. 在下列情况下,用人单位不得解除劳动合同的有( )。
    A. 职工张某因工负伤并被确认丧失劳动能力
    B. 职工宋某因盗窃被判刑
    C. 职工李某因与他人同居而怀孕
    D. 职工王某被派往境外逾期未归
    E. 职工刘某因工伤住院

31. 我国的安全生产工作,强化和落实生产经营单位的主体责任,建立( )和社会监督的机制。
    A. 生产经营单位负责   B. 职工参与
    C. 政府监管   D. 行业自律
    E. 党委指导

32. ( )和危险物品的生产、经营、储存单位,应当设置安全生产管理机构或者配备专职安全生产管理人员。
    A. 矿山   B. 金属冶炼   C. 建筑施工   D. 道路运输单位
    E. 餐饮

33. 生产经营项目、场所有多个承包单位、承租单位的,生产经营单位应当( )。
    A. 与承包、承租单位签订专门的安全生产管理协议
    B. 对承包单位、承租单位的安全生产工作统一协调、管理
    C. 要求承包单位、承租单位与员工订立劳动合同
    D. 要求承包单位、承租单位支付安全生产管理费用
    E. 要求承包单位、承租单位支付安全生产管理保证金

34. 负有安全生产监督管理职责的部门依法对存在重大事故隐患的生产经营单位作出( )的决定,生产经营单位应当依法执行,及时消除事故隐患。
    A. 停产停业   B. 停止施工
    C. 停止使用相关设施或者设备   D. 停止建设
    E. 吊销执照

35. 安全生产监督检查人员应当将检查的( )做出书面记录,并由检查人员和被检查单位的负责人签字。
    A. 时间、地点、内容   B. 发现的问题及其处理情况
    C. 现场人数   D. 周边环境
    E. 工程质量

36. 根据《劳动合同法》规定,劳动合同分为( )。
    A. 固定期限劳动合同
    B. 无固定期限劳动合同
    C. 以完成一定工作任务为期限的劳动合同
    D. 劳动保险合同

E. 劳务分包合同

37. 在中华人民共和国领域内从事生产经营活动的单位的安全生产，适用《安全生产法》；有关法律、行政法规对(　　)另有规定的，适用其规定。
    A. 消防安全　　　　　　　　　　B. 铁路交通安全
    C. 公路建设安全　　　　　　　　D. 民用航空安全
    E. 水上交通安全

38. 生产经营单位有(　　)行为之一的，责令限期改正，可以处五万元以下的罚款；逾期未改正的，责令停产停业整顿，并处五万元以上十万元以下的罚款，对其直接负责的主管人员和其他直接责任人员处一万元以上二万元以下的罚款。
    A. 未按照规定设置安全生产管理机构或者配备安全生产管理人员的
    B. 未按照规定对从业人员、被派遣劳动者、实习学生进行安全生产教育和培训，或者未按照规定如实告知有关的安全生产事项的
    C. 未如实记录安全生产教育和培训情况的
    D. 未将事故隐患排查治理情况如实记录或者未向从业人员通报的
    E. 未配备安全防护用品的

39. 根据《安全生产法》规定，生产经营单位(　　)工程项目的安全设施，必须与主体工程同时设计、同时施工、同时投入生产或者使用。
    A. 新建　　　　B. 引进　　　　C. 扩建　　　　D. 改建
    E. 装修

40. 机关、团体、企业、事业单位应当履行的消防安全职责有(　　)。
    A. 制订消防安全制度、消防安全操作规程
    B. 对社会进行消防宣传教育
    C. 建立防火组织，及时处理火灾隐患
    D. 配置消防设施和器材
    E. 确保消防设施和器材完好、有效

41. 根据《安全生产法》规定，(　　)应当设置安全生产管理机构或者配备专职安全生产管理人员。
    A. 矿山　　　　　　　　　　　　B. 建筑施工单位
    C. 建筑设计单位　　　　　　　　D. 监理单位
    E. 危险物品的生产、经营、储存单位

42. 根据《消防法》规定，消防产品必须符合(　　)。
    A. 国际标准　　B. 国家标准　　C. 行业标准　　D. 地方标准
    E. 企业标准

43. 根据《刑法》规定，(　　)可以作为工程重大安全事故罪的主体。
    A. 建设单位　　　　　　　　　　B. 施工单位
    C. 安全生产监督部门　　　　　　D. 建设行政主管部门
    E. 招标代理机构

44. 建筑施工企业必须经建设主管部门或者其他有关部门考核合格方可任职的人员有（   ）。

    A.主要负责人　　　　　　　　B.安全管理人员
    C.生产管理人员　　　　　　　　D.项目负责人
    E.生产作业人员

45. 总承包单位将其承揽的工程依法分包给专业承包单位。工程主体结构施工过程中发生了生产安全事故，专业承包单位由此开始质疑总承包单位的管理能力，并一再违反总承包单位的安全管理指令，导致发生重大生产安全事故。关于本工程的安全生产管理，下列说法中正确的有（   ）。

    A.总承包单位对施工现场的安全生产负总责
    B.专业承包单位应服从总承包单位的安全生产管理
    C.总承包单位与专业承包单位对全部生产安全事故承担连带责任
    D.专业承包单位对该重大生产安全事故承担主要责任
    E.分包合同中应明确双方安全生产方面的权利与义务

46. 企业事业单位和其他生产经营者有下列（   ）行为之一，尚不构成犯罪的，除依照有关法律法规规定予以处罚外，由县级以上人民政府环境保护主管部门或者其他有关部门将案件移送公安机关，对其直接负责的主管人员和其他直接责任人员，处十日以上十五日以下拘留；情节较轻的，处五日以上十日以下拘留。

    A.建设项目未依法进行环境影响评价，被责令停止建设，拒不执行的
    B.违反法律规定，未取得排污许可证排放污染物，被责令停止排污，拒不执行的
    C.通过暗管、渗井、渗坑、灌注或者篡改、伪造监测数据，或者不正常运行防治污染设施等逃避监管的方式违法排放污染物的
    D.生产、使用国家明令禁止生产、使用的农药，被责令改正，拒不改正的
    E.不按时缴纳员工养老保险的

47. 根据《安全生产法》规定，生产经营单位应当告知从业人员的事项包括（   ）。

    A.作业场所和工作岗位危险因素　　B.生产经营计划
    C.事故应急措施　　　　　　　　　D.安全防范措施
    E.工资待遇

48. 刑法的附加刑包括（   ）。

    A.罚金　　　　　　　　　　　　B.剥夺政治权利
    C.记过　　　　　　　　　　　　D.没收财产
    E.责令改正

49. 根据《安全生产法》规定，生产经营单位与从业人员订立协议，免除或者减轻其对从业人员因生产安全事故伤亡依法应承担的责任的，则（   ）。

    A.该协议无效
    B.对生产经营单位的主要负责人、个人经营的投资人处2万~10万元的罚款
    C.拘留

D. 撤职

E. 追究刑事责任

50. 生产经营单位新建、改建、扩建工程项目的安全设施,必须与主体工程同时(　　)。

A. 决策　　　　　　　　　　　B. 设计

C. 施工　　　　　　　　　　　D. 支付费用

E. 投入生产和使用

51. 《刑法》及《刑法修正案(六)》对重大责任事故罪规定了具体的刑罚条款。构成重大责任事故罪立案追诉的标准是(　　)。

A. 死亡 1 人以上　　　　　　　B. 死亡 10 人以上

C. 重伤 3 人以上　　　　　　　D. 重伤 10 人以上

E. 直接经济损失 50 万元以上

52. 为保证生产安全,根据《劳动法》规定,职业安全卫生设施是指(　　)。

A. 安全技术方面的设施　　　　B. 劳动卫生方面的设施

C. 生产性辅助设施　　　　　　D. 环保性辅助设施

E. 安全性辅助设施

53. 为保证生产安全,根据《劳动合同法》规定,用人单位在制订、修改或者决定有关(　　)等直接涉及劳动者切身利益的规章制度或者重大事项时,应当经职工代表大会或者全体职工讨论,提出方案和意见,与工会或者职工代表平等协商确定。

A. 劳动报酬　　　　　　　　　B. 工作时间

C. 休息休假　　　　　　　　　D. 劳动安全卫生

E. 单位经营策略

54. 根据《刑法》规定,重大责任事故罪主体一般包括(　　)。

A. 建筑企业的安全生产从业人员　　B. 建筑企业的分包责任人

C. 建筑企业的安全生产管理人员　　D. 建筑企业的作业人员

E. 对安全事故负有责任的无证从事生产的人员

55. 根据《安全生产法》规定,施工企业对安全生产承担的行政责任包括(　　)。

A. 赔偿损失　　B. 停产停业整顿　　C. 限期改正　　D. 罚款

E. 关闭

56. 委托不具有相应资质的单位承担施工现场安装、拆卸施工起重机械和整体提升脚手架、模板等自升式架设设施的,所应承担的法律责任有(　　)。

A. 责令限期改正　　B. 吊销资质证书　　C. 责令停业整顿　　D. 追究刑事责任

E. 情节严重的,降低资质等级

57. 建设项目中防治污染的措施,必须与主体工程(　　)。

A. 同时筹资　　B. 同时设计　　C. 同时施工　　D. 同时投产使用

E. 同时竣工

58. 生产经营单位的主要负责人未履行《安全生产法》规定的安全生产管理职责的,追究安全生产违法行为法律责任的形式有(　　)。

A. 责令限期改正

B. 逾期未改正的,处二万元以上五万元以下的罚款

C. 责令生产经营单位停产停业整顿

D. 撤职

E. 追究刑事责任

59. 生产经营单位的安全生产管理机构以及安全生产管理人员履行的职责除了制止和纠正违章指挥、强令冒险作业、违反操作规程的行为,督促落实本单位安全生产整改措施外,还包括( )。

  A. 组织或者参与拟定本单位安全生产规章制度、操作规程和生产安全事故应急救援预案

  B. 组织或者参与本单位安全生产教育和培训,如实记录安全生产教育和培训情况

  C. 督促落实本单位重大危险源的安全管理措施

  D. 组织或者参与本单位应急救援演练

  E. 建立健全本单位安全生产责任制

60. 《建筑法》对建筑施工企业的安全生产职责进行了比较全面的规定,其职责包括( )。

  A. 办理施工许可证

  B. 建立健全企业安全生产责任制

  C. 建立健全劳动安全生产教育培训制度

  D. 为从事危险作业的职工办理意外伤害保险

  E. 环境保护职责

61. 根据《建筑法》规定,对施工单位的行政处罚包括( )。

  A. 责令改正,并处罚款   B. 责令停业整顿

  C. 降低资质等级或者吊销资质证   D. 没收违法所得

  E. 追究刑事责任

62. 重大责任事故罪,是指在生产、作业中( ),因而发生重大伤亡事故或者造成其他严重后果的行为。

  A. 违反有关安全管理的规定   B. 强令他人违章冒险作业

  C. 安全生产设施不符合国家规定   D. 降低工程质量标准

  E. 安全生产条件不符合国家规定

63. 重大劳动安全事故罪,是指( ),因而发生重大伤亡事故或者造成其他严重后果的行为。

  A. 违反有关安全管理的规定   B. 强令他人违章冒险作业

  C. 安全生产设施不符合国家规定   D. 降低工程质量标准

  E. 安全生产条件不符合国家规定

64. 《安全生产法》规定的从业人员的主要义务有( )。

  A. 遵章守纪   B. 自觉学习安全生产知识

  C. 危险报告   D. 积极提出合理化建议

E. 提高学历水平

65. 工程重大安全事故罪的犯罪主体是特殊主体,仅限于( )。
   A. 建设单位　　B. 设计单位　　C. 施工单位　　D. 工程监理单位
   E. 责任人员

66. 根据《劳动合同法》规定,用人单位招用劳动者时,应当如实告知劳动者的内容包括( )。
   A. 公司债务状况　　B. 工作内容　　C. 工作地点　　D. 职业危害
   E. 劳动报酬

67. 根据违法行为的一般特点,可以把安全生产法律责任的构成要件概括为( )。
   A. 主体
   B. 客体
   C. 行为人主观上有过错
   D. 违法行为
   E. 损害事实

68. 根据《刑法》规定,刑罚的主刑包括( )。
   A. 管制　　B. 没收财产　　C. 拘役　　D. 罚金
   E. 有期徒刑

69. 某企业与从业人员订立的协议中规定,"如因员工个人原因造成工伤事故,本厂不承担任何责任"。该企业因此而承担的违反《安全生产法》的法律责任是( )。
   A. 协议无效
   B. 责令停业整顿
   C. 对生产经营单位的主要负责人、个人经营的投资人处以罚款
   D. 对生产经营单位的主要负责人给予刑事处分
   E. 协议有效

70. 公路施工企业作业人员有权对施工现场的作业条件、作业程序和作业方式存在的安全问题提出( ),有权拒绝违章指挥和强令冒险作业。
   A. 批评　　B. 教育　　C. 检举　　D. 使用要求
   E. 控告

71. 公路工程中使用承租的机械设备和施工机具及配件,由( )共同进行验收,验收合格的方可投入使用。
   A. 监理单位　　B. 施工总承包单位　　C. 分包单位　　D. 出租单位
   E. 安装单位

72. 公路施工企业等生产经营单位的从业人员,包括( )。
   A. 管理人员　　B. 技术人员　　C. 总工程师　　D. 临时聘用人员
   E. 监理人员

73. 公路施工企业的从业人员在安全生产方面应履行的义务包括( )。
   A. 遵守有关安全生产的法律法规　　B. 自觉接受安全教育和培训
   C. 正确使用劳动保护用品　　D. 自觉自费购买保险
   E. 发现安全隐患及时报告

74. 根据《建设工程安全生产管理条例》规定,负责高速公路工程建设安全生产监督管理的部门包括(　　)。

　　A. 交通运输主管部门　　　　　　　B. 铁路安全生产监督管理部门
　　C. 交通安全生产监督管理部门　　　D. 水利安全生产监督管理部门
　　E. 建设行政主管部门

75. 建设行政主管部门对建设单位的下列(　　)行为,可处以罚款。

　　A. 拖延支付工程价款的
　　B. 提供的设计有缺陷的
　　C. 任意压缩工期的
　　D. 未组织竣工验收,擅自交付使用的
　　E. 未按照国家规定办理工程质量监督手续的

76. 公路水运施工企业安全生产管理机构的职责主要包括(　　)。

　　A. 组织开展全员安全教育培训及安全检查等活动
　　B. 配备专职安全生产管理人员
　　C. 落实国家有关安全生产法律法规和标准
　　D. 编制并适时更新安全生产管理制度
　　E. 落实安全生产管理责任

77. 县级以上人民政府建设行政主管部门的工作人员,有下列(　　)行为的,将受到降级或撤职的处分。

　　A. 未对施工组织设计中的安全技术措施或专项施工方案进行审查的
　　B. 对不具备安全生产条件的施工单位颁发资质证书的
　　C. 对没有安全施工措施的建设工程颁发施工许可证的
　　D. 发现违法行为不予查处的
　　E. 发现安全事故隐患未及时要求施工单位整改或暂时停止施工的

78. 根据《建设工程安全生产管理条例》规定,对下列达到一定规模的危险性较大的(　　)分部分项工程,应编制专项施工方案。

　　A. 基坑支护与降水工程　　　　　　B. 脚手架工程
　　C. 楼地面工程　　　　　　　　　　D. 土方开挖工程
　　E. 屋面工程

79. 《安全生产法》明确规定:"生产经营单位主要负责人对本单位的安全生产工作全面负责。"生产经营单位主要负责人对于公路水运工程施工企业来说,主要是指(　　)。

　　A. 董事长　　B. 副总经理　　C. 安全副总监　　D. 安全总监
　　E. 总经理

80. 《安全生产法》明确规定的从业人员的权利包括(　　)。

　　A. 知情权　　B. 建议权　　C. 紧急避险权　　D. 危险报告权
　　E. 拒绝权

81. 生产经营单位的主要负责人对本单位的安全生产工作负有的职责包括(　　)。

A. 建立健全本单位安全生产责任制

B. 组织制订本单位安全生产规章制度和操作规程

C. 编制专项施工方案

D. 组织制订并实施本单位安全生产教育和培训计划

E. 保证本单位安全生产投入的有效实施

82. 公路水运工程安全生产监督管理部门应当对公路水运工程下列(　　)施工现场的安全生产情况进行监督检查。

  A. 现场驻地　　　　　　　　　B. 施工作业点(面)

  C. 危险品存放地　　　　　　　D. 预制厂、半成品加工厂

  E. 非标施工设备组装厂

83. 根据《安全生产许可证条例》规定,安全生产许可证颁发管理机关工作人员有下列(　　)行为之一的,给予降级或者撤职的行政处分;构成犯罪的,依法追究刑事责任。

  A. 向不符合本条例规定的安全生产条件的企业颁发安全生产许可证的

  B. 发现企业未依法取得安全生产许可证擅自从事生产活动,不依法处理的

  C. 发现取得安全生产许可证的企业不再具备本条例规定的安全生产条件,不依法处理的

  D. 接到对违反本条例规定行为的举报后,不及时处理的

  E. 在安全生产许可证颁发、管理和监督检查工作中,索取或者接受企业的财物,或者谋取其他利益的

84. 国家对(　　)实行安全生产许可制度。企业未取得安全生产许可证的,不得从事生产活动。

  A. 矿山企业　　　　　　　　　B. 建筑施工企业

  C. 危险化学品生产企业　　　　D. 烟花爆竹生产企业

  E. 民用爆炸物品生产企业

85. 施工单位应当对(　　)进行安全生产教育培训。

  A. 现场的作业人员　　　　　　B. 新录用的作业人员

  C. 使用新设备时的作业人员　　D. 使用新材料时的作业人员

  E. 监理单位人员

86. 施工企业取得安全生产许可证,应当具备下列(　　)的安全生产条件。

  A. 建立健全安全生产责任制,制订完备的安全生产规章制度和操作规程

  B. 安全投入符合安全生产要求

  C. 设置安全生产管理机构,配备专职安全生产管理人员

  D. 主要负责人和安全生产管理人员经考核合格

  E. 特种作业人员经有关业务主管部门考核合格,取得特种作业操作资格证书

87. 根据《建设工程安全生产管理条例》,下列采用(　　)的建设工程,设计单位应当在设计中提出保障施工作业人员安全和预防生产安全事故的措施建议。

  A. 新结构　　　B. 新材料　　　C. 特殊结构　　　D. 新设备

E. 新工艺

88. 公路工程施工企业安全教育培训的目的包括( )。
    A. 提高对安全生产方针的认识
    B. 对安全生产实行科学管理
    C. 提高从业人员的技术知识水平
    D. 扩大企业影响
    E. 增强企业竞争能力

89. 根据《建设工程安全生产管理条例》规定,下列说法正确的是( )。
    A. 意外伤害保险费由施工单位支付
    B. 意外伤害保险费由建设单位支付
    C. 意外伤害保险期限自建设工程开工之日起至竣工验收合格止
    D. 意外伤害保险期限自建设工程开工之日起至竣工结算时止
    E. 实行施工总承包的,由总承包单位支付意外伤害保险费

90. 根据《建设工程安全生产管理条例》规定,下列说法正确的是( )。
    A. 设计单位应当考虑施工安全操作和防护的需要,对涉及施工安全的重点部位和环节在设计文件中注明,并对防范生产安全事故提出指导意见
    B. 采用新结构、新材料、新工艺的建设工程和特殊结构的建设工程,监理单位应当在设计中提出保障施工作业人员安全和预防生产安全事故的措施建议
    C. 工程监理单位应当审查施工组织设计中的安全技术措施或者专项施工方案是否符合工程建设强制性标准
    D. 工程设计单位应当审查施工组织设计中的安全技术措施或者专项施工方案是否符合工程建设强制性标准
    E. 监理单位应当考虑施工安全操作和防护的需要,对涉及施工安全的重点部位和环节在设计文件中注明,并对防范生产安全事故提出指导意见

91. 根据《建设工程安全生产管理条例》规定,施工单位发生生产安全事故后( )。
    A. 应立即停工
    B. 应当采取措施防止事故扩大
    C. 需要移动现场物品时,应当做出标记和书面记录,妥善保管有关证物
    D. 应保护事故现场
    E. 不许采取任何措施

92. 安全生产监督检查人员的现场处理权包括( )。
    A. 调查取证权
    B. 对安全生产违法作业当场纠正权
    C. 查封、扣押行政强制措施权
    D. 责令紧急避险权
    E. 依法行政处罚权

93. 建设单位应当在拆除工程施工 15 日前,将下列( )资料报送建设工程所在地的县级以上地方人民政府建设行政主管部门或者其他有关部门备案。
    A. 施工单位资质等级证明
    B. 拟拆除建筑物、构筑物
    C. 可能危及毗邻建筑的说明
    D. 拆除施工组织方案
    E. 堆放、清除废弃物的措施

94. 施工单位应当在施工组织设计中编制安全技术措施和施工现场临时用电方案,对下列达到一定规模的危险性较大的( )分部分项工程编制专项施工方案,并附具安全验算结果,经施工单位技术负责人、总监理工程师签字后实施,由专职安全生产管理人员进行现场监督。
  A. 基坑支护与降水工程　　　　　B. 土方开挖工程
  C. 模板工程　　　　　　　　　　D. 起重吊装工程
  E. 脚手架工程

95. 施工单位应当在施工现场建立消防安全责任制度,确定消防安全责任人,制订( )等各项消防安全管理制度和操作规程。
  A. 用火　　B. 用电　　C. 使用易燃材料　　D. 使用易爆材料
  E. 供水

96. 施工单位的( )应当经建设行政主管部门或者其他有关部门考核合格后方可任职。
  A. 主要负责人　　　　　　　　　B. 项目负责人
  C. 专职安全生产管理人员　　　　D. 临时聘用人员
  E. 监理人员

97. 县级以上人民政府建设行政主管部门或者其他有关行政管理部门的工作人员,有下列( )行为之一的,给予降级或者撤职的行政处分;构成犯罪的,依照刑法有关规定追究刑事责任。
  A. 对不具备安全生产条件的施工单位颁发资质证书的
  B. 对没有安全施工措施的建设工程颁发施工许可证的
  C. 发现违法行为不予查处的
  D. 不依法履行监督管理职责的其他行为
  E. 伪造学历的

98. 施工单位有下列( )行为之一的,责令限期改正;逾期未改正的,责令停业整顿,依照有关规定处以罚款;造成重大安全事故,构成犯罪,对直接责任人员,依照刑法有关规定追究刑事责任。
  A. 未设立安全生产管理机构、配备专职安全生产管理人员或者分部分项工程施工时无专职安全生产管理人员现场监督的
  B. 施工单位的主要负责人、项目负责人、专职安全生产管理人员、作业人员或者特种作业人员,未经安全教育培训或者经考核不合格即从事相关工作的
  C. 未在施工现场的危险部位设置明显的安全警示标志,或者未按照国家有关规定在施工现场设置消防通道、消防水源、配备消防设施和灭火器材的
  D. 未向作业人员提供安全防护用具和安全防护服装的
  E. 未按照规定在施工起重机械和整体提升脚手架、模板等自升式架设设施验收合格后登记的

99. 公路施工企业报告生产安全事故时,应当包括下列( )内容。
  A. 事故发生单位概况

B. 事故发生的时间、地点以及事故现场情况

C. 事故的简要经过

D. 已经造成或者可能造成的伤亡人数(包括下落不明的人数)和初步估计的直接经济损失

E. 已经采取的措施

100. 生产安全事故调查报告应当包括下列(　　)内容。

　　A. 事故发生单位概况

　　B. 事故发生经过和事故救援情况

　　C. 事故造成的人员伤亡和直接经济损失

　　D. 事故发生的原因和事故性质

　　E. 事故责任的认定以及对事故责任者的处理建议,事故防范和整改措施

101. 事故发生单位及其有关人员有下列(　　)行为之一的,对主要负责人、直接负责的主管人员和其他直接责任人员处上一年年收入60%至100%的罚款。

　　A. 谎报或者瞒报事故的

　　B. 伪造或者故意破坏事故现场的

　　C. 转移、隐匿资金、财产,或者销毁有关证据、资料的

　　D. 拒绝接受调查或者拒绝提供有关情况和资料的

　　E. 在事故调查中作伪证或者指使他人作伪证的

102. 施工单位对下列(　　)危险性较大工程应当编制专项施工方案,并附安全验算结果,经施工单位技术负责人、监理工程师审查同意签字后实施,由专职安全生产管理人员进行现场监督。

　　A. 不良地质条件下有潜在危险性的土方、石方开挖

　　B. 滑坡和高边坡处理

　　C. 桩基础、挡墙基础、深水基础及围堰工程

　　D. 桥梁工程中的梁、拱、柱等构件施工

　　E. 隧道工程中的不良地质隧道、高瓦斯隧道、水底海底隧道

103. 任何单位和个人不得(　　)国家明令禁止使用的可能产生职业病危害的设备或者材料。

　　A. 生产　　　　B. 经营　　　　C. 进口　　　　D. 使用

　　E. 销毁

104. 承担职业病诊断的医疗卫生机构应当具备下列(　　)条件。

　　A. 持有《医疗机构执业许可证》

　　B. 具有与开展职业病诊断相适应的医疗卫生技术人员

　　C. 具有与开展职业病诊断相适应的仪器、设备

　　D. 具有健全的职业病诊断质量管理制度

　　E. 持有安全许可证

105. 安全生产监督管理部门履行职业病防治监督检查职责时,有权采取下列(　　)

措施。

  A.进入被检查单位和职业病危害现场

  B.了解情况

  C.调查取证

  D.查阅或者复制与违反职业病防治法律、法规的行为有关的资料和采集样品

  E.责令违反职业病防治法律、法规的单位和个人停止违法行为

106.安全生产监督管理部门及其职业卫生监督执法人员履行职责时,不得有下列(　　)行为。

  A.对不符合法定条件的,发给建设项目有关证明文件、资质证明文件

  B.对已经取得有关证明文件的,不履行监督检查职责

  C.发现用人单位存在职业病危害,可能造成职业病危害事故的,不及时依法采取控制措施

  D.其他违反《职业病防治法》的行为

  E.对不符合法定条件的,予以批准

107.生产、经营或者进口国家明令禁止使用的可能产生职业病危害的设备或者材料的,依照有关(　　)的规定给予处罚。

  A.法律   B.行政法规   C.宪法   D.部门规章

  E.地方法规

108.职业病危害因素包括职业活动中存在的各种有害的(　　)因素以及在作业过程中产生的其他职业有害因素。

  A.化学   B.物理   C.生物   D.地域

  E.环境

109.国务院(　　)依照《职业病防治法》和国务院确定的职责,负责全国职业病防治的监督管理工作。

  A.安全生产监督管理部门   B.卫生行政部门

  C.劳动保障行政部门   D.建设行政部门

  E.交通行政部门

110.国家对从事(　　)等作业实行特殊管理,具体管理办法由国务院制定。

  A.放射性   B.高毒   C.高危粉尘   D.道路施工

  E.外墙

111.产生职业病危害的用人单位,应当在醒目位置设置公告栏,公布有关职业病防治的(　　)。

  A.规章制度   B.操作规程

  C.职业病危害事故应急救援措施   D.工作场所职业病危害因素检测结果

  E.法律责任

112.劳动者可以在(　　)依法在承担职业病诊断的医疗卫生机构进行职业病诊断。

  A.用人单位所在地   B.本人户籍所在地

C. 经常居住地 　　　　　　　　D. 疾病突发地
E. 纠纷发生地

113. (　　)及其他与建设工程安全生产有关的单位,必须遵守安全生产法律、法规的规定,保证建设工程安全生产,依法承担建设工程安全生产责任。
　　A. 建设单位 　　　　　　　　B. 勘察单位
　　C. 设计单位 　　　　　　　　D. 施工单位
　　E. 工程监理单位

114. 建设单位应当向施工单位提供施工现场及毗邻区域内(　　)等地下管线资料。
　　A. 供电 　　B. 供气 　　C. 供热 　　D. 通信
　　E. 广播电视

115. 特种设备生产单位应当具备(　　)条件,并经负责特种设备安全监督管理的部门许可,方可从事生产活动。
　　A. 有与生产相适应的专业技术人员
　　B. 有与生产相适应的设备、设施和工作场所
　　C. 有健全的质量保证、安全管理和岗位责任等制度
　　D. 有特种设备的定期检验和定期自行检查记录
　　E. 有特种设备的日常使用状况记录

116. 特种设备使用单位应当建立特种设备安全技术档案。安全技术档案应当包括以下(　　)内容。
　　A. 特种设备的设计文件、产品质量合格证明、安装及使用维护保养说明、监督检验证明等相关技术资料和文件
　　B. 特种设备的定期检验和定期自行检查记录
　　C. 特种设备的日常使用状况记录
　　D. 特种设备及其附属仪器仪表的维护保养记录
　　E. 特种设备的运行故障和事故记录

117. 负责特种设备安全监督管理的部门应当对(　　)等公众聚集场所的特种设备,实施重点安全监督检查。
　　A. 学校 　　B. 幼儿园 　　C. 医院 　　D. 车站
　　E. 客运码头

118. 负责特种设备安全监督管理的部门在依法履行监督检查职责时,可以行使下列(　　)职权。
　　A. 查阅、复制特种设备生产、经营、使用单位和检验、检测机构的有关合同、发票、账簿以及其他有关资料
　　B. 对有证据表明不符合安全技术规范要求或者存在严重事故隐患的特种设备实施查封、扣押
　　C. 对流入市场的达到报废条件或者已经报废的特种设备实施查封、扣押
　　D. 对违反本法规定的行为做出行政处罚决定

E. 进入现场进行检查,向特种设备生产、经营、使用单位和检验、检测机构的主要负责人和其他有关人员调查、了解有关情况

119. 特种设备使用单位有下列( )行为之一的,责令限期改正;逾期未改正的,责令停止使用有关特种设备,处一万元以上十万元以下罚款。
    A. 使用特种设备未按照规定办理使用登记的
    B. 未建立特种设备安全技术档案或者安全技术档案不符合规定要求的
    C. 未对其使用的特种设备进行经常性维护保养和定期自行检查的
    D. 未按照安全技术规范的要求及时申报并接受检验的
    E. 未按照安全技术规范的要求进行锅炉水(介)质处理的

120. ( )使用的特种设备安全的监督管理不适用《特种设备安全法》。
    A. 军事装备   B. 核设施
    C. 航空航天器   D. 铁路
    E. 公路

121. 职业病是指( )等用人单位的劳动者在职业活动中,因接触粉尘、放射性物质和其他有毒、有害因素而引起的疾病。
    A. 企业   B. 事业单位
    C. 个体经济组织   D. 村民小组
    E. 街道社区

122. 产生职业病危害的用人单位的设立除应当符合法律、行政法规规定的设立条件外,其工作场所还应当符合下列( )职业卫生要求。
    A. 职业病危害因素的强度或者浓度符合国家职业卫生标准
    B. 有与职业病危害防护相适应的设施
    C. 生产布局合理,符合有害与无害作业分开的原则
    D. 有配套的更衣间、洗浴间、孕妇休息间等卫生设施
    E. 设备、工具、用具等设施符合保护劳动者生理、心理健康的要求

123. 用人单位应当优先采用有利于防治职业病和保护劳动者健康的( )。
    A. 新技术   B. 新工艺
    C. 新设备   D. 新材料
    E. 新方法

124. 对产生严重职业病危害的作业岗位,应当在其醒目位置,设置警示标志和中文警示说明。警示说明应当载明产生职业病危害的( )等内容。
    A. 种类   B. 后果
    C. 预防   D. 应急救治措施
    E. 效果

125. 根据《生产安全事故报告和调查处理条例》规定,以下属于重大事故的有( )。
    A. 致35人死亡的事故   B. 致60人重伤的事故
    C. 致20人死亡的事故   D. 致15人重伤的事故

E. 致6000万元直接经济损失的事故

126. 事故发生后,施工单位应及时向有关部门报告,报告的主要内容不包括( )。
    A. 事故发生地的概况   B. 事故的简要经过
    C. 事故已经造成的伤亡人数   D. 初步估计的直接经济损失
    E. 事故责任人的处理情况

127. 特种设备安全工作应当坚持( )的原则。
    A. 安全第一   B. 预防为主
    C. 节能环保   D. 综合治理
    E. 经济耐用

128. 特种设备出厂时,应当随附安全技术规范要求的( )等相关技术资料和文件,并在设备显著位置设置产品铭牌、安全警示标志及其说明。
    A. 设计文件   B. 产品质量合格证明
    C. 安装及使用维护保养说明   D. 监督检验证明
    E. 购买合同

129. 特种设备出厂时,应当随附安全技术规范要求的相关技术资料和文件,并在特种设备显著位置设置( )。
    A. 产品铭牌   B. 产品质量合格证明
    C. 安全警示标志及其说明   D. 监督检验证明
    E. 设计文件

130. 公路水运工程平安工地考核评价的创建达标单位包括( )。
    A. 建设单位   B. 分包单位
    C. 施工单位   D. 材料供应单位
    E. 监理单位

131. 《公路水运工程施工企业项目负责人施工现场带班生产制度(暂行)》所称的公路水运工程施工企业项目负责人,包括施工合同段的( )。
    A. 项目经理   B. 项目副经理
    C. 项目总工   D. 技术主管
    E. 安全总监

132. 《公路水运工程生产安全重大事故隐患挂牌督办制度(暂行)》中要求公路水运建设项目重大隐患排查治理实行( )的工作机制。
    A. 设计监督   B. 业主组织
    C. 监理核实   D. 施工治理
    E. 工会监督

133. 根据《公路水运工程安全生产监督管理办法》规定,危险性较大、应当编制专项施工方案的工程包括( )。
    A. 滑坡和高边坡处理   B. 涵洞基础
    C. 高瓦斯隧道   D. 爆破工程

E. 水下焊接

134. 下列设备中属于特种设备的是( )。
    A. 额定起重量等于 0.5t 的升降机 B. 容积等于 35L 的承压蒸汽锅炉
    C. 额定起重量等于 0.5t 的起重机 D. 载人(货)电梯
    E. 道路交通、农用车辆

135. 根据《生产安全事故报告和调查处理条例》规定,事故发生单位报告的事故内容包括( )。
    A. 事故发生单位概况
    B. 事故发生的时间、地点以及事故现场情况
    C. 事故的简要经过
    D. 已经采取的措施
    E. 事故的责任认定

136. 生产安全事故调查组的成员通常包括( )。
    A. 人民政府   B. 安全生产监管部门
    C. 监察机关   D. 事故发生单位
    E. 人民检察院

137. 根据《企业安全生产费用提取和使用管理办法》规定,下列属于建设工程施工企业安全费用使用范围的有( )。
    A. 完善、改造和维护安全防护设施设备的支出
    B. 配备、维护、保养应急救援器材、设备的支出和应急演练支出
    C. 现场专职安全人员的工资支出
    D. 开展重大危险源和事故隐患评估、监控和整改的支出
    E. 安全设施及特种设备检测检验支出

138. 根据《企业安全生产费用提取和使用管理办法》规定,下列属于交通运输企业安全费用使用范围的有( )。
    A. 完善、改造和维护安全防护设施设备的支出
    B. 购置、安装和使用具有行驶记录功能的车辆卫星定位装置、船舶通信导航定位和自动识别系统、电子海图等的支出
    C. 安全生产检查、评价(不包括新建、改建、扩建项目安全评价)、咨询及标准化建设的支出
    D. 安全生产适用的新技术、新标准、新工艺、新装备的推广应用支出
    E. 运输人员的劳动保险支出

139. 专职安全生产管理人员负责对安全生产进行现场监督检查,并做好检查记录,发现生产安全事故隐患,应当及时向项目负责人和安全生产管理机构报告;对( )的,应当立即制止。
    A. 违反合同规定   B. 违章指挥
    C. 违章设计   D. 违章操作
    E. 违反劳动纪律

140. 企业主要负责人,是指对本企业日常生产经营活动和安全生产工作( )的人员,包括企业生产经营工作负责人、企业安全生产工作负责人等。
    A. 组织领导   B. 全面规划
    C. 全面负责   D. 规范管理
    E. 有生产经营决策权

141. 公路施工企业项目负责人,包括( )。
    A. 项目经理   B. 项目副经理
    C. 项目总工   D. 作业队长
    E. 专职安全员

142. 公路水运工程安全生产监督管理部门对从业单位安全生产监督检查的内容主要有( )。
    A. 从业单位安全生产条件的符合情况
    B. 从业单位执行安全生产法律、法规、规章和工程建设强制性标准的情况
    C. 安全专项费用的落实情况
    D. 从业单位对各项应急预案的建立和落实情况
    E. 员工的安全教育培训情况

143. 建设单位在公路水运工程施工招标文件中,应当按照法律、法规的规定对施工单位的( )等提出明确要求。
    A. 应急预案演练情况   B. 安全生产条件
    C. 安全生产信用情况   D. 安全生产保障措施
    E. 安全生产费用使用程序

144. 根据《公路水运工程安全生产监督管理办法》规定,施工单位主要负责人的职责包括( )。
    A. 制订安全生产规章制度和操作规程
    B. 根据工程特点组织制订安全施工措施
    C. 保证本单位安全生产条件所需资金的投入
    D. 对安全生产进行现场监督检查
    E. 对所承担的公路水运工程进行定期和专项安全检查

145. 根据《建设工程安全生产管理条例》规定,专职安全生产管理人员的安全职责主要包括( )。
    A. 现场检查   B. 隐患报告
    C. 违章制止   D. 落实法律法规
    E. 编制并更新管理制度

146. 建设单位应当在拆除工程施工 15 日前,将( )报送建设工程所在地的县级以上地方人民政府建设行政主管部门或者其他有关部门备案。
    A. 施工单位资质等级证明
    B. 拟拆除建筑物、构筑物及可能危及毗邻建筑的说明

C. 拆除施工组织方案
D. 堆放、清除废弃物的措施
E. 拆除工程预算费用明细表

147. 《生产安全事故报告和调查处理条例》规定的事故分级要素包括(　　)。
A. 人员轻伤的数量　　　　　　　B. 人员重伤的数量
C. 人员死亡　　　　　　　　　　D. 直接经济损失的数量
E. 社会影响

148. 以下属于较大生产安全事故的是(　　)。
A. 造成 3 人以上 10 人以下死亡的事故
B. 造成 10 人以上 30 人以下死亡的事故
C. 造成 10 人以上 50 人以下重伤的事故
D. 造成 1000 万元以上 5000 万元以下直接经济损失的事故
E. 造成 1000 万元以下直接经济损失的事故

(三) 判断题

1. 新《安全生产法》大幅提高了对事故责任单位的罚款金额,一般事故罚款为 50 万元至 100 万元。(　　)
　　A. 正确　　　　　　　　　　　　B. 错误

2. 新《安全生产法》规定,特别重大事故的情节特别严重的,罚款 1000 万元至 2000 万元。(　　)
　　A. 正确　　　　　　　　　　　　B. 错误

3. 从业人员在紧急情况下停止作业或采取紧急撤离措施导致企业损失,可通过从业人员降低工资、福利等方式弥补。(　　)
　　A. 正确　　　　　　　　　　　　B. 错误

4. 因生产安全事故受到损害的从业人员,除依法享有工伤保险外,无权再向单位提出赔偿要求。(　　)
　　A. 正确　　　　　　　　　　　　B. 错误

5. 承担安全评价、认证、检测、检验的机构应当具备国家规定的资质条件,并对其做出的安全评价、认证、检测、检验结果负责。(　　)
　　A. 正确　　　　　　　　　　　　B. 错误

6. 《安全生产法》不仅适用于生产经营单位,同时也适用于国家安全和社会治安方面的管理。(　　)
　　A. 正确　　　　　　　　　　　　B. 错误

7. 《安全生产法》规定,在中华人民共和国领域内从事生产经营活动的单位的安全生产适用本法。这里所指的生产经营单位包括国有企业事业单位、集体所有制企业事业单位、合伙企业、个人独资企业,但不包括中外合资经营企业、中外合作经营企业、外资企业。(　　)
　　A. 正确　　　　　　　　　　　　B. 错误

8. 把作业场所和工作岗位存在的危险因素如实告知从业人员,会有负面影响,引起恐慌,增加思想负担,不利于安全生产。( )
  A. 正确　　　　　　　　　　　　B. 错误

9. 安全生产监督管理部门和其他负有安全生产监督管理职责的部门对企业执行有关安全生产的法律、法规和国家标准或者行业标准的情况进行监督检查时,生产经营单位可以以技术保密、业务保密等理由拒绝检查。( )
  A. 正确　　　　　　　　　　　　B. 错误

10. 国务院安全生产监督管理部门和其他负有安全生产监督管理职责的部门应当根据各自的职责分工,制订相关行业、领域重大事故隐患的判定标准。( )
  A. 正确　　　　　　　　　　　　B. 错误

11. 工会不能对建设项目的安全设施与主体工程同时设计、同时施工、同时投入生产和使用进行监督。( )
  A. 正确　　　　　　　　　　　　B. 错误

12. 生产经营单位不得因安全生产管理人员依法履行职责而降低其工资、福利等待遇或者解除与其订立的劳动合同。( )
  A. 正确　　　　　　　　　　　　B. 错误

13. 劳务派遣单位应当对被派遣劳动者进行必要的安全生产教育和培训。( )
  A. 正确　　　　　　　　　　　　B. 错误

14. 负有安全生产监督管理职责的部门对检查中发现的事故隐患,应当责令立即排除。( )
  A. 正确　　　　　　　　　　　　B. 错误

15. 予以关闭的行政处罚由负有安全生产监督管理职责的部门报请县级以上人民政府按照国务院规定的权限决定。( )
  A. 正确　　　　　　　　　　　　B. 错误

16. 安全"三同时"初期投入的安全设施支出属于安全费用。( )
  A. 正确　　　　　　　　　　　　B. 错误

17. 与事故无关的单位或个人不用配合事故抢救。( )
  A. 正确　　　　　　　　　　　　B. 错误

18. 生产经营单位与从业人员订立协议,免除或者减轻其对从业人员因生产安全事故伤亡依法应承担的责任的,该协议无效;对生产经营单位的主要负责人、个人经营的投资人处二万元以上五万元以下的罚款。( )
  A. 正确　　　　　　　　　　　　B. 错误

19. 生产经营单位委托合法的相关机构提供安全生产技术、管理服务的,保证安全生产的责任由委托单位负责。( )
  A. 正确　　　　　　　　　　　　B. 错误

20. 居民委员会、村民委员会发现其所在区域内的生产经营单位存在事故隐患或者安全生产违法行为时,有权向当地人民政府或有关部门报告。( )

A. 正确 B. 错误

21. 生产经营单位做出涉及安全生产的经营决策,只需听取单位主要负责人的意见。( )
A. 正确 B. 错误

22. 有关生产经营单位应当按照规定提取和使用安全生产费用,专门用于安全教育和培训。( )
A. 正确 B. 错误

23. 国务院有关部门应依法在各自职责范围内对有关行业、领域的安全生产实施监督管理。( )
A. 正确 B. 错误

24. 生产经营单位的主要负责人应组织制订并实施本单位安全生产教育和培训计划。( )
A. 正确 B. 错误

25. 未经安全生产教育和培训的从业人员,不得上岗作业。( )
A. 正确 B. 错误

26. 负有安全生产监督管理职责的部门对其主管的危险物品的生产、经营、储存单位以及矿山、金属冶炼、建筑施工、道路运输单位的主要负责人和安全生产管理人员进行安全生产知识和管理能力考核,可以收费。( )
A. 正确 B. 错误

27. 省、自治区、直辖市人民政府可以根据本地区实际情况对国家规定以外的危及生产安全的工艺、设备进行公布淘汰。( )
A. 正确 B. 错误

28. 生产、经营、储存、使用危险物品的车间、商店、仓库可以与员工宿舍在统一建筑物内,但要保持安全距离。( )
A. 正确 B. 错误

29. 生产经营单位对承包单位、承租单位的安全生产工作统一协调、管理,定期进行安全检查,发现安全问题的,应及时督促整改。( )
A. 正确 B. 错误

30. 生产经营单位可以在从业人员自愿的情况下与其订立协议,免除或减轻其对从业人员因生产安全事故伤亡依法应承担的责任。( )
A. 正确 B. 错误

31. 因生产安全事故受到损害的从业人员,除依法享有工伤保险外,依照有关民事法律尚有获得赔偿的权利的,有权向本单位提出赔偿要求。( )
A. 正确 B. 错误

32. 生产经营单位使用被派遣劳动者的,被派遣劳动者享有新《安全生产法》规定的从业人员的权利,并应当履行从业人员的义务。( )
A. 正确 B. 错误

33. 承担安全评价、认证、检测、检验工作的机构,出具虚假证明的,给他人造成损害的,在缴纳罚款后,不需再与生产经营单位承担连带赔偿责任。(　　)
  A. 正确　　　　　　　　　　　　　　B. 错误

34. 《环境保护法》规定:一切部门和个人都有保护环境的义务。(　　)
  A. 正确　　　　　　　　　　　　　　B. 错误

35. 国家支持环境保护科学技术研究、开发和应用,鼓励环境保护产业发展,促进环境保护信息化建设,提高环境保护科学技术水平。(　　)
  A. 正确　　　　　　　　　　　　　　B. 错误

36. 各级人民政府应当加大保护和改善环境、防治污染和其他公害的财政投入,提高财政资金的使用效率。(　　)
  A. 正确　　　　　　　　　　　　　　B. 错误

37. 《环境保护法》规定:对保护和改善环境有显著成绩的单位和个人,由环境保护主管部门给予奖励。(　　)
  A. 正确　　　　　　　　　　　　　　B. 错误

38. 省、自治区、直辖市人民政府环境保护主管部门对国家污染物排放标准中未作规定的项目,可以制定地方污染物排放标准;对国家污染物排放标准中已作规定的项目,可以制定严于国家污染物排放标准的地方污染物排放标准。(　　)
  A. 正确　　　　　　　　　　　　　　B. 错误

39. 《环境保护法》规定:未依法进行环境影响评价的开发利用规划,不得组织实施;未依法进行环境影响评价的建设项目,不得开工建设。(　　)
  A. 正确　　　　　　　　　　　　　　B. 错误

40. 企业事业单位和其他生产经营者,在污染物排放符合法定要求的基础上,进一步减少污染物排放的,人民政府应当依法采取财政、税收、价格、政府采购等方面的政策和措施予以鼓励和支持。(　　)
  A. 正确　　　　　　　　　　　　　　B. 错误

41. 企业事业单位和其他生产经营者,为改善环境,依照有关规定转产、搬迁、关闭的,人民政府应当予以支持。(　　)
  A. 正确　　　　　　　　　　　　　　B. 错误

42. 建设项目中防治污染的设施,应当与主体工程同时设计、同时施工、同时投产使用。防治污染的设施应当符合经批准的环境影响评价文件的要求,不得擅自拆除或者闲置。(　　)
  A. 正确　　　　　　　　　　　　　　B. 错误

43. 负责审批建设项目环境影响评价文件的部门在收到建设项目环境影响报告书后,除涉及国家秘密和商业秘密的事项外,应当全文公开;发现建设项目未充分征求公众意见的,应当责成建设单位征求公众意见。(　　)
  A. 正确　　　　　　　　　　　　　　B. 错误

44. 建设单位未依法提交建设项目环境影响评价文件或者环境影响评价文件未经批准,擅自开工建设的,由负有环境保护监督管理职责的部门责令停止建设,处以罚款,并可以责令恢

复原状。（　　）

  A. 正确   B. 错误

45. 环境影响评价机构、环境监测机构以及从事环境监测设备和防治污染设施维护、运营的机构，在有关环境服务活动中弄虚作假，对造成的环境污染和生态破坏负有责任的，除依照有关法律法规规定予以处罚外，还应当与造成环境污染和生态破坏的其他责任者承担连带责任。（　　）

  A. 正确   B. 错误

46. 违反《环境保护法》规定，构成犯罪的，依法追究刑事责任和行政责任。（　　）

  A. 正确   B. 错误

47. 生产经营单位的从业人员有依法获得安全生产保障的权利，并应当依法履行安全生产方面的义务。（　　）

  A. 正确   B. 错误

48. 乡、镇人民政府以及街道办事处、开发区管理机构等地方人民政府的派出机关无权对本行政区域内生产经营单位安全生产状况进行监督检查。（　　）

  A. 正确   B. 错误

49. 生产经营单位委托具有相关资质的机构提供安全生产技术、管理服务的，保证安全生产的责任由服务的相关机构负责。（　　）

  A. 正确   B. 错误

50. 生产经营单位的主要负责人和安全生产管理人员必须具备与本单位所从事的生产经营活动相应的安全生产知识和管理能力，应当由主管的负有安全生产监督管理职责的部门对其安全生产知识和管理能力考核合格。考核可以收费。（　　）

  A. 正确   B. 错误

51. 生产经营单位应当对从业人员进行安全生产教育和培训，保证从业人员具备必要的安全生产知识，熟悉有关的安全生产规章制度和安全操作规程，掌握本岗位的安全操作技能，了解事故应急处理措施，知悉自身在安全生产方面的权利和义务。经安全生产教育和培训合格的从业人员，不得上岗作业。（　　）

  A. 正确   B. 错误

52. 危险化学品生产的建设项目，应当进行安全评价和安全设施设计。（　　）

  A. 正确   B. 错误

53. 重大责任事故罪主体是一般主体，包括建筑企业的安全生产从业人员、安全生产管理人员以及对安全事故负有责任的包工头、无证从事生产、作业的人员等。（　　）

  A. 正确   B. 错误

54. 重大责任事故罪侵犯的主体是工厂、矿山、林场、建筑企业或者其他企业、事业单位的生产安全。（　　）

  A. 正确   B. 错误

55. 工程重大安全事故罪的犯罪主体是特殊主体，仅限于建设单位、设计单位、施工单位、工程监理单位及其责任人员。（　　）

A. 正确　　　　　　　　　　　　B. 错误

56.《劳动法》第五十三条规定的"职业安全卫生设施"是指安全技术方面的设施、劳动卫生方面的设施,但不包括生产性辅助设施(如女工卫生室、更衣室、饮水设施等)。(　　)

A. 正确　　　　　　　　　　　　B. 错误

57.劳动者拒绝用人单位管理人员违章指挥、强令冒险作业的,不视为违反劳动合同。(　　)

A. 正确　　　　　　　　　　　　B. 错误

58.建设单位提供的资料将成为施工单位后续工作的主要参考依据。这些资料如果不真实、准确、完整,并因此导致了施工单位的损失,施工单位不能就此向建设单位要求赔偿。(　　)

A. 正确　　　　　　　　　　　　B. 错误

59.工程重大安全事故罪是指安全生产设施或者安全生产条件不符合国家规定,因而发生重大伤亡事故或者造成其他严重后果的行为。(　　)

A. 正确　　　　　　　　　　　　B. 错误

60.生产经营单位的从业人员是指该单位从事生产经营活动各项工作的所有人员,包括管理人员、技术人员和各岗位的工人,但不包括临时聘用的人员。(　　)

A. 正确　　　　　　　　　　　　B. 错误

61.我国第一部全面规范安全生产的专门法律是《安全生产法》。(　　)

A. 正确　　　　　　　　　　　　B. 错误

62.非高危行业也应按照从业人员的数量,配置安全生产管理机构或者安全生产管理人员。(　　)

A. 正确　　　　　　　　　　　　B. 错误

63.公路养护车辆进行作业时,在不影响过往车辆通告的前提下,其行驶路线和方向不受公路标志、标线限制。(　　)

A. 正确　　　　　　　　　　　　B. 错误

64.《安全生产法》没有规定重大危险源的备案制度。(　　)

A. 正确　　　　　　　　　　　　B. 错误

65.公路养护人员进行养护作业时,应当穿着统一的安全标志服。(　　)

A. 正确　　　　　　　　　　　　B. 错误

66.《安全生产法》规定的生产安全事故类型的划分标准由国家安全监督管理总局规定。(　　)

A. 正确　　　　　　　　　　　　B. 错误

67.《环境保护法》中规定:"加强企业管理,实行文明施工,对于污染环境的废气、废水、废渣,要综合利用、化害为利;需要排放的,必须遵循国家规定的标准;一时达不到国家标准的要限制企业的生产规模,预期达不到国家标准的要限期治理。"(　　)

A. 正确　　　　　　　　　　　　B. 错误

68.施工企业的从业人员均负有危险报告义务。(　　)

　　　　　A. 正确　　　　　　　　　　　　B. 错误

69.《环境保护法》的立法目的是：保护和改善环境,防治污染和其他公害,保障公众健康,推进生态文明建设,促进经济社会可持续发展。(　　)

　　　　　A. 正确　　　　　　　　　　　　B. 错误

70. 保护环境是国家的基本国策。国家采取有利于节约和循环利用资源、保护和改善环境、促进人与自然和谐的经济、技术政策和措施,使经济社会发展与环境保护相协调。(　　)

　　　　　A. 正确　　　　　　　　　　　　B. 错误

71. 环境保护坚持"预防为主、综合治理、公众参与、损害担责"的原则。(　　)

　　　　　A. 正确　　　　　　　　　　　　B. 错误

72.《安全生产法》明确规定："生产经营单位主要负责人对本单位的安全生产工作全面负责。"对于公路水运工程施工企业来说,主要负责人主要指董事长、总经理、安全总监等。(　　)

　　　　　A. 正确　　　　　　　　　　　　B. 错误

73. 两个以上生产经营单位在同一作业区域内进行生产经营活动,可能危及对方生产安全的,应当签订安全生产管理协议。(　　)

　　　　　A. 正确　　　　　　　　　　　　B. 错误

74. 生产经营单位可结合公司和项目情况为职工办理工伤社会保险。(　　)

　　　　　A. 正确　　　　　　　　　　　　B. 错误

75.《安全生产法》制定的目的是为了加强安全生产工作,防止和减少生产安全事故,保障人民群众生命和财产安全,促进经济社会持续健康发展。(　　)

　　　　　A. 正确　　　　　　　　　　　　B. 错误

76. 安全生产工作应当以人为本,坚持安全发展,坚持安全第一、预防为主、综合治理的方针,强化和落实生产经营单位的主体责任,建立生产经营单位负责、职工参与、政府监管、行业自律和社会监督的机制。(　　)

　　　　　A. 正确　　　　　　　　　　　　B. 错误

77. 工会依法对安全生产工作进行技术指导。(　　)

　　　　　A. 正确　　　　　　　　　　　　B. 错误

78. 建筑施工从业人员超过200人的才需要设置安全生产管理机构或者配备专职安全生产管理人员。(　　)

　　　　　A. 正确　　　　　　　　　　　　B. 错误

79. 生产经营单位使用被派遣劳动者的,应当将被派遣劳动者纳入本单位从业人员统一管理,对被派遣劳动者进行岗位安全操作规程和安全操作技能的教育和培训。(　　)

　　　　　A. 正确　　　　　　　　　　　　B. 错误

80. 县级以上地方各级人民政府负有安全生产监督管理职责的部门应当建立健全重大事故隐患治理督办制度,督促生产经营单位消除重大事故隐患。(　　)

　　　　　A. 正确　　　　　　　　　　　　B. 错误

81. 生产经营单位未与承包单位、承租单位签订专门的安全生产管理协议或者未在承包合同、租赁合同中明确各自的安全生产管理职责,或者未对承包单位、承租单位的安全生产统一

协调、管理的,责令限期改正;逾期未改正的,责令停产停业整顿。( )

    A. 正确   B. 错误

82. 生产经营单位与从业人员订立的协议,可以适当免除或者减轻其对从业人员因生产安全事故伤亡依法应承担的责任。( )

    A. 正确   B. 错误

83. 生产经营单位发生生产安全事故造成人员伤亡、他人财产损失的,应当依法承担赔偿责任;拒不承担或者其负责人逃匿的,由监理强制执行。( )

    A. 正确   B. 错误

84. 施工单位对安全生产承担的法律责任有行政责任和刑事责任。行政责任包括限期改正、停产停业整顿、罚款。( )

    A. 正确   B. 错误

85. 在生产、作业中违反有关安全管理的规定,因而发生重大伤亡事故或者造成其他严重后果的,处十年以下有期徒刑或者拘役。( )

    A. 正确   B. 错误

86. 重大责任事故罪的主体是特殊主体,即直接负责的主管人员和其他直接责任人员。( )

    A. 正确   B. 错误

87. 用人单位自用工之日起超过一个月不满一年未与劳动者订立书面劳动合同的,应当向劳动者每月支付两倍的工资。( )

    A. 正确   B. 错误

88. 在大中型公路桥梁和渡口周围两百米、公路隧道上方和洞口外一百米范围内,以及在公路两侧一定距离内,挖砂、采石、取土、倾倒废弃物的由交通主管部门责令停止违法行为,可以处三万元以下的罚款。( )

    A. 正确   B. 错误

89. 根据《安全生产法》的规定,不是安全生产法律关系的主体不承担安全生产责任。( )

    A. 正确   B. 错误

90. 构成法律责任要件的心理状态,是指行为主体的主观故意和主观过失,通称主观过错。( )

    A. 正确   B. 错误

91. 用人单位违章指挥,强令冒险作业危及劳动者人身安全的,劳动者可以立即解除劳动合同,但需要事先告知用人单位。( )

    A. 正确   B. 错误

92. 工程重大安全事故罪的客体是公共安全和国家有关安全管理的法律制度。( )

    A. 正确   B. 错误

93. 设计单位应当按照法律、法规和工程建设强制性标准进行设计,防止因设计不合理导致生产安全事故的发生。( )

A. 正确　　　　　　　　　　　　B. 错误

94. 专职安全生产管理人员的配备办法由国务院建设行政主管部门会同国务院其他有关部门制定。（　　）

　　A. 正确　　　　　　　　　　　　B. 错误

95. 施工现场临时搭建的建筑物应当符合安全使用要求；施工现场使用的装配式活动房屋应当具有安全许可证。（　　）

　　A. 正确　　　　　　　　　　　　B. 错误

96. 施工单位应当自施工起重机械和整体提升脚手架、模板等自升式架设设施验收合格之日起15日内，向建设行政主管部门或者其他有关部门登记。（　　）

　　A. 正确　　　　　　　　　　　　B. 错误

97. 施工单位的主要负责人、项目负责人、专职安全生产管理人员应当经劳动行政主管部门或者其他有关部门考核合格后方可任职。（　　）

　　A. 正确　　　　　　　　　　　　B. 错误

98. 建设行政主管部门或者其他有关部门不得将施工现场的监督检查委托给建设工程安全监督机构具体实施。（　　）

　　A. 正确　　　　　　　　　　　　B. 错误

99. 对事故报告和调查处理中的违法行为，只有涉事的单位和个人有权向安全生产监督管理部门、监察机关或者其他有关部门举报，接到举报的部门应当依法及时处理。（　　）

　　A. 正确　　　　　　　　　　　　B. 错误

100. 道路交通事故、火灾事故自发生之日起15日内，事故造成的伤亡人数发生变化的，应当及时补报。（　　）

　　A. 正确　　　　　　　　　　　　B. 错误

101. 根据事故的具体情况，事故调查组由有关人民政府、安全生产监督管理部门、负有安全生产监督管理职责的有关部门、监察机关、公安机关以及工会派人组成，并可以邀请人民检察院派人参加。（　　）

　　A. 正确　　　　　　　　　　　　B. 错误

102. 《生产安全事故报告和调查处理条例》规定，拘留的行政处罚，由安全生产监督管理部门决定。（　　）

　　A. 正确　　　　　　　　　　　　B. 错误

103. 特别重大事故以下等级事故，事故发生地与事故发生单位不在同一个县级以上行政区域的，由事故发生地人民政府负责调查，事故发生单位所在地人民政府不必派人参加。（　　）

　　A. 正确　　　　　　　　　　　　B. 错误

104. 对因生产安全事故造成的职工死亡，一次性工亡补助金调整为按全国上一年度城镇居民人均可支配收入的30倍计算。（　　）

　　A. 正确　　　　　　　　　　　　B. 错误

105. 生产安全事故调查组的成员通常包括人民政府、安全生产监管部门、事故发生单位的

人员。（　　）
  A. 正确   B. 错误

106.《建筑法》的立法目的在于加强对建筑活动的监督管理,维护建筑市场秩序,保证建筑工程的质量和安全,促进建筑业的健康发展。（　　）
  A. 正确   B. 错误

107. 发包单位将工程发包给不具有相应资质条件的承包单位的,或者违反《建筑法》规定将建筑工程肢解发包的,责令改正,处以罚款。（　　）
  A. 正确   B. 错误

108. 在《建筑法》中,对施工单位的处罚包括:责令改正、并处罚款;责令停业整顿,降低资质等级或者吊销资质证;赔偿损失;追究刑事责任。在经济处罚方面还有没收非法所得。（　　）
  A. 正确   B. 错误

109. 重大责任事故罪的过失可以为疏忽大意的过失,但不包括过于自信的过失。（　　）
  A. 正确   B. 错误

110. 重大责任事故罪是指安全生产设施或者安全生产条件不符合国家规定,因而发生重大伤亡事故或者造成其他严重后果的行为。（　　）
  A. 正确   B. 错误

111. 安全生产设施或者安全生产条件不符合国家规定,因而发生重大伤亡事故或者造成其他严重后果的,对直接负责的主管人员和其他直接责任人员,处三年以下有期徒刑或者拘役;情节特别恶劣的,处三年以上七年以下有期徒刑。（　　）
  A. 正确   B. 错误

112. 谎报瞒报事故罪的客观方面是安全事故发生以后,负有报告职责的人员不报或谎报事故情况,贻误事故抢救,并且具有严重情节的行为。（　　）
  A. 正确   B. 错误

113.《施工企业安全生产管理规范》（GB 50656—2011）是对建筑施工企业安全管理行为提出的最高要求,是建筑施工企业安全管理的行为规范。（　　）
  A. 正确   B. 错误

114. 建筑施工企业应按照"纵向到底、横向到边、合理分工,互相衔接"的原则,落实各管理层与职能部门、岗位的安全生产管理责任,实施安全生产体系化管理。（　　）
  A. 正确   B. 错误

115. 不具备安全生产教育培训条件的企业,不能委托具有相应资质的安全培训机构,对从业人员进行安全培训。（　　）
  A. 正确   B. 错误

116. 对于各层次的管理者,除负责各自管理范围内的生产经营管理职责外,还应负责其运行范围内的安全生产管理,确保管理范围内的安全生产管理体系正常运行和安全业绩的持续改进。（　　）

A. 正确 B. 错误

117. 省、自治区、直辖市人民政府建设主管部门负责建筑施工企业安全生产许可证的颁发和管理,并接受国务院建设主管部门的指导和监督。( )

  A. 正确 B. 错误

118. 安全生产许可证颁发管理机关应当自收到申请之日起 45 日内审查完毕,经审查符合《安全生产许可证条例》规定的安全生产条件的,颁发安全生产许可证。( )

  A. 正确 B. 错误

119. 安全生产许可证颁发管理机关应当建立、健全安全生产许可证档案管理制度,并定期向社会公布企业取得安全生产许可证的情况。( )

  A. 正确 B. 错误

120. 安全生产许可证颁发管理机关应当加强对取得安全生产许可证的企业的监督检查,发现其不再具备《安全生产许可证条例》规定的安全生产条件的,应当暂扣或者吊销安全生产许可证。( )

  A. 正确 B. 错误

121. 监察机关依照《中华人民共和国行政监察法》的规定,对安全生产许可证颁发管理机关及其工作人员履行《安全生产许可证条例》规定的职责实施监察。( )

  A. 正确 B. 错误

122. 负责特种设备安全监督管理的部门实施安全监督检查时,应当有三名以上特种设备安全监察人员参加,并出示有效的特种设备安全行政执法证件。( )

  A. 正确 B. 错误

123. 特种设备进行改造、修理,按照规定需要变更使用登记的,可以办理变更登记,变更后可继续使用。( )

  A. 正确 B. 错误

124. 用人单位制定或者修改有关职业病防治的规章制度,应当听取工会组织的意见。( )

  A. 正确 B. 错误

125. 有关防治职业病的国家职业卫生标准,由国务院卫生行政部门组织制定并公布。( )

  A. 正确 B. 错误

126. 用人单位应当依照法律、法规要求,严格遵守国家职业卫生标准,落实职业病预防措施,从源头上控制和消除职业病危害。( )

  A. 正确 B. 错误

127. 用人单位工作场所存在职业病目录所列职业病的危害因素的,应当及时、如实地向所在地安全生产监督管理部门申报危害项目,接受监督。( )

  A. 正确 B. 错误

128. 建设项目职业病危害分类管理办法由国务院安全生产监督管理部门制定。( )

  A. 正确 B. 错误

129. 用人单位应当保障职业病防治所需的资金投入,不得挤占、挪用,并对因资金投入不足导致的后果承担责任。( )
        A. 正确   B. 错误

130. 职业健康检查应当由省级以上人民政府卫生行政部门批准的医疗卫生机构承担。( )
        A. 正确   B. 错误

131. 依法批准开工报告的建设工程,建设单位应当自开工报告批准之日起15日内,将保证安全施工的措施报送建设工程所在地的县级以上地方人民政府建设行政主管部门或者其他有关部门备案。( )
        A. 正确   B. 错误

132. 重大事故逐级上报至国务院安全生产监督管理部门和负有安全生产监督管理职责的有关部门。( )
        A. 正确   B. 错误

133. 环境污染事故、核设施事故、国防科研生产事故的报告和调查处理不适用《生产安全事故报告和调查处理条例》。( )
        A. 正确   B. 错误

134. 事故发生单位负责人接到事故报告后,应当立即启动事故相应应急预案,或者采取有效措施,组织抢救,防止事故扩大,减少人员伤亡和财产损失。( )
        A. 正确   B. 错误

135. 公路水运工程安全生产监督管理应当坚持安全第一、预防为主、综合治理的方针。( )
        A. 正确   B. 错误

136. 公路水运工程安全生产监督管理实行统一监管、分级负责。( )
        A. 正确   B. 错误

137. 建设工程施工企业提取的安全费用列入工程造价,在竞标时,不得删减,列入标外管理。( )
        A. 正确   B. 错误

138. 项目负责人是指由企业法定代表人授权,负责公路水运工程项目施工管理的负责人,包括项目经理、项目副经理和项目总工。( )
        A. 正确   B. 错误

139. 建设单位在编制工程招标文件时,应当确定公路水运工程项目安全作业环境及安全施工措施所需的安全生产费用。( )
        A. 正确   B. 错误

140. 勘察单位应当对有可能引发公路水运工程安全隐患的地质灾害提出防治建议。( )
        A. 正确   B. 错误

141. 为公路水运工程提供施工机械设备、设施和产品的单位,应确保配备齐全有效的保

险、限位等安全装置,提供有关安全操作的说明,保证其提供的机械设备和设施等产品的质量和安全性能达到国家有关标准。(　　)

　　A. 正确　　　　　　　　　　　　B. 错误

142. 公路水运工程安全生产监督管理部门应当建立从业单位信用档案,并将监督检查情况和处理结果及时登录在安全生产信用管理系统中。(　　)

　　A. 正确　　　　　　　　　　　　B. 错误

143. 公路水运工程安全生产监督管理部门可委托具备国家规定资质条件的机构,对容易发生重特大生产安全事故的工程项目和危险性较大的工程施工进行安全评价及监测。(　　)

　　A. 正确　　　　　　　　　　　　B. 错误

144. 从业单位从事公路水运工程建设活动,应当具备法律、行政法规规定的安全生产条件。任何单位和个人不得降低安全生产条件。(　　)

　　A. 正确　　　　　　　　　　　　B. 错误

145. 矿山、房屋建筑工程、水利水电工程、电力工程、铁路工程、城市轨道交通工程安全费用提取标准均为工程造价的为2.0%。(　　)

　　A. 正确　　　　　　　　　　　　B. 错误

146. 企业应当建立健全内部安全费用管理制度,明确安全费用提取和使用的程序、职责及权限,按规定提取和使用安全费用。(　　)

　　A. 正确　　　　　　　　　　　　B. 错误

147. 企业提取的安全费用属于企业自提自用资金,其他单位和部门可以采取收取、代管等形式对其进行集中管理和使用。(　　)

　　A. 正确　　　　　　　　　　　　B. 错误

148. 各级财政部门、安全生产监督管理部门、煤矿安全监察机构和有关行业主管部门依法对企业安全费用提取、使用和管理进行监督检查。(　　)

　　A. 正确　　　　　　　　　　　　B. 错误

149. 企业年度安全费用使用计划和上一年安全费用的提取、使用情况按照管理权限报同级财政部门、安全生产监督管理部门和行业主管部门审批。(　　)

　　A. 正确　　　　　　　　　　　　B. 错误

150. 企业安全费用的会计处理,应当符合各地企业会计制度的规定。(　　)

　　A. 正确　　　　　　　　　　　　B. 错误

151. 在城市市区内的建设工程,施工单位应当对施工现场实行封闭围挡。(　　)

　　A. 正确　　　　　　　　　　　　B. 错误

152. 作业人员有权对施工现场的作业条件、作业程序和作业方式中存在的安全问题提出批评、检举和控告,有权拒绝违章指挥和强令冒险作业。(　　)

　　A. 正确　　　　　　　　　　　　B. 错误

153. 建设行政主管部门或者其他有关部门对建设工程是否有安全施工措施进行审查时,不得收取费用。(　　)

  A. 正确   B. 错误

154. 省级以上人民政府建设行政主管部门和其他有关部门可以及时受理对建设工程生产安全事故及安全事故隐患的检举、控告和投诉。（ ）

  A. 正确   B. 错误

155. 发生生产安全事故后，监理单位应当采取措施防止事故扩大，保护事故现场。需要移动现场物品时，应当做出标记和书面记录，妥善保管有关证物。（ ）

  A. 正确   B. 错误

156. 国家对特种设备实行目录管理。特种设备目录由各地负责特种设备安全监督管理的部门制定，报国务院批准后执行。（ ）

  A. 正确   B. 错误

157. 国家建立缺陷特种设备召回制度。因生产原因造成特种设备存在危及安全的同一性缺陷的，特种设备生产单位应当立即停止生产，经政府审批后召回。（ ）

  A. 正确   B. 错误

158. 较大事故是指造成 5 人以上 10 人以下死亡，或者 10 人以上 50 人以下重伤，或者 1000 万元以上 5000 万元以下直接经济损失的事故。（ ）

  A. 正确   B. 错误

159. 职工依法参加事故调查处理，有权向有关部门提出处理意见。（ ）

  A. 正确   B. 错误

160. 重大事故逐级上报至省、自治区、直辖市人民政府安全生产监督管理部门和负有安全生产监督管理职责的有关部门。（ ）

  A. 正确   B. 错误

161. 安全生产监督管理部门和负有安全生产监督管理职责的有关部门依照规定上报事故情况，不必同时报告本级人民政府。（ ）

  A. 正确   B. 错误

162. 安全生产监督管理部门和负有安全生产监督管理职责的有关部门逐级上报事故情况，每级上报的时间不得超过 24 小时。（ ）

  A. 正确   B. 错误

163. 所有事故发生之日起 30 日内，事故造成的伤亡人数发生变化的，应当及时补报。（ ）

  A. 正确   B. 错误

164. 因抢救人员、防止事故扩大以及疏通交通等原因，需要移动事故现场物件的，应当做出标志，绘制现场简图并做出书面记录，妥善保存现场重要痕迹、物证。（ ）

  A. 正确   B. 错误

165. 未造成人员伤亡的一般事故，县级人民政府也可以委托事故发生单位组织事故调查组进行调查。（ ）

  A. 正确   B. 错误

166. 安全生产监督管理部门和负有安全生产监督管理职责的有关部门依照规定上报事故情况，应当同时报告本级人民政府。（ ）

  A. 正确   B. 错误

167. 事故调查组成员应当具备事故调查所需要的知识和专长,并与所调查的事故没有直接利害关系。(　　)

  A. 正确   B. 错误

168. 事故调查组应当自事故发生之日起60日内提交事故调查报告;特殊情况下,经负责事故调查的人民政府批准,提交事故调查报告的期限可以适当延长,但延长的期限最长不超过60日。(　　)

  A. 正确   B. 错误

169. 事故处理的情况由负责事故调查的人民政府或者其授权的有关部门、机构向社会公布,依法应当保密的除外。(　　)

  A. 正确   B. 错误

170. 情况紧急时,事故现场有关人员可以直接向事故发生地县级以上人民政府安全生产监督管理部门和负有安全生产监督管理职责的有关部门报告。(　　)

  A. 正确   B. 错误

171. 根据《建设工程安全生产管理条例》,工程监理单位应当审查施工组织设计中的安全技术措施或者专项施工方案是否符合工程建设强制性标准。(　　)

  A. 正确   B. 错误

172. 建设工程实行施工总承包的,由总承包单位对施工现场的安全生产负总责。(　　)

  A. 正确   B. 错误

173. 分包单位应当服从总承包单位的安全生产管理,分包单位不服从管理导致生产安全事故的,由总包单位承担主要责任。(　　)

  A. 正确   B. 错误

174. 由于监理工程师指令有误而导致施工现场停止施工的,施工单位可以就此直接向监理单位索赔。(　　)

  A. 正确   B. 错误

175. 较大事故由设区的市级人民政府直接组织事故调查组或授权或委托有关部门调查。(　　)

  A. 正确   B. 错误

176. 企业应当建立健全内部安全费用管理制度,明确安全费用使用和管理的程序、职责及权限,接受安全生产监督管理部门和财政部门的监督。(　　)

  A. 正确   B. 错误

177. 企业应当为从事高空、高压、易燃、易爆、剧毒、放射性、高速运输、野外、矿井等高危作业的人员办理团体人身意外伤害保险或个人意外伤害保险。所需保险费用直接列入成本(费用),不在安全费用中列支。(　　)

  A. 正确   B. 错误

178. 安全生产费用是指企业按照规定标准提取,在成本中列支,专门用于完善和改进企业安全生产条件的资金。(　　)

A. 正确　　　　　　　　　　　　B. 错误

179.《公路水运工程安全生产监督管理办法》所称从业单位,是指从事公路水运工程建设、勘察、设计、监理、施工、检验检测、安全评价等工作的单位。(　　)

A. 正确　　　　　　　　　　　　B. 错误

180. 施工单位在工程中使用施工起重机械和整体提升式脚手架、滑模爬模、架桥机等自行式架设设施前,必须由监理单位进行验收。(　　)

A. 正确　　　　　　　　　　　　B. 错误

181. 监理单位在实施监理过程中,发现存在安全事故隐患的,应当要求施工单位整改,必要时,可下达施工暂停指令并向建设单位和有关部门报告。(　　)

A. 正确　　　　　　　　　　　　B. 错误

182. 施工单位对编制的专项施工方案必须组织专家进行论证、审查。(　　)

A. 正确　　　　　　　　　　　　B. 错误

183. 建设工程安全生产管理,坚持安全第一、预防为主的方针。(　　)

A. 正确　　　　　　　　　　　　B. 错误

184. 国家鼓励建设工程安全生产的科学技术研究和先进技术的推广应用,推进建设工程安全生产的科学管理。(　　)

A. 正确　　　　　　　　　　　　B. 错误

185. 发生生产安全事故后,施工单位应当采取措施防止事故扩大,保护事故现场。需要移动现场物品时,应当作出标记和书面记录,妥善保管有关证物。(　　)

A. 正确　　　　　　　　　　　　B. 错误

186. 建设单位不得明示或者暗示施工单位购买、租赁、使用不符合安全施工要求的安全防护用具、机械设备、施工机具及配件、消防设施和器材。(　　)

A. 正确　　　　　　　　　　　　B. 错误

187. 设计单位应当考虑施工安全操作和防护的需要,对涉及施工安全的重点部位和环节在设计文件中注明,并对防范生产安全事故提出指导意见。(　　)

A. 正确　　　　　　　　　　　　B. 错误

188. 建设工程施工前,施工单位负责项目管理的技术人员应当对有关安全施工的技术要求向施工作业班组、作业人员作出详细说明,并由双方签字确认。(　　)

A. 正确　　　　　　　　　　　　B. 错误

189. 施工单位对因建设工程施工可能造成损害的毗邻建筑物、构筑物和地下管线等,应当采取专项防护措施。(　　)

A. 正确　　　　　　　　　　　　B. 错误

190. 国家对特种设备的生产、经营、使用,实施分类的、全过程的安全监督管理。(　　)

A. 正确　　　　　　　　　　　　B. 错误

191. 特种设备采用新材料、新技术、新工艺,与安全技术规范的要求不一致时,由相关专业机构进行技术评审,评审结果经国务院负责特种设备安全监督管理部门批准后,方可投入生产、使用。(　　)

A. 正确   B. 错误

192. 特种设备安装、改造、修理的施工单位,应当在施工前将拟进行的特种设备安装、改造、修理情况书面告知直辖市或者设区的市级人民政府负责特种设备安全监督管理的部门。(　　)

A. 正确   B. 错误

193. 特种设备安全管理人员、检测人员和作业人员应当按照国家有关规定取得相应资格,方可从事相关工作。(　　)

A. 正确   B. 错误

194. 特种设备出厂时,应当随附安全技术规范要求的设计文件、产品质量合格证明、安装及使用维护保养说明、监督检验证明等相关技术资料和文件,并在特种设备显著位置设置产品铭牌、安全警示标志及其说明。(　　)

A. 正确   B. 错误

195. 特种设备安装、改造、修理竣工后,安装、改造、修理的施工单位应当在验收后三十日内将相关技术资料和文件移交县级以上人民政府相关部门。(　　)

A. 正确   B. 错误

196. 建设单位不得对勘察、设计、施工、工程监理等单位提出不符合建设工程安全生产法律、法规和强制性标准规定的要求,合同谈判时不得压缩招标文件中的工期。(　　)

A. 正确   B. 错误

(四) 案例题

1. 背景资料:某公路隧道是单洞双车道形式,开挖的单圆半径 $R=5.6m$,直立边墙高为 3m,要求采用新奥法施工,进行喷锚等形式的初期支护。现有两座位于紧靠乌江一侧的高山隧道工程,1 号隧道里程是 K5+100~K6+320,2 号隧道里程是 K6+400~K6+750。1 号隧道的进口处 K5+100 可以进洞施工,有工作面。1 号隧道的出口处和 2 号隧道的进口处无法专门修建临时道路形成工作面进洞,必须从 2 号隧道的出口处 K6+750 进洞施工,打通 2 号隧道后,出了 2 号隧道的进口,再从 1 号隧道的出口处 K6+320 进洞施工。工程开工时间为施工当年的 5 月 15 日。某国有公路工程公司中标,负责该工程的施工。公路工程公司规定在第二年的 3 月 15 日实现两座隧道的上台阶全部掘进贯通,公司对整个隧道工程作了如下分工和要求:(1)公司的第一工程处负责 1 号隧道的 K5+100~K5+900,长度为 800m;从隧道的进口处进洞施工。(2)公司的第二工程处负责 1 号隧道的 K5+900~K6+320 和整个 2 号隧道,共计 770m 长。从 2 号隧道的出口处 K6+750 开始进洞施工。(3)两个工程处施工的工程分界线位于 1 号隧道的 K5+900 处。为了保证工程按时完工,当规定的两座隧道上台阶全部贯通时间到达时(即第二年 3 月 15 日),先到达分界线的工程处,可以越过分界线将另一工程处的工程作为自己的工程进行施工,直到贯通为止,所增加隧道长度的工程量将纳入该工程处的工程费用中。因此作为该公司的第二工程处必须抢先打通 2 号隧道以保证 1 号隧道的正常施工。在 2 号隧道施工过程中发生了以下事件。事件一:为了抢进度和节约成本,在 2 号隧道施工中未使用通风设备,在掘进 250m(即 K6+500)时,施工人员感觉缺氧、头疼、呼吸困难,希望项目部提供通风设备。而项目部鼓励大家克服困难尽快贯通2号隧道,并许诺给予奖励,但如果施工人员擅自停工或怠工将采取经济处罚。事件二:当2号隧道继续施工掘进330m(即K6+420)接近隧道贯通时,有6名施工人员昏倒在施工现场,经抢救只有2人生还,4人死亡。项目经理未及时向公司报告人员伤亡情况,以项目部名义与伤亡家属协商赔偿事宜。由于死者家属不满意赔偿金额,项目部才向公司报告有4人死亡。公司主要负责人得知此事2小时后将4人死亡的事故上报当地政府的职能部门。

(1)施工单位违反了《安全生产法》第五十一条从业人员的拒绝权利和强令员工冒险作业的规定。(　　)

  A.正确   B.错误

(2)现场专职安全员违反了《建设工程安全管理条例》第二十三条"发现安全事故隐患,应当及时向项目负责人和安全生产管理机构报告;对违章指挥、违章操作的,应当立即制止"的规定。(　　)

  A.正确   B.错误

(3)根据事件二,该事故等级属于(　　)。

  A.一般事故   B.较大事故   C.重大事故   D.特别重大事故

(4)该事故发生后,根据《生产安全事故报告和调查处理条例》的规定,单位负责人接到报告后应当于(　　)向事故发生地县级以上人民政府安全生产监督管理部门和负有安全生产监督管理职责的有关部门报告。

  A.立即   B.1小时内   C.2小时内   D.24小时内

2.背景资料:2007年8月13日,××省××县堤溪沱江大桥在施工过程中发生坍塌事故,造成64人死亡、4人重伤、18人轻伤,直接经济损失3974.7万元。直接原因是:堤溪沱江大桥主拱圈砌筑材料不满足规范和设计要求,拱桥上部构造施工工序不合理,主拱圈砌筑质量差,降低了拱圈砌体的整体性和强度,随着拱上施工荷载的不断增加,造成1号孔主拱圈靠近0号桥台一侧拱脚区段砌体强度达到破坏极限而崩塌,受连拱效应影响最终导致整座桥坍塌。间接原因是:(1)建设单位严重违反建设工程管理的有关规定,项目管理混乱。(2)施工单位严重违反有关桥梁建设的法律法规及技术标准,施工质量控制不力,现场管理混乱。(3)监理单位违反了有关规定,未能依法履行工程监理职责。(4)承担设计和勘察任务的设计院工作不到位。(5)有关主管部门和监管部门对该工程的质量监管严重失职、指导不力。(6)州、县两级政府和有关部门及省有关部门对工程建设立项审批、招投标、质量和安全生产等方面的工作监管不力,对下属单位要求不严,管理不到位。

(1)这是一起生产安全责任事故。(　　)

  A.正确   B.错误

(2)根据《生产安全事故报告和调查处理条例》规定,事故单位负责人应直接向省一级安监部门和相关职能部门报告。(　　)

  A.正确   B.错误

(3)根据《生产安全事故报告和调查处理条例》规定,该起事故的等级属于(　　)。

  A.特别重大事故   B.重大事故   C.较大事故   D.一般事故

(4)根据《生产安全事故报告和调查处理条例》规定,该起事故发生后,现场人员应( )报告给本单位负责人。

A.1小时内　　　B.2小时内　　　C.24小时内　　　D.立即

3.背景资料:××年5月10日,某公路工程处第三项目部在某立交桥施工期间,对立交桥作业区域内原有厂房拆除工程施工中,发生了一起因被拆除的建筑物坍塌导致2人死亡的事故。某建设单位委托第三项目部进行2000m²厂房拆除工程的施工,厂房是砖混结构的两层楼房,要求6月底前拆完,合同工期4个月,条件是第三项目部向建设单位上交3万元,拆除下来的钢筋由第三项目经理部支配。项目部又将此项工程分包给了M民工队,条件是以拆除下来的钢筋作为支付M拆除施工的工程款,并于2月20日签订了合同书。拆除工程施工前,建设单位未向建设行政主管部门申报,也未给项目部提供厂房图纸等技术资料。项目部要求民工队3月1日开工,民工队为了能以最小的投入获取最大的收益(旧钢筋),未支搭拆除工程施工脚手架,而是站在被拆除厂房的楼板上,用铁锤进行作业。5月10日,厂房只剩最后一间约16m²的休息室时,民工L、H和C站在休息室天花板(即二楼地板,二楼已被拆除)上,继续用铁锤锤击天花板。同日下午16:45左右,房屋中心部位的天花板水泥已基本脱落,民工L、H和C仍用铁锤锤击暴露出来的钢筋,致使天花板呈V字形折弯,继而拉倒两侧墙壁,C及时跳下逃生,L和H被迅速缩口的天花板V字形折弯包夹。L在送往医院途中死亡,H在经医院抢救1小时后死亡。

(1)拆除工程施工前,施工单位应向建设行政主管部门申报。( )

A.正确　　　　　　　　　　　　B.错误

(2)该拆除工程的施工人员不需要相应资质。( )

A.正确　　　　　　　　　　　　B.错误

(3)( )应当在拆除工程施工15日前,将施工单位资质等级证明、拟拆除建筑物、构筑物及可能危及毗邻建筑的说明、拆除施工组织方案、堆放、清除废弃物的措施等报送建设工程所在的县级以上地方人民政府建设行政主管部门或者其他有关部门备案。

A.设计单位　　B.建设单位　　C.施工单位　　D.监理单位

(4)根据《生产安全事故报告和调查处理条例》规定,该起事故由( )级人民政府直接组织事故调查或授权委托有关部门调查。

A.省　　　　　B.市　　　　　C.县　　　　　D.乡

4.背景资料:2009年6月27日5时许,××市"莲花河畔景苑"7号楼整体倒塌,1人被压后死亡,直接经济损失1946万元。2006年8月,开发商××公司将商品住宅项目"莲花河畔景苑"交××建筑有限公司承建。2008年11月,××公司总经理将属于建筑商××公司总包范围内的地下车库开挖工程违规分包给没有公司机构且不具备资质的张某,并指令项目负责人安排张某组织施工、违规开挖堆土。在这一过程中,施工方主要负责人对建设方违规分包工程项目未予反对、制止,听任没有资质的张某在公司承包、管理范围内施工;现场负责人夏某明知建设方违规分包工程项目、土方开挖堆放系违规操作而不加制止,且配合指使他人制作土方开挖专项施工方案;××公司工作人员陆某虽挂名"莲花河畔景苑"二标段项目经理,其实从未履职,致使地下车库的土方开挖和堆放脱离有效的工程安全和质量监管;监理方对土方施工人员资质急于审查,虽对违规挖土、堆土曾提出过安全异议,但未依监理职责进行有效制止。2009年6月27日5时许,由于7号楼北侧在短期内堆土过高,同时紧邻大楼南侧的地下车库基坑正在开挖,大楼两侧的压力差使土体发生水平位移,过大的水平力超过桩基的抗侧能力导致房屋整体倾倒,造成一名作业人员逃生不及,躯体受压致机械性窒息而死亡。

(1)从事故死亡1人判断,此起事故的等级尚未构成重大事故。(　　)
  A.正确　　　　　　　　　　　　B.错误

(2)此起事故由县区一级安监部门负责组织调查。(　　)
  A.正确　　　　　　　　　　　　B.错误

(3)此起安全事故责任人员若构成犯罪,其罪名是(　　)。
  A.渎职罪　　　　　　　　　　　B.重大责任事故罪
  C.重大安全事故罪　　　　　　　D.重大劳动安全事故罪

(4)从事故造成直接经济损失1946万元判断,此起安全事故等级属于(　　)。
  A.一般事故　　B.较大事故　　C.重大事故　　D.特别重大事故

5.背景资料:2009年5月17日,××市红旗路高架桥发生垮塌事故,造成9人死亡,16人受伤,24辆车受损。事故发生时,在对高架桥110号-109号桥墩段路面实施机械拆除,桥墩突然断裂,形成骨牌效应,导致八个桥墩九个桥面坍塌。事故死者善后处理按照"一个领导、一套班子、一个标准"的善后处理方案,对于每一名事故死者,统筹安排一名市级领导对接善后处理。死者不论城乡、不论年龄,死亡赔偿标准统一定为每人40万元,由施工单位委托业主单位先期代为垫付赔偿。经查实,犯罪嫌疑人程某经××民爆工程有限公司总经理高某同意,在不具备相应资质的情况下,以挂靠××民爆工程有限公司的方式通过招投标程序中得红旗高架桥爆破拆除工程项目。整个高架桥的拆除由××监理公司负责全程监理,在施工监理过程中,没有对程某等人有无机械拆除高架桥资质和相关安全措施予以审查。经检察机关审查,依法批准对涉嫌犯罪的程某、高某等9人予以逮捕。

(1)2009年事故死亡赔偿每人40万元符合当年的赔偿标准。(　　)
  A.正确　　　　　　　　　　　　B.错误

(2)从2015年开始,工伤事故死亡赔偿标准大大提高。(　　)
  A.正确　　　　　　　　　　　　B.错误

(3)此起安全事故的等级属于(　　)。
  A.一般事故　　B.较大事故　　C.重大事故　　D.特别重大事故

(4)此起安全事故责任人员若构成犯罪,其罪名是(　　)。
  A.工程重大安全事故罪　　　　　B.重大责任事故罪
  C.渎职罪　　　　　　　　　　　D.重大劳动安全事故罪

6.背景资料:2015年4月开始,××公路项目部工地的从业人员有时多达三四十人,施工地点距离区出口有五六公里路程,而施工单位仅有一辆面包车负责接送,明显坐不下所有从业人员,从业人员大部分带有施工工具,面包车也不便装载。所以,工地的包工头在从业人员多的时候,便安排在施工工地拖土的外雇自卸货车负责接送从入口到作业点的从业人员。建设、施工、监理等单位发现了这一情况,下发了相关文件,做出了禁止违规车辆在工区范围内行驶并载人的要求,但没有采取进一步的措施来解决这一客观存在的现象。2015年5月12日上午,为公司做事的从业人员多达四十余人。11时,外雇驾驶员任某驾驶无牌改装蓝色东风牌自卸货车在工地内拖完土后准备收工,按照惯例,他要将在工地做事的部分从业人员搭载下来送至下出口。在上出口装载了5名从业人员后(其中2人坐驾驶室、3人坐货箱)往下接送,当行至场内工地旁时,在该地做工的16名从业人员也按惯例上了该车的货厢。调查询问中,施工单位的现场负责人、安全监察员等说予以了口头制止,但没有采取其他有效措施来阻止车辆的继续行进。11时10分,该车行至下入口下坡处,由于制动失效,加上处置不当,造成货车翻车,致使5人当场死亡,3人经医院抢救无效后当日死亡,13人受伤。事故发生后,驾驶员任某在当地水库溺水自杀。

(1)驾驶员驾驶的无牌机动车机件不合格,致使车辆在行进过程不能有效地进行制动;且在车辆制动失效后,未能采取正确、妥善的操作,致使车辆侧翻,是导致事故发生的直接原因。(　　)

  A.正确   B.错误

(2)建设、施工、监理等单位的安全管理制度落实不到位是导致事故发生的间接原因。(　　)

  A.正确   B.错误

(3)无牌机动车驾驶员任某对本次事故负直接责任,对其(　　)。

  A.追究行政责任   B.因自杀不再追究责任

  C.追究民事责任   D.追究刑事责任

(4)2014年全国城镇居民人均可支配收入为28844元,根据《国务院关于进一步加强企业安全生产工作的通知》,本次事故每位因公死亡员工应该发放的工亡补助金和丧葬补助金两项费用合计大约为(　　)元。

  A.60万 B.30万 C.50万 D.80万

7.背景资料:某工程项目模板支架在加载预压时垮塌,造成6人死亡、20人受伤的事故。事故调查组专家认为,事故的直接原因是:由于钢管立柱柱基不坚实,产生了一定的竖向和水平位移,桥梁施工支架支撑体系侧向约束薄弱,在堆载过程的外力作用下,由于支撑体系的局部变形引发支撑体系整体失稳破坏,造成支架垮塌。从现场观察和资料查阅情况看,支架体系在实施中存在以下主要问题:原设计单位要求的施工方案为满堂式支架,施工单位将满堂式支架的大部分改为贝雷支架,且未办理相关的更改和报批手续;对加载过程中引起的支架变形没有跟踪观测,不能适时了解支架加载过程中的变形情况,以便及时发现险情并采取有效措施确保安全。加载过程带有盲目性,施工中对支架进行加载时现场较乱,未能按一定的顺序加载。总而言之,这次事故是由于不完善的施工设计、不规范的施工作业,导致支架体系的失稳而垮塌。

(1)该事故等级属于重大事故。(　　)

  A.正确   B.错误

(2)该事故由县级安监部门负责组织调查。(　　)

  A.正确   B.错误

(3)该事故若构成犯罪,其罪名是(　　)。
　　A.渎职罪　　　　　　　　　　B.重大责任事故罪
　　C.重大安全事故罪　　　　　　D.重大劳动安全事故罪
(4)该事故等级属于(　　)。
　　A.一般事故　　　　　　　　　B.较大事故
　　C.重大事故　　　　　　　　　D.特别重大事故

8.背景资料:2012年7月某日,某市郊的赵某与钱某因琐事发生口角,赵某趁钱某不备,用石块将钱某头部击伤。钱某在赶往医院途中,因一手捂着伤口,且精神紧张,在一下坡路上不慎跌入某公路工程施工单位所挖的未设防护的涵洞内,造成左腿开放性骨折。后被路过的孙某发现,并用大板车将钱某拉往医院抢救,途中,遇孙某的仇人李某,因李某的纠缠,孙某未能将钱某及时送往医院,造成钱某伤势恶化,昏迷不醒。待孙某将钱某送到医院时,值班医生周某经检查发现,钱某的头、腿部流血不止,心跳微弱,认为钱某已无法抢救,故未采取抢救措施。不久,钱某在医院候诊室死亡。经法医鉴定,钱某是因失血过多(主要是腿部出血),抢救不及时死亡。

(1)医院医生周某的误诊是造成钱某死亡的直接原因。(　　)
　　A.正确　　　　　　　　　　　B.错误
(2)公路工程施工单位的疏忽是造成钱某死亡的间接原因。(　　)
　　A.正确　　　　　　　　　　　B.错误
(3)钱某的死亡赔偿责任主要应该由(　　)承担。
　　A.施工单位　　B.医院　　　　C.医生周某　　　D.赵某
(4)公路工程施工单位在公共场所、通道、路旁等区域施工应当履行的安全职责不包括(　　)。
　　A.设立安全防护装置　　　　　B.设立安全警示装置
　　C.定期安全巡查　　　　　　　D.保存相关证据

参考答案

(一) 单项选择题

1. D	2. A	3. D	4. D	5. A	6. D	7. C	8. A	9. B	10. D
11. A	12. C	13. C	14. C	15. C	16. C	17. D	18. C	19. D	20. C
21. A	22. D	23. A	24. D	25. A	26. D	27. B	28. B	29. B	30. B
31. B	32. B	33. C	34. C	35. C	36. A	37. A	38. B	39. B	40. D
41. B	42. D	43. D	44. D	45. B	46. C	47. D	48. B	49. D	50. D
51. B	52. D	53. A	54. A	55. B	56. C	57. C	58. C	59. A	60. A
61. A	62. A	63. A	64. B	65. A	66. C	67. B	68. B	69. A	70. C
71. B	72. B	73. C	74. A	75. D	76. C	77. D	78. C	79. D	80. A
81. B	82. D	83. A	84. C	85. C	86. C	87. B	88. D	89. B	90. D
91. A	92. A	93. C	94. B	95. D	96. B	97. D	98. B	99. C	100. C
101. B	102. D	103. A	104. B	105. C	106. B	107. B	108. B	109. B	110. C
111. C	112. A	113. D	114. B	115. C	116. A	117. B	118. D	119. C	120. A
121. B	122. D	123. B	124. B	125. D	126. B	127. B	128. B	129. D	130. A
131. D	132. A	133. D	134. A	135. C	136. B	137. D	138. C	139. D	140. A
141. A	142. B	143. A	144. C	145. C	146. D	147. A	148. C	149. C	150. C
151. D	152. D	153. B	154. D	155. D	156. D	157. C	158. A	159. C	160. C
161. D	162. D	163. A	164. C	165. C	166. C	167. D	168. C	169. D	170. A
171. D	172. B	173. A	174. C	175. B	176. B	177. D	178. A	179. A	180. B
181. C	182. D	183. B	184. C	185. B	186. D	187. B	188. A		

(二) 多项选择题

1. ABC	2. AB	3. ABCD	4. BCDE	5. ABCD
6. CD	7. ABCD	8. AB	9. ABCD	10. AC
11. ABC	12. CDE	13. ABCD	14. ABCD	15. ABCD
16. ABD	17. CDE	18. BC	19. BDE	20. CE
21. ABD	22. BD	23. BCD	24. ABC	25. ABCD
26. ABC	27. AB	28. CD	29. ABC	30. ACE
31. ABCD	32. ABCD	33. ABCD	34. ABCD	35. AB

36. ABC	37. ABDE	38. ABCD	39. ACD	40. ADE
41. ABE	42. BC	43. AB	44. ABD	45. ABDE
46. ABCD	47. ACD	48. ABD	49. AB	50. BCE
51. ACE	52. ABC	53. ABCD	54. ACE	55. BCD
56. ABCDE	57. BCD	58. ABC	59. ABCD	60. BCDE
61. ABCD	62. AB	63. CE	64. ABC	65. ABCD
66. BCDE	67. ACDE	68. ACE	69. AC	70. ACE
71. BCDE	72. ABCD	73. ABCE	74. AC	75. CDE
76. ACD	77. BCD	78. ABD	79. ADE	80. ABCE
81. ABDE	82. ABCDE	83. ABCDE	84. ABCDE	85. ABCD
86. ABCDE	87. ABCE	88. ABCE	89. ACE	90. AC
91. ABCD	92. ABCD	93. ABCDE	94. ABCDE	95. ABCD
96. ABC	97. ABCD	98. ABCDE	99. ABCDE	100. ABCDE
101. ABCDE	102. ABCDE	103. ABCD	104. ABCD	105. ABCDE
106. ABCDE	107. AB	108. ABC	109. ABC	110. ABC
111. ABCD	112. ABC	113. ABCDE	114. ABCDE	115. ABC
116. ABCDE	117. ABCDE	118. ABCDE	119. ABCDE	120. ABC
121. ABC	122. ABCDE	123. ABCD	124. ABCD	125. BCE
126. AE	127. ABCD	128. ABCD	129. AC	130. ABCE
131. ABCE	132. BCD	133. ACDE	134. ABD	135. ABCD
136. ABCE	137. ABDE	138. ABCD	139. BDE	140. CE
141. ABC	142. ABDE	143. BCD	144. ACE	145. ABC
146. ABCD	147. BCDE	148. ACD		

(三)判断题

1. B	2. A	3. B	4. B	5. A	6. B	7. B	8. B	9. B	10. A
11. B	12. A	13. A	14. A	15. A	16. B	17. B	18. B	19. B	20. A
21. B	22. B	23. A	24. A	25. A	26. B	27. A	28. B	29. A	30. B
31. A	32. A	33. B	34. B	35. A	36. B	37. B	38. B	39. A	40. A
41. A	42. A	43. A	44. A	45. A	46. B	47. A	48. B	49. B	50. B
51. B	52. A	53. A	54. B	55. B	56. B	57. A	58. B	59. B	60. B
61. A	62. B	63. A	64. B	65. A	66. B	67. B	68. A	69. A	70. A
71. B	72. A	73. A	74. B	75. A	76. A	77. B	78. B	79. A	80. A
81. A	82. B	83. B	84. A	85. B	86. B	87. A	88. B	89. A	90. A
91. B	92. A	93. A	94. B	95. B	96. B	97. B	98. B	99. B	100. B
101. B	102. B	103. B	104. B	105. B	106. A	107. A	108. A	109. B	110. B
111. A	112. A	113. B	114. A	115. B	116. A	117. A	118. A	119. A	120. A

121. A	122. B	123. B	124. A	125. A	126. A	127. A	128. A	129. A	130. A
131. A	132. A	133. A	134. A	135. A	136. A	137. A	138. A	139. A	140. A
141. A	142. A	143. A	144. A	145. B	146. A	147. B	148. A	149. B	150. B
151. A	152. A	153. A	154. B	155. B	156. B	157. B	158. B	159. B	160. B
161. B	162. B	163. B	164. A	165. A	166. A	167. A	168. A	169. A	170. A
171. A	172. A	173. B	174. B	175. A	176. A	177. A	178. A	179. A	180. B
181. A	182. B	183. A	184. A	185. A	186. A	187. A	188. A	189. A	190. A
191. A	192. A	193. A	194. A	195. B	196. B				

(四)案例题

1. (1) A　　(2) A　　(3) B　　(4) B
2. (1) A　　(2) B　　(3) A　　(4) D
3. (1) B　　(2) B　　(3) B　　(4) C
4. (1) A　　(2) B　　(3) B　　(4) B
5. (1) A　　(2) B　　(3) B　　(4) B
6. (1) A　　(2) A　　(3) B　　(4) A
7. (1) B　　(2) B　　(3) B　　(4) B
8. (1) A　　(2) A　　(3) B　　(4) D

三、安全生产管理

(一)单项选择题

1. 对施工组织设计中的安全技术措施或者专项施工方案是否符合工程建设强制性标准进行审查的是( )。
   A. 设计单位　　　B. 施工单位　　　C. 建设单位　　　D. 监理单位

2. 劳动防护用品是保障从业人员劳动过程中人身安全与健康的重要措施之一。下列特种劳动防护用品管理工作中,不正确的是( )。
   A. 及时更换过期的防护用品　　　B. 防护用品使用前先行检查
   C. 及时报废失效的防护用品　　　D. 使用自制的防护用品

3. 根据《特种设备安全监察条例》,我国的特种设备安全监督管理部门,国务院的主管部门是指( ),地方的主管部门是指各级地方人民政府的( )。
   A. 公安部;公安机关
   B. 国家质量监督检验检疫总局;质量技术监督局
   C. 国务院有关部门;负有安全生产监督管理的部门
   D. 国家安监总局;负有安全生产监督管理的部门

4. 甲市安全生产监督管理局对该市城乡接合部炼油厂组织安全检查时,发现该厂运行中的管线支撑和吊架变形,有可能发生管线断裂破损,导致柴油泄漏事故。依据《安全生产事故隐患排查治理暂行规定》,该隐患属于( )。
   A. 一般事故隐患　　　B. 较大事故隐患
   C. 重大事故隐患　　　D. 特大事故隐患

5. 事故调查中,( )是事故调查工作成果的集中体现。
   A. 提出防范和整改措施　　　B. 事故调查报告
   C. 总结事故教训　　　D. 认定事故性质和事故责任分析

6. 生产经营单位特种设备作业人员应具备的条件不包括( )。
   A. 持证上岗
   B. 按照规程进行操作
   C. 定期接受安全、节能教育和培训
   D. 在证书有效期满前 30 日内,由申请人向原考核发证机关提出申请

7. 我国安全生产方针中的综合治理强调的是( )。
   A. 抓住重点,遏制重特大事故
   B. 强化责任,落实企业自主管理

C. 标本兼治，重在治本

D. 重在执法，完善法规标准建设

8. 根据《生产安全事故报告和调查处理条例》的规定，下列事故中，属于重大事故的是（　　）。

　　A. 某建筑施工企业发生的导致 31 人死亡的事故

　　B. 某危险化学品企业发生爆炸导致 60 人重伤的事故

　　C. 某煤矿企业瓦斯爆炸造成 9 人死亡的事故

　　D. 某烟花爆竹企业发生的造成直接经济损失 200 万元的事故

9. 生产安全事故分为责任事故和非责任事故两大类。下列行为或原因导致的事故，可认定为非责任事故的是（　　）。

　　A. 违背自然规律的行为导致的事故

　　B. 违法行为导致的事故

　　C. 违反规程的行为导致的事故

　　D. 无法预测的原因导致的事故

10. 生产经营单位的安全生产责任制大体可分为两个方面：一是（　　）方面各级人员的安全生产责任制；二是（　　）方面各职能部门的安全生产责任制。

　　A. 生产；管理　　　B. 横向；纵向　　　C. 纵向；横向　　　D. 直接；间接

11. 安全生产管理机构是生产经营单位中专门负责（　　）的内设机构，其工作人员是（　　）安全生产管理人员。

　　A. 安全生产管理；专职或兼职　　　B. 安全生产管理；专业

　　C. 安全生产监督管理；专业　　　　D. 安全生产监督管理；专职

12. 目前我国的生产安全事故调查工作实行（　　）原则。

　　A. 统一领导、分级负责　　　B. 垂直管理、企业负责

　　C. 统一监管、分级负责　　　D. 自行管理、分工负责

13.《生产安全事故报告和调查处理条例》规定，根据生产安全事故造成的人员伤亡或者直接经济损失，将生产安全事故分为（　　）四个等级。

　　A. 特大事故、重大事故、一般事故和轻微事故

　　B. 特别重大事故、重大事故、较大事故和一般事故

　　C. 重大事故、大事故、一般事故和小事故

　　D. 特别重大事故、特大伤亡事故、重大伤亡事故和死亡事故

14. 生产经营单位违规提取和使用安全费用的，政府（　　）应当会同财政部门责令其限期改正，予以警告。

　　A. 公安部门　　　　　　　　　　　B. 质量技术监督部门

　　C. 安全生产监督管理部门　　　　　D. 工商行政管理部门

15. 事中监督管理重点在于（　　）。

　　A. 日常的监督检查　　　　　　　　B. 安全大检查

　　C. 作业场所的监督检查　　　　　　D. 许可证的监督检查

16. 下列关于特种劳动防护用品安全标志管理的说法中,错误的是( )。
   A. 生产劳动防护用品的企业生产的特种劳动防护用品,必须取得特种劳动防护用品安全标志
   B. 经营劳动防护用品的单位应有工商行政管理部门核发的营业执照
   C. 经营劳动防护用品的单位不得经营假冒伪劣劳动防护用品和无安全标志的特种劳动防护用品
   D. 生产经营单位采购的特种劳动防护用品须经安全生产监督管理部门或者管理人员检查验收

17. 生产经营单位除主要负责人、安全生产管理人员、特种作业人员以外的从业人员的安全培训工作,由( )组织实施。
   A. 生产经营单位   B. 县级安全生产监督管理部门
   C. 市级安全生产监督管理部门   D. 省级煤矿安全监察机构

18. 公路施工企业项目经理部必须建立安全领导小组,组长由( )担任。
   A. 公司总工程师兼任   B. 项目经理
   C. 主管生产安全的副经理   D. 项目总工程师

19. 特种作业人员年龄限制为( )。
   A. 年满 16 周岁   B. 年满 18 周岁
   C. 年满 25 周岁   D. 无年龄限制

20. 根据《建设工程安全生产管理条例》规定,公路施工企业对达到一定规模的危险性较大的分部分项工程应编制专项施工方案,经施工单位技术负责人和( )签字后才能实施。
   A. 业主代表   B. 项目经理   C. 总监理工程师   D. 设计代表

21. 公路施工企业施工前,施工单位负责项目管理的( )应当对有关安全施工措施的技术要求向施工作业班组、作业人员作出详细说明,并由双方签字确认。
   A. 项目经理   B. 技术人员   C. 总工程师   D. 安全人员

22. 根据《建设工程安全生产管理条例》,公路施工企业安全生产教育培训情况应( )。
   A. 由培训单位保存
   B. 由施工单位的项目经理部保存
   C. 由业主保存,交城建档案管理部门
   D. 记入个人档案

23. 职业病防治工作应当坚持( )的方针。
   A. 预防为主、安全第一   B. 预防为主、防治结合
   C. 分类管理、综合治理   D. 预防为主、综合治理

24. 从业人员发现事故隐患或者其他不安全因素,应当( )向现场安全生产管理人员或者本单位负责人报告,接到报告的人员应及时予以处理。
   A. 1 小时内   B. 立即   C. 24 小时内   D. 12 小时内

25. 特种设备使用单位从事特种设备作业的人员,未取得相应特种作业人员证书就上岗作业的,将被责令限期改正;逾期未改正的,责令停产停业整顿,并可处( )万元以下罚款。

A. 1   B. 2   C. 3   D. 5

26. 某矿山企业发生井下透水事故,造成157人被困。国务院接到事故报告后,立即启动了国家安全生产事故灾难应急预案,组织救援。该事故灾难的应急领导机构是( )。

   A. 国务院安全生产监督管理部门
   B. 国务院安委会办公室
   C. 国务院安委会
   D. 国务院国有资产管理委员会

27. 事故发生后,企业应立即进行上报,报告内容包括事故发生的时间、地点、事故现场情况、事故的简要经过、事故已经造成或者可能造成的伤亡人数(包括下落不明的人数)和初步评估的直接经济损失、已经采取的措施,以及( )。

   A. 事故发生单位概况
   B. 事故间接经济损失
   C. 相关领导在现场指挥情况
   D. 现场影像资料

28. 根据《安全生产事故隐患排查治理暂行规定》(国家安全监管总局令第16号),下列说法中,错误的是( )。

   A. 生产经营单位对承包单位的事故隐患排查治理负有监督管理的职责
   B. 生产经营单位应保证事故隐患治理所需的资金
   C. 一般事故隐患由生产经营单位组织整改
   D. 重大事故隐患由生产经营单位安全管理部门组织制订整改方案

29. 安全生产监督管理的形式多种多样,按照监督时间逻辑可以分为事前、事中和事后三种。下列属于事前监督管理的是( )。

   A. 监督检查特种设备的运行情况
   B. 审批安全生产许可证
   C. 监察事故责任追究情况
   D. 监察特殊工种的作业

30. 某企业生产车间发生了人身伤亡事故,造成3人死亡。根据《生产安全事故报告和调查处理条例》,该事故由( )负责组织调查。

   A. 事故发生单位上级主管部门
   B. 所在地县级人民政府
   C. 所在地设区的市级人民政府
   D. 省级人民政府

31. 特种劳动防护用品必须具有"三证",下列不属于"三证"的是( )。

   A. 安全鉴定证   B. 生产许可证
   C. 检验合格证   D. 产品合格证

32. 根据现行法律法规,下列不属于工伤保险实施范围的单位是( )。

   A. 合资企业   B. 有雇工的个体工商户

C. 外资企业　　　　　　　　D. 国家机关

33. 下列关于生产经营单位的安全生产管理机构以及安全生产管理人员的表述,错误的是(   )。

　　A. 生产经营单位做出涉及安全生产的经营决策,应当听取安全生产管理机构以及安全生产管理人员的意见
　　B. 生产经营单位不得因安全生产管理人员依法履行职责而降低其工资、福利等待遇或者解除与其订立的劳动合同
　　C. 危险物品的生产、储存单位以及矿山、金属冶炼单位的安全生产管理人员的任免,应当经主管的负有安全生产监督管理职责的部门批准
　　D. 生产经营单位的安全生产管理人员必须具备与本单位所从事的生产经营活动相应的安全生产知识和管理能力

34. 生产经营单位的安全生产管理人员在对本单位安全生产状况进行检查时,对发现的安全问题,正确的处理方式是(   )。

　　A. 应当立即报告主管的负有安全生产监督管理职责的部门
　　B. 应当首先报告本单位主要负责人
　　C. 应当首先报告本单位有关负责人
　　D. 应当立即处理;不能处理的,应当及时报告本单位有关负责人

35. 两个以上生产经营单位在同一作业区域内进行生产经营活动,可能危及对方生产安全时,正确的处理方式是(   )。

　　A. 互相提醒注意安全后继续进行生产经营活动
　　B. 由各自主管的负有安全生产监督管理职责的部门确定生产经营活动方案
　　C. 各方自行采取安全措施
　　D. 签订安全生产管理协议,明确各自的安全生产管理职责和应当采取的安全措施,并指定专职安全生产管理人员进行安全检查与协调

36. 《安全生产法》规定,事故调查处理应当按照科学严谨、依法依规、实事求是、注重实效的原则,及时、准确地查清(   ),查明事故性质和责任。

　　A. 事故原因　　　B. 事故类型　　　C. 事故影响　　　D. 事故损失

37. 《安全生产法》规定,对生产经营单位有关人员的安全生产违法行为设定的法律责任分别处以(   );构成犯罪的,依法追究刑事责任。

　　A. 降职、撤职、罚款、拘留　　　　　B. 降职、罚款、拘役、拘留
　　C. 降职、撤职、拘役、拘留　　　　　D. 罚款、撤职、拘役、拘留

38. 依据《安全生产法》的规定,生产经营单位使用的危险物品的容器、运输工具,以及涉及人身安全、危险性较大的海洋石油开采特种设备和矿山井下特种设备,必须按照国家有关规定,由专业生产单位生产,并经取得专业资质的检测、检验机构检测、检验合格,取得(   )方可投入使用。

　　A. 安全使用证或者安全标志
　　B. 检测检验合格证或者安全标志

C. 安全认证标志或者安全警示标志

D. 安全生产许可证或者安全警示标志

39.《安全生产法》规定,矿山、金属冶炼、建筑施工、道路运输单位和危险物品的(　　)单位,应当设置安全生产管理机构或者配备专职安全生产管理人员。

A. 生产、运输、储存

B. 生产、储存、使用

C. 生产、运输、使用

D. 生产、经营、储存

40. 依据《安全生产法》的规定,生产经营单位发生生产安全事故后,事故现场有关人员应当立即向(　　)报告。

A. 本单位负责人

B. 所在地市总工会

C. 所在地安全生产监管部门

D. 所在地人民政府

41. 依据《安全生产法》的规定,生产经营单位要具备法定的安全生产条件,必须有相应的资金保障,(　　)是生产经营单位的"保命钱"。

A. 安全意识　　　B. 安全产出　　　C. 安全投入　　　D. 安全责任

42. 保障公路施工企业等生产经营单位安全生产的必要物质基础是安全生产(　　)。

A. 建设　　　　　B. 投入　　　　　C. 管理　　　　　D. 制度

43. 公路施工企业主要负责人接到安全事故报告后,首先要做的工作是(　　)。

A. 进行调查　　　B. 制订防范措施　　C. 组织抢救　　　D. 追查当事人责任

44. 公路施工企业施工任务书及对应的安全技术交底书由(　　)签发,并对其安全性负责。

A. 总工程师　　　B. 企业法人代表　　C. 项目经理　　　D. 专职安全人员

45. 关于"风险"的基本概念,正确的说法是(　　)。

A. 指的是损失的确定性

B. 指的是不确定的损失程度和损失发生的概率

C. 指的是损失的不确定性

D. 指的是确定的损失程度和损失发生的概率

46. 安全系统工程的系统性是指生产系统的总体性决定生产安全的主体性,即对事故的总体控制采用"4E"科学,从(　　)四方面入手。

A. 人、环境、材料、机械　　　　　　B. 法规、工程、教育、经济

C. 构思、设计、制作、使用　　　　　D. 发生、预警、预防、善后

47. 变形迅速发展、裂缝显著扩大属于(　　)。

A. 早期征兆　　　B. 中期征兆　　　C. 晚期征兆　　　D. 临发征兆

48. 若事故的后果为中度损失,发生概率为中等时,则风险级别为(　　)。

A. 可忽略风险　　B. 可容许风险　　C. 中度风险　　　D. 重度风险

49. 第一类危险源是指( )。
   A. 有害的物质或能量可能失去控制
   B. 危险物可能失去控制
   C. 有害能量可能失去控制
   D. 存在危险、有害的物质或能量

50. 在安全生产责任管理制度中,最基本、最核心的制度是( )。
   A. 安全生产责任制度
   B. 安全生产组织管理制度
   C. 安全生产资金保障制度
   D. 安全生产教育培训制度

51. 安全生产资金保障制度建立后关键在于落实,各施工企业在落实安全生产资金管理工作时必须做到"三到位",即责任到位、措施到位、( )到位。
   A. 人员   B. 制度   C. 资金   D. 技术

52. 不属于生产经营单位主要负责人安全生产教育培训内容的是( )。
   A. 工伤保险的政策、法律、法规
   B. 安全生产管理知识和方法
   C. 国家有关安全生产的方针、政策等
   D. 典型事故案例分析

53. 特种作业人员安全技术考核的内容包括( )。
   A. 安全技术理论和事故案例
   B. 有关法律法规和实际操作
   C. 事故案例和实际操作
   D. 安全技术理论和实际操作

54. 关于生产经营单位对从业人员进行安全生产教育和培训的说法,正确的是( )。
   A. 对所有从业人员都应当进行安全生产教育和培训
   B. 对有过相似工作经验的从业人员可以不进行安全生产教育和培训
   C. 从业人员培训不合格的应予以辞退
   D. 可以根据情况决定是否建立安全生产教育和培训档案

55. 施工安全"三宝"不包括( )。
   A. 安全帽   B. 安全带   C. 安全网   D. 安全手册

56. 关于事故隐患排查治理制度,以下表述错误的是( )。
   A. 生产经营单位应当采取技术、管理措施,及时发现并消除事故隐患
   B. 事故隐患应当报告主管的负有安全生产监督管理职责的部门
   C. 县级以上地方各级人民政府负有安全生产监督管理职责的部门应当建立健全重大事故隐患治理督办制度
   D. 事故隐患排查治理情况应当如实记录,并向从业人员通报

57. 下列不属于安全生产检查的方法的是( )。

A. 仪器检查法 B. 常规检查法
C. 安全检查表法 D. 设备和人员抽查法

58. 应急救援预案在应急救援中的重要作用表现在( )。

 A. 明确了应急救援的范围和体系

 B. 有利于做出及时的应急响应,完全消除事故后果的危害

 C. 成为各类常发事故的应急基础

 D. 当发生超过应急能力的重大事故时,便于与下级应急部门协调

59. ( )是安全生产的保障,是安全生产的物质及非物质保障,也是保护生产力、提高生产力的重要表现形式。

 A. 安全科技 B. 安全投入 C. 安全责任 D. 安全法制

60. 亚当斯的事故致因理论里把人的不安全行为与物的不安全状态称为( )。

 A. 现场失误 B. 操作失误 C. 管理失误 D. 判断失误

61. 危险源辨识的第一个步骤是( )。

 A. 划分作业活动 B. 危险源辨识

 C. 风险评价 D. 判断风险是否容许

62. 风险管理包括的最后一个过程是( )。

 A. 风险分析与评估过程

 B. 风险控制对策的规划过程

 C. 实施决策过程

 D. 风险检查过程

63. 风险识别的结果是( )。

 A. 建立风险清单 B. 发现危险源

 C. 发现事故隐患 D. 规划风险控制对策

64. 安全生产管理人员在辨识危险源时使用最多的方法是( )。

 A. 事故树分析法

 B. 工作任务分析法

 C. 现场调查法

 D. 故障树分析法

65. 安全生产管理长效机制构建中,事故持续高发的阶段是( )。

 A. 内容设计阶段 B. 要素构建阶段

 C. 反馈完善阶段 D. 整合运行阶段

66. 美国的职业安全与健康监督管理由( )负责。

 A. 国家运输安全委员会 B. 劳工部

 C. 劳动部 D. 安全部

67. 根据安全生产五要素理论,安全生产的灵魂是( )。

 A. 安全法制 B. 安全文化

 C. 安全责任 D. 安全科技

68. 违反安全生产法律、法规、标准、制度和规定的作业属于( )。
   A. 违章指挥　　　　　　　　　　B. 违章作业
   C. 主动性不安全行为　　　　　　D. 被动性不安全行为

69. 安全技术交底由( )负责实施,实行逐级安全技术交底制度。
   A. 项目经理部技术负责人　　　　B. 项目经理
   C. 监理工程师　　　　　　　　　D. 专职安全人员

70. 开始有人违章操作但没有及时制止和进行教育,致使违章的人越来越多,最终导致事故的发生,能够反映这种现象的理论是( )。
   A. 海因里希事故因果连锁理论
   B. 破窗理论
   C. 亚当斯事故因果连锁理论
   D. 博德事故因果连锁理论

71. 以下不属于第一类危险源的控制方法的是( )。
   A. 隔离　　　　　　　　　　　　B. 限制能量
   C. 提高可靠性　　　　　　　　　D. 限制危险物质

72. 在风险等级划分中,把发生危险可能产生后果的严重程度分为( )三个等级。
   A. 很大、很小、极小
   B. 轻度损失、中度损失、重大损失
   C. 轻微伤害、伤害、严重伤害
   D. 一般伤害、较大伤害、重大伤害

73. ( )较早阐述了工业事故发生的因果连锁理论。
   A. 亚当斯　　　　　　　　　　　B. 博德
   C. 詹巴斗　　　　　　　　　　　D. 海因里希

74. 安全系统工程最早起源于( )。
   A. 航空部门　　　　　　　　　　B. 建筑部门
   C. 交通部门　　　　　　　　　　D. 国防科研部门

75. 安全生产管理的最高境界是( )。
   A. 本质安全　　　　　　　　　　B. 风险管理
   C. 安全文化　　　　　　　　　　D. 安全法制

76. 根据海因里希事故因果连锁理论,防止事故发生的最重要的工作是( )。
   A. 优质遗传
   B. 优等教育
   C. 遮蔽性格缺点
   D. 防止人的不安全行为和消除物的不安全状态

77. 有"工业安全公理"之称的事故因果连锁理论是由( )提出来的。
   A. 博德　　　　　　　　　　　　B. 亚当斯
   C. 詹巴斗　　　　　　　　　　　D. 海因里希

78. 破窗理论是由美国政治学家（　　）提出来的。
   A. 詹巴斗　　　　　　　　　　　B. 威尔逊
   C. 罗斯福　　　　　　　　　　　D. 克林顿
79. 在危险源辨识与评价的 $D=L\times E\times C$ 方法中，E 表示（　　）。
   A. 作业的危险性　　　　　　　　B. 事故发生的可能性
   C. 暴露在危险环境中的频繁程度　D. 发生事故的后果
80. 风险量的大小取决于（　　）。
   A. 风险造成的损失　　　　　　　B. 风险发生的概率
   C. 风险造成的损失和发生的概率　D. 风险评估的方法
81. 重大危险源辨识的依据是物质的（　　）。
   A. 形态和数量　　　　　　　　　B. 生产方式和储存类型
   C. 协调性和干扰性　　　　　　　D. 危险特性和数量
82. 安全生产，一般意义上是指在社会生产活动中，通过人、机、物料、环境的和谐运作，使生产过程中潜在的各种（　　）始终处于有效控制状态，切实保护劳动者的生命安全和身体健康。
   A. 生产风险和生产机械　　　　　B. 生产环境和伤害因素
   C. 事故风险和伤害因素　　　　　D. 生产风险和事故风险
83. 安全生产管理是针对生产过程中的安全问题，进行有关（　　）等活动。
   A. 决策、计划、组织和控制　　　B. 计划、组织、控制和反馈
   C. 决策、计划、实施和改进　　　D. 计划、实施、评价和改进

（二）多项选择题

1. 《建设工程安全生产管理条例》规定，专职安全生产管理人员的安全职责主要包括（　　）。
   A. 现场检查　　　　　　　　　　B. 隐患报告
   C. 违章制止　　　　　　　　　　D. 落实法律法规
   E. 编制并更新管理制度
2. 某咨询公司在承揽一批企业安全管理咨询项目时，对企业人员总数和安全管理机构设置关系有不同意见。依据《安全生产法》，下列企业中，必须设置安全生产管理机构或配备专职安全生产管理人员的是（　　）。
   A. 从业人员260人的矿山单位
   B. 从业人员450人的发电单位
   C. 从业人员280人的洗衣机生产单位
   D. 从业人员100人的建筑施工单位
   E. 从业人员60人的烟花爆竹单位
3. 列入国家主管部门公布的职业病目录的职业病称为法定职业病。界定法定职业病的基本条件有（　　）。

A. 在职业活动中产生 B. 接触职业危害因素
C. 列入国家职业病范围 D. 与劳动用工行为相联系
E. 接触职业危害的时间

4. 事故现场的保护对于事故调查取证、确定事故责任以及责任追究十分重要。为了抢险救灾,需要移动事故现场物件时,应(　　)。

A. 做出标志 B. 绘制现场简图
C. 做出书面记录 D. 封闭事故现场
E. 妥善保护现场主要痕迹、物证

5. 编制安全技术措施计划时,需要考虑(　　)。

A. 安全生产的实际需要 B. 技术人员的接受能力
C. 技术可行性与经济承受能力 D. 计划的编制人员
E. 安全生产的隐患问题

6. 职业安全健康管理体系认证的实施程序包括(　　)。

A. 认证申请及受理 B. 审核现场调查
C. 审核策划及准备 D. 证后监督审核
E. 纠正措施的跟踪与验证

7. 生产经营单位安全生产标准化工作采用(　　)动态循环的模式,建立并保持安全生产标准化系统。

A. 策划 B. 实施
C. 检查 D. 改进
E. 验收

8. 开展安全标准化建设的重点内容中的作业安全,包括以下(　　)内容。

A. 生产现场管理和生产过程控制 B. 作业行为管理
C. 安全警示标志 D. 相关方管理
E. 变更管理

9. 为贯彻落实《安全生产法》,进一步健全安全生产责任体系,强化企业安全生产主体责任落实,国家安全生产监督管理总局制定了《企业安全生产责任体系五落实五到位规定》(安监总办〔2015〕27号)。下列有关企业安全生产主体责任的内容中,属于"五到位"的有(　　)。

A. 安全投入到位 B. 安全培训到位
C. 安全管理到位 D. 安全考核到位
E. 安全整改到位

10. 公路施工企业专职安全生产管理人员负责对安全生产进行现场监督检查。发现安全事故隐患,应当及时向项目负责人和安全生产管理机构报告;对(　　)的,应当立即制止。

A. 违章指挥 B. 不听指挥
C. 详细记录 D. 违章操作
E. 情况不清

11. 公路施工企业施工现场的安全防护用具、机械设备、施工机具及配件必须由专人管理,定期( ),建立相应的资料档案,并按照国家有关规定及时报废。
    A. 检查 B. 维修
    C. 试用 D. 保养
    E. 出总结报告

12. 公路施工企业项目负责人应根据施工中( ),进行相应的安全控制。
    A. 人的不安全行为 B. 物的不安全状态
    C. 安全费用 D. 管理缺陷
    E. 作业环境的不安全因素

13. 根据《建设工程安全生产管理条例》,施工单位在采用( )时,应当对作业人员进行相应的安全生产教育培训。
    A. 新工艺 B. 新材料
    C. 新规范 D. 新设备
    E. 新技术

14. 以下属于施工单位安全生产的责任与义务的有( )。
    A. 妥善使用安全生产资金
    B. 设置安全生产管理机构与安全生产管理人员
    C. 制订安全生产管理制度、安全技术措施或方案,编制应急救援预案
    D. 负责施工现场的安全生产管理
    E. 做好技术交底工作

15. 关于安全检查评分表的特点,下列说法正确的是( )。
    A. 可以做到系统化、完整化、全面化
    B. 不太容易掌握,比较复杂
    C. 比较直观地反映安全程度
    D. 可以和安全生产责任制相结合
    E. 安全评价结果准确性不高

16. 关于职业安全健康管理方案的描述,正确的说法有( )。
    A. 管理方案应明确给出实现目标的方法,包括做什么事、谁来做、什么时间做
    B. 应以所策划的风险控制措施和获得的相关法律法规要求作为主要依据
    C. 职能主管部门应定期对生产经营单位职业安全健康管理方案进行评审
    D. 为保障其有效性,管理方案一旦确定,就必须切实坚持执行,不得更改
    E. 实施相关方法时所必需的资源保证,必须包括人力、资金及技术支持

17. 安全生产投入主要用于以下( )方面。
    A. 建设安全技术措施工程,如防火工程、通风工程等
    B. 增设新安全设备、器材、装备、仪器、仪表等以及这些安全设备的日常维护
    C. 重大安全生产课题的研究
    D. 职工的安全生产教育和培训以及其他有关预防事故发生的安全技术措施费用,如

用于制订及落实生产事故应急救援预案等

E. 按国家标准为职工配备劳动保护用品

18. 给予生产经营单位主要负责人或者其他主管人员警告,且可以并处 1 万元以下罚款的行为是( )。

A. 阻碍、干涉事故调查工作的

B. 伪造、故意破坏事故现场的

C. 提供虚假情况的

D. 使用国家明令淘汰的设备的

E. 违章指挥工人冒险作业的

19. 我国职业危害申报工作实行属地化管理。下列有关职业危害申报工作的要求中,正确的是( )。

A. 企业是申报的责任主体

B. 新建项目自竣工验收之日起 30 日内应进行申报

C. 作业场所职业危害每年申报一次

D. 卫生监督部门是申报的接受部门

E. 企业终止生产经营活动后,不再履行报告责任

20. 我国实行特种设备安全全过程一体化监察制度,该制度包括( )等环节的监察。

A. 设计和制造   B. 安装和使用

C. 检验和修理   D. 登记和备案

E. 回收和报废

21. 作业场所监督检查是安全生产监督管理的一种重要形式,作业场所监督检查的内容一般包括( )。

A. 规章制度和操作规程   B. 安全培训和持证上岗

C. 职业危害和劳动保护   D. 党风廉政和效能监察

E. 安全管理和事故处理

22. 下列选项中,不适用于《生产安全事故报告和调查处理条例》的有( )。

A. 甲醇泄漏事故   B. 环境污染事故

C. 国防科研生产事故   D. 核设施事故

E. 工程事故

23. 根据《生产安全事故报告和调查处理条例》(国务院令第 493 号)规定,事故调查组由有关人民政府、安全生产监督管理部门、负有安全生产监督管理职责的有关部门、监察机关、公安机关以及工会派人组成。事故调查组的主要职责有( )。

A. 查明事故发生的经过和原因

B. 认定事故的性质和事故责任

C. 提交事故调查报告

D. 对事故责任者进行处理

E. 总结事故教训,提出防范和整改措施

24. 对企业主要负责人的初次安全生产教育培训的内容,包括(   )。
    A. 国内外先进的安全生产管理经验
    B. 职业危害及其预防措施
    C. 应急管理、应急预案编制以及应急处置的内容和要求
    D. 典型事故和应急救援案例分析
    E. 安全生产管理基本知识、安全生产技术、安全生产专业知识

25. 生产安全事故调查组由(   )的人员和有关专家组成。
    A. 安全生产监督管理部门   B. 公安部门
    C. 行政监察部门   D. 人事部门
    E. 工会组织

26. 国家有关法规关于事故调查的基本程序(步骤)包括(   )。
    A. 事故的通报   B. 事故现场处理
    C. 事故图(表)的绘制   D. 事故原因的分析
    E. 事故责任人的处理

27. 施工单位应当对以下(   )危险性较大的分部分项工程编制专项施工方案。
    A. 基坑支护与降水工程   B. 土方开挖工程
    C. 浇灌混凝土工程   D. 起吊工程
    E. 脚手架工程

28. 安全技术交底的主要内容包括(   )。
    A. 告知施工过程中的作业危险特点、重大危险源及危害因素
    B. 针对危险点和重大危险源制订具体预防措施
    C. 安全生产费用的使用情况
    D. 特殊工序的操作方法和相应的安全操作规程和标准要求
    E. 发生安全生产事故后应该采取的自救方法、紧急避险和紧急救援措施

29. 根据《公路水运工程安全生产监督管理办法》的规定,危险性较大、应当编制专项施工方案的工程包括(   )。
    A. 滑坡和高边坡处理   B. 涵洞基础
    C. 高瓦斯隧道   D. 爆破工程
    E. 水下焊接

30. 实行施工总承包的、危险性较大的工程,其专项施工方案应当由(   )审核。
    A. 建设单位项目负责人   B. 总包单位项目经理
    C. 总包单位技术负责人   D. 相关专业承包单位技术负责人
    E. 安全生产监督部门

31. 特种设备使用单位检查验收时,应要求厂家提供设备的(   )等文件。
    A. 安装调试及使用维修保养说明
    B. 产品质量合格证明
    C. 设计文件

D. 特种设备运行故障和事故记录
E. 保险购买证明

32. 特种设备使用单位应当建立特种设备安全技术档案,其内容应包括(　　)。
   A. 特种设备的日常使用状况记录　　　B. 特种设备台班消耗费用记录
   C. 特种设备运行故障和事故记录　　　D. 特种设备的定期检验记录
   E. 耗能特种设备的能效测试报告

33. 针对重大和特别重大事故隐患,企业应该建立预警机制,按隐患危害程度分(　　)四级预警。
   A. 红色　　　　　　　　　　　　　　B. 橙色
   C. 黄色　　　　　　　　　　　　　　D. 绿色
   E. 蓝色

34. 企业应将排查出的事故隐患分级建档,登记编号,对(　　)应报上级管理部门。
   A. 一般事故隐患　　　　　　　　　　B. 较小事故隐患
   C. 较大事故隐患　　　　　　　　　　D. 重大事故隐患
   E. 特别重大事故隐患

35. 安全生产管理的目标包括(　　)。
   A. 减少和控制事故
   B. 减少和控制危害
   C. 尽量避免生产过程中的财产损失
   D. 尽量避免生产过程中的人身伤害
   E. 尽量避免生产过程中的环境污染

36. 重大危险源应与(　　)保持安全隔离。
   A. 居民区　　　　　　　　　　　　　B. 机场
   C. 水库　　　　　　　　　　　　　　D. 公共设施
   E. 作业区

37. 关于人机轨迹交叉理论,属于人和物两大系列的运动中人的因素有(　　)。
   A. 不安全状态　　　　　　　　　　　B. 不安全行为
   C. 肇事人　　　　　　　　　　　　　D. 起因物
   E. 受害人

38. 引发事故的基本因素有(　　)。
   A. 不安全状态　　　　　　　　　　　B. 安全法制
   C. 起因物　　　　　　　　　　　　　D. 致害物
   E. 伤害方式

39. 安全生产管理的目标可以简单归纳为(　　)。
   A. 零事故　　　　　　　　　　　　　B. 零伤害
   C. 零伤亡　　　　　　　　　　　　　D. 零损失
   E. 零污染

40. 项目全面风险管理的含义包括( )。
   A. 全过程的风险管理　　　　　　B. 全方位的管理
   C. 全部风险的管理　　　　　　　D. 全面的组织实施
   E. 全员风险管理

41. 事故隐患泛指生产系统中可导致事故发生的( )。
   A. 人的不安全行为　　　　　　　B. 设备缺陷
   C. 物的不安全状态　　　　　　　D. 违章操作
   E. 管理上的缺陷

42. 安全生产管理的内容包括( )。
   A. 安全生产责任制　　　　　　　B. 安全生产人员
   C. 安全生产策划　　　　　　　　D. 安全生产档案
   E. 安全培训教育

43. 企业安全生产管理人员中的项目负责人包括( )。
   A. 项目经理　　　　　　　　　　B. 项目副经理
   C. 项目总工　　　　　　　　　　D. 项目监理人员
   E. 企业安全总监

44. 关于本质安全,下列说法正确的是( )。
   A. 指在生产过程中,不发生人员伤亡、职业病或设备、设施损害或环境危害的条件
   B. 指设备、设施或技术工艺含有内在的能够从根本上防止事故发生的功能
   C. 本质安全包括失误安全功能和故障安全功能两方面的内容
   D. 本质安全是安全生产管理预防为主的根本体现
   E. 本质安全是安全生产管理的最高境界

45. 关于第一类危险源与第二类危险源的说法,正确的是( )。
   A. 一起事故的发生往往是两类危险源共同作用的结果所造成的
   B. 两类危险源相互关联、相互依存
   C. 第一类危险源的存在是事故发生的前提
   D. 第二类危险源是第一类危险源造成事故的必要条件
   E. 危险源识别的首要任务是识别第一类危险源,在此基础上再识别第二类危险源

46. 生产经营单位负责人接到事故报告后,应当迅速( ),并按照国家有关规定立即如实报告当地负有安全生产监督管理职责的部门,不得隐瞒不报、谎报或者拖延不报,不得故意破坏事故现场、毁灭有关证据。
   A. 组织抢救　　　　　　　　　　B. 采取有效措施
   C. 防止事故扩大　　　　　　　　D. 减少人员伤亡和财产损失
   E. 开展善后处理工作

47. 在孕育过程事故中,可能出现的征兆有( )。
   A. 结构节点和连接件出现开裂、松脱、拔出等损伤和初期破坏情况
   B. 结构、机械、设备的状态急剧改变

C. 部分杆配件、零部件发生位置变化或破坏
D. 出现异常的烟雾、气味和声响
E. 基坑沟槽边坡发现不断发展的渗水、涌沙、裂纹、剥落和塌方

48. 根据《生产过程危险和有害因素分类与代码》(GB/T 13861—2009)的规定,将生产过程中的危险、有害因素分为(　　)。
　　A. 人的因素　　　　　　　　　B. 自然因素
　　C. 物的因素　　　　　　　　　D. 环境因素
　　E. 管理因素

49. 人员伤害及财物损坏统称为损失,其中人员的伤害包括(　　)。
　　A. 感冒　　　　　　　　　　　B. 工伤
　　C. 职业病　　　　　　　　　　D. 精神创伤
　　E. 死亡

50. "破窗原理"包含的安全管理理念有(　　)。
　　A. 人的行为会接受周围环境的暗示
　　B. 发现违章操作就要及时对其制止和进行教育
　　C. 抓安全生产必须未雨绸缪、防微杜渐
　　D. 任何管理上的疏忽都可能酿成大的祸端
　　E. 人的缺点是使人产生不安全行为的原因

51. 风险管理包括策划、组织、领导、协调和控制等方面的工作,其工作流程应包括(　　)步骤。
　　A. 风险辨识　　　　　　　　　B. 风险分析
　　C. 风险排查　　　　　　　　　D. 风险控制
　　E. 风险转移

52. 风险等级评估时,以下状况为Ⅲ级风险的是(　　)。
　　A. 风险级别(或发生概率)很大而后果为轻度损失
　　B. 风险级别(或发生概率)很大而后果为中度损失
　　C. 风险级别(或发生概率)中等而后果为重大损失
　　D. 风险级别(或发生概率)中等而后果为中度损失
　　E. 风险级别(或发生概率)极小而后果为重大损失

53. 按照不安全行为的表现形式分类,以下属于违反上岗身体条件规定的有(　　)。
　　A. 高血压患者从事高空作业
　　B. 无证人员从事需证岗位作业
　　C. 未成年工从事禁止和不适合的作业
　　D. 疲劳作业
　　E. 带病作业

54. 以下物体(品)中,既是起因物又是致害物的是(　　)。
　　A. 架空高压裸线　　　　　　　B. 雷击、导电物体

C. 易燃物
D. 一氧化碳、瓦斯和其他有毒气体
E. 超重的吊物

55. 以下属于第二类危险源控制方法的是(　　)。
   A. 消除危险源　　　　　　　　B. 增加安全系数
   C. 限制能量或危险物质　　　　D. 提高可靠性
   E. 设置安全监控系统

56. 诱发事故的三大原因是(　　)。
   A. 工艺设备故障　　　　　　　B. 人的操作失误
   C. 生产安全管理的缺陷　　　　D. 安全科技水平低下
   E. 安全意识薄弱

57. 本质安全是指设备、设施或技术工艺含有内在的能从根本上防止事故发生的功能,具体内容包括(　　)。
   A. 生产管理功能　　　　　　　B. 失误安全功能
   C. 事后补偿功能　　　　　　　D. 故障安全功能
   E. 故障修复功能

58. 海因里希提出的事故因果连锁过程中的要素有(　　)。
   A. 遗传及社会环境　　　　　　B. 管理缺陷
   C. 事故　　　　　　　　　　　D. 人的不安全行为与物的不安全状态
   E. 伤害

59. 危险源识别的方法有(　　)。
   A. 现场调查方法　　　　　　　B. 工作任务分析法
   C. 安全检查表法　　　　　　　D. 危险性树分析法
   E. 故障树分析法

(三)判断题

1. 施工单位应当向作业人员提供安全防护用具和安全防护服装,并书面告知危险岗位的操作规程和违章操作的危害。(　　)
   A. 正确　　　　　　　　　　　B. 错误

2. 生产经营单位在事故隐患治理过程中,应当采取相应的安全防范措施,防止事故发生。事故隐患排除前或者排除过程中无法保证安全的,应当从危险区域内撤出作业人员,并疏散可能危及的其他人员。(　　)
   A. 正确　　　　　　　　　　　B. 错误

3. 从业人员发现事故隐患或者其他不安全因素,应当立即向现场安全生产管理人员或者本单位负责人报告。(　　)
   A. 正确　　　　　　　　　　　B. 错误

4. 安全生产专项费用应做到专款专用,按照"投入多少支付多少"的原则实施,当施工单位实际投入少于投标时安全生产专项费用报价时,经监理单位核实,余额部分不予支付。(　　)

A. 正确 B. 错误

5. 安全生产专项费用管理应坚持"规范计取,合理计划,计量支付,确保投入"的原则,公路水运工程安全生产专项费用的提取标准为不低于建筑安装工程造价1.5%的比例计取,且不作为竞争性报价,在成本中列支。(   )

A. 正确 B. 错误

6. 安全技术交底应优先交底采用的新的安全技术方法和技术措施。(   )

A. 正确 B. 错误

7. 建设工程施工企业提取的安全费用列入工程造价,在竞标时,不得删减,列入标外管理。国家对基本建设投资概算另有规定的,从其规定。(   )

A. 正确 B. 错误

8. 人的不安全行为大多是因为对安全不重视、态度不正确、技能或知识不足、健康或生理状态不佳和劳动条件不良等因素造成的。(   )

A. 正确 B. 错误

9. 总包单位应当将安全费用按比例直接支付分包单位并监督使用,分包单位不再重复提取。(   )

A. 正确 B. 错误

10. 企业应当加强安全费用管理,编制年度安全费用提取和使用计划,纳入企业财务预算。(   )

A. 正确 B. 错误

11. 特种作业人员未按照规定经专门的安全作业培训,未取得相应资格而上岗作业导致事故的,应追究生产经营单位有关人员的责任。(   )

A. 正确 B. 错误

12. 依照《安全生产法》的规定,安全生产监督检查人员对检查发现的问题应做出书面记录,并由检查人员和被检查单位的负责人签字,这样可避免安全检查不走过场。(   )

A. 正确 B. 错误

13. 生产经营单位可以短期将生产经营项目、场所、设备发包或者出租给不具备安全生产条件或者相应资质的单位或者个人。(   )

A. 正确 B. 错误

14. 生产经营场所和员工宿舍应当设有符合紧急疏散要求、标志明显、保持畅通的出口,禁止锁闭、封堵生产经营场所或者员工宿舍的出口。(   )

A. 正确 B. 错误

15. 职业安全健康管理体系审核的策划和准备主要包括确定审核范围、指定审核组长并组成审核组、制订审核计划以及准备审核工作文件等工作内容。(   )

A. 正确 B. 错误

16. 重大事故的应急救援行动涉及许多部门,因此应该先明确在应急救援中承担相应任务的组织机构及其职责。(   )

A. 正确 B. 错误

17. 安全检查的内容包括软件系统和硬件系统,具体是查思想、查管理、查隐患、查整改、查事故处理。( )
  A. 正确   B. 错误

18. 事故应急救援系统中的后勤保障组织主要负责应急救援所需的各种设备、设施、物资以及生活、医药等的后勤保障。( )
  A. 正确   B. 错误

19. 企业应当将安全费用优先用于满足安全生产监督管理部门对企业安全生产提出的整改措施或达到安全生产标准所需支出。( )
  A. 正确   B. 错误

20. 企业应当建立健全内部安全费用管理制度,明确安全费用使用、管理的程序、职责及权限,接受安全生产监督管理部门和财政部门的监督。( )
  A. 正确   B. 错误

21. 发生生产安全事故,为一般事故的,处十万元以上二十万元以下的罚款。( )
  A. 正确   B. 错误

22. 发生生产安全事故,为较大事故的,处五十万元以上一百万元以下的罚款。( )
  A. 正确   B. 错误

23. 安全生产责任制是一项最基本的安全生产制度,是其他各项安全规章制度得以切实实施的基本保证。( )
  A. 正确   B. 错误

24. 所有生产经营单位都必须将本单位的重大危险源报当地人民政府负责安全生产监督管理的部门备案。( )
  A. 正确   B. 错误

25. 建设单位应将拆除工程发包给具有相应资质等级的施工单位。( )
  A. 正确   B. 错误

26. 施工单位对列入建设工程概算的安全作业环境及施工安全措施所需费用,可以挪作他用。( )
  A. 正确   B. 错误

27. 生产和生活过程中接触粉尘、毒物、噪声、辐射等物理、化学危害因素达到一定的危害程度,将会导致职业病。( )
  A. 正确   B. 错误

28. 生产经营单位使用被派遣劳动者的,不必对被派遣劳动者进行岗位安全操作规程和安全操作技能的教育和培训。( )
  A. 正确   B. 错误

29. 生产经营单位必须依法参加工伤保险,为从业人员缴纳保险费。( )
  A. 正确   B. 错误

30. 生产经营单位为从业人员提供劳动防护用品时,可根据情况采用货币或其他物品替代。( )

A. 正确　　　　　　　　　　　　B. 错误

31. 组织或者参与本单位安全生产教育和培训,是生产经营单位安全生产管理机构以及安全生产管理人员的工作职责。(　)

　　A. 正确　　　　　　　　　　　　B. 错误

32. 公路水运工程建设重大事故隐患是指在公路水运工程施工过程中,存在因违法违规行为可能导致重大以上生产安全事故,或造成重大经济损失和恶劣社会影响的人的不安全行为或物的不安全状态。(　)

　　A. 正确　　　　　　　　　　　　B. 错误

33. 国务院交通运输主管部门监督指导各地交通运输主管部门开展公路水运工程重大事故隐患排查治理的督办工作。(　)

　　A. 正确　　　　　　　　　　　　B. 错误

34. 公路桥梁和隧道工程施工安全风险等级分为Ⅰ级(低度风险)、Ⅱ级(中度风险)、Ⅲ级(高度风险)、Ⅳ级(极高风险)。(　)

　　A. 正确　　　　　　　　　　　　B. 错误

35. 交通运输部负责对全国公路水运工程"平安工地"考核评价工作的指导,对高速公路和大型水运工程项目考核评价结果进行汇总、分析、公示和抽查。(　)

　　A. 正确　　　　　　　　　　　　B. 错误

36. 从业人员是事故隐患排查、治理和防控的责任主体,因而生产经营单位不是事故隐患排查、治理和防控的责任主体。(　)

　　A. 正确　　　　　　　　　　　　B. 错误

37. 生产经营单位主要负责人对本单位事故隐患排查治理工作全面负责。(　)

　　A. 正确　　　　　　　　　　　　B. 错误

38. 任何单位和个人发现事故隐患,均有权向安全监管监察部门和有关部门报告。(　)

　　A. 正确　　　　　　　　　　　　B. 错误

39. 施工单位对编制的专项施工方案必须组织专家进行论证、审查。(　)

　　A. 正确　　　　　　　　　　　　B. 错误

40. 生产经营单位应当定期组织安全生产管理人员、工程技术人员和其他相关人员排查本单位的事故隐患。对排查出的事故隐患,应当按照事故隐患的等级进行登记,建立事故隐患信息档案,并按照职责分工实施监控治理。(　)

　　A. 正确　　　　　　　　　　　　B. 错误

41. 企业为职工提供的职业病防治、工伤保险、医疗保险所需费用应在安全费用中列支。(　)

　　A. 正确　　　　　　　　　　　　B. 错误

42. 不需专家论证的危险性较大工程专项施工方案,经项目监理工程师审核通过、签字后,由施工单位项目经理批准实施。(　)

　　A. 正确　　　　　　　　　　　　B. 错误

43. 危险性较大工程专项施工方案需要论证的，应当由建设单位组织召开专家论证会。（　　）

　　　A. 正确　　　　　　　　　　　　　B. 错误

44. 对已经按要求治理的事故隐患及时销号，解除监控。（　　）

　　　A. 正确　　　　　　　　　　　　　B. 错误

45. 对于检查中发现重大隐患，不能够立即解决的，应下达停工指令。（　　）

　　　A. 正确　　　　　　　　　　　　　B. 错误

46. 确定危险源时，更重要的是要充分考虑施工活动三种时态（过去、现在、将来）和三种状态（正常、异常、紧急）下潜在的各种危险。（　　）

　　　A. 正确　　　　　　　　　　　　　B. 错误

47. 安全费用应按照"企业提取、政府监管、确保需要、规范使用"的原则进行管理。（　　）

　　　A. 正确　　　　　　　　　　　　　B. 错误

48. "博德事故因果连锁理论"被称作"工业安全公理"。（　　）

　　　A. 正确　　　　　　　　　　　　　B. 错误

49. "人机轨迹交叉理论"强调人的因素和物的因素在事故发生中具有同等重要的地位。（　　）

　　　A. 正确　　　　　　　　　　　　　B. 错误

50. 在风险管理的工作流程中，风险辨识是对各种风险衡量其风险量。（　　）

　　　A. 正确　　　　　　　　　　　　　B. 错误

51. 故障树分析是指根据系统可能发生的或已经发生的事故结果，去寻找与事故发生有关的原因、条件和规律。（　　）

　　　A. 正确　　　　　　　　　　　　　B. 错误

52. 我国现阶段安全生产工作格局是：政府统一领导、部门依法监管、企业全面负责、群众参与监督、社会广泛支持。（　　）

　　　A. 正确　　　　　　　　　　　　　B. 错误

53. 事故是指造成人员死亡、伤害、职业病、财产损失或其他损失的意外事件。（　　）

　　　A. 正确　　　　　　　　　　　　　B. 错误

54. 施工安全的"三宝"是指安全帽、安全鞋、安全网。（　　）

　　　A. 正确　　　　　　　　　　　　　B. 错误

55. 危险、有害物质和能量失控主要体现为人的不安全行为、物的不安全状态、管理缺陷三个方面。（　　）

　　　A. 正确　　　　　　　　　　　　　B. 错误

56. 人机轨迹交叉理论作为一种事故致因理论，强调人的因素在事故致因中的地位比物的因素更重要。（　　）

　　　A. 正确　　　　　　　　　　　　　B. 错误

57. 危险源识别的方法中，危险与可操作性研究是安全管理人员采取的主要方法。（　　）

A. 正确 　　　　　　　　　　　　B. 错误

58. 海因里希认为事故的发生产生于人的不安全行为和物的不安全状态。(　　)

　　A. 正确 　　　　　　　　　　　　B. 错误

59. 职业健康安全管理体系的主动性绩效测量,是指监视是否符合职业健康安全管理方案、运行准则和适用的法规要求。(　　)

　　A. 正确 　　　　　　　　　　　　B. 错误

60. 我国现阶段安全生产管理的方针是"安全第一、预防为主"。(　　)

　　A. 正确 　　　　　　　　　　　　B. 错误

61. 节点和连接件出现破坏迹象是脚手架坍塌的早期征兆。(　　)

　　A. 正确 　　　　　　　　　　　　B. 错误

62. 从防止事故的角度,安全隐患是一定要设法排除的,以阻止事故发生;而尽早发现事故征兆采取措施则有可能阻止事故发生,即使不能阻止事故发生也可以及时撤离以减少伤害和损失。(　　)

　　A. 正确 　　　　　　　　　　　　B. 错误

63. 危险性较大工程的专项施工方案必须由工程师组织论证并形成论证会议纪要,参加论证的人员包括公司工程管理部门及项目经理和项目安全员,论证后的专项施工方案报公司总工程师审批后实施。(　　)

　　A. 正确 　　　　　　　　　　　　B. 错误

64. 已批准的专项施工方案,不得随意变动,实施方案所需的安全技术措施经费不得挪作他用。(　　)

　　A. 正确 　　　　　　　　　　　　B. 错误

65. 生产经营单位应当建立安全生产教育和培训档案,如实记录安全生产教育和培训的时间、内容、参加人员以及考核结果等情况。(　　)

　　A. 正确 　　　　　　　　　　　　B. 错误

66. 生产经营单位的负责人对本单位的安全生产工作全面负责,但可以通过内部工作分工,确定其只部分负责。(　　)

　　A. 正确 　　　　　　　　　　　　B. 错误

67. 从业人员发现直接危及人身安全的紧急情况时,有权停止作业或者在采取可能的应急措施后撤离作业场所。(　　)

　　A. 正确 　　　　　　　　　　　　B. 错误

68. 安全生产管理中的破窗理论认为,好的员工在"破窗"的环境中,也会去打破玻璃。(　　)

　　A. 正确 　　　　　　　　　　　　B. 错误

69. 某个可能发生的事件其可能造成的损失程度和发生的概率都很大,其风险量就越大。(　　)

　　A. 正确 　　　　　　　　　　　　B. 错误

70. 在同一生产安全事故中,起因物和致害物可能是不同的物体(品),也可能是同一物体

（品）。（　　）

　　A.正确　　　　　　　　　　　　　　B.错误

(四)案例题

1.背景资料:某厂进行职工安全教育,由主管安全生产的厂长甲为大家系统讲解了我国安全管理方针以及安全生产管理的原理与原则、事故致因理论、事故预防原理与基本原则等。甲讲,所谓系统是由相互作用和相互依赖的若干部分组成的有机整体。甲进一步说,所谓能量意外释放理论,是指人受伤害的原因只能是某种能量的转移。能量逆流作用于人体造成伤害可分为两类:第一类伤害是由于施加了超过局部或全身性损伤阈值的能量引起的;第二类伤害是由影响了局部或全身性能量交换引起的。在一定条件下,某种形式的能量能否产生造成人员伤亡事故的伤害及伤害的严重程度取决于能量大小、能量集中程度、接触能量的人体部位、接触能量时间长短和频率以及能量的种类。

(1)中毒属于第二类伤害。(　　)

　　A.正确　　　　　　　　　　　　　　B.错误

(2)在其他条件不变时,能量作用于人体的时间越短,对人体的伤害越严重。(　　)

　　A.正确　　　　　　　　　　　　　　B.错误

(3)下列说法正确的有(　　)。

　　A.我国安全生产管理方针是"安全第一,预防为主,以人为本"

　　B.所谓"安全第一",就是在生产经营活动中,要始终把安全放在首要位置,优先考虑从业人员和其他人员的人身安全

　　C.所谓"预防为主",就是预防事故的扩大,尽量减少事故所造成的损失

　　D.所谓"以人为本",就是按照个人的意志开展生产活动,保证生产过程的安全

(4)按照甲对系统的解释,下列说法正确的有(　　)。

　　A.整个厂是一个系统

　　B.厂中的一个班组不能成为一个系统

　　C.整个厂的生产工艺不构成一个系统

　　D.整个厂生产工艺的一部分不能构成一个系统

2.背景资料:A铜业公司是某大型企业的控股子公司。2013年,A铜业公司新建采用艾萨熔炼技术生产铜及硫酸的项目。项目于2013年1月开工建设,9月10日投产运行。项目主要工艺设备有艾萨熔炼炉、电炉、余热锅炉等。艾萨熔炼炉产生的高温烟气进入余热锅炉,经热交换后产生蒸汽,热交换后的烟气经除尘净化系统处理后排出。余热锅炉设计额定蒸汽压力2.5MPa、额定蒸发量35t/h、额定蒸汽温度350℃。2013年11月24日20时,当班调度员甲听到一声巨响,随即在监控系统屏幕上看到余热锅炉有大量蒸汽喷出。甲按照应急救援预案要求立即拉响警报,通知紧急停炉和现场人员撤离,报告公司总经理乙。乙接报后,立即向上级有关部门报告,同时赶往现场指挥救援。21时,经人员清点,仍有5名职工下落不明,乙派2名工人进入现场查看情况,因现场蒸汽太大,2名工人被烫伤。于是紧急外调防护服,救援人员穿上防护服进入余热锅炉房,发现4名职工死亡、1人重伤。事后查明,事故发生时余

热锅炉的运行压力 2.3MPa、蒸汽温度 310℃,从熔炼炉到余热锅炉的冷却屏波纹金属软管发生爆裂,大量高温饱和蒸汽喷出,导致现场人员伤亡。此次事故的直接经济损失为 420 万元。

(1)该起事故的直接原因可能是波纹金属软管质量不合格。( )
  A.正确   B.错误

(2)该起事故调查组的组成单位应包括所在地市级(设区的市)人力资源和社会保障部门。( )
  A.正确   B.错误

(3)根据《生产安全事故报告和调查处理条例》(国务院令第493号),该起事故属于( )。
  A.一般事故   B.较大事故
  C.重大事故   D.特大事故

(4)根据《企业职工伤亡事故分类》(GB 6441—1986),该起事故的类别是( )。
  A.物体打击   B.灼伤
  C.火灾   D.容器爆炸

3.背景资料:甲建设单位在某省的高速公路建设项目,由取得安全产生许可证的乙施工单位总承包,由丁监理公司监理。乙经过甲同意将非主体工程分包给丙施工单位。丙公司在施工过程中由于违反乙公司的安全生产管理规定,导致架桥机倾覆并致17人死亡的严重事故,直接经济损失1900万元。

(1)本事故属于特别重大事故。( )
  A.正确   B.错误

(2)根据《刑法修正案(六)》的相关规定,该案属于( )。
  A.责任事故罪   B.劳动事故罪
  C.工程重大事故罪   D.危险事故罪

(3)本案中,"初步估计的直接经济损失和间接经济损失"属于事故应报告的内容。( )
  A.正确   B.错误

(4)本案中,"事故发生单位概况"属于事故应报告的内容。( )
  A.正确   B.错误

4.背景资料:某石油化工企业在A省B市C县的一天然气生产矿井发生了井喷事故。井喷后作业人员应急处置不当,含有 H_2S 的有毒气体向下风向扩散,造成周围群众13人死亡,105人急性中毒。

(1)因为该事故死亡人数未满30人,因此属于重大事故。( )
  A.正确   B.错误

(2)生产矿井发生井喷的物质中含有 H_2S 的有毒气体,该有毒气体是危险源。( )
  A.正确   B.错误

(3)此事故等级为( )。
  A.特别重大事故   B.重大事故

C. 较大事故　　　　　　　　　　D. 一般事故

(4)依据《生产安全事故报告和调查处理条例》(国务院令第493号),负责组织此次事故调查的是(　　)。

A. 国务院　　　　　　　　　　B. 省人民政府
C. 市人民政府　　　　　　　　D. 县人民政府

5. 背景资料:某工程公司在一大厦广场基础工程进行护坡桩锚杆作业。当天工地主要负责人、安全员、电工等有关人员不在现场。下锚杆筋笼时,班组长因故请假也不在现场,15名民工在无人指挥的情况下自行作业,因钢筋笼将配电箱引出的380V电缆线磨破,使钢筋笼带电,事故造成6人死亡、3人重伤、5人轻伤,直接经济损失约100万元。

(1)事故的等级主要是依据死亡人数来确定,同时参考受伤人数、直接经济损失。(　　)

A. 正确　　　　　　　　　　B. 错误

(2)这起事故中,操作人员没有违规操作的行为。(　　)

A. 正确　　　　　　　　　　B. 错误

(3)根据《生产安全事故报告和调查处理条例》(国务院令第493号),该起事故等级属于(　　)。

A. 特别重大事故　　　　　　B. 重大事故
C. 较大事故　　　　　　　　D. 一般事故

(4)根据《生产安全事故报告和调查处理条例》,下列关于此次生产安全事故调查组的人员构成、主要工作程序与任务、责任和权力的说法中,正确的是(　　)。

A. 事故调查实行"政府领导、专家负责"的原则
B. 事故调查组的职责应包括事故防范措施的落实
C. 事故调查组由有关人民政府、安全生产监督管理部门、负有安全生产监督管理职责的有关部门、监察机关、公安机关以及工会派人组成,并应当邀请人民检察院派人参加
D. 较大事故调查组的成员组成应包括事故发生单位技术人员

6. 背景资料:2015年某业主将一栋大型剧院建筑的拆除任务,发包给无拆除资质的防腐保温劳务公司,由于不了解拆除作业的危险性,操作人员决定先拆混凝土梁,后拆混凝土板。操作时,现场无安全人员在场,也无安全措施。在梁拆至一半时全部楼板塌下,造成多人死亡。事后检查该施工方法无方案、无交底,公司也无施工方案管理制度。

(1)先拆混凝土梁后拆混凝土板是事故发生原因之一。(　　)

A. 正确　　　　　　　　　　B. 错误

(2)大型拆除作业必须编制施工方案,必要情况下应当组织专家进行论证。(　　)

A. 正确　　　　　　　　　　B. 错误

(3)拆除作业应由(　　)单位施工。

A. 总承包单位　　　　　　　B. 专业承包单位
C. 劳务分包单位　　　　　　D. 有相应资质的单位

(4)拆除作业的施工方案由(　　)批准后,方可施工。

A. 安全员 B. 项目经理
C. 企业技术负责人 D. 项目技术负责人

7. 背景资料:某施工队在城市一条街道旁的一个旅馆工地拆除钢管脚手架。钢管紧靠建筑物,临街面架设有 10kV 的高压线,离建筑物只有 2m,由于街道狭窄,暂无法解决距离过近的问题。而由于某些原因,又不能切断对高压线的供电。由于上午下过雨,下午墙上仍比较湿。虽然上午安全员向施工工人讲过操作方式,要求立杆不要往上拉,应该向下放,但下午上班后在工地二楼屋面"女儿墙"内继续工作的泥工马×和普工刘×仍在屋顶上往上拉已拆除的一根钢管脚手架立杆。向上拉开一段距离后,马×、刘×以墙棱为支点,将管子压成斜向,欲将管子斜拉后置于屋顶上。由于斜度过大,钢管临街一端触及高压线,当时墙上比较湿,钢管与墙棱交点处发出火花,马×的胸口靠近管子烧弯处,身上穿着化纤衣服,当即燃烧起来,身体被烧伤。刘×手触管子,手指也被烧伤。楼下工友及时跑上楼将火扑灭,将受伤者送至医院。马×烧伤面积达 50%,由于呼吸循环衰竭,抢救无效,于 2 月 20 日晚 12 时死于医院。刘×烧伤面积达 15%,三根手指残疾。

(1)本案中,物的不安全状态是设计不良,即高压线距建筑物过近。( )
A. 正确 B. 错误
(2)本案中,"不按规定的方法操作,把立杆往斜上方拉"属于人的不安全行为。( )
A. 正确 B. 错误
(3)本案中,"钢管距高压线过近而未采取隔离措施"属于存在的安全管理的缺陷。( )
A. 正确 B. 错误
(4)本案中,"工人不具备安全生产的知识和能力"属于人的不安全行为。( )
A. 正确 B. 错误

8. 背景资料:某一纶纤厂在生产过程中有一道清洗工序,评价清洗剂挥发这一作业条件时,可用下述方法来确定每种因素的分数值。事故发生的可能性(L):清洗剂使用三甘醇,属四级可燃液体,如加热至沸点,就属一级可燃蒸汽。而组件清洗时需将清洗剂加热后使用,致使三甘醇蒸汽扩散到车间,如通风不良,就具有潜在的危险,属"可能,但不经常",其分数值 $L=3$。暴露于危险环境的频繁程度(E):清洗人员每天在此环境中工作,取 $E=6$。发生事故产生的后果(C):如果发生燃烧爆炸事故,后果将是非常严重的,可能造成人员的伤亡,取 $C=15$。

(1)LEC 方法又称作业条件危险分析法或格雷厄姆—金尼方法。( )
A. 正确 B. 错误
(2)根据公式 $D=L\times E\times C$,本案中,$D=L\times E\times C=3\times 6\times 15=270$,危险等级属于( )。
A. 极其危险,不能继续作业 B. 高度危险,要立即整改
C. 显著危险,需要整改 D. 一般危险,需要注意
(3)此案中,假定 $E=10$,其他条件不变,则危险等级属于( )。
A. 极其危险,不能继续作业 B. 高度危险,要立即整改
C. 显著危险,需要整改 D. 一般危险,需要注意

(4) 此案中,假定 $C=40$,其他条件不变,则危险等级属于(　　)。
    A. 极其危险,不能继续作业
    B. 高度危险,要立即整改
    C. 显著危险,需要整改
    D. 一般危险,需要注意

参 考 答 案

(一) 单项选择题

1. D	2. D	3. B	4. A	5. B	6. D	7. C	8. B	9. D	10. C
11. D	12. A	13. B	14. C	15. C	16. D	17. A	18. B	19. B	20. C
21. B	22. D	23. B	24. B	25. B	26. A	27. A	28. D	29. B	30. C
31. C	32. D	33. C	34. D	35. D	36. A	37. A	38. A	39. D	40. A
41. C	42. B	43. C	44. A	45. C	46. B	47. B	48. C	49. D	50. A
51. C	52. A	53. B	54. A	55. D	56. B	57. D	58. A	59. B	60. A
61. A	62. D	63. A	64. C	65. B	66. B	67. B	68. B	69. A	70. B
71. C	72. B	73. D	74. A	75. A	76. D	77. D	78. B	79. C	80. C
81. D	82. C	83. A							

(二) 多项选择题

1. ABC	2. ABCDE	3. ABCD	4. ABCE	5. AC
6. ACDE	7. ABCD	8. ABC	9. ABC	10. AD
11. ABD	12. ABDE	13. ABDE	14. ABCDE	15. ACD
16. ABE	17. ABCDE	18. ABE	19. ABC	20. ABC
21. ABCE	22. BCD	23. ABCE	24. ABDE	25. ABCE
26. ABCD	27. ABDE	28. ABDE	29. ACDE	30. CD
31. ABC	32. ACD	33. ABCE	34. DE	35. ABCDE
36. ABCDE	37. AB	38. ACDE	39. ABCDE	40. ABCD
41. ACE	42. ABCDE	43. ABC	44. ABCDE	45. ABCE
46. ABCD	47. ABCD	48. ACDE	49. BCD	50. ABCD
51. ABDE	52. ADE	53. ACDE	54. BCD	55. BDE
56. ABC	57. BD	58. ACDE	59. ABCDE	

(三) 判断题

1. A	2. A	3. A	4. A	5. A	6. A	7. A	8. A	9. A	10. A
11. A	12. A	13. B	14. A	15. A	16. A	17. A	18. A	19. A	20. A
21. B	22. A	23. A	24. A	25. A	26. B	27. A	28. B	29. A	30. B

31. A	32. A	33. A	34. A	35. A	36. B	37. A	38. A	39. B	40. A
41. B	42. B	43. B	44. A	45. A	46. A	47. A	48. B	49. A	50. B
51. A	52. A	53. A	54. B	55. A	56. A	57. B	58. A	59. A	60. B
61. A	62. A	63. B	64. A	65. A	66. B	67. A	68. A	69. A	70. A

(四)案例题

1.(1) A	(2) B	(3) B	(4) A
2.(1) A	(2) B	(3) B	(4) B
3.(1) B	(2) A	(3) B	(4) A
4.(1) B	(2) A	(3) A	(4) A
5.(1) B	(2) B	(3) C	(4) C
6.(1) A	(2) A	(3) D	(4) C
7.(1) A	(2) A	(3) B	(4) B
8.(1) A	(2) D	(3) C	(4) B

四、安全生产技术

公 路 工 程

(一)单项选择题

1. 隧道作业过程中,空气中的氧气含量不得低于( )。
   A.16.5% B.17.5%
   C.18.5% D.19.5%

2. 隧道施工每人供应新鲜空气不得少于( )m³/min。
   A.0.5 B.1.0
   C.2.0 D.3.0

3. 偏压隧道靠山一侧应加强支护,每次开挖进尺不得超过( )钢架间距,并应及时封闭。
   A.1榀 B.2榀
   C.3榀 D.4榀

4. 浅埋段不宜采用的开挖方法是( )。
   A.全断面法 B.台阶法
   C.环形开挖留核心土法 D.双侧壁导坑法

5. 以下隧道内施工安全控制要点中,错误的是( )。
   A.隧道内施工不得使用以汽油为动力的机械设备
   B.隧道内应按要求配备消防器材
   C.隧道内不得明火取暖
   D.隧道内存放汽油、柴油、煤油、变压器油、雷管、炸药等易燃易爆物品应采取专门的防火措施

6. 以下衬砌施工安全控制要点中,错误的是( )。
   A.隧道内加工钢筋应采取专门的防护措施
   B.衬砌钢筋安装应设临时支撑,临时支撑应牢固可靠并有醒目的安全警示标志
   C.钢筋焊接作业在防水板一侧应设阻燃挡板
   D.仰拱应分段一次整幅浇筑,并应根据围岩情况严格限制分段长度

7. 爆破器材加工房应远离洞口( )以外;若洞口距开挖面大于( )时,可在洞内适当地点设立加工房。
   A.30m;500m B.50m;500m

C. 30m;1000m D. 50m;1000m

8. 以下锚固注浆支护施工安全控制要点中,错误的是(　　)。
   A. 注浆工作面的操作人员应戴防护口罩、防护眼镜、橡胶手套及专用披套
   B. 钻孔作业抽换钻杆时,应防止钻杆被高压泥水冲出孔口伤人
   C. 钻孔中发生大量突泥涌水时,应集中全力及时注浆封堵
   D. 向锚杆孔压注砂浆,压力应不大于0.8MPa,注浆管喷嘴,可对人放置

9. 以下关于隧道内喷射混凝土施工的说法中,错误的是(　　)。
   A. 在喷射混凝土作业开始前,仔细检查围岩受喷面,彻底清理危石
   B. 喷射混凝土应采用干喷方式
   C. 严禁将喷嘴对准施工人员
   D. 应把喷层的异常裂缝作为主要安全检查内容之一

10. 隧道监测拱顶沉降时,所用的仪器是(　　)。
    A. 经纬仪、电子水平尺
    B. 水准仪、电子水平尺
    C. 测斜仪、电子水平尺
    D. 收敛计、电子水平尺

11. 以下盾构掘进的规定中,错误的是(　　)。
    A. 盾构应在始发段20~50m进行试掘进
    B. 盾构机不宜长时间停机
    C. 盾构刀具检查和更换地点应选择地质条件好、地层稳定的地段
    D. 维修刀盘应对刀盘前方土体采取加固措施或施作竖井

12. 以下关于隧道施工作业的说法中,错误的是(　　)。
    A. 隧道洞内通风应编制专项施工方案
    B. 隧道施工时应做好洞内排水,保证积水能及时、顺畅排出
    C. 隧道施工中应按照要求检测有毒有害气体
    D. 隧道内坑洞,临边部位等不应设立防护栏但要设立醒目安全警示标志

13. 盾构应在始发段(　　)进行试掘进。
    A. 10~20m B. 20~30m
    C. 30~50m D. 50~100m

14. 隧道贯通前(　　)管片应设置管片纵向拉紧装置,贯通后应快速顶推并迅速拼装管片。
    A. 20环 B. 15环
    C. 10环 D. 5环

15. 隧道贯通前(　　)管片应加强同步注浆和即时注浆,盾尾通过洞口后应及时密封管片环与洞门间隙。
    A. 20环 B. 15环
    C. 10环 D. 5环

16. 以下关于含瓦斯隧道施工的说法中,错误的是( )。
   A. 应配置两套电源供电,并应采用双电源线路
   B. 应采用干式钻孔开挖
   C. 爆破母线应成短路状态,并包覆绝缘层
   D. 起爆网络应由工作面向起爆站依次连接

17. 隧道逃生通道距离开挖掌子面不得大于( )。
   A. 20m   B. 30m
   C. 40m   D. 50m

18. ( )是隧道施工期地质超前预报方法中最直接的方法。
   A. 地质法   B. 超前钻孔声波测井法
   C. 超前水平钻孔法   D. 波反射法

19. 爆破后必须经过( )通风排烟后,检查人员方可进入工作面,检查有无"盲炮"及可疑现象。
   A. 5min   B. 7min
   C. 10min   D. 15min

20. 供电线路架设应遵循( )的原则。
   A. 高压在上、低压在下,干线在上、支线在下
   B. 高压在下、低压在上,干线在上、支线在下
   C. 高压在上、低压在下,干线在下、支线在上
   D. 高压在下、低压在上,干线在下、支线在上

21. 不良地质隧道地段应遵循( )的原则进行施工。
   A. 早预报,预加固,强爆破,短进尺,强支护,早封闭,勤量测,快衬砌
   B. 早预报,预加固,弱爆破,长进尺,强支护,早封闭,勤量测,快衬砌
   C. 早预报,预加固,弱爆破,短进尺,弱支护,早封闭,勤量测,快衬砌
   D. 早预报,预加固,弱爆破,短进尺,强支护,早封闭,勤量测,快衬砌

22. 长度1km以上的隧道,隧道洞内起爆站距爆破位置不得小于( )。
   A. 150m   B. 200m
   C. 250m   D. 300m

23. 台阶法施工应根据围岩条件和初期支护钢架间距确定台阶上部开挖循环进尺,上台阶每循环开挖支护进尺Ⅳ级围岩不得大于( )钢架间距。
   A. 2 榀   B. 3 榀
   C. 4 榀   D. 5 榀

24. 软弱围岩及不良地质隧道的二次衬砌应及时施作,二次衬砌距掌子面的距离:Ⅳ级围岩不得大于( ),Ⅴ级以上围岩不得大于( )。
   A. 150m;100m   B. 110m;90m
   C. 100m;80m   D. 90m;70m

25. 以下隧道排水作业的规定中,错误的是( )。

A.隧道内反坡排水方案应根据距离、坡度、水量和设备情况确定,抽水机排水能力应大于排水量的10%,并应有备用台数

B.隧道内顺坡排水沟断面应满足隧道排水需要

C.膨胀岩、土质地层,围岩松软地段应铺砌水沟或用管槽排水

D.遇渗漏水面积或水量突然增加,应立即停止施工,人员撤至安全地点

26.以下关于洞口开挖的说法中,错误的是( )。
A.先开挖后支护
B.自上而下分层开挖,分层支护
C.不得掏底开挖
D.不得上下重叠开挖

27.以下关于明洞施工的规定中,错误的是( )。
A.明洞开挖前,洞顶及四周应设防水、排水设施
B.明洞应自下而上开挖
C.开挖松软地层边、仰坡应随挖随支护
D.明洞槽不宜在雨天开挖

28.长度小于300m的隧道,起爆站应设在洞口侧面( )以外。
A.40m
B.50m
C.60m
D.80m

29.隧道双向开挖面间相距( )时,应改为单向开挖。
A.15~30m
B.30~45m
C.45~60m
D.60~75m

30.台阶法施工应根据围岩条件和初期支护钢架间距确定台阶上部开挖循环进尺,上台阶每循环开挖支护进尺Ⅴ、Ⅵ级围岩不应大于( )钢架间距。
A.1榀
B.2榀
C.3榀
D.4榀

31.台阶法施工台阶下部断面一次开挖长度应与上部断面相同,且不得超过( )。
A.4.5m
B.3.5m
C.2.5m
D.1.5m

32.软弱围岩及不良地质隧道的二次衬砌应及时施作,二次衬砌距掌子面的距离Ⅳ级围岩不得大于( )。
A.90m
B.100m
C.110m
D.120m

33.以下关于隧道防水的说法中,错误的是( )。
A.隧道防水板施工作业台架应设置消防器材
B.隧道防水板作业台架应设置防水安全警示标志,并应设专人负责
C.照明灯具与防水板间距不得小于0.5m
D.烘烤防水板时应采取相应的安全措施

34.隧道施工独头掘进长度超过( )时,应采取机械通风。
A.75m
B.100m

C.125m D.150m

35. 隧道施工应采取综合防尘措施,并应配备专用检测设备及仪器,隧道内存在矽尘的作业场所,(　　)应至少取样分析空气成分一次。
A.每周 B.每旬
C.每月 D.每季

36. 瓦斯隧道瓦斯含量高于0.5%时,应(　　)。
A.每15min检测一次 B.每0.5h检测一次
C.每1h检测一次 D.随时检测

37. 海拔(　　)以上地区施工作业,应严格执行高海拔地区有关规定,制定相关规章制度,并应采取有效保障措施。
A.1500m B.2000m
C.2500m D.3000m

38. 沙漠地区施工外出作业每组不得少于(　　),并应配备通信设备。
A.3人 B.4人
C.5人 D.6人

39. 斜拉桥施工中,电气设备和线路的绝缘必须良好,各种电动机械必须接地,接地电阻不得大于(　　)。
A.3Ω B.4Ω
C.5Ω D.6Ω

40. 悬索桥施工中使用的吊篮、平台等应具有足够的强度,设置的防护围栏高度不得小于(　　)。
A.1.2m B.1.5m
C.2.0m D.2.5m

41. 挂篮行走时,要缓慢进行,速度应控制在(　　)以内。
A.0.1m/min B.0.2m/min
C.0.3m/min D.0.4m/min

42. 采用桁架挂篮施工时,在挂篮组拼后,应做(　　)。
A.动载试验 B.静载试验
C.拉力试验 D.破断试验

43. 以下关于猫道拆除的规定中,错误的是(　　)。
A.猫道下放前,下方的垂直方向不得有障碍物
B.猫道拆除前,影响拆除作业区域的翼缘板不得施工
C.猫道拆除前,不应收紧承重索
D.猫道面层和底梁宜按中跨从塔顶向跨中方向拆除

44. 以下关于混凝土索塔施工的说法中,正确的是(　　)。
A.塔吊停机作业后,吊臂应按逆风方向停放
B.通往索塔人行通道的顶部不能有任何架空物

C.索塔施工超过 50m 时应设置施工升降梯

D.索塔施工作业时,应在劲性骨架、模板、塔吊等构筑物顶部设置有效的避雷装置

45.拆除滑模设备时,拆除现场警戒线到建筑物边缘的安全距离不得小于( )。

A.4m   B.6m
C.8m   D.10m

46.挂篮安装时应先安装好( )后,方可安装斜拉带悬挂底模平台。

A.吊带起升   B.水平限位装置
C.保险绳   D.限位装置

47.钢套箱、钢沉井在浮运中,应根据浮运物件的高度确定顶面露出水面的高度,一般情况下应不小于( )。

A.0.4m   B.0.6m
C.0.8m   D.1.0m

48.悬臂浇注施工,挂篮安装、行走及使用中,正确的做法是( )。

A.按需要加设雨棚

B.锚固施工时,人员上挂篮施工

C.行走及浇注时,安全系数大于1.5

D.由合格厂家在现场安装完成后进行施工

49.在已拼装或现浇的箱梁上张拉预应力钢材时,为防止锚具及销子弹出伤人,千斤顶的( )严禁站人。

A.上面及对面   B.左右两侧
C.两侧及下面   D.对面及后面

50.关于挂篮法悬浇施工前应开展的工作中,说法错误的是( )。

A.开展静载预压试验   B.实时变形监控
C.开展动载预压试验   D.全面检查

51.隧道内供电线路架设时,110V 以下线路距地面不得小于( )。

A.0.5m   B.1m
C.1.5m   D.2m

52.石质边、仰坡应采用( )开挖。

A.预裂爆破法   B.深眼大爆破法
C.集中药包爆破法   D.长距离

53.改扩建施工时,参建人员进入施工现场必须身着( )。

A.普通背心   B.反光背心
C.工作套装   D.警示套装

54.以下关于围堰施工安全控制要点的说法,错误的是( )。

A.在围堰内施工,遇有流水应立即撤出作业人员

B.采用板桩围堰施工,应随时检查板桩的稳定状况

C.基坑抽水时应安排专人经常检查土层变化

D.基坑支撑拆除时,应与回填土进程分开,应站在正在拆除的支撑上作业

55.钢板桩围堰施工时,插打钢板桩的顺序是( )。
 A.从上游依次对称向下游插打
 B.从下游依次对称向上游插打
 C.逆流对称插打
 D.先插打一边再插打另一边

56.以下钻孔灌注桩施工安全控制要点中,错误的是( )。
 A.钻机就位后,对钻机及其配套设备应进行全面检查
 B.钻机停钻,必须将钻头提出孔外,置于钻架上,严禁钻头在孔内停留过久
 C.钻机可不设置避雷装置
 D.钻孔中,发生故障需排除时,严禁作业人员下到孔内处理故障

57.遇有大于或等于( )大风等恶劣天气时,应停止高处露天、缆索吊装及大型构件起重吊装等作业。
 A.6级 B.5级
 C.4级 D.3级

58.挖孔桩孔口护圈应高于地面( ),并设置安全护栏或盖板。
 A.0.10m B.0.15m
 C.0.20m D.0.30m

59.人工挖孔施工中,孔内人员头顶部应设置( ),以避免物体打击伤害。
 A.井盖 B.护盖
 C.栏杆 D.护壁

60.关于桥梁滑模施工中模板提升的说法,正确的是( )。
 A.在提升模板的同时进行振捣
 B.液压系统顶升应保持同步平稳
 C.拆模应在混凝土强度达到1.5MPa时实施
 D.模板内设置升降设施

61.关于高墩翻模施工的规定中,错误的是( )。
 A.翻模应专门设计,刚度、强度应满足施工要求
 B.翻模分节分块的重量应满足起重设备的使用规定
 C.模板提升到位后,应安装好内外吊架、脚手架,铺好脚手板,挂设安全网
 D.翻模作业应在夜间进行

62.高墩爬模爬升时,承载体受力处的强度应大于( )。
 A.12MPa B.13MPa
 C.14MPa D.15MPa

63.下列安全要点中,不符合梁的装配施工安全要求的是( )。
 A.吊装前应做好检查工作,严禁无准备盲目施工
 B.使用旧钢丝绳时应先检查其损伤程度,每一节距内断丝不得超过6%

C. 重大的吊装作业,应先进行试吊

D. 遇有恶劣天气时,应停止吊装作业

64. 钢桥拼装杆件起吊时,先提升(　　)左右,确认安全后再继续起吊。
　　A. 0.2m　　　　　　　　　　　B. 0.3m
　　C. 0.6m　　　　　　　　　　　D. 1.0m

65. 关于防护工程的施工安全控制要点的说法,错误的是(　　)。
　　A. 边坡的防护作业,必须搭设牢固的脚手架
　　B. 砌石作业必须自下而上进行
　　C. 抹面、勾缝作业必须先下后上
　　D. 片石改小,不得在脚手架上进行

66. 压路机靠近路堤边缘作业时,应根据路堤(　　)留有必要的安全距离。
　　A. 宽度　　　　　　　　　　　B. 高度
　　C. 平整度　　　　　　　　　　D. 坡度

67. 对泥石流的安全防治描述,错误的是(　　)。
　　A. 路线跨越泥石流沟时、首先应考虑从流通区或沟床比较稳定、冲淤变化不大的堆积扇顶采用桥跨越
　　B. 当河谷比较开阔、泥石流沟距大河较远时,路线可以考虑走堆积扇的边缘
　　C. 如泥石流量不大,在全面考虑的基础上,路线也可以在堆积扇中部以桥隧或过水路面通过
　　D. 在处于活动阶段的泥石流堆积扇上,一般宜采用挖深小的路堑

68. 关于在风沙地区修筑公路路基的说法,错误的是(　　)。
　　A. 严禁在挖方坡脚下休息和存放工具
　　B. 开挖沙层要自上而下进行
　　C. 在路基两侧同时作业时,迎风侧和背风侧的施工不应相互错开
　　D. 弃土场应设置在背风一侧

69. 沥青操作工的工作服和防护用品,应(　　)。
　　A. 穿戴回家　　　　　　　　　B. 带回集体宿舍
　　C. 集中存放　　　　　　　　　D. 分散存放

70. 对液态沥青运送车下出口阀门,应认真检查其(　　)。
　　A. 可靠性和密封性　　　　　　B. 可靠性和绝缘性
　　C. 密封性和绝缘性　　　　　　D. 绝缘性和导电性

71. 关于块状沥青搬运的说法,错误的是(　　)。
　　A. 一般宜在夜间和阴天进行　　B. 宜采用大型机械装卸
　　C. 用手装运时,必须要有相应的防护　　D. 应避免在炎热的季节搬运

72. 沥青混合料摊铺机摊铺作业时,错误的做法是(　　)。
　　A. 作业时无关人员不得在驾驶台上逗留,驾驶员不得擅离岗位
　　B. 熨平板加热过程中,必须有专人看管

C. 运料车向摊铺机卸料时,应协调动作,交错行进,防止互撞
D. 用柴油清洗摊铺机时,不得接近明火

73. 用柴油清洗摊铺机时,正确的做法是( )。
   A. 在摊铺位置清洗 B. 在接缝位置清洗
   C. 可以接近明火   D. 不得接近明火

74. 水泥路面施工时,搬运袋装水泥必须按照( )顺序取运。
   A. 自上而下 B. 自下而上
   C. 自左而右 D. 自右而左

75. 摊铺机用其他车辆牵引时,只允许用( )。
   A. 弹性拖杠 B. 刚性拖杠
   C. 钢丝绳   D. 钢绞线

76. 在搅拌楼的拌和锅内清理黏结混凝土,无电视监控时,必须( )方可进行。
   A. 有一人以上 B. 有两人以上
   C. 半自动控制 D. 全自动控制

77. 水泥路面切缝机锯缝时,错误的做法是( )。
   A. 切缝前应先打开冷却水
   B. 喷洒薄膜养护的溶剂时,人员应站在上风处
   C. 切缝时,刀片要快速切入,并注意切入深度指示器
   D. 切缝机刀片夹板的螺母应紧固,各连接部位和安全防护罩应检查

78. 关于起重船作业安全要求,错误的说法是( )。
   A. 作业前,人员应熟悉吊装方案,明确联系方式和指挥信号
   B. 根据吊装要求,驳船应指导起重船选择锚位和系缆位置
   C. 吊装前,吊钩升降、吊臂仰俯、制动性能应良好,安全装置应正常有效
   D. 吊装结束后,起重船应退离安装位置,并对起重吊钩进行封钩

79. 关于爆破作业安全要求,错误的说法是( )。
   A. 经审批的爆破作业项目,爆破作业单位应于施工当天发布公告,并在作业地点张贴
   B. 爆破作业单位实施爆破项目前,应按规定办理审批手续,批准后方可实施爆破作业
   C. 从事爆破工作的爆破员应按照有关规定经专业机构培训,并取得相应的从业资格
   D. 爆破作业必须设警戒区和警戒人员

80. 爆破施工出现盲炮时,正确的处理方法是( )。
   A. 盲炮检查应在爆破后立即实施
   B. 发现盲炮后应立即在爆破点5m范围安全警戒
   C. 及时报告并由原爆破人员处理
   D. 电力起爆发生盲炮时应立即切断电源,爆破网络不能置于短路状态

81. 关于爆破作业安全要求的说法中,错误的是( )。
   A. 雷电、暴雨雪天不得实施爆破作业
   B. 强电场区爆破作业必须使用电雷管

C. 遇能见度不超过100m的雾天等恶劣天气时不得露天爆破作业

D. 水下电爆网路的主线和连接线应强度高、电阻小、防水、柔韧、绝缘

82. 关于公路施工弃方作业的说法,错误的是( )。
    A. 弃方作业应遵循"边支护,边弃土"的原则
    B. 涵洞口处不得弃方
    C. 弃土场四周均应设立警戒标志
    D. 在施工完毕的桥墩台处不得弃土

83. 边坡开挖中如遇到地下水涌出,应( )。
    A. 先排水,后开挖   B. 先开挖,后排水
    C. 边排水,边开挖   D. 开挖时不用排水

84. 关于高陡边坡处施工,下列说法错误的是( )。
    A. 开挖作业应与装运作业面相互错开,严禁上、下双重作业
    B. 现场监理人员负责随时观察高边坡是否有滑动的可能并及时采取安全措施
    C. 作业人员要系安全带、戴安全帽
    D. 弃土下方和有滚石危险的区域,应设警告标志,下方有道路时,作业时严禁通过

85. 关于消解石灰,下列说法错误的是( )。
    A. 消解石灰时,应在浸水的同时边投料、边翻拌
    B. 在灰堆内消解石灰,脚下必须垫木板
    C. 向灰堆内插水管,严禁喷水管对向人
    D. 消解石灰时,人员应站在上风侧

86. 在滑坡体上开挖路堑和修筑抗滑支挡结构时,下列说法错误的是( )。
    A. 应分段跳槽开挖,严禁大段拉槽开挖
    B. 开挖与砌筑时应加强支撑和临时锚固,并随时监测其受力状态
    C. 抗滑桩、锚杆施工应从两端逐步向滑坡主轴方向进行
    D. 采用抗滑桩、挡土墙共同支挡时,应先做挡土墙后做抗滑桩

87. 滑坡地段的开挖,应从滑坡体( )进行。
    A. 中部向两侧自上而下   B. 中部向两侧自下而上
    C. 两侧向中部自下而上   D. 两侧向中部自上而下

88. 批量运输爆破器材要使用专用运输工具,在( )的押运下进行。
    A. 业主安质部门   B. 施工单位安质部门
    C. 安全质量监督局   D. 公安部门

89. 大型推土机在深沟、基坑或陡坡地区作业时,应有专人指挥,其垂直边坡深度一般不超过( ),否则应放出安全边坡。
    A. 0.5m   B. 1.0m
    C. 1.5m   D. 2.0m

90. 装炮作业中,( )可以作为炮棍装药。
    A. 铝质棍子   B. 铜质棍子

C. 木棍   D. 不锈钢棍子

91. 压路机在坡道上纵队行驶时,其间距不得小于( )。
    A. 5m   B. 10m
    C. 15m   D. 20m

92. 下列关于电焊机施工安全规定,错误的是( )。
    A. 电焊机一次侧电源线长度不得大于15m
    B. 二次侧焊接电缆线应采用防水绝缘橡胶护套铜芯软电缆,长度不宜大于30m
    C. 电焊机进出线处应设置防护罩
    D. 露天使用电焊机应设防雨、防潮装置

93. 下列关于焊接施工安全规定,正确的是( )。
    A. 电焊机外壳接地电阻不得大于4Ω
    B. 接地线应利用建(构)筑物的金属结构、管道、轨道或其他金属物体搭接形成焊接回路
    C. 宜使用交流电焊机,使用交流电焊机时,不应在开关箱内装设一次侧漏电保护器
    D. 密闭空间内实施焊接及切割,气瓶及焊接电源应置于密闭空间内

94. 下列关于焊接施工安全规定,错误的是( )。
    A. 密闭空间焊接作业应设置通风、绝缘、照明装置和应急救援装备
    B. 密闭空间焊接作业应设专人监护,金属容器内照明设备的电压不得超过12V
    C. 高处电焊、气割作业,作业区周围和下方应采取防火措施
    D. 雨天露天电焊作业应穿雨衣

95. 下列关于起重吊装施工安全规定,错误的是( )。
    A. 起重作业人员应穿防滑鞋、戴安全帽
    B. 高处作业时应按规定佩挂安全带
    C. 吊装作业应设警戒区,警戒区不得大于起吊物坠落影响范围
    D. 作业前应检查起重设备安全装置、钢丝绳、滑轮、吊索、卡环、地锚等

96. 关于起重钢丝绳吊索的安全系数,正确的要求是( )。
    A. 当利用吊索上的吊钩、卡环钩挂重物上的起重吊环时,安全系数不得小于1.5
    B. 当利用吊索上的吊钩、卡环钩挂重物上的起重吊环时,安全系数不得小于3
    C. 当用吊索直接捆绑重物时,吊索与重物棱角间应采取妥善的保护措施
    D. 当用吊索直接捆绑重物时,安全系数不得小于6

97. 关于流动式起重设备安全施工,正确的做法是( )。
    A. 在平整地基上吊装时支腿不应铺设垫木
    B. 吊装前支腿应全部打开
    C. 吊装前只需前支腿打开
    D. 吊装前只需后支腿打开

98. 关于起重吊装安全规定,错误的是( )。
    A. 双机抬吊时单机载荷不得超过额定起重量

B. 双机抬吊宜选用同类型或性能相近的起重机,负载分配应合理

C. 吊装大、重、新结构构件和采用新的吊装工艺应先进行试吊

D. 高空吊装梁等大型构件应在构件两端设溜绳

99. 关于缆索吊机系统施工安全规定,错误的是( )。

   A. 主缆宜采用钢丝绳,安全系数不得小于3

   B. 吊塔、扣塔塔架前后及侧向应设置缆风索,缆风索安全系数应大于2

   C. 塔架顶部应设置可靠的避雷装置

   D. 人员上下塔架应配备符合要求的电梯或爬梯,徒手攀爬时不得携带物件

100. 关于起重吊装作业的做法,错误的是( )。

   A. 严禁斜拽、斜吊

   B. 严禁超载吊装

   C. 作业人员严禁在已吊起的构件上或起重臂下旋转范围外作业或通行

   D. 严禁吊装起吊重量不明、埋于地下或黏结在地面上的构件

101. 关于高处作业的安全规定,错误的是( )。

   A. 上下交叉作业时应设好防护

   B. 作业人员不得沿立杆或栏杆攀登

   C. 作业人员应定期进行体检

   D. 下方警戒区设置应符合现行国家标准《高处作业分级》的有关规定

102. 关于高处作业场所临边安全防护栏杆,正确的要求是( )。

   A. 应能承受500N的可变荷载

   B. 防护栏杆下方不得有人员或车辆通行或作业

   C. 防护栏杆应由上、下两道横杆组成

   D. 横杆长度大于2m时,应加设栏杆柱

103. 关于高处作业安全带的使用,错误的是( )。

   A. 安全带除应定期检验外,使用前也应进行检查

   B. 安全带应低挂高用,并应扣牢在牢固的物体上

   C. 安全带的安全绳不得打结使用,安全绳上不得挂钩

   D. 缺少或不易设置安全带吊点的工作场所宜设置安全带母索

104. 关于水上作业安全要求,错误的说法是( )。

   A. 开工前,应根据施工需要设置安全作业区,并办理水上水下施工作业许可证

   B. 水上作业人员应正确穿戴救生衣等个人安全防护用品

   C. 运输船舶装货时必须均匀加载,严禁超载、超宽、偏载

   D. 在宽阔水道和船舶来往频繁的水域施工时,不需安排人员值守

105. 下列关于模板施工安装安全规定,正确的是( )。

   A. 模板吊环不得采用热轧钢筋

   B. 模板吊环不得采用冷拉钢筋

   C. 模板拉杆接头必须焊接,不得绑扎

D. 吊环的计算拉应力不得小于50MPa

106. 下列关于模板安装安全规定,错误的是( )。
 A. 吊装模板前,应检查模板和吊点
 B. 模板未固定前,不得实施下道工序
 C. 模板安装完成后节点连接应牢固
 D. 模板应按设计要求准确就位,且应与脚手架连接成整体

107. 下列关于模板、支架拆除安全规定,错误的是( )。
 A. 模板、支架的拆除应遵循先拆承重模板、后拆非承重模板的原则
 B. 应遵循自上而下、分层分段拆除的顺序
 C. 承重模板应横向同时、纵向对称均衡卸落
 D. 拆除人员应使用稳固的登高工具、防护用品

108. 下列关于模板、支架拆除安全规定,正确的是( )。
 A. 承重模板应横向对称、纵向同时均衡卸落
 B. 简支梁、连续梁结构模板宜从支座向跨中方向依次循环卸落
 C. 悬臂梁结构模板宜从固定端开始顺序卸落
 D. 拆除人员应使用稳固的登高工具、防护用品

109. 下列关于模板存放安全规定,错误的是( )。
 A. 大型模板应存放在专用模板架内或卧倒平放
 B. 大型模板应直靠其他模板或构件
 C. 清理模板或刷脱模剂时,模板应支撑牢固
 D. 两片模板间应留有足够的人行通道

110. 下列关于钢筋施工安全规定,错误的是( )。
 A. 钢筋加工机械所有转动部件应设有防护罩
 B. 钢筋冷弯作业时,弯曲钢筋的作业半径内和机身不设固定销的一侧不得站人或通行
 C. 钢筋冷拉作业区四周不应装设防护挡板
 D. 冷拉钢筋卷扬机应置于视线良好位置并应设置地锚

111. 下列关于钢筋对焊机施工安全规定,错误的是( )。
 A. 多台并列安装对焊机的间距不得小于1m
 B. 钢筋对焊机应安装在室内或防雨棚内
 C. 现场应设可靠的接地、接零装置
 D. 对焊作业闪光区四周应设置挡板

112. 混凝土施工中维修、保养或检查清理搅拌系统、供料系统时,错误的做法是( )。
 A. 应悬挂"严禁合闸"安全警示标志
 B. 应封闭下料门,切断电源
 C. 应不设安全保护装置
 D. 应派专人看守

113. 水泥入库时袋装水泥应交错整齐码放,高度不得超过(　　)袋。
   A. 10　　　　　　　　　　　　B. 12
   C. 14　　　　　　　　　　　　D. 16

114. 下列关于泵送混凝土施工安全规定,错误的是(　　)。
   A. 泵送前应检查泵送和布料系统
   B. 首次泵送前应进行管道抗扭试验
   C. 输送泵出料软管应设专人牵引、移动,布料臂下不得站人
   D. 混凝土输送管道接头拆卸前,应释放输送管内剩余压力

115. 下列关于混凝土振捣施工安全规定,错误的是(　　)。
   A. 作业停止,应切断电源
   B. 不得用电缆线、软管拖拉或吊挂振捣器
   C. 装置振捣器的构件模板应坚固牢靠
   D. 带电检修振捣器时应有专人监护

116. 下列关于电焊与气焊施工安全规定,错误的是(　　)。
   A. 电工、焊接作业人员应按照有关规定经专业机构培训,并应取得相应的从业资格
   B. 热切割作业人员应经过项目经理部的教育培训,合格以后才能上岗
   C. 电工、焊接作业人员应按规定正确佩戴、使用劳动防护用品
   D. 热切割作业人员应按规定正确佩戴、使用劳动防护用品

117. 储存、搬运、使用氧气瓶、乙炔瓶时,正确的做法是(　　)。
   A. 气瓶、阀门、焊具、胶管等应均匀涂抹油脂
   B. 压力表、安全阀、橡胶软管和回火保护器等不必定期校验或试验
   C. 气瓶与实际焊接或切割作业点的距离应大于5m
   D. 气割作业氧气瓶与乙炔瓶之间的距离不得小于5m

118. 起重吊装作业中,正确的做法是(　　)。
   A. 各种起重机具不得超负荷使用
   B. 吊装作业应由项目技术负责人统一指挥
   C. 吊装作业后必须严格检查起重设备各部件的可靠性和安全性
   D. 地锚要牢固,缆风绳应绑扎在电杆或脚手架上

119. 轮胎式起重机和履带式起重机作业时,应做到(　　)。
   A. 回转半径内障碍物高度不超过2.5m
   B. 作业中宜悬吊重物行走
   C. 起重机吊人作业时应确保安全
   D. 配备必要的灭火器,驾驶室内不得存放易燃品

120. 按照国际规定,凡在坠落高度基准面(　　)及以上有可能坠落的高处进行的作业均称为高处作业。
   A. 2.0m　　　　　　　　　　　B. 3.0m
   C. 4.0m　　　　　　　　　　　D. 5.0m

121. 在下列( )天气条件下可以进行露天高处作业。
    A. 雷电 B. 暴雨
    C. 四级风速 D. 大雾

122. 关于模板支立及拆除的安全控制要点,下列说法错误的是( )。
    A. 模板的支撑应钉在脚手架上
    B. 当一块或几块模板单独竖立和竖立较大模板时,应设立临时支撑
    C. 拆除模板作业时,应制订安全措施,按顺序分段拆除,不得留有松动或悬挂的模板
    D. 拆除模板不得双层作业

123. 关于支立排架,下列说法错误的是( )。
    A. 应设专人统一指挥
    B. 支立排架以整排竖立为宜
    C. 排架竖立且用临时支撑撑牢后再竖立第二排
    D. 两排架间的水平和剪力撑用铁丝扎紧,形成整体

124. 某桥墩高为20m,上面架设的箱梁高4m,则该高处作业属于( )。
    A. 一级高处作业 B. 二级高处作业
    C. 三级高处作业 D. 特级高处作业

125. 高处作业人员上下应沿着( )行走。
    A. 立杆 B. 栏杆
    C. 绳索 D. 扶梯

126. 乙炔瓶严禁与( )及易燃物品同车运输。
    A. 氮气瓶 B. 二氧化碳气瓶
    C. 氧气瓶 D. 氦气瓶

127. 下列关于支架支撑体系基础处理安全施工规定,错误的是( )。
    A. 支架基础施工由班组长检查验收合格后开始搭设支架
    B. 支架基础应根据所受荷载、搭设高度、搭设场地地质等情况进行设计及验算
    C. 支架基础的场地应设排水措施
    D. 冻胀土基础应有防冻胀措施

128. 支架使用前应预压,预压荷载应为支架需承受全部荷载的( )倍。
    A. 0.50~0.55 B. 0.75~0.80
    C. 0.90~1.05 D. 1.05~1.10

129. 下列关于桩、柱梁式支架安全施工规定,正确的是( )。
    A. 钢管桩内应灌注沥青防止变形
    B. 纵梁之间应设置安全可靠的横向连接
    C. 跨通航水域时,应封闭通航
    D. 跨通行道路时,应封闭交通

130. 下列模板加工制作安全规定,正确的是( )。
    A. 制作钢木结合模板,钢、木加工场地应设在同一场地以方便施工

B. 制作钢木结合模板,应及时焚烧清除锯末、刨花和木屑
C. 模板堆放高度不宜超过2m
D. 模板堆放宽度不宜超过3m

131. 遇( )级及以上大风时,禁止进行爬模提升或模板前后移动作业。
　　A. 四　　　　　　　　　　　B. 五
　　C. 六　　　　　　　　　　　D. 七

132. 跨线施工安全防护棚必须具备较强的防砸与( )的能力。
　　A. 抗冲击　　　　　　　　　B. 防电
　　C. 防水　　　　　　　　　　D. 美观性

133. 改扩建工程爆破作业前,应临时( )交通。
　　A. 开放　　　　　　　　　　B. 引导
　　C. 中断　　　　　　　　　　D. 穿插

134. 改扩建工程作业人员应穿着( )工作服。
　　A. 反光　　　　　　　　　　B. 彩色
　　C. 绝缘　　　　　　　　　　D. 化纤

135. 改扩建工程半幅施工作业区与车行道之间应设置( )设施。
　　A. 电力　　　　　　　　　　B. 隔离
　　C. 工作　　　　　　　　　　D. 行走

136. 加固受力状态下的结构构件过程中对原结构有削弱时,应采取限载或支架支撑措施。所搭设的支架应按( )荷载进行验算。
　　A. 经济　　　　　　　　　　B. 使用
　　C. 最小　　　　　　　　　　D. 最不利

137. 钢筋弯曲机使用中,正确的做法是( )。
　　A. 应在弯曲钢筋的作业半径内指挥作业人员操作
　　B. 应在钢筋弯曲机低速运转时进行转盘换向
　　C. 应在钢筋弯曲机停止作业时进行加油或清扫
　　D. 作业中更换芯轴、销子、变换角度以及调速时人员必须戴安全帽

138. 电弧焊作业时,错误的做法是( )。
　　A. 焊接设备上的电机、电器、空压机等应有完整的防护外壳
　　B. 应尽量采用交流电焊机
　　C. 雨天不得露天电焊
　　D. 焊接和配合人员必须采取防止触电、瓦斯中毒和火灾等事故的安全措施

139. 模板作业场地设置时,错误的做法是( )。
　　A. 应搭设简易作业棚　　　　B. 应修有防火通道
　　C. 四周不应设置围栏　　　　D. 应避开高压线路

140. 拆除模板时,正确的做法是( )。
　　A. 制订的安全技术措施经班组长审批后用于施工

B. 应按从左至右顺序进行拆除
C. 用机械大面积拉倒时必须人工配合
D. 严禁硬砸拆除

141. 模板作业向基坑内吊送材料和工具时,错误的做法是( )。
    A. 设溜槽   B. 绳索系放
    C. 小弧度抛掷   D. 机械吊送设专人指挥

142. 支架施工时,错误的做法是( )。
    A. 支立排架以整排竖立为宜
    B. 支立排架时,支架应与便桥或脚手架相连,提高支架整体稳定性
    C. 用吊机竖立排架时,应用溜绳控制排架起吊时的摆动
    D. 浇筑混凝土前应对支架进行预压试验,消除非弹性变形

143. 支架预压施工的目的是( )。
    A. 消除支架的弹性变形
    B. 检验支架地基的承载能力和稳定性
    C. 消除支架节点的弹性变形
    D. 消除支架地基的弹性变形

144. 拆除脚手架时,应做到( )。
    A. 周围应设置护栏或警戒标志
    B. 从下而上地拆除
    C. 拆除的脚手杆抛掷时要注意观察
    D. 上下双层作业时必须有专人指挥

145. 下列各项中,不属于机械设备交接班内容的是( )。
    A. 安全生产例会
    B. 燃油、润滑油消耗和准备情况
    C. 机械设备存在的问题
    D. 原始记录填写

146. 使用干粉灭火器扑救可燃、易燃液体火灾时,应对准火焰( )扫射。
    A. 根部   B. 上部
    C. 中部   D. 顶部

147. 按照《公路工程施工安全技术规范》的要求,施工机械设备应制订安全技术操作规程,建立设备的( )。
    A. 安全技术档案   B. 安全技术说明书
    C. 安全技术指南   D. 安全技术程序

148. 施工机械设备进场前,应查验机械设备的( )以及性能、状况。
    A. 时间   B. 证件
    C. 产地   D. 尺寸

149. 按照《公路工程施工安全技术规范》的要求,施工现场运输车辆应状态良好,车身应

设置( )。
   A. 反光警示标志　　　　　　　　B. 彩旗警告标志
   C. 防护标志　　　　　　　　　　D. 辨别标志

150. 安全帽应在( )内使用,每年应进行一次定期检查,发现异常现象不得佩戴。
   A. 使用期　　　　　　　　　　　B. 预定期
   C. 有效期　　　　　　　　　　　D. 计算期

151. 使用频繁的有效期内的安全带(绳),应经常进行( )检查,发现异常时,立即更换或报废。
   A. 外观　　　　　　　　　　　　B. 数量
   C. 色彩　　　　　　　　　　　　D. 重量

152. 现场作业人员应按工种要求配置( )质工作服。
   A. 新　　　　　　　　　　　　　B. 轻
   C. 革　　　　　　　　　　　　　D. 棉

153. 电工与电焊工绝缘鞋必须在规定的( )范围内使用。
   A. 电阻　　　　　　　　　　　　B. 电压
   C. 电流　　　　　　　　　　　　D. 电极

154. 绝缘手套应定期检验电( )性能,不符合规定的不得使用。
   A. 力学　　　　　　　　　　　　B. 绝缘
   C. 耐久　　　　　　　　　　　　D. 使用

155. 架桥机临近、穿越、跨越高压线时,应设( )护网。
   A. 限电　　　　　　　　　　　　B. 防电
   C. 减压　　　　　　　　　　　　D. 限高

156. 架桥机作业平台处应设密目式安全网,人员行走平台及楼梯周边应设置( )。
   A. 护栏　　　　　　　　　　　　B. 防电栏
   C. 防风栏　　　　　　　　　　　D. 防砸栏

157. 关于施工现场栈桥码头的说法,错误的是( )。
   A. 应设专人管理
   B. 非施工车辆不得进入
   C. 非施工人员不得进入
   D. 船舶不得靠泊

158. 施工现场栈桥和栈桥码头四周应设置高度不低于( )的防护栏杆。
   A. 0.5m　　　　　　　　　　　　B. 0.8m
   C. 1.0m　　　　　　　　　　　　D. 1.2m

159. 下列各项中,不属于建筑施工现场临时用电三项基本原则的是( )。
   A. 必须采用防雷保护系统
   B. 必须采用三级配电系统
   C. 必须采用TN-S接地、接零保护系统

D. 必须采用两级保护系统

160. 下列各项中,不属于建筑施工现场临时用电三级配电结构的是( )。
    A. 用电设备　　　　　　　　　B. 分配电箱
    C. 总配电箱　　　　　　　　　D. 开关箱

161. 施工临时用电 TN-S 系统中,按照国际统一标准,保护零线(PE 线)应采用具有( )绝缘标志的绝缘铜线。
    A. 蓝/白双色　　　　　　　　B. 蓝/绿双色
    C. 绿/黄双色　　　　　　　　D. 红/蓝双色

162. 施工现场电缆直接埋地敷设的深度不应小于( )。
    A. 10cm　　　　　　　　　　B. 30cm
    C. 50cm　　　　　　　　　　D. 70cm

163. 施工用电设备数量在( )台及以上时,应编制用电组织设计。
    A. 1　　　　　　　　　　　　B. 2
    C. 3　　　　　　　　　　　　D. 5

164. 施工用电设备容量在( )及以上时,应编制用电组织设计。
    A. 10kW　　　　　　　　　　B. 20kW
    C. 30kW　　　　　　　　　　D. 50kW

165. 当外电线路电压为 35～110kV,架空线路边线无法避开在建工程(含脚手架)时,其安全距离为( )。
    A. 1m　　　　　　　　　　　B. 2m
    C. 5m　　　　　　　　　　　D. 8m

166. 施工现场每台用电设备必须设置( )。
    A. 独立配电箱　　　　　　　　B. 独立开关箱
    C. 分路开关箱　　　　　　　　D. 独立发电箱

167. 关于配电箱与开关箱设置的说法,错误的是( )。
    A. 每台用电设备必须独立设置开关箱
    B. 开关箱必须设置分路开关
    C. 开关箱必须装设隔离开关
    D. 开关箱必须装设短路、过载、漏电保护器

168. 关于配电箱与开关箱设置的说法,正确的是( )。
    A. 开关箱的电源进线端应做活动连接
    B. 配电箱的电源进线端用插头连接
    C. 开关箱必须装设隔离开关
    D. 开关箱严禁设置分路开关

169. 机械安全生产管理"三定"制度中的"三定"是指( )。
    A. 定时、定量、定风险　　　　B. 定人、定机、定岗位
    C. 定编、定员、定风险　　　　D. 定时、定费、定岗位

170. 施工现场内的坑洞、沟坎、水塘等边缘应设安全护栏、围挡、盖板和警示标志,夜间应设置( )。
  A. 信号灯   B. 应急灯
  C. 指示灯   D. 警示灯

171. 公路工程施工使用的特种设备应按相关规定取得生产许可,应经检验合格并取得( )。
  A. 试验合格证书   B. 使用登记证书
  C. 使用通知书   D. 使用操作证书

172. 施工现场驻地和场站应选在( )的地段。
  A. 坡地   B. 背风
  C. 无水   D. 地质良好

173. 用于施工临时设施受力构件的周转材料,使用前应进行( )检验。
  A. 材质   B. 用途
  C. 品质   D. 性质

174. 施工现场生产区距离集中爆破区应不小于( )。
  A. 200m   B. 300m
  C. 400m   D. 500m

175. 施工现场生活区距离集中爆破区应不小于( )。
  A. 150m   B. 250m
  C. 300m   D. 500m

176. 施工现场办公区距离集中爆破区应不小于( )。
  A. 100m   B. 200m
  C. 400m   D. 500m

177. 施工现场的材料加工场应实行( )管理。
  A. 自动   B. 禁入
  C. 封闭   D. 开放

178. 关于施工现场的材料加工场的说法,错误的是( )。
  A. 场内应设置安全警示标志
  B. 实行封闭管理
  C. 加工棚应采用木架结构
  D. 应设置排水设施

179. 关于施工现场储油罐的设置,错误的是( )。
  A. 储油罐顶部设置遮阳棚
  B. 设防静电装置
  C. 配备水龙灭火器材
  D. 悬挂禁止烟火标识

180. 关于施工现场储油罐的设置,正确的是( )。

A. 储油罐顶部设置防坠落棚

B. 不设防静电装置

C. 配备沙土灭火材料

D. 防雷接地电阻不小于10Ω

181. 施工现场储油罐应设置悬挂禁止( )标识。
    A. 烟火   B. 雨水
    C. 入内   D. 车辆

182. 施工现场单车道施工便道宽度不宜小于( )。
    A. 4.5m   B. 5.5m
    C. 6.5m   D. 7.5m

183. 关于施工现场栈桥和栈桥码头的说法,错误的是( )。
    A. 应设专人管理   B. 车辆不得进入
    C. 非施工人员不得进入   D. 非施工船舶不得靠泊

184. 工程货运车辆( )用于运送施工人员。
    A. 严禁   B. 适合
    C. 根据需要   D. 批准后

185. 六级及以上大风和大雨、大雪、大雾等恶劣天气下,不得进行( )。
    A. 张拉记录整理   B. 混凝土配合比试验
    C. 混凝土强度试验   D. 满堂支架搭设

(二) 多项选择题

1. 不良地质隧道地段应遵循( )的原则施工。
   A. 早预报   B. 预加固
   C. 弱爆破   D. 长进尺
   E. 弱支护

2. 隧道内严禁存放的是( )。
   A. 汽油   B. 柴油
   C. 煤油   D. 雷管
   E. 炸药

3. 以下用汽车运送爆破器材的规定中,正确的是( )。
   A. 炸药和雷管应分别装在两辆车内由专车运送
   B. 两车间距应大于50m,并派专人护送
   C. 运行中应显示红旗或红灯
   D. 汽车排气口应加防火罩
   E. 雷管和硝化甘油类炸药的装载不得超过四层

4. 以下严禁装药爆破的情况是( )。
   A. 照明不足

B. 开挖面围岩破碎尚未支护
C. 出现流砂、流泥未经处理
D. 有大量溶洞水及高压水涌出,尚未治理
E. 尚未警戒好

5. 以下竖井施工的规定中,正确的是(　　)。
   A. 井口应配量井盖
   B. 井口应设防雨设施
   C. 井口周围应设防护栏杆和安全门,防护栏杆的高度不得小于0.8m
   D. 竖井井架应安装避雷装置
   E. 竖井吊桶、罐笼升降作业应制订操作规程,并严格执行

6. 以下连拱隧道施工规定中,正确的是(　　)。
   A. 应根据中导洞探察的岩层情况确定合理的施工方案,主洞上拱部开挖应在中隔墙混凝土施工后立即进行
   B. 中导洞不得作为爆破临空面
   C. 应在先行洞模筑衬砌混凝土达到设计要求的强度后进行后行洞的开挖和衬砌
   D. 主洞开挖时,左右两洞开挖掌子面错开距离宜大于30m
   E. 应监测连拱隧道中隔墙的位移

7. 雨季施工,现场的(　　)等作业面应采取防滑措施。
   A. 脚手架   B. 起重设备
   C. 跳板   D. 模架
   E. 墩台

8. 冬季施工现场的(　　)应采取防滑措施,及时清除冰雪。
   A. 道路   B. 工作平台
   C. 斜坡道   D. 脚手板
   E. 船舶甲板

9. 冬季来临前,下列(　　)设备设施需要检修、保养,并应采取防冻措施。
   A. 船机   B. 设备
   C. 机具及防护   D. 消防设施
   E. 救生设施

10. 以下关于隧道排水作业的规定中,正确的是(　　)。
    A. 隧道内反坡排水方案应根据距离、坡度、水量和设备情况确定
    B. 抽水机排水能力应大于排水量的10%,并应备用台数
    C. 隧道顺坡排水沟断面应满足隧道排水需要
    D. 膨胀岩、土质地层、围岩松软地段应铺砌水沟或采用管槽排水
    E. 遇渗漏水面积或水量突然增加,应立即停止施工,人员撤至安全地点

11. 浅埋段适宜采用的开挖方法有(　　)。
    A. 全断面法   B. 台阶法

C. 环形开挖留心土法　　　　　　D. 中隔壁法
E. 双侧壁导坑法

12. 以下关于盾构过站、掉头及解体的规定中,正确的是(　　)。
A. 过站、掉头托架或小车的强度、刚度和稳定性应满足需要
B. 盾构过站、掉头应观察盾构转向或移动状态
C. 举升盾构机应同步、平稳
D. 牵引平移盾构应缓慢平稳,钢丝绳应牢固
E. 盾构解体前应关闭各个系统,各个部件应支撑牢固

13. 隧道施工应配备(　　)。
A. 应急救援机械设备　　　　　　B. 监测仪器
C. 交通工具　　　　　　　　　　D. 医疗设备和药品
E. 生活保障和救援物资

14. 超前地质预报和监控量测方案应包括(　　)。
A. 工程简介　　　　　　　　　　B. 监测目的
C. 监测项目　　　　　　　　　　D. 监测机构
E. 监测方法

15. 以下关于钻眼作业的规定中,正确的是(　　)。
A. 钻眼前,应检查工作环境的安全状态
B. 带支架的风架钻眼时,必须将支架安置稳妥
C. 电钻钻眼应检查把手胶套的绝缘是否良好
D. 在工作面内不得拆卸、修理风钻、电钻
E. 在残眼中继续钻眼要采取相应的安全措施

16. 以下关于仰拱开挖施工的规定中,正确的是(　　)。
A. Ⅳ级及以上围岩仰拱每循环开挖长度不得大于3m,不得分幅施作
B. 仰拱与掌子面的距离,Ⅲ级围岩不得超过90m,Ⅳ级围岩不得超过50m,Ⅴ级以上围岩不得超过40m
C. 底板欠挖硬岩应采用人工钻眼松动、弱爆破方式开挖
D. 开挖后应立即施作初期支护
E. 栈桥等架空设施的强度、刚度和稳定性应满足施工要求

17. 以下关于钢架施工的规定中,正确的是(　　)。
A. 钢架底脚基础应坚实、牢固
B. 相邻的钢架应连接成整体
C. 已安装的钢架发生扭曲变形时,应及时逐榀更换,同时更换相邻的钢架要采取相应的安全措施
D. 下部开挖后,钢架应及时接长、落底,钢架底脚不得左右同时开挖
E. 拱脚不得脱空,不得有积水浸泡

18. 以下关于施工通风的规定中,正确的是(　　)。

A. 隧道施工通风应纳入工序管理,由专人负责
B. 隧道施工通风应能提供洞内各项作业所需要的最小风量,风速不得大于6m/s
C. 长及特长的隧道应配备备用通风机和备用电源
D. 通风机应装有保险装置,发生故障时应自动停机
E. 通风管沿线应每150~200m设立警示标志或色灯

19. 黄土隧道施工前,应查明黄土的( )。
　　A. 年代　　　　　　　　　　B. 成因
　　C. 含水率　　　　　　　　　D. 强度
　　E. 各向异性程度

20. 以下关于盾构掘进的规定中,正确的是( )。
　　A. 盾构应在始发段50~100m进行试掘进
　　B. 土压平衡盾构掘进,开挖土体应充满土仓,并应核算排土量和开挖量
　　C. 盾构机不宜长时间停机
　　D. 盾构刀具检查和更换地点应选择地质条件好,地层稳定的地段
　　E. 维修刀盘应对刀盘前方土体采取加固措施或施作竖井

21. 以下关于盾构洞门、联络通道施工规定中,正确的是( )。
　　A. 洞口负环拆除前应二次注浆
　　B. 联络通道施工应编制专项施工方案
　　C. 联络通道施工前,应加固开挖范围及上方地层
　　D. 拆除联络通道交叉口管片前,应加固管片壁后土体和联络通道处管片
　　E. 隧道内施工平台应与机车运输系统保持安全间距

22. 以下属于隧道监控量测必测项目的是( )。
　　A. 周边位移　　　　　　　　B. 拱顶下沉
　　C. 钢架内力　　　　　　　　D. 围岩压力
　　E. 锚杆轴力

23. 以下关于隧道施工的规定中,正确的是( )。
　　A. 隧道内施工不得使用以汽油为动力的机械设备
　　B. 通风机、抽水机等隧道安全设备应配备备用设备
　　C. 隧道内应按要求配备消防器材
　　D. 施工隧道内不得明火取暖
　　E. 超前地质预报和监测方案编制应作为必要工序统一纳入施工组织管理

24. 下列情况应编制应急预案的是( )。
　　A. 隧道坍塌　　　　　　　　B. 突水突泥
　　C. 触电　　　　　　　　　　D. 火灾
　　E. 爆炸

25. 以下属于瓦斯检测方法的有( )。
　　A. 瓦斯压力法　　　　　　　B. 综合指标法

C. 钻屑指标法　　　　　　　　D. 钻孔瓦斯涌出初速度法
E. R 值指标法

26. 以下关于小净距隧道施工的规定中,正确的是(　　)。
A. 洞口切坡宜保留两隧道间原土体
B. 两隧道工作面应错开施工
C. 先行洞与后行洞掌子面错开距离应大于1倍隧道开挖宽度
D. 后行隧道应根据围岩情况先加固中岩墙
E. 宜采用预裂爆破技术,并应采用高威力、高爆速炸药

27. 下列设施中,(　　)严禁明火烘烤或开水加热。
A. 储气罐　　　　　　　　　　B. 氧气瓶
C. 乙炔瓶　　　　　　　　　　D. 阀门
E. 胶管

28. 大风、大雨后,应检查(　　)等设施的基础。
A. 支架　　　　　　　　　　　B. 脚手架
C. 起重设备　　　　　　　　　D. 临时用电工程
E. 临时房屋

29. 台风季节施工,以下(　　)应做防风加固,排水沟渠应通畅。
A. 在建工程　　　　　　　　　B. 施工机械设备
C. 临时设施　　　　　　　　　D. 生活用房
E. 办公用房

30. 以下关于隧道施工作业的规定中,正确的是(　　)。
A. 隧道洞内通风应编制专项施工方案,并按批准的方案配置通风设施
B. 隧道施工时应做好洞内排水,保证积水能及时、顺畅排出
C. 隧道施工时应按照要求检测有毒有害气体
D. 高瓦斯隧道应配置防爆设备和设施
E. 隧道内坑洞、临边部位等不应设立防护栏,但要设立醒目的安全警示标志

31. 以下关于盾构始发的规定中,正确的是(　　)。
A. 盾构始发前应验算盾构反力架及其支撑的刚度和强度
B. 应拆除刀盘不能直接破除的围护结构,拆除时应将洞门围护结构整体拆除
C. 洞门围护结构拆除后,盾构刀盘应及时靠紧开挖面
D. 盾构始发时,始发基座应稳定,盾构不得扭转
E. 千斤顶应均匀顶进,反力架受力应均匀

32. 膨胀岩土地质隧道施工前,主要应查明(　　)。
A. 年代　　　　　　　　　　　B. 成因
C. 岩土岩性　　　　　　　　　D. 规模
E. 吸水性

33. 以下关于含瓦斯隧道施工的说法中,正确的是(　　)。

A. 应配置两套电源供电,并应采用双电源线路
B. 应按规定设置灭火器
C. 应采用干式钻孔开挖
D. 爆破母线应呈短路状态,并包覆绝缘体
E. 起爆网络应由工作面向起爆站依次连接

34. 进入隧道施工前,应检测瓦斯浓度的部位包括( )。
   A. 开挖面及附近200m范围内   B. 断面变化处
   C. 导坑上部   D. 初砌台车内部
   E. 拱部塌穴

35. 冻土隧道施工前,应查明冻土的( )。
   A. 年代   B. 成因
   C. 冻土类别   D. 含水率及分布规律
   E. 结构特征

36. 根据《公路工程施工安全技术规范》(JTG F90—2015),采用架桥机安装构件时,应符合( )。
   A. 架桥机的抗倾覆稳定系数不得小于1.3
   B. 架桥机纵向移动应一次到位,不得中途停顿
   C. 起吊天车提升与携梁行走不得同时进行
   D. 架梁和湿接缝施工期间不能设置母索系统
   E. 停止作业的架桥机应临时锚固

37. 根据《公路工程施工安全技术规范》(JTG F90—2015),悬臂浇筑采用挂篮施工时,应遵守( )。
   A. 挂篮组拼后,应检查验收,并应按最大施工组合荷载的1.2倍做动载试验
   B. 挂篮行走前应检查走行系统、吊挂系统、模板系统
   C. 挂篮行走滑道铺设应平顺,锚固应稳定
   D. 墩两侧挂篮应对称平稳移动
   E. 雨雪天或风力超过挂篮设计移动风力时,不得移动挂篮

38. 预应力钢束(钢丝束、钢绞线)张拉施工前,应做好的工作有( )。
   A. 张拉作业区,应设置警告标志
   B. 高压油泵与千斤顶之间的连接点各接口必须完好无损,螺母拧紧
   C. 锚环和锚塞使用前,应认真仔细检查及试验,经检验合格后方可使用
   D. 油泵开动时,进、回油速度与压力表指针升降应保持一致,并平稳、均匀
   E. 压力表应每天进行检定

39. 基坑、井坑开挖过程中,出现坍塌的先兆有( )。
   A. 地下水渗出   B. 支撑有折断
   C. 突发流沙、涌沙   D. 边坡出现剪切裂缝
   E. 支撑有走动

40. 隧道施工前应开展安全风险评估,辨识施工过程中的主要危险源及危害因素,制订安全防护措施,并应根据( )对隧道工程实施动态风险控制和跟踪处理。
　　A. 工程建设条件　　　　　　　　B. 技术复杂程度
　　C. 地质与环境条件　　　　　　　D. 施工管理模式
　　E. 工程建设经验

41. 关于不良地质隧道施工应遵循的原则,正确的说法有( )。
　　A. 长进尺　　　　　　　　　　　B. 弱支护
　　C. 晚封闭　　　　　　　　　　　D. 勤量测
　　E. 快衬砌

42. 洞口附近存在建(构)筑物且使用爆破掘进的,应采用控制爆破技术,应监测的内容包括( )。
　　A. 振动波长　　　　　　　　　　B. 振动波速
　　C. 振动频率　　　　　　　　　　D. 建(构)筑物的沉降
　　E. 建(构)筑物的位移

43. 以下关于明洞施工的规定中,错误的是( )。
　　A. 明洞开挖前,洞顶及四周应设防水、排水设施
　　B. 明洞应自下而上开挖
　　C. 开挖松软地层边、仰坡应随挖随护
　　D. 衬砌强度未达到设计的50%,防水层未完成时,不得回填
　　E. 明洞槽不宜在雨天开挖

44. 以下关于双侧壁导坑法施工的规定中,错误的是( )。
　　A. 及时施工初期支护并尽早封闭成环
　　B. 侧壁导坑形状应近似于矩形断面
　　C. 导坑跨度宜为隧道跨度的1/2
　　D. 左右导坑前后距离不宜小于30m
　　E. 导坑与中间土体同时施工时,导坑应超前30~50m

45. 以下关于仰拱与掌子面距离的说法,正确的是( )。
　　A. Ⅲ级围岩不得超过90m
　　B. Ⅲ级围岩不得超过120m
　　C. Ⅳ级围岩不得超过50m
　　D. Ⅳ级围岩不得超过80m
　　E. Ⅴ级及以上围岩不得超过40m

46. 以下关于斜井与竖井排水规定的说法,正确的是( )。
　　A. 斜井应边掘进边排水
　　B. 竖井、斜井和井底应设置排水泵站
　　C. 排水泵站应设在铺设排水管的井身附近
　　D. 排水泵站应远离主变电所

E. 水箱、集水坑处应挂设警示牌

47. 含瓦斯隧道施工前,应编制( )。
    A. 专项施工方案　　　　　　　B. 超前地质预报方案
    C. 通风设计方案　　　　　　　D. 瓦斯监测方案
    E. 应急预案

48. 拱架须经验算,必须经试验或预压,并满足( )等安全要求。
    A. 防洪　　　　　　　　　　　B. 流水
    C. 防火　　　　　　　　　　　D. 排水
    E. 航运

49. 挂篮施工应经常检查( )等是否完好可靠。
    A. 后锚固筋　　　　　　　　　B. 千斤顶
    C. 手拉葫芦　　　　　　　　　D. 张拉平台
    E. 风缆

50. 为防止模板发生( ),滑模施工宜采用油压千斤顶,并保持同步提升。
    A. 拉伸　　　　　　　　　　　B. 倾斜
    C. 翘曲　　　　　　　　　　　D. 扭转
    E. 弯折

51. 滑模施工时,当模板提升到2m高以后,应( )。
    A. 安装好内外吊架　　　　　　B. 安装好脚手架
    C. 铺好脚手板　　　　　　　　D. 挂设安全网
    E. 安装好限位开关

52. 钻孔灌柱桩钻孔过程中,必须设有专人,按规定指标,保持( ),以防坍孔。
    A. 孔内水位的高度　　　　　　B. 钢筋笼的位置
    C. 导管的抽拔　　　　　　　　D. 泥浆的稠度
    E. 连续灌注

53. 钻孔灌柱桩施工,当钻机就位后,应全面检查( )等是否完好正常。
    A. 卷扬机　　　　　　　　　　B. 钢护筒
    C. 浮吊车　　　　　　　　　　D. 钻头
    E. 泥浆泵

54. 模板支立及拆除施工中,正确的做法有( )。
    A. 基坑内支模时,应先检查基坑有无塌方现象
    B. 模板支撑钉在脚手架上有助于整体稳定
    C. 向基坑内运送材料,不得抛掷
    D. 机械吊运模板时,人员在下方等待
    E. 可使用强度较好的脆性垫块作基础

55. 浇筑混凝土前,对支架进行预压试验的目的有( )。
    A. 检验支架的承载能力　　　　B. 检验支架的稳定性

C.消除弹性变形　　　　　　　　D.消除非弹性变形
E.提高承载能力

56.拆除脚手架时,周围应设置护栏或警戒标志,并应(　　)。
A.从下而上拆除
B.从上而下拆除
C.不得上下双层作业
D.拆除的脚手杆、板等严禁随意抛掷
E.自内向外拆除

57.以下关于缆索吊装的安全要求,正确的有(　　)。
A.主索道和塔架的拆除应在拆除方案中制订安全技术措施
B.滑轮组应共同承受荷载,受力不均时,应进行调整
C.钢丝绳必须选用新钢丝绳
D.主索道两端应设置限位器
E.缆索塔架应按设计图组拼

58.套箱围堰采用沉浮式双壁钢套箱时,应具备的性能包括(　　)。
A.能非对称沉浮　　　　　　　　B.能组拼
C.能分解　　　　　　　　　　　D.能注水下沉
E.能排水上浮

59.以下关于人工挖孔桩安全控制要点,正确的有(　　)。
A.所用电气设备,必须装设漏电保护装置
B.孔内照明应使用36V电压的灯具
C.孔深不宜超过20m,孔径不宜小于1.2m
D.孔内挖土人员的头顶部应设置护盖
E.起吊设备必须有限位器、防脱钩器等装置

60.运土车辆必须遵守交通法规,不得(　　),驾驶室内不得超员。
A.超载　　　　　　　　　　　　B.超高
C.偏载　　　　　　　　　　　　D.人货混装
E.载人

61.以下关于挖掘机作业时的说法,正确的是(　　)。
A.除驾驶员外,其他人禁止上下机械和传递物件
B.不得随便调节发动机、调速器以及液压系统、电气系统
C.要注意选择和创造合理的工作面,严禁掏洞挖掘
D.如遇较大石块或坚硬物体,应先清除再继续作业
E.可使用挖掘机的铲斗击碎坚硬的石块等

62.膨胀土(岩)地段路基施工时,必须及时做好(　　)的砌筑,并应随挖随砌,严防渗漏。
A.蒸发池　　　　　　　　　　　B.天沟
C.侧沟　　　　　　　　　　　　D.排水沟

E. 渗井

63. 沥青操作人员均应进行体检,凡患有(   ),不宜从事沥青作业。
　　A. 心脏病　　　　　　　　　　B. 高血压
　　C. 结膜炎　　　　　　　　　　D. 皮肤病
　　E. 对沥青过敏反应者

64. 沥青混合料摊铺作业时,正确的做法包括(   )。
　　A. 脚踏板宽度必须小于摊铺机宽度
　　B. 驾驶员不得擅离岗位
　　C. 换挡必须在摊铺机完全停止时进行
　　D. 弯道作业时,熨平装置的端头与路缘石的间距不得小于10cm
　　E. 必须先启动鼓风机后,才允许燃烧器点火

65. 水泥混凝土搅拌站施工时,正确的做法包括(   )。
　　A. 搅拌站搭设在电力架空线路下方时,净空必须满足要求
　　B. 搅拌机等机械旁应设置机械操作程序牌
　　C. 混凝土拌和过程中,严禁非作业人员进入储料区和卸料斗下方
　　D. 袋装水泥应按层码垛整齐,高度不得超过10袋
　　E. 搅拌站设置的各种电气设备必须由电焊工引接、拆除

66. 套箱围堰采用沉浮式双壁钢套箱时,应具备(   )的性能。
　　A. 能非对称沉浮　　　　　　　B. 能组拼
　　C. 能分解　　　　　　　　　　D. 能注水下沉
　　E. 能排水上浮

67. 基坑开挖中,遇到(   )现象发生时,应立即采取防护加固措施。
　　A. 流沙　　　　　　　　　　　B. 涌水
　　C. 积水　　　　　　　　　　　D. 涌沙
　　E. 基坑边坡不稳定

68. 挂篮在安装、行走及使用中,应严格控制荷载,防止过大的(   )。
　　A. 变形　　　　　　　　　　　B. 冲击
　　C. 扭转　　　　　　　　　　　D. 振动
　　E. 应力

69. 张拉操作中,若出现(   )等异常现象,应立即停机进行检查。
　　A. 油表振动剧烈　　　　　　　B. 漏油
　　C. 电机声音异常　　　　　　　D. 发生断丝、滑丝
　　E. 油表指针抖动

70. 缆索吊装大型构件时,应事先检查(   )等机具设备。
　　A. 塔架　　　　　　　　　　　B. 地锚
　　C. 扣架　　　　　　　　　　　D. 滑车
　　E. 钢丝绳

71. 挖掘机行走过程中,遇( )时,须有专人指挥。
   A. 电线 　　　　　　　　　　B. 交叉道
   C. 行人 　　　　　　　　　　D. 车辆
   E. 民房

72. 路堑开挖应( )。
   A. 采取临时排水措施
   B. 上下同时开挖
   C. 掏底开挖
   D. 自上而下开挖
   E. 及时排除地表水

73. 关于路基石方工程,说法正确的是( )。
   A. 爆破作业前应设置警戒区
   B. 远边坡部分宜采用硐室爆破
   C. 近边坡部分宜采用光面爆破或预裂爆破
   D. 边坡坡度可根据施工方便确定
   E. 应及时施作临时排水设施

74. 有关砂浆喷射机作业安全控制要点,正确的是( )。
   A. 砂浆喷射机、砂浆输送泵等发生故障时,必须先停机后检查
   B. 输送管道各接头应连接牢固,并设有牢固的支撑
   C. 输送泵作业前应空运转,然后,向泵内注入砂浆
   D. 工作停歇时,喷嘴不得朝向有人的方向
   E. 工作时可以朝向有人的地方,但是人员必须距离喷嘴3m以外

75. 挡土墙施工除应符合现行《公路路基施工技术规范》的有关规定外,尚应符合( )。
   A. 回填作业应在挡土墙墙身的强度达到设计强度的65%后实施
   B. 墙背0.5m以内不宜使用重型振动压路机碾压
   C. 挡土墙施工应设置警戒区
   D. 锚杆挡土墙施工前,应清除岩面松动石块
   E. 锚杆挡土墙施工前,应整平墙背坡面

76. 强夯施工应符合( )。
   A. 吊锤机械驾驶室前应设置防护网
   B. 吊锤机械驾驶员应佩戴防护镜
   C. 吊锤机械驾驶员应系安全带
   D. 夯锤提升0.5m检查整机稳定性
   E. 夯锤提升1.0m检查整机稳定性

77. 防排水设施应( )。
   A. 沟底平整 　　　　　　　　B. 排水畅通
   C. 无冲刷现象 　　　　　　　D. 无阻水现象

E.沟底不露水,但沟身可以露水

78.严禁在滑坡影响范围(　　)。
A.设置临时生产设施
B.设置围挡
C.设置生活设施
D.堆放机具
E.停放机械

79.在滑坡体上开挖路堑和修筑抗滑支挡结构时,应符合(　　)。
A.分段跳槽开挖
B.大段拉槽开挖
C.随挖、随砌、随填并夯实
D.采用抗滑桩、挡土墙共同支挡时,应先做抗滑桩后做挡土墙
E.抗滑桩、锚杆(索)施工应从滑坡主轴逐步向两端进行

80.推土机在上下斜坡时,可以(　　)。
A.直接向上行驶　　　　　　B.横向行驶
C.对角线行驶　　　　　　　D.直接向下行驶
E.利用钢丝绳拖行

81.拖式铲运机靠近路堤边缘填土时,必须保持(　　)。
A.外侧高、内侧低　　　　　B.外侧低、内侧高
C.纵向基本平顺　　　　　　D.横向基本平顺
E.外侧内侧一样高

82.装载机在通过桥涵时,应避免(　　)。
A.加速　　　　　　　　　　B.减速
C.制动　　　　　　　　　　D.停车
E.匀速

83.下列关于水上作业的安全要求中,正确的有(　　)。
A.遇雨、雾、霾等能见度不良天气时,工程船舶和施工区域应显示规定的信号
B.遇大风天气,船舶应按规定及时驶进避风锚地或港池
C.靠泊船舶上下人或两船间倒运货物时,应搭设跳板、扶手及安全网
D.交通船舶必须配有救生设备,载人超过乘员定额时应报告
E.定位船及抛锚作业船,作业人员应在锚链、锚缆滚滑区域指挥

84.下列关于起重船作业的安全要求中,正确的有(　　)。
A.作业前,人员应熟悉吊装方案,明确联系方式和指挥信号
B.根据吊装要求,驳船应指导起重船选择锚位和系缆位置
C.吊装前,吊钩升降、吊臂仰俯、制动性能应良好
D.安全装置应设置在醒目位置
E.吊装结束后,起重船应进驻停泊位置,并对起重吊钩进行检查

85. 下列关于打桩船作业,正确的安全要求有( )。
    A. 打桩船作业应服从船长指挥
    B. 打桩架上的活动物件应放稳、系牢
    C. 打桩架上的工作平台应设有防护栏杆和防滑装置
    D. 穿越群桩的前缆应选定合适位置,绞缆应快速操作
    E. 缆绳两侧5m范围内不得有工程船舶或作业人员进入

86. 下列关于水中围堰(套箱)和水中作业平台作业,正确的安全要求有( )。
    A. 应设置船舶靠泊系统和人员上下通道
    B. 临边应设置高度不低于0.8m的防护栏杆
    C. 四周挂设安全网和救生圈
    D. 四周应设置警示标志和夜间航行警示灯光信号
    E. 通航密集水域应配备警戒船和应急拖轮

87. 下列关于爆破作业,正确的安全要求有( )。
    A. 从事爆破工作的员工应经项目经理部培训教育,并取得相应的培训资格
    B. 爆破作业单位实施爆破项目前,应按规定办理审批手续
    C. 审批手续批准后,方可实施爆破作业
    D. 经审批的爆破作业项目,爆破作业单位应于施工当天发布公告
    E. 爆破作业公告应在项目经理部张贴

88. 爆破作业施工公告内容应包括工程名称、建设单位、设计施工单位和( )。
    A. 安全监督单位   B. 安全评估单位
    C. 安全监理单位   D. 班组长及联系方式
    E. 爆破作业时限等

89. 爆炸源与人员、其他保护对象的安全距离的确定,应考虑以下( )爆破效应分别计算。
    A. 地震波   B. 冲击波
    C. 辐射波   D. 电磁波
    E. 飞散物

90. 下列关于爆破作业安全要求的说法,正确的有( )。
    A. 钻孔装药应拉稳药包提绳,配合送药杆进行
    B. 在雷管和起爆药包放入之前发生卡塞时,应用短送药杆处理
    C. 装入起爆药包后,不得使用任何工具冲击和挤压
    D. 水下爆破引爆前,警戒区内不得滞留船舶
    E. 水下爆破引爆前,警戒区内作业人员应服从指挥

91. 下列关于爆破作业的安全要求中,正确的有( )。
    A. 雷电、暴雨雪天实施爆破作业时应有专人指挥
    B. 电力起爆发生盲炮时应立即切断电源
    C. 爆破网络不能置于短路状态

D. 强电场区爆破作业必须使用电雷管

E. 水下电爆网路的主线和连接线应强度高、电阻小、防水、柔韧、绝缘

92. 弃方除应符合现行《公路路基施工技术规范》的有关规定外,还应符合(　　)。

　　A. 弃土场四周应设置警示标志

　　B. 涵洞口处不得弃方

　　C. 弃方作业应遵循"边支护,边弃土"的原则

　　D. 桥墩、桥台处不得弃土

　　E. 暗河口处不得弃土

93. 高填方路堤施工应符合(　　)。

　　A. 路堤预留宽度应符合设计要求

　　B. 应及时施作边坡临时排水设施

　　C. 作业区边缘应设置明显的警示标志

　　D. 应进行位移监测

　　E. 应进行不平整度检测

94. 现场调运推土机、平地机、压路机等机械时,正确的做法是(　　)。

　　A. 应设专人指挥

　　B. 地面无障碍物

　　C. 必须由专用挂车调运进场

　　D. 指挥人员应事先踏勘行驶道路,确认道路平坦、坚实、畅通

　　E. 沿途的桥涵等构造物有足够的承载力,能满足机械通行安全要求

95. 下列关于安全网质量,正确的要求有(　　)。

　　A. 安全网安装应系挂受力主绳

　　B. 安全网安装应系挂网格绳

　　C. 安全网安装或拆除应根据现场条件采取防坠落安全措施

　　D. 作业面与坠落高度基准面高差超过2m且无临边防护装置时,临边应挂设水平安全网

　　E. 作业面与水平安全网之间的高差不得超过3.0m

96. 下列关于安全带使用,正确的要求有(　　)。

　　A. 安全带除应定期检验外,使用前尚应进行检查

　　B. 安全带的安全绳不得打结使用,安全绳上不得挂钩

　　C. 安全带应低挂高用,并应扣牢在牢固的物体上

　　D. 安全带的各部件不得随意更换或拆除

　　E. 安全绳有效长度不应大于2m

97. 下列关于高处作业,正确的安全要求有(　　)。

　　A. 安全绳用作悬吊绳时应经现场负责人同意

　　B. 安全绳应与悬吊绳共用连接器

　　C. 新更换安全绳的规格及力学性能必须符合规定,并加设绳套

D. 高处作业上下通道应根据现场情况选用钢斜梯、钢直梯、人行塔梯等

E. 高处作业上下通道选用绳梯时高度不超过30m

98. 下列关于钢斜梯使用,正确的要求有(　　)。

A. 长度不宜大于15m

B. 扶手高度宜为0.9m

C. 踏步高度不宜大于1.2m

D. 梯宽宜为0.6～1.1m

E. 长度大于15m时应设梯间平台,并连续设梯

99. 下列关于钢直梯使用,正确的要求有(　　)。

A. 攀登高度不宜大于8m

B. 踏棍间距宜为0.3m,梯宽宜为0.6～1.1m

C. 高度大于2m时应设护笼

D. 护笼间距宜为1.5m,直径宜为0.75m,并设横向连接

E. 高度大于15m时应设一梯间平台,平台应设防护栏杆

100. 下列关于人行塔梯安装,正确的要求有(　　)。

A. 顶部和各节平台应满铺防滑面板并牢固固定,四周应设置安全护栏

B. 塔梯连接螺栓应紧固,并应采取防退扣措施

C. 人行塔梯高度超过10m时应设连墙件

D. 用电线路宜装设在塔梯上

E. 人行塔梯通往作业面通道的两侧宜采用钢丝网封闭

101. 下列关于脚手架施工,正确的安全要求有(　　)。

A. 脚手架的强度、刚度和稳定性应能承受施工期间可能产生的各项荷载

B. 脚手架的强度、刚度和稳定性应能承受运营期间可能产生的各项荷载

C. 搭设高度12m及以上的落地式钢管脚手架的钢管、扣件应进行抽样检测

D. 脚手架设计计算应以钢管抽样检测的壁厚及力学性能为依据

E. 脚手架设计计算应以钢管抽样检测的管径及力学性能为依据

102. 下列关于脚手架拆除施工,错误的安全要求有(　　)。

A. 必须由上而下逐层进行

B. 必须由下而上逐层进行

C. 必须上下同时进行

D. 连墙件必须提前拆除

E. 连墙件必须随脚手架逐层拆除

103. 下列关于高处作业的安全要求中,正确的有(　　)。

A. 架子工应按照有关规定经专业机构培训,并应取得相应的从业资格

B. 作业时应戴安全帽、穿防滑鞋、系安全带

C. 高处作业现场所有可能坠落的物件均应预先撤除或固定

D. 随身作业工具和物料应手提,不得向上抛掷物料

E.雨雪季节应采取防滑措施

104.下列关于水上作业,正确的安全要求有(　　)。
A.应及时了解当地气象、水文、地质等情况
B.开工后,根据施工进度设置安全作业区
C.办理水上水下施工作业许可证
D.施工期间发布船舶禁止航行通告
E.水上作业人员应正确穿戴救生衣等个人安全防护用品

105.下列关于水上作业安全要求的说法,正确的有(　　)。
A.工程船舶必须持有效的船检证书
B.船员必须培训考核,持安全生产考核证书上岗
C.工程船舶应按规定配备有效的消防、救生、堵漏和油污应急设施
D.施工船舶应安装船舶定位设备,保证有效的船岸联系
E.工程船舶甲板、通道和作业场所应根据需要设有防水防冻设施

106.下列关于水上作业,错误的安全要求有(　　)。
A.工程船舶必须在核定航区和作业水域内作业
B.工程船舶作业、航行或停泊时,应按规定配置号灯或号型
C.水上工况条件超过施工船舶作业性能时,才能开始作业
D.在宽阔水道施工时,白天应安排人员值守通信频道
E.工程船舶在核定作业水域内施工时应封闭通航

107.泵送混凝土施工应符合下列(　　)安全规定。
A.首次泵送前应进行管道耐拉试验
B.混凝土输送泵接头和卡箍应密封、紧固
C.泵送混凝土时,操作人员应随时监视各种仪表和指示灯,发现异常应立即停机检查
D.混凝土输送管道接头拆卸前,应释放输送管内剩余压力
E.清理管道时应设警戒区,管道出口端前方20m内不得站人

108.储存、搬运、使用氧气瓶、乙炔瓶应符合下列(　　)安全规定。
A.压力表、安全阀、橡胶软管和回火保护器等均应定期校验或试验,标识应清晰
B.使用的气瓶应稳固竖立或装在专用车(架)或固定装置上
C.气瓶与实际焊接或切割作业点的距离应大于5m,无法达到的应设置耐火屏障
D.气割作业氧气瓶与乙炔瓶之间的距离不得小于5m
E.电、气焊作业点和气瓶存放点应按规定配备灭火器材

109.下列关于电焊机安全操作,正确的做法有(　　)。
A.电焊机二次侧焊接电缆线应采用防水绝缘橡胶护套铝芯软电缆
B.进出线处应设置防护罩
C.电焊钳的电缆芯线外露时必须保护
D.电焊机外壳接地电阻不得大于4Ω

E.露天使用电焊机应设防雨、防潮装置,移动电焊机时应切断电源

110.下列关于焊接作业,正确的做法有(   )。
   A.密闭空间内实施焊接及切割,气瓶及焊接电源应置于密闭空间内
   B.金属容器内照明设备的电压不得超过12V
   C.潮湿区域作业人员必须在干燥绝缘物体上焊接作业
   D.高处电焊、气割作业,作业区周围和下方应采取防火措施
   E.密闭空间焊接作业应在外面设置警示标牌

111.下列关于起重吊装作业,正确的做法有(   )。
   A.起重作业人员应穿防滑鞋、戴安全帽
   B.高处吊装作业时应按规定佩挂安全带
   C.吊装作业应设警戒区,警戒区应小于起吊物坠落影响范围
   D.作业前应检查起重设备安全装置、钢丝绳、滑轮、吊索、卡环、地锚等
   E.起重机械司机、起重信号司索工、起重机械安装拆卸工应取得相应的从业资格

112.下列关于起重吊装作业,错误的做法有(   )。
   A.高空吊装梁等大型构件应在构件一端设溜绳
   B.流动式起重设备通行的道路、作业场地应平整坚实,吊装前支腿应全部打开
   C.吊点位置应符合设计规定,设计无规定的应经估算确定
   D.吊装大、重、新结构构件和采用新的吊装工艺应先进行试吊
   E.起重机与架空输电线的安全距离应满足现行《施工现场临时用电安全技术规范》的规定

113.下列关于缆索吊机系统施工,正确的做法有(   )。
   A.吊塔、扣塔及相应索具、风缆、锚碇均应进行刚度验算
   B.安全系数应满足施工工况要求
   C.主缆宜采用钢丝绳,安全系数不得小于3
   D.吊塔、扣塔塔架前后及侧向应设置缆风索
   E.塔架顶部应设置可靠的避雷装置

114.下列关于起重吊装作业的做法,正确的有(   )。
   A.起重机严禁吊人
   B.吊起的构件上堆放或悬挂零星物件应临时固定
   C.作业人员在已吊起的构件下或起重臂下旋转范围内作业或通行时,必须听从指挥
   D.吊装作业临时固定工具应在永久固定的连接稳固后拆除
   E.雨、雪后,吊装前应清理积水或积雪,并应采取防滑和防漏电措施

115.下列关于高处作业,正确的做法有(   )。
   A.高处作业施工时上下交叉作业现场应有专人指挥进行
   B.高处作业人员不得沿立杆或栏杆攀登
   C.高处作业人员应定期进行体检
   D.高处作业场所临边应设置安全防护栏杆

E. 高处作业场所的孔、洞应设置防护设施及警示标志

116. 下列关于高处作业安全防护栏杆,正确的安全要求有(　　)。
    A. 防护栏杆应能承受500N的可变荷载
    B. 防护栏杆下部不应设置挡脚板
    C. 防护栏杆上杆离地高度应为1.2m
    D. 防护栏杆下杆离地高度应为0.6m
    E. 横杆长度大于3m时,应加设栏杆柱

117. 下列关于缆索吊装的安全要求,正确的有(　　)。
    A. 主索道和塔架的拆除应在拆除方案中制订安全技术措施
    B. 滑轮组应共同承受荷载,受力不均时,应进行调整
    C. 钢丝绳必须选用新钢丝绳
    D. 主索道两端应设置限位器
    E. 缆索塔架应按设计图组拼

118. 高处作业的级别有(　　)。
    A. 一级高处作业　　　　　　　B. 二级高处作业
    C. 三级高处作业　　　　　　　D. 四级高处作业
    E. 特级高处作业

119. 下列高处作业中,属于特殊高处作业的是(　　)。
    A. 特级高处作业　　　　　　　B. 悬空高处作业
    C. 异温高处作业　　　　　　　D. 带电高处作业
    E. 抢救高处作业

120. 根据《公路工程施工安全技术规范》(JTG F90—2015),应编制爆破设计方案的工程爆破有(　　)。
    A. 预裂爆破　　　　　　　　　B. 光面爆破
    C. 大型土石方爆破　　　　　　D. 松动爆破
    E. 水下爆破

121. 支架、模板应按照现行《公路桥涵施工技术规范》(JTC/T F50—2011)进行设计并验算,设计验算主要包括(　　),水中支架基础尚应考虑水流冲刷的影响。
    A. 强度　　　　　　　　　　　B. 刚度
    C. 压实度　　　　　　　　　　D. 针入度
    E. 稳定性

122. 支架支撑体系应符合下列(　　)安全规定。
    A. 支架应设置可靠的接零装置
    B. 支架应设置可靠的接地装置
    C. 软土基础应有防冻胀措施
    D. 遇洪水或大雨浸泡后,应重新检验支架基础、验算支架受力
    E. 支架基础应根据所受荷载、搭设高度、搭设场地地质等情况进行设计及验算

123. 模板安装应符合下列( )安全规定。
    A. 吊装模板前,应检查地基和排水
    B. 模板未固定前,不得实施下道工序
    C. 模板应按设计要求准确就位,且不宜与脚手架连接
    D. 模板安装就位后,应立即换撑和预压
    E. 基准面以上1m安装模板应搭设脚手架或施工平台

124. 需要编制专项施工方案的模板、支架及脚手架工程有( )。
    A. 各类工具式模板
    B. 3m高度支架
    C. 13m跨度支架
    D. 13m高度落地式钢管脚手架
    E. 吊篮脚手架

125. 模板、支架拆除应符合下列( )安全规定。
    A. 应先拆承重模板,后拆非承重模板
    B. 应遵循自上而下拆除
    C. 应遵循自下而上拆除
    D. 应分层分段拆除
    E. 承重模板、支架,应在混凝土强度达到设计要求前拆除

126. 钢筋施工应符合下列( )安全规定。
    A. 钢筋加工机械所有转动部件应有防护罩
    B. 钢筋冷弯作业时,弯曲钢筋的作业半径外不得站人或通行
    C. 钢筋冷弯作业时,弯曲钢筋的机身不设固定销的一侧不得站人或通行
    D. 冷拉钢筋卷扬机应置于视线良好位置并应设置地锚
    E. 钢筋对焊机应安装在室内或防雨棚内,并应设可靠的接地、接零装置

127. 下列关于混凝土施工,错误的做法有( )。
    A. 袋装水泥应平齐码放
    B. 采用吊斗灌注混凝土时攀爬吊斗应有专人指挥
    C. 袋装水泥靠墙码放时不得超过墙高
    D. 水泥隔离垫板的刚度及稳定性应满足要求
    E. 混凝土浇筑的顺序、速度的更改应经过班组长同意

128. 机械设备使用的"三定"制度包括( ),是机械使用负责制的表现形式。
    A. 定人   B. 定机
    C. 定时   D. 定工
    E. 定岗位

129. 在居民点或公共场所附近开挖沟槽时,应设置( )。
    A. 防护设施   B. 安全警示标志
    C. 夜间照明灯   D. 搭设竹跳板供通行

E. 夜间警示灯

130. 拆除工程施工应( )。
 A. 从上至下
 B. 从左至右
 C. 逐层实施
 D. 分段实施
 E. 立体交叉作业

131. 下列关于跨线施工桁架式安全防护棚安全控制要求的说法,正确的有( )。
 A. 周边路段设置导行设施
 B. 周边路段设置减速带
 C. 两端支墩立柱贴红白相间的反光膜或涂反光漆
 D. 钢管立柱侧面张挂安全网
 E. 按坠落半径设置挑檐长度

132. 跨线施工防护棚应设置( )等设施。
 A. 照明灯
 B. 轮廓灯
 C. 警示灯
 D. 爆闪灯
 E. 指路灯

133. 塔式起重机安全装置包括( )等。
 A. 力矩限制器
 B. 起重量限制器
 C. 塔式起重机起升限位
 D. 制动器
 E. 平衡器

134. 露天作业的门式起重机,当遇六级及以上大风时,正确的做法有( )。
 A. 松开夹轨器
 B. 将吊钩升到顶端位置
 C. 吊钩上悬挂重物
 D. 停止作业
 E. 抗台风时加设缆风绳

135. 以下属于高处作业安全"三宝"的是( )。
 A. 安全帽
 B. 安全带
 C. 防护栏
 D. 安全网
 E. 安全梯

136. 遇有六级及以上强风、浓雾等恶劣天气,不得进行( )作业。
 A. 露天高处
 B. 起重吊装
 C. 混凝土配合比试验
 D. 打桩
 E. 滑模施工

137. 旧路改扩建施工中,下列保通人员的行为正确的是( )。
 A. 制止非施工车辆进入作业区
 B. 制止施工人员穿越高速公路
 C. 在高速公路上拦截、搭乘过往车辆
 D. 穿公司制服指挥交通堵塞
 E. 制止施工车辆在高速公路上掉头

138. 模板支立及拆除施工中,正确的做法有(   )。
    A. 基坑内支模时,应先检查基坑有无塌方现象
    B. 模板支撑钉在脚手架上有助于整体稳定
    C. 向基坑内运送材料,不得抛掷
    D. 机械吊运模板时,人员在下方等待
    E. 可使用强度较好的脆性垫块作基础

139. 施工电线架设时,架空线路宜避开(   )等区域。
    A. 施工作业面   B. 作业棚
    C. 生活设施   D. 器材堆放场地
    E. 施工便道

140. 下列施工铺设电缆线的做法中,正确的有(   )。
    A. 开挖沟槽边缘与埋设电缆沟槽边缘的安全距离不得小于30cm
    B. 地下埋设电缆应设防护管
    C. 架空铺设电缆应沿墙或电杆做绝缘固定
    D. 通往水上的岸电应用绝缘物架设
    E. 应尽量拉紧电缆线

141. 每台用电设备必须独立设置开关箱,开关箱必须装设(   )。
    A. 隔离开关   B. 分路开关
    C. 短路保护器   D. 过载保护器
    E. 漏电保护器

142. 应使用密闭式电气设备是(   )的工作场所。
    A. 能产生大量蒸汽
    B. 能产生大量粉尘
    C. 预应力钢筋施工
    D. 能产生大量气体
    E. 箱梁预制场

143. 检修电气线路和设备时,下列操作方法正确的是(   )。
    A. 应将总闸拉开
    B. 应挂上"禁止合闸、有人工作"的警告牌
    C. 警告牌应用绝缘的木料做成
    D. 警告牌应用重量较轻的金属材料做成
    E. 警告牌挂钩应用牢固铁丝制作

144. 安全帽应有(   )等永久性标志。
    A. 制造厂名称、商标、型号
    B. 制造日期
    C. 生产合格证和检验证明
    D. 生产许可证编号

E. "LA"安全标志

145. 每条安全带应有( )等永久性标志。
   A. 制造厂名称、商标、型号
   B. 制造日期
   C. 生产合格证和检验证明
   D. 生产许可证编号
   E. "LA"安全标志

146. 安全带的存放应注意( )。
   A. 密闭　　　　　　　　　　　B. 通风良好
   C. 不得接触高温、明火、强酸等　　D. 干燥
   E. 加压

147. 下列关于安全带的说法,正确的有( )。
   A. 2m以上的悬空作业,必须使用安全带
   B. 应可靠地挂在牢固的地
   C. 高挂低用
   D. 应防止摆动
   E. 避免明火和刺割

148. 施工机械设备进场前,应查验机械设备的( )。
   A. 证件　　　　　　　　　　　B. 性能
   C. 状况　　　　　　　　　　　D. 形状
   E. 尺寸

149. 龙门吊、架桥机等轨道行走类设备必须设置( )。
   A. 轨距器　　　　　　　　　　B. 宽度器
   C. 夹轨器　　　　　　　　　　D. 平整度器
   E. 轨道限位器

150. 下列关于电气设备的安全管理,正确的有( )。
   A. 发生电火警时,必须首先救火,然后及时报警
   B. 当检修线路和设备时,应将总闸拉开,并挂上"禁止合闸、有人工作"的警告牌
   C. 在同一供电线路中,不允许一部分电气设备采用保护接地,而另一部分设备采用保护接零
   D. 在带电设备周围严禁使用钢卷尺进行测量工作
   E. 尽量避免带电操作,手湿时严禁带电操作

151. 办公区、生活区设置时,宜避开( )等区域。
   A. 粉尘　　　　　　　　　　　B. 烟雾
   C. 噪声　　　　　　　　　　　D. 弃土场
   E. 对人体有害物质

152. 材料加工场应按规定设置( )。

A. 围墙或围栏防护　　　　　　B. 安全警示标志
C. 相关工种的操作规程　　　　D. 排水设施
E. 项目部平面布置图

153. 预制场、拌和场布置应符合的规定有(　　)。
　　A. 合理分区
　　B. 硬化场地
　　C. 设置排水设施
　　D. 拌和设备设防雷设施
　　E. 料仓墙体外围设警戒区

154. 储油罐设置应符合的规定有(　　)。
　　A. 靠近码头设置
　　B. 远离人员密集区
　　C. 设防静电接地装置
　　D. 设防雷接地装置
　　E. 顶部设置遮阳棚

155. 临时码头宜选择在(　　)的岸段。
　　A. 水域开阔　　　　　　　　B. 岸坡稳定
　　C. 波浪和流速较小　　　　　D. 水位较浅
　　E. 陆路交通便利

156. 栈桥和栈桥码头设计应考虑的作用包括(　　)。
　　A. 自重荷载　　　　　　　　B. 车辆荷载
　　C. 波浪力　　　　　　　　　D. 腐蚀
　　E. 路基土侧压力

157. 栈桥和栈桥码头应设置(　　)等安全警示标志和救生器材。
　　A. 行车限速　　　　　　　　B. 防船舶碰撞
　　C. 防爆破伤人　　　　　　　D. 防人员落水
　　E. 防人员触电

158. 发生电火警时,应选用(　　)来灭火。
　　A. 二氧化碳灭火器　　　　　B. 高压水枪
　　C. 普通灭火器　　　　　　　D. 干粉灭火器
　　E. 黄沙

159. 施工现场临时用电必须遵循的原则有(　　)。
　　A. 符合现行《施工现场临时用电安全技术规范》(JGJ 46)的有关规定
　　B. 采用 TN-S 接零保护系统
　　C. 采用两级保护系统
　　D. 采用架空电缆线
　　E. 采用三级配电系统

160. 三级配电系统应遵守的规则有( )。
    A. 分级分路规则　　　　　　　　　B. 动、照分设规则
    C. 压缩配电间距规则　　　　　　　D. 控制线路长度规则
    E. 环境安全规则

161. 施工用电设备达到( )时,应编制用电组织设计方案。
    A. 数量为3台　　　　　　　　　　B. 数量为5台
    C. 数量为8台　　　　　　　　　　D. 容量为30kW及以上
    E. 容量为50kW及以上

162. 严禁在( )等危险区域设置施工驻地。
    A. 泥石流　　　　　　　　　　　　B. 滑坡
    C. 雪崩　　　　　　　　　　　　　D. 落石
    E. 洪水

163. 需要按规定配备满足要求且有效消防设施和器材的区域包括( )。
    A. 施工现场　　　　　　　　　　　B. 施工便道
    C. 生活区　　　　　　　　　　　　D. 办公区
    E. 生产区

164. 下列属于在施工现场平面图中应表示的内容的有( )。
    A. 各种加工场地的位置
    B. 现场运输道路
    C. 办公室、警卫室等的位置
    D. 临时给水排水管线的位置
    E. 一切安全及防火设施的位置(消防栓、高压泵房位置)

165. 易燃易爆化学物品出厂时,必须有产品安全说明书。说明书中必须有经法定检验机构测定的该物品的( )数据。
    A. 燃点　　　　　　　　　　　　　B. 闪点
    C. 自燃点　　　　　　　　　　　　D. 爆炸极限
    E. 浓度极限

166. 不得进行露天作业的恶劣天气包括( )。
    A. 大雨　　　　　　　　　　　　　B. 大雪
    C. 大雾　　　　　　　　　　　　　D. 台风
    E. 六级大风

167. 施工现场应设置明显安全警示标志和必要的安全防护设施的危险部位有( )。
    A. 施工现场出入口　　　　　　　　B. 施工起重机械
    C. 临时用电设施　　　　　　　　　D. 隧道洞口
    E. 隧道洞内

168. 在施工现场安全管理要求中,应设置明显安全警示标志和必要的安全防护设施的危险部位有( )。

A. 沿线各交叉口 B. 脚手架
C. 基坑边沿 D. 危险品库房
E. 孔洞口

169. 施工机械设备上必须配备齐全有效的安全装置,包括(   )。
A. 防护设施 B. 监测装置
C. 警示装置 D. 报警装置
E. 保险限位装置

170. 施工机械设备使用时,严禁(   )。
A. 超载
B. 超速作业
C. 装载机吊运施工机具
D. 自卸汽车螺纹钢筋
E. 任意扩大使用范围

171. 下列关于锅炉压力容器安全管理,正确的有(   )。
A. 使用锅炉、压力容器的单位,必须建立健全安全管理制度
B. 司炉工必须经过施工单位技术培训后方可独立上岗操作
C. 使用锅炉、压力容器的单位,对运行的锅炉、压力容器,每年必须经当地锅炉、压力容器安全监察机构年检合格并发合格证后方可继续使用
D. 使用单位应根据设备的数量和对安全性能的要求,设置专门机构或专职技术人员,加强对锅炉、压力容器的安全技术管理,建立健全安全管理制度
E. 锅炉压力容器的使用单位,在压力容器投入使用前,应向当地、市级技术监督部门锅炉、压力容器安全监察机构申报和办理使用登记手续,取得使用证后,方可投入运行

172. 下列关于起重机的安全管理,正确的有(   )。
A. 不得起吊易燃易爆危险品
B. 工作中不准进行任何维修保养工作
C. 起重机工作时,在起重臂下严禁站人
D. 禁止被起吊的重物从人、汽车驾驶室上方通过
E. 起重物不得长时间悬在空中,起吊物在空中时,驾驶员不得离开驾驶室

(三) 判断题

1. 斜井中牵引运输速度不得大于5m/s。(   )
A. 正确 B. 错误

2. 隧道内反坡排水方案应根据距离、坡度、水量和设备情况确定,抽水机排水能力应大于排水量的20%,并应有备用台数。(   )
A. 正确 B. 错误

3. 隧道施工通风应能提供洞内各项作业所需要的最小风量,风速不得大于6m/s;每人供

应新鲜空气不得小于 3m³/min;全断面开挖风速不得小于 0.15m/s,导洞内不得小于 0.25m/s。
( )
    A. 正确   B. 错误

4. 隧道施工作业过程中,空气中的氧气含量不得低于 19.5%,必要时可采用纯氧通风换气。( )
    A. 正确   B. 错误

5. 隧道作业地段照明电压不宜大于 36V,成洞段和不作业地段宜采用 220V,照明灯具宜采用冷光源。( )
    A. 正确   B. 错误

6. 富水软弱破碎围岩隧道应遵循"防、排、堵、截"相结合的原则治水。( )
    A. 正确   B. 错误

7. 瓦斯隧道瓦斯含量低于 0.5% 时,应每 0.5~1h 检测一次;瓦斯含量高于 0.5% 时,应每 15min 检测一次。( )
    A. 正确   B. 错误

8. 瓦斯隧道两个作业面之间应串联通风。( )
    A. 正确   B. 错误

9. 偏压隧道靠山一侧应加强支护,每次开挖进尺不得超过两榀钢架间距,并应及时封闭。
( )
    A. 正确   B. 错误

10. 地质条件不同的两孔隧道,宜先开挖地质条件较好隧道,后开挖地质条件较差的隧道。
( )
    A. 正确   B. 错误

11. 办公生活区使用电炉、碘钨灯取暖要采取相应的安全措施,煤炭炉取暖必须采取防火、防一氧化碳中毒的措施。( )
    A. 正确   B. 错误

12. 雪天或滑道、电缆结冰的现场外用电梯应停用,梯笼应置于底层。( )
    A. 正确   B. 错误

13. 明火烘烤或开水加热冻结的氧气瓶、储气罐、乙炔瓶、阀门、胶管应采取相应的安全措施。( )
    A. 正确   B. 错误

14. 大风、大雨后,应检查支架、脚手架、起重设备、临时用电工程、临时房屋等设施的基础。
( )
    A. 正确   B. 错误

15. 夜间施工时,作业现场的预留孔洞、上下道口及沟槽等危险部位应设置夜间警示标志和警示灯。( )
    A. 正确   B. 错误

16. 能见度不良时,水上作业场地应按规定启用声响警示设备和红光信号灯。( )

A. 正确 B. 错误

17. 风沙地区的临时生产、生活设施应满足防风、防沙要求,驻地附近应设置高于10m的红色信号旗和信号灯。( )
A. 正确 B. 错误

18. 海拔4000m及以上地区野外作业每天不宜超过8h,隧道作业每天不宜超过6h。( )
A. 正确 B. 错误

19. 沙漠地区外出作业每组不得少于3人,并应配备通信设备。( )
A. 正确 B. 错误

20. 挂篮后锚固解除后,挂篮应沿箱梁两端向中轴线推进,每前进0.5m应观察一次。( )
A. 正确 B. 错误

21. 吊装作业应设置缆风绳等软固定设施。( )
A. 正确 B. 错误

22. 猫道的线形宜与主缆空载时的线形平行。( )
A. 正确 B. 错误

23. 隧道施工应按设计文件规定的施工方法制订施工方案,地质条件发生变化时,应及时进行设计变更。( )
A. 正确 B. 错误

24. 压力容器操作人员应按照有关规定经专业机构培训,并应取得相应的从业资格。( )
A. 正确 B. 错误

25. 隧道内供电线路架设应遵循"低压在上、高压在下,干线在上、支线在下,动力线在上、照明线在下"的原则。( )
A. 正确 B. 错误

26. 隧道洞口与桥梁、路基等同一个工点有多个单位同时施工或洞内不同专业交叉作业时,应分别制订现场安全措施。( )
A. 正确 B. 错误

27. 隧道内施工使用以汽油为动力的机械设备时,应制订相应的安全措施。( )
A. 正确 B. 错误

28. 隧道内存放汽油、柴油、煤油、变压器油、雷管、炸药等易燃易爆物品时,应制订相应的安全措施。( )
A. 正确 B. 错误

29. 冬季施工隧道内采用煤炭炉取暖应制订相应的安全措施。( )
A. 正确 B. 错误

30. 洞内施工设备均应设置反光标识。( )
A. 正确 B. 错误

31. 洞口的截、排水系统应在进洞前完成,并应与路基排水顺接,不得冲刷路基坡面、桥台锥体、农田屋舍,土质截水沟、排水沟应随挖随砌。(　　)
　　A. 正确　　　　　　　　　　　　B. 错误

32. 洞口施工前,应先清理洞口上方及侧方可能滑塌的表土、灌木及山坡危石等。(　　)
　　A. 正确　　　　　　　　　　　　B. 错误

33. 洞口工程应先开挖后支护,自上而下分层开挖、分层支护。(　　)
　　A. 正确　　　　　　　　　　　　B. 错误

34. 钢架施工时相邻的钢架应连接成整体。(　　)
　　A. 正确　　　　　　　　　　　　B. 错误

35. 隧道内加工钢筋时,要采取相应的安全措施。(　　)
　　A. 正确　　　　　　　　　　　　B. 错误

36. 无轨运输进洞载物车辆车速不得大于8km/h,空车车速不得大于15km/h,出洞爬坡车速不得大于20km/h。(　　)
　　A. 正确　　　　　　　　　　　　B. 错误

37. 牵引式滑坡、具有膨胀性质的滑坡不宜用滑坡减重法治理。(　　)
　　A. 正确　　　　　　　　　　　　B. 错误

38. 采用抗滑桩、挡土墙共同支挡时,应先做挡土墙后做抗滑桩。(　　)
　　A. 正确　　　　　　　　　　　　B. 错误

39. 应避免在冰雪融化期开挖滑坡体。(　　)
　　A. 正确　　　　　　　　　　　　B. 错误

40. 禁止在夜间开挖滑坡体。(　　)
　　A. 正确　　　　　　　　　　　　B. 错误

41. 消解石灰时,操作人员应站在下风侧。(　　)
　　A. 正确　　　　　　　　　　　　B. 错误

42. 碎石机工作时,若石料卡住进料口,应用手搬动。(　　)
　　A. 正确　　　　　　　　　　　　B. 错误

43. 桥梁基坑边缘有表面水时,应采用集水井降水法进行排水。(　　)
　　A. 正确　　　　　　　　　　　　B. 错误

44. 桥梁基坑开挖中,遇有流沙时,应采取围堰或打板桩支撑等防护措施。(　　)
　　A. 正确　　　　　　　　　　　　B. 错误

45. 桥梁基坑深度超过1.5m,不加支撑时,应按要求进行放坡。(　　)
　　A. 正确　　　　　　　　　　　　B. 错误

46. 寒冷地区采用冻结法开挖基坑时,应分层冻结,逐层开挖。(　　)
　　A. 正确　　　　　　　　　　　　B. 错误

47. 拖船牵引浮运钢套箱时,应征得港航监管部门同意,并在了解航道水深、流速等情况后,制订拖船牵引方案,加以实施。(　　)
　　A. 正确　　　　　　　　　　　　B. 错误

48. 挖孔人员下孔作业前,应先用鼓风机将孔内空气排出更换。(　　)
　　A. 正确　　　　　　　　　　　　B. 错误

49. 吊装前,应检查旧钢丝绳破损程度。每一节距内折断的钢丝,不得超过5%。对于大型构件、重构件的吊装宜使用新的钢丝绳,使用前也要检验。(　　)
　　A. 正确　　　　　　　　　　　　B. 错误

50. 锚环和锚塞使用前,应认真仔细检查及试验,经检验合格后,方可使用。(　　)
　　A. 正确　　　　　　　　　　　　B. 错误

51. 预应力张拉中,在油泵开动时,进、回油速度与压力表指针升降保持一致,并平稳、均匀。(　　)
　　A. 正确　　　　　　　　　　　　B. 错误

52. 雨季宜进行顶进作业。(　　)
　　A. 正确　　　　　　　　　　　　B. 错误

53. 支架上拼装钢梁时,冲钉和粗制螺栓总数不得少于孔眼总数的1/4。(　　)
　　A. 正确　　　　　　　　　　　　B. 错误

54. 宜使用桥面悬臂吊机调整梁段之间的缝宽及梁端高程。(　　)
　　A. 正确　　　　　　　　　　　　B. 错误

55. 转体完成后应及时约束固定,并应浇筑施工球铰处混凝土。(　　)
　　A. 正确　　　　　　　　　　　　B. 错误

56. 满布式落地拱架应从拱脚向拱顶依次循环拆除。(　　)
　　A. 正确　　　　　　　　　　　　B. 错误

57. 缆索吊机系统施工塔架顶部应设置可靠的避雷装置;人员上下塔架应配备符合要求的电梯或爬梯,不得徒手攀爬。(　　)
　　A. 正确　　　　　　　　　　　　B. 错误

58. 吊装作业临时固定工具应在永久固定的连接稳固前拆除。(　　)
　　A. 正确　　　　　　　　　　　　B. 错误

59. 吊起的构件上堆放或悬挂的零星物件应临时绑扎固定。(　　)
　　A. 正确　　　　　　　　　　　　B. 错误

60. 高处作业人员不得沿立杆或栏杆攀登;高处作业人员项目经理部应每天安排体检。(　　)
　　A. 正确　　　　　　　　　　　　B. 错误

61. 安全带的安全绳不得打结使用,安全绳上不得挂钩。(　　)
　　A. 正确　　　　　　　　　　　　B. 错误

62. 施工现场缺少或不易设置安全带吊点的工作场所宜设置安全带母索。(　　)
　　A. 正确　　　　　　　　　　　　B. 错误

63. 高架桥等大型构件作业场所上下通道宜采用绳梯。(　　)
　　A. 正确　　　　　　　　　　　　B. 错误

64. 吊篮作业应符合现行《高处作业吊篮》(GB 19155)的有关规定,且应使用专业厂家制

作的定型产品,自行制作的吊篮应检查合格才能使用。（　　）
  A. 正确   B. 错误

65. 施工船舶未安装船舶定位设备时,作业人员必须配置手机,以保证有效的船岸联系。（　　）
  A. 正确   B. 错误

66. 遇雨、雾、霾等能见度不良天气时,工程船舶和施工区域应显示规定的信号,必要时应停止航行或作业。（　　）
  A. 正确   B. 错误

67. 爆破作业单位实施爆破项目前,应按规定办理审批手续,批准后方可实施爆破作业。（　　）
  A. 正确   B. 错误

68. 经审批的爆破作业项目,爆破作业单位应于施工当天发布公告,并在项目经理部张贴。（　　）
  A. 正确   B. 错误

69. 爆破作业必须设警戒区和警戒人员,起爆前必须撤出人员并按规定发出声、光等警示信号。（　　）
  A. 正确   B. 错误

70. 边坡开挖中如遇地下水涌出,应先排水,后开挖。（　　）
  A. 正确   B. 错误

71. 不得在同一安全桩上拴2根及以上安全绳。（　　）
  A. 正确   B. 错误

72. 作业人员在保管、加工、运输爆破器材过程中,严禁穿着化纤服装。（　　）
  A. 正确   B. 错误

73. 由一人同时搬运炸药与雷管时,炸药与雷管必须隔离。（　　）
  A. 正确   B. 错误

74. 滑坡的防治,要贯彻"以防为主,整治为辅"的原则。（　　）
  A. 正确   B. 错误

75. 滑坡地段路基施工时,施工期间应由专人负责滑坡体的监测。（　　）
  A. 正确   B. 错误

76. 支立排架时,应设专人统一指挥。支立排架以整排竖立为宜。（　　）
  A. 正确   B. 错误

77. 浇筑混凝土前,应对支架进行预压试验,以检验支架的承载能力和稳定性,消除弹性变形。（　　）
  A. 正确   B. 错误

78. 脚手架的任何部分均不得与模板相连。（　　）
  A. 正确   B. 错误

79. 吊装作业应指派专人统一指挥,参加吊装的起重工应持证上岗。（　　）

A. 正确　　　　　　　　　　　　B. 错误

80. 起重吊装作业应设警戒区,警戒区不得大于起吊物坠落影响范围。(　　)
　　A. 正确　　　　　　　　　　　　B. 错误

81. 高处作业的级别可分为五级。(　　)
　　A. 正确　　　　　　　　　　　　B. 错误

82. 高处作业的分级,以级别、类别和种类作标记。一般高处作业作标记时,写明级别和种类。(　　)
　　A. 正确　　　　　　　　　　　　B. 错误

83. 支架应设置可靠的接地装置。(　　)
　　A. 正确　　　　　　　　　　　　B. 错误

84. 支架使用前应预压,预压荷载应为支架需承受全部荷载的 0.75~0.80 倍。(　　)
　　A. 正确　　　　　　　　　　　　B. 错误

85. 模板安装就位后,应立即支撑和固定。支撑和固定未完成前,应根据现场情况及时升降或移动吊钩。(　　)
　　A. 正确　　　　　　　　　　　　B. 错误

86. 承重模板应横向同时、纵向对称均衡卸落。(　　)
　　A. 正确　　　　　　　　　　　　B. 错误

87. 作业高度超过 1m 的钢筋骨架应设置脚手架或作业平台,钢筋骨架应有足够的强度。(　　)
　　A. 正确　　　　　　　　　　　　B. 错误

88. 钢筋加工机械所有转动部件应设有制动装置。(　　)
　　A. 正确　　　　　　　　　　　　B. 错误

89. 混凝土施工利用电缆线、软管拖拉或吊挂振捣器时,应防止刮伤。(　　)
　　A. 正确　　　　　　　　　　　　B. 错误

90. 混凝土覆盖养护时,预留孔洞周围应设置安全护栏或盖板,并应设置安全警示标志,不得随意挪动。(　　)
　　A. 正确　　　　　　　　　　　　B. 错误

91. 现场使用的气瓶应稳固水平放置或装在专用车(架)或固定装置上。(　　)
　　A. 正确　　　　　　　　　　　　B. 错误

92. 高处电焊、气割作业,作业区周围和下方应采取防火措施,按要求配备消防器材,并应设专人巡视。(　　)
　　A. 正确　　　　　　　　　　　　B. 错误

93. 起重作业人员应穿防滑鞋、戴安全帽;超过 2m 高处吊装作业时,应按规定设置安全网。(　　)
　　A. 正确　　　　　　　　　　　　B. 错误

94. 吊装大、重、新结构构件和采用新的吊装工艺前应先进行试吊。(　　)
　　A. 正确　　　　　　　　　　　　B. 错误

95. 双机抬吊宜选用额定荷载相同或相近的起重机,负载分配应合理。( )
　　A. 正确　　　　　　　　　　　　B. 错误

96. 栈桥和栈桥码头应设专人管理,指挥施工船舶与非施工船舶靠泊。( )
　　A. 正确　　　　　　　　　　　　B. 错误

97. 在同一供电线路中,不允许一部分电气设备采用保护接地,而另一部分设备采用保护接零。( )
　　A. 正确　　　　　　　　　　　　B. 错误

98. TN-S 系统中,允许将 PE 线当 N 线接入漏电保护器。( )
　　A. 正确　　　　　　　　　　　　B. 错误

99. 每一个开关箱只能用于控制一台用电设备。( )
　　A. 正确　　　　　　　　　　　　B. 错误

100. 任何电气设备在未确认无电以前,应一律认为有电,都应谨慎操作。( )
　　A. 正确　　　　　　　　　　　　B. 错误

101. 配电装置不得挂接其他临时用电设备。( )
　　A. 正确　　　　　　　　　　　　B. 错误

102. 每台用电设备必须独立设置开关箱;开关箱必须装设隔离开关及短路、过载、漏电保护器,严禁设置分路开关。( )
　　A. 正确　　　　　　　　　　　　B. 错误

103. 配电箱、开关箱的电源进线端可选择用插头和插座做活动连接。( )
　　A. 正确　　　　　　　　　　　　B. 错误

104. 动力配电箱与照明配电箱一般应分别设置。当合并设置配电箱时,动力和照明应共路设置。( )
　　A. 正确　　　　　　　　　　　　B. 错误

105. 水泥等易飞扬的细颗粒施工材料应密闭存放,砂石等散料应采取覆盖措施。( )
　　A. 正确　　　　　　　　　　　　B. 错误

106. 机械设备管理的"三定"制度是指"定人、定机、定岗位"。( )
　　A. 正确　　　　　　　　　　　　B. 错误

107. 机械设备集中停放的场所应设置消防通道,并应配备消防器材。( )
　　A. 正确　　　　　　　　　　　　B. 错误

108. 特种设备现场安装、拆除应由经过培训的熟练技术工人进行。( )
　　A. 正确　　　　　　　　　　　　B. 错误

109. 建(构)筑物的拆除施工应从左至右、整体实施,不得立体交叉作业。( )
　　A. 正确　　　　　　　　　　　　B. 错误

110. 拆除旧桥、旧涵时,在旧桥的两端应设置夜间照明及警示灯,以方便行人与车辆通行。( )
　　A. 正确　　　　　　　　　　　　B. 错误

111. 跨线施工安全防护棚应设置轮廓灯、警示灯、爆闪灯等设施。( )

A. 正确　　　　　　　　　　B. 错误

112. 跨线施工安全防护棚的长度必须等于自由坠落的防护半径。（　）
　　A. 正确　　　　　　　　　　B. 错误

113. 特种设备安装后经业主与监理单位检验检测合格后方可使用，使用过程中应按规定对设备进行检查、维修、保养，并予以记录。（　）
　　A. 正确　　　　　　　　　　B. 错误

114. 电弧焊接时，严禁在运输中的压力管道、装有易燃易爆物品的容器及受力构件上进行焊接和切割。（　）
　　A. 正确　　　　　　　　　　B. 错误

115. 施工驻地应设置在洪水位以上背靠山坡脚处，注意防洪。（　）
　　A. 正确　　　　　　　　　　B. 错误

116. 办公区、生活区无法避开粉尘、烟雾所在区域时，应设在其最大频率风向的下风侧。（　）
　　A. 正确　　　　　　　　　　B. 错误

117. 施工现场驻地和场站选址宜避开取土、弃土场地。（　）
　　A. 正确　　　　　　　　　　B. 错误

118. 施工现场生产区、生活区、办公区应集中在一起设置，距离集中爆破区应不小于500m。（　）
　　A. 正确　　　　　　　　　　B. 错误

119. 工程货运车辆必须经建设与监理单位批准后，方可用于运送施工作业人员。（　）
　　A. 正确　　　　　　　　　　B. 错误

120. 施工现场内的坑洞、沟坎应用木板或竹跳板盖好，并设指示标志。（　）
　　A. 正确　　　　　　　　　　B. 错误

121. 在公共场所附近开挖沟槽时，应设防护设施，夜间设置照明灯和警示红灯。（　）
　　A. 正确　　　　　　　　　　B. 错误

122. 机械设备上各种安全防护、保险限位装置及安全信息装置必须齐全有效。（　）
　　A. 正确　　　　　　　　　　B. 错误

123. 材料加工场的加工棚宜采用轻型钢结构，并采取防雨雪、防风等措施。（　）
　　A. 正确　　　　　　　　　　B. 错误

124. 预制场、拌和场的料仓墙体强度和稳定性应满足要求，料仓墙体外围应设警戒区，距离宜不小于墙高的2倍。（　）
　　A. 正确　　　　　　　　　　B. 错误

125. 储油罐与在建工程的防火间距应不小于15m，并应远离明火作业区，毗邻人员密集区、建筑物集中区。（　）
　　A. 正确　　　　　　　　　　B. 错误

126. 单车道施工便道宽度不宜小于3.5m，并宜设置错车道，错车道应设在视野良好地段。（　）

A. 正确　　　　　　　　　　　　B. 错误

127. 施工便道与既有道路平面交叉处应设道口照明和警示标志,有高度限制的应设置限高架。(　　)

A. 正确　　　　　　　　　　　　B. 错误

128. 临时码头宜设置在桥梁、隧道、大坝、架空高压线、水下管线、取水泵房等区域的上游方向,与其他构筑物的安全距离应符合相关要求。(　　)

A. 正确　　　　　　　　　　　　B. 错误

(四)案例题

1. 背景资料:××年12月22日,由中铁××局××公司承建的××隧道发生瓦斯爆炸,造成44人死亡,11人受伤,大量施工设备损坏,直接经济损失2035万元。该隧道为平行双洞隧道,左线全长4090m,右线全长4060m,由中铁××局××公司施工隧道进口端左线2550m,右线2515m。隧道造价1.5亿元。××年10月12日,右洞开挖至K14+872处时,施工单位发现K14+790~K14+872段初期支护变形超限,当即停止开挖。从10月17日开始,施工单位按照建设、设计、监理、施工四方会勘纪要对变形地段初期支护进行拆换。12月16日,初期支护钢拱架拆换至K14+860时,随着围岩的剥落,K14+860~K14+865段逐渐形成大空腔(塌腔高度约0~4m)。12月19日下午,初期支护钢拱架拆换至K14+865处,原有初期支护背后围岩左前上方形成一漏斗状空腔,四方有关人员再次对现场进行了会勘。12月20日至21日,施工单位按照四方共同研究的处理方案对塌腔内进行了喷射混凝土支护,但塌方没有得到控制,空腔继续扩大,至22日零点班,塌腔已与掌子面连通,形成4~5m高,6~7m宽,约5m长的空腔,空腔内时有掉块现象。12月22日,白班先后有43人进入右洞,其中有9人于14时30分前先后出洞,右洞洞内剩余人员34人。当班因接风筒10时起停风1小时,11时接好风筒,恢复供风,当时风筒出风口距掌子面约30m,送风距离超1400m。模板台车配电箱附近悬挂的三芯插头短路,14时40分,发生瓦斯爆炸,爆炸冲击波将停放在距右洞处约20m远,重达70t的模板台车冲出40多米,洞口通风机错位,配电柜损坏,大幅宣传牌被掀飞,在洞外组装模板台车人员、门岗等有10人死亡,11人负伤。后调查发现分包的作业队无资质,农民工的安全知识和技能培训不到位,有部分瓦斯检查员无证上岗。

(1)根据《生产安全事故报告和调查处理条例》的规定,此次事故属于重大事故。(　　)

A. 正确　　　　　　　　　　　　B. 错误

(2)风筒出风口距掌子面约30m,送风距离超1400m的做法是错误的。(　　)

A. 正确　　　　　　　　　　　　B. 错误

(3)以下属于事故直接原因的是(　　)。

A. 该地段有煤层、储气构造、瓦斯通道(断层带),塌方处导致瓦斯大量涌出

B. 违规将劳务分包给无资质的作业队

C. 模板台车配电箱附近悬挂的三芯插头短路产生火花引起瓦斯爆炸

D. 农民工的安全知识和技能培训不到位,有部分瓦斯检查员无证上岗

(4)以下属于事故间接原因的是(　　)。

A. 掌子面塌方,瓦斯异常涌出

B. 模板台车附近瓦斯浓度达到爆炸极限

C. 模板台车配电箱附近悬挂的三芯插头短路产生火花引起瓦斯爆炸

D. 违规将劳务分包给无资质的作业队

2. 背景资料:××年××月××日下午,××高速公路××高架桥4号墩2号上立柱(高11.4m)的混凝土浇筑到10.4m时,立柱模板突然倾斜,致使立柱21m高工作平台上的4人坠落致死。经现场调查,模板连接螺栓断裂、螺母崩掉,混凝土外泄,模板侧向受压倒塌;模板钢板有夹层且已生锈;由于多次周转,模板的连接螺杆及刻丝刚度疲劳损伤,性能降低;螺栓未设置垫片、螺栓安装孔过大;简易爬梯附着在模板上。施工组织不合理,混凝土浇筑的泵送时间、方式和输送量没有协调好,造成短时间输送量骤增,无法均匀分配,造成桥柱一侧冲击力量过大,致使局部负荷过大而崩模,涌出的混凝土导致操作平台一端负载倾斜,并最终失稳垮塌。操作人员违章作业,没有按照规程实施作业,出现问题没有及时处理,缺乏经验。操作人员的培训不到位。没有进行专项操作技术的培训,无法应对突发情况,应变处置能力不足。

(1)依据《高处作业分级》(GB/T 3608)的有关规定,高架桥4号墩2号上立柱的施工属于( )高处作业。

A. 一级 B. 二级

C. 三级 D. 四级

(2)依据《生产安全事故报告和调查处理条例》关于安全生产事故等级的划分,本次事故属于( )。

A. 一般事故 B. 较大事故

C. 重大事故 D. 特别重大事故

(3)分析事故发生经过,不属于本次事故的主要原因的是( )。

A. 模板连接螺栓断裂、螺母崩掉,混凝土外泄,模板侧向受压倒塌

B. 模板钢板有夹层且已生锈,简易爬梯附着在模板上

C. 高墩台采用泵送混凝土浇筑方式

D. 模板的连接螺杆及刻丝刚度疲劳损伤,性能降低,螺栓未设置垫片、螺栓安装孔过大

(4)桥墩用模板钢板有夹层且已生锈这一隐患说明施工单位模板施工设计存在缺陷。判断这一分析是否正确?( )

A. 正确 B. 错误

3. 背景资料:某大桥长236m,宽13m,4个桥墩,主孔为80m的现浇箱形拱桥。该工程由某集团下属某公司承建,某建设监理公司监理。根据设计要求,该施工队伍对已搭设完毕的大桥支承脚手架进行荷载试验,以检验其承载能力以备浇筑混凝土施工。大桥施工脚手架采用一般钢管扣件脚手架(事故发生后经检测有47%的钢管壁厚不足3.5mm,最薄者仅2mm),施工队伍未对此支撑架的搭设做详细的施工方案和设计计算,未对立杆基础进行勘察和加固,只采用了向水中立杆基础四周抛砂袋的方法加固地基。同时,该荷载试验也没有规范的荷载试验方案和严格的操作程序,施工队伍只凭经验搭设脚手架,监理也没有对脚手架进行检查验

收。在加载过程中无专人指挥,没有严格按照自大桥两岸向中间对称加载的方法,当大桥一端因加载的砖块未到,人员撤离到岸边休息时,另一端人员却继续加载,从而使桥身负荷偏载,重心偏移,脚手架立杆弯曲变形,当加载至设计荷载的90%(1100t)时,脚手架失稳整体坍塌,20多名施工人员全部坠入河中,造成3人死亡,7人受伤。

(1) 该公司既未制订试验方案及加载程序,又无人指挥加载是导致此次事故发生的直接原因。(　　)

    A. 正确　　　　　　　　　　B. 错误

(2) 监理人员既未对施工单位是否编制施工组织设计及安全措施进行检查,又未对现场加载人员的违章行为及时制止,对事故应负主要责任。这一分析是否正确?(　　)

    A. 正确　　　　　　　　　　B. 错误

(3) 分析事故发生经过,"业主方对投标单位资格审查不严格"是发生本次事故的主要原因。(　　)

    A. 正确　　　　　　　　　　B. 错误

(4) 依据《生产安全事故报告和调查处理条例》安全生产事故等级划分,本次事故属于(　　)。

    A. 一般事故　　　　　　　　B. 较大事故
    C. 重大事故　　　　　　　　D. 特别重大事故

4. 背景资料:××年11月26日20时30分,某城市快速内环工程B17-B18钢箱梁防撞墙施工时,钢箱梁发生侧翻,导致钢箱梁上7名施工人员死亡,另造成桥下3名施工人员受轻伤。事故调查情况:该项目负责人为赶工期、施工方便,擅自变更设计要求的施工程序,在钢箱梁支座未注浆锚固、两端压重混凝土未浇筑的情况下,安排施工人员进行桥面防撞墙施工。11月26日晚20时许,施工作业人员在钢箱梁桥面弧线外缘近B18号墩侧开始向B17号墩方向浇筑混凝土防撞墙时,当商品混凝土罐车在向桥面输送了约3t混凝土后,钢箱梁缓慢横向外翻,并很快呈180°跌落至地面。在桥面上作业的7名工人因无法逃脱而坠落,后经抢救无效死亡。另有3名地面作业人员受轻伤。

(1) 依据《生产安全事故报告和调查处理条例》安全生产事故等级划分,本次事故属于(　　)。

    A. 一般事故　　　　　　　　B. 较大事故
    C. 重大事故　　　　　　　　D. 特别重大事故

(2) "项目负责人思想麻痹,盲目赶工期,安全生产意识不强"是导致此次事故的直接原因。(　　)

    A. 正确　　　　　　　　　　B. 错误

(3) 设计单位的设计文件编制深度不足,对有特殊要求的技术环节交底不够,对事故应负主要责任。判断这一分析是否正确?(　　)

    A. 正确　　　　　　　　　　B. 错误

(4) 建设单位应对工程设计严格审查,对有特殊要求的技术环节应向设计单位提出明确的安全要求。判断这一分析是否正确?(　　)

A. 正确　　　　　　　　　　　　B. 错误

5. 背景资料：××年5月19日上午7时左右，××省高速公路第13合同段施工现场，18名作业人员带着钻杆、钻头、锤子等工具乘坐一辆农用运输翻斗车进洞爆破作业，另有2人骑摩托车随行。汽车在途中将存放在洞中的10箱(共240kg)乳化炸药、40发导爆管雷管、1卷导爆索(100m)及不少于2发电雷管等装上车。7时45分许，当汽车行驶到隧道左洞距掌子面50m、距东侧墙4m处时，汽车上的炸药突然发生爆炸，造成驾驶员、车上18人、掌子面1名施工人员共20人全部被炸身亡，2人受伤。后经查实：承包人已经将标段分包给无资质的某建筑公司；个体承包人违规借用和伪造资质承接工程，违法组织无资质的队伍和人员从事隧道爆破作业。

(1) 将炸药、雷管等存放在洞中的做法是错误的。判断这一分析是否正确？(　　)

A. 正确　　　　　　　　　　　　B. 错误

(2) 根据《生产安全事故报告和调查处理条例》的规定，此次事故属于较大事故。(　　)

A. 正确　　　　　　　　　　　　B. 错误

(3) 以下属于事故直接原因的是(　　)。

A. 主包公司将标段违法分包给无资质的企业

B. 项目部安全监督管理不到位，现场工区负责人、工长对作业安全措施防范工作没有落实

C. 车上起爆器材在机械能作用下发生爆炸，引起240kg乳化炸药爆炸

D. 安全教育、宣传开展不够，工作人员安全意识不强

(4) 以下属于事故间接原因的是(　　)。

A. 爆破施工队在施工过程中，违规采用翻斗车运输爆破器材

B. 违规将雷管、导爆索等起爆器材与炸药同车运输

C. 违规将爆破器材和钻杆、钻头、锤子等工具混装

D. 主包公司将标段违法分包给无资质的企业

6. 背景资料：2006年××月××日，赵某、李某在某桥梁工地加工一个钢构件需用电钻，李某去工具间拿来电钻，试了一下好用，就交给赵某，赵某拿着电钻开始钻眼。此时，李某突然发现赵某浑身颤抖，立即拔下电源线，过去观察发现赵某手里拿着电钻不动了。李某马上喊来了工班长孙某某说赵某触电了。孙某某马上对赵某采取胸外心脏按压措施进行急救，同时让李某打电话叫车送医院。约半小时送到当地医院，经抢救无效死亡。

(1) 赵某在使用Ⅰ类手持电动工具时，未按照规范要求做好个人防护，违反电器安全操作规程，违章作业，对事故应负主要责任。判断这一分析是否正确？(　　)

A. 正确　　　　　　　　　　　　B. 错误

(2) 钻孔作业中，电源箱上的漏电保护装置失灵，电钻发生漏电时未能起到应有的保护作用，是事故发生的间接原因。判断这一分析是否正确？(　　)

A. 正确　　　　　　　　　　　　B. 错误

(3) 赵某使用电钻打眼作业过程中，按照规范对个人防护的要求，除应戴好绝缘手套外，还应(　　)。

        A. 戴绝缘防护帽　　　　　　　　　　B. 穿绝缘防护衣
        C. 穿绝缘防护鞋　　　　　　　　　　D. 戴绝缘防护镜
    (4)施工现场临时用电的三项基本规定中,除采用三级配电系统与二级保护系统外,还有(　　)。
        A. TN-S 接零保护系统　　　　　　　B. TN-N 接零保护系统
        C. TR-S 接零保护系统　　　　　　　D. TR-N 接零保护系统

7. 背景资料:××年5月10日,某公路工程处第三项目部在某立交桥施工期间,对立交桥作业区域内原有厂房拆除工程施工中,发生了一起因被拆除的建筑物坍塌,导致2人死亡的事故。某建设单位委托第三项目部进行 2000m² 厂房拆除工程的施工,厂房是砖混结构的二层楼房,要求6月底前拆完,合同工期4个月,条件是第三项目部向建设单位上交3万元,拆除下来的钢筋由第三项目经理部支配。项目部又将此项工程分包给了 M 民工队,条件是以拆除下来的钢筋作为支付 M 的拆除施工的工程款,并于2月20日签订了合同书。拆除工程施工前建设单位未向建设行政主管部门申报,也未给项目部提供厂房图纸等技术资料。项目部要求民工队3月1日开工,民工队为了能以最小的投入获取最多的收益(旧钢筋),未支搭拆除工程施工脚手架,而是站在被拆除厂房的楼板上,用铁锤进行作业。5月10日,厂房只剩最后一间约16m²的休息室时,民工 L、H 和 C 站在休息室天花板(即二楼地板,二楼已被拆除)上,继续用铁锤捶击天花板。同日下午 16:45 左右,房屋中心部位的天花板水泥已基本脱落,民工 L、H 和 C 仍用铁锤捶击暴露出来的钢筋。致使天花板呈 V 字形折弯,继而拉倒两侧墙壁,C 及时跳下逃生,L 和 H 被迅速缩口的天花板 V 字形折弯包夹。L 在送往医院途中死亡,H 在经医院抢救1小时后死亡。

(1)作业人员站在被拆除建筑物上进行拆除作业,违反了拆除工程施工操作规程,是导致此次事故发生的直接原因。(　　)
        A. 正确　　　　　　　　　　　　　　B. 错误
(2)建设单位在拆除工程施工前,应向建设行政主管部门报送材料和备案。(　　)
        A. 正确　　　　　　　　　　　　　　B. 错误
(3)原有厂房拆除工程施工时,拆除现场应设置围挡、警示标志,并应采用(　　)。
        A. 装载机推倒厂房　　　　　　　　　B. 推土机推倒施工
        C. 吊车配合施工　　　　　　　　　　D. 支搭脚手架施工
(4)该厂房拆除工程施工的正确方法是(　　)。
        A. 从左至右、逐层、分段实施　　　　B. 从上至下、逐层、分段实施
        C. 从左至右、立体交叉作业　　　　　D. 从上至下、立体交叉作业

8. 背景资料:某公路桥梁工程,总包方 A 公司将钢梁安装工程分包给 B 安装公司。总包方 A 公司制订了钢梁吊装方案并得到监理工程师的批准。由于工期紧,人员紧缺,B 公司将刚从市场招聘的李某与高某经简单内部培训组成吊装组。根据施工进度计划安排,××年××月××日应进行吊装,但该日清晨雾气很浓,能见度较低,吊装组就位,准备对组装完成的钢桁梁实施吊装作业。总包现场监管人员得知此事,通过手机极力劝阻。为了赶工,分包方无视劝阻,对吊装组仅作简单交底后,由李某将钢丝绳套于边棱锋利的钢梁上。钢丝绳固定完毕,李

某随即指挥吊车司机高某,将钢梁吊离地面实施了第一吊。钢梁在 18m 高处因突然断绳而坠落,击中正在下方行走的两位工人,致使两位工人当场死亡。事后查明钢丝绳存在断丝超标和严重渗油现象。

(1)依据《生产安全事故报告和调查处理条例》关于安全生产事故等级的划分,本次事故属于( )。

    A.一般事故   B.较大事故

    C.重大事故   D.特别重大事故

(2)依据《建筑施工起重吊装安全技术规范》(JGJ 276—2012),恶劣天气后吊装作业应及时清理冰雪并应采取防漏电措施。( )

    A.正确   B.错误

(3)分析事故发生经过,不属于本次事故的原因主要的是( )。

    A.初次第一吊,对钢梁未作试吊;在有大雾、光线不清的情况下,进行吊装作业

    B.总包方 A 公司将钢梁安装工程分包给 B 安装公司

    C.高某违章作业;李某违章作业,违章指挥

    D.两位工人在吊装区行走

(4)针对钢丝绳存在断丝超标和严重渗油现象这一隐患,项目部应及时检查维修和保养,截断钢丝绳破损部分,进行接长处理。判断这一分析是否正确?( )

    A.正确   B.错误

交通机电工程

(一) 单项选择题

1.消防管道安全阀应( )。

    A.垂直安装   B.水平安装

    C.30°夹角安装   D.45°夹角安装

2.埋地电缆在穿越建筑物、构筑物、道路、易受机械损伤、介质腐蚀场所及引出地面时,从 2.0m 高到地下 0.2m 处应加设( )。

    A.标桩   B.方位标志

    C.防护套管   D.防潮材料

3.施工现场专用的中性点直接接地的电力线路中,必须采用( )保护系统。

    A.TN-C-S   B.TN-S-C

    C.TN-C   D.TN-S

4.三相五线制相线 A、B、C,零线 N,保护接地线 PE 的标准导线颜色顺序是( )。

    A.红、黄绿双色、黄、蓝、绿   B.黄、绿、红、蓝、黄绿双色

    C.红、黄、绿、黄绿双色、蓝   D.红、绿、黄绿双色、蓝、黄

5. 从事施工现场临时用电工程作业的施工人员应配备(　　)劳动防护用品。
   A. 防止触电   B. 防止滑落
   C. 防止中毒   D. 防止强光伤害

6. 现场供电系统的(　　)处须做重复接地。
   A. 分闸箱   B. 开关箱
   C. 分配电箱   D. 总配电箱

7. 漏电保护又称为剩余电流保护,它是一种防止电击导致严重后果的重要技术手段。但是,漏电保护不是万能的,下列触电状态,漏电保护不能起作用的是(　　)。
   A. 人站在木桌上同时触及相线和中性线
   B. 人站在地上触及一根带电导线
   C. 人站在地上触及漏电设备的金属外壳
   D. 人坐在接地的金属台上触及一根带电导线

8. 高速公路收费站等建筑物防雷装置是指用于对建筑物进行防雷保护的整套装置。外部防雷装置指用于防止直击雷的防雷装置,以下不属于外部防雷装置的是(　　)。
   A. 接闪器   B. 电涌保护器
   C. 引下线   D. 接地装置

9. 以下属于高速公路外场设备用于直击雷防护的是(　　)。
   A. 避雷针   B. 电涌保护器
   C. 易击穿间隙   D. 阀型避雷器

10. 现场供电系统总配电箱及分配电箱 PE 保护接地线需做重复接地,接地电阻值须(　　)。
    A. ≤4Ω   B. ≤10Ω
    C. ≤30Ω   D. ≤5Ω

11. 可用于带电电气设备火灾的灭火器是(　　)。
    A. 泡沫灭火器   B. 酸碱灭火器
    C. 干粉灭火器   D. 清水灭火器

12. 凡在坠落基准面(　　)以上(含)有可能坠落的高处边进行的作业叫高处作业。
    A. 3m   B. 2m
    C. 1.5m   D. 4m

13. 采用起重机械吊运金属构件材料时,被吊的金属构件和材料应捆牢,起落应听从指挥,被吊重物下方(　　)严禁人员停留。
    A. 1m   B. 2m
    C. 回转半径内   D. 3m

14. 起重机的任何部件或吊物边缘与 10kV 以下的架空线路边线最小水平距离不得小于(　　)。
    A. 1m   B. 20m
    C. 2m   D. 10m

15. 为防止电焊弧光伤害眼睛,应采取的防护方式是使用( )。
    A. 墨镜   B. 滤光镜
    C. 平光镜   D. 茶色镜

16. 起重机的任何部件或吊物边缘与35kV以下的架空线路边线最小垂直距离不得小于( )。
    A. 1m   B. 20m
    C. 4m   D. 10m

17. 基础基坑位于现场通道附近时,应沿边缘设立防护栏杆或围挡,夜间应加设( )警示灯。
    A. 绿色   B. 黄色
    C. 蓝色   D. 红色

18. 缆索放线架与线盘应放置稳固,放线架应配有( )设施。
    A. 制动   B. 启动
    C. 防滑   D. 防雷

19. 缆索架设作业时,张拉人员应站在张紧器与钢丝绳连接处的( )。
    A. 前方   B. 右方
    C. 左方   D. 侧后方

20. 高边坡、陡崖现浇混凝土护栏施工,作业人员应采取( )措施。
    A. 防潮   B. 防坠落
    C. 防火   D. 防砸

21. 变配电室搭设必须采用防火材料,门必须朝向( )开启。
    A. 随意   B. 两边
    C. 内侧   D. 外侧

22. 总配电箱和开关箱至少设置( )漏电保护。
    A. 一级   B. 两级
    C. 三级   D. 四级

23. 配电装置送电应遵守( )操作顺序。
    A. 总配电箱(配电柜)→分配电箱→开关箱
    B. 开关箱→分配电箱→总配电箱(配电柜)
    C. 分配电箱→开关箱→总配电箱(配电柜)
    D. 开关箱→总配电箱(配电柜)→分配电箱

24. 良好的绝缘是保证电气设备安全运行的重要条件,各种电气设备的绝缘电阻必须定期试验。下列可用于测量绝缘电阻的仪表是( )。
    A. 模拟式万用表
    B. 接地电阻测量仪
    C. 兆欧表
    D. 数字式万用表

25. 高速公路外场配电箱,为了防止雨水和尘沙侵入电器,配电箱导线的进出口必须设在( )。
  A. 箱体下底面   B. 箱体顶面
  C. 箱体侧面   D. 箱体后面

26. 危险潮湿场所的照明以及手持照明灯具,必须使用( )。
  A. 安全开关供电   B. 安全电源供电
  C. 安全电压供电   D. 安全电流供电

27. 消防泵的专用配电线路应引自施工现场( )的上端,保证连续不断供电。
  A. 漏电保护器   B. 总断路器
  C. 总配电箱   D. 分配电箱

28. 使用移动电气设备和手持电动工具时,开关箱内应按规定安装( )。
  A. 漏电保护装置   B. 漏电保护设施
  C. 漏电保护装备   D. 漏电保护闸刀

29. 现场供电系统应采用( )。
  A. 三级配电四级漏电保护
  B. 三级配电五级漏电保护
  C. 三级配电两级漏电保护
  D. 三级配电一级漏电保护

30. 隔离栅安装工作人员应佩戴( )手套。
  A. 防穿刺   B. 防寒
  C. 防辐射   D. 防火

31. 运输、存放标线涂料和溶剂时,应采取( )措施。
  A. 防潮   B. 防坠落
  C. 防火   D. 防砸

32. 运输、存放塑料防眩板时,应采取( )措施。
  A. 防潮   B. 防坠落
  C. 防火   D. 防砸

33. 桥梁上下行空隙处安装防眩板时,应采取( )措施。
  A. 防潮   B. 防坠落
  C. 防火   D. 防砸

34. 热熔釜熔料时,最大投料量不得超过缸体的( )。
  A. 4/5   B. 1/2
  C. 3/5   D. 2/5

35. 安装桥梁金属护栏时,作业人员和未完全固定的构件应采取( )措施。
  A. 防潮   B. 防坠落
  C. 防火   D. 防砸

(二) 多项选择题

1. 为了防止静电的危害,可以采取的控制措施是(   )、静电中和器。
   A. 抗静电添加剂　　　　　　　　B. 静电接地
   C. 使用惰化技术　　　　　　　　D. 工艺控制
   E. 增湿

2. 场(厂)内专用机动车辆事故发生原因有(   )。
   A. 车辆安全技术状况不良
   B. 驾驶员安全技术素质不高
   C. 场(厂)内的作业环境复杂
   D. 管理不到位
   E. 未制订应急预案

3. 典型场(厂)内专用机动车辆事故有超速造成事故、(   )。
   A. 无证驾驶造成事故
   B. 违章载人造成事故
   C. 违章作业造成事故
   D. 违反作息时间造成事故
   E. 设备故障造成事故

4. 公路机电系统施工中,以下属于危险性较大的需要编制专项施工方案的分部分项工程包括(   )。
   A. 开挖深度超过3m(含3m)的基坑(槽)的土方开挖、支护
   B. 采用起重机械进行安装的工程
   C. 机房设备安装施工
   D. 采用非常规起重设备、方法,且单件起吊重量在10kN及以上的起重吊装工程
   E. 安装隧道内紧急电话设备

5. 施工现场对电气设备和供电线路要进行(   )的检查和保养,及时消除隐患。
   A. 安全性　　　　　　　　　　　B. 经常性
   C. 专业性　　　　　　　　　　　D. 季节性
   E. 可靠性

6. 公路沿线电缆线路可以采用(   )敷设。
   A. 桥架　　　　　　　　　　　　B. 埋地下
   C. 电缆沟　　　　　　　　　　　D. 管道内
   E. 沿脚手架

7. 对外电线路防护的基本措施是(   )。
   A. 保证安全操作距离　　　　　　B. 搭设安全防护设施
   C. 迁移外电线路　　　　　　　　D. 停用外电线路
   E. 施工人员主观防范

8. 施工现场临时用电必须建立安全技术档案,应包括的内容有(　　)。
   A. 用电组织设计的全部资料　　　　B. 用电工程检查验收表
   C. 定期检(复)查表　　　　　　　　D. 接地电阻、绝缘电阻等参数测定记录表
   E. 电工安装、巡检、维修拆除工作记录

9. 三级配电系统应遵守的配电规则是(　　)。
   A. 分级分路规则　　　　　　　　　B. 动、照分设规则
   C. 压缩配电间距规则　　　　　　　D. 一级漏电保护规则
   E. 环境安全规则

10. 人触电时,可能同时遭受电击和电伤。电击是电流直接作用于人体所造成的伤害,电伤是电流转换成热能,机械能等其他形式的能量作用于人体造成的伤害。电伤的主要特征有(　　)。
    A. 致命电流小
    B. 主要伤害人的皮肤和肌肉
    C. 人体表面受伤后留有大面积明显的痕迹
    D. 受伤害的严重程度与电流的种类有关
    E. 受伤害程度与电流大小有关

11. 电气设备在异常状态产生的危险温度和电弧(包括电火花)都可能引燃火灾甚至引起爆炸,由电气引燃源引起的火灾和爆炸在火灾、爆炸事故中占有很大的比例。下列电气设备的异常状态中,可能产生危险温度的是(　　)。
    A. 线圈发生短路　　　　　　　　　B. 集中在某一点发生漏电
    C. 电源电压过低　　　　　　　　　D. 额定状态下长时间运行
    E. 额定状态下间歇运行

12. 电气装置运行中产生的危险温度、电火花和电弧是导致电气火灾爆炸的重要因素。下列关于电气引燃源的说法中,正确的有(　　)。
    A. 变压器、电动机等电气设备铁芯涡流异常增加,将造成铁芯温度升高,产生危险温度
    B. 短路电流流过电气设备时,主要产生很大的电动力,造成设备损坏,而不会产生危险温度
    C. 三相四线制电路中,节能灯、电焊机等电气设备产生的三次谐波容易造成中性线过载,带来火灾隐患
    D. 铜、铝接头经过长期带电运行,接触状态会逐渐恶化,导致接头过热,形成引燃源
    E. 雷电过电压,操作过电压会击穿电气设备绝缘,并产生电弧

13. 电气设备外壳接保护线是最基本的安全措施之一。下列电气设备外壳接保护线的低压系统中,允许应用的系统有(　　)。
    A. TN-S 系统　　　　　　　　　　B. TN-C-S 系统
    C. TN-C 系统　　　　　　　　　　D. TN-S-C 系统
    E. TN-TT-C 系统

14. 以下安全措施兼有直接接触电击防护和间接接触电击防护的是( )。
    A. 绝缘   B. 间距
    C. 安全电压   D. TT 系统
    E. 剩余电流动作保护装置

15. 供电系统工程使用的电气产品,必须具备( )、试验报告、工业产品生产许可证。
    A. 检验证   B. 合格证
    C. "CCC"认证   D. 商检证书
    E. 工业产品生产许可证

16. 现场机电系统施工供电用电的( )必须由电工操作。
    A. 建立   B. 安装
    C. 使用   D. 维修
    E. 设计

17. 公路外场使用的电气设备、设施应有( )等措施。
    A. 防砸   B. 防雨
    C. 防撞   D. 防雷
    E. 防坠落

18. 高速公路收费站等建筑物防雷装置是指用于对建筑物进行防雷保护的整套装置,外部防雷装置指用于防止直击雷的防雷装置,以下属于外部防雷装置的是( )。
    A. 接闪器   B. 电涌保护器
    C. 引下线   D. 接地装置
    E. 等电位连接件

19. 施工现场的临时用电设备必须保证( )。
    A. 一机   B. 一闸
    C. 一箱   D. 一漏
    E. 一锁

20. 带电灭火必须使用不导电灭火剂,如( )等。
    A. 二氧化碳   B. 水
    C. 干粉灭火器   D. 四氧化碳
    E. 二氧化氮

(三)判断题

1. 建筑起重机械严禁利用限制器和限位装置代替操纵机构。( )
    A. 正确   B. 错误

2. 起重吊装作业中,吊物严禁超出施工现场的范围。( )
    A. 正确   B. 错误

3. 起重机作业时,起重臂和重物下方严禁有人停留、工作或通过。重物吊运时,严禁从人上方通过。( )

A. 正确　　　　　　　　　　　　B. 错误
4. 起重机械的吊钩必须设有防脱钩的装置。(　　)
　　　A. 正确　　　　　　　　　　　　B. 错误
5. 使用电焊机应单独开关,电焊机外壳应做接零或接地保护。(　　)
　　　A. 正确　　　　　　　　　　　　B. 错误
6. 电焊机一次线长度应小于5m,二次线双线到位,严禁借路。(　　)
　　　A. 正确　　　　　　　　　　　　B. 错误
7. 电焊机把线必须到位,地线可借用结构钢筋,但要注意防止火灾。(　　)
　　　A. 正确　　　　　　　　　　　　B. 错误
8. 安全阀的出口管道应指向安全地点,在进出管道上设置截止阀时应加铅封,且应锁定在全开启状态。(　　)
　　　A. 正确　　　　　　　　　　　　B. 错误
9. 隧道消防管道试压时,管道上的安全阀应已拆下或加以隔离。(　　)
　　　A. 正确　　　　　　　　　　　　B. 错误
10. 当进行吹缆操作时,应尽量远离输气管和硅芯管。当空压机在使用时,应远离人孔。(　　)
　　　A. 正确　　　　　　　　　　　　B. 错误
11. 用光纤吹缆机施工时,操作者不能站立于松软的地面上。(　　)
　　　A. 正确　　　　　　　　　　　　B. 错误
12. 光纤吹缆机加压前,应拧紧所有接头。(　　)
　　　A. 正确　　　　　　　　　　　　B. 错误
13. 光纤吹缆机连接或拆管前,应保持其内的压力。(　　)
　　　A. 正确　　　　　　　　　　　　B. 错误
14. 用光纤吹缆机施工时,硅管末端不需要安排人员值守。(　　)
　　　A. 正确　　　　　　　　　　　　B. 错误
15. 吹缆机只能用于吹缆,不得使用无气块组件的传送带直接推拉光缆。(　　)
　　　A. 正确　　　　　　　　　　　　B. 错误
16. 涂装作业、储存场所严禁明火。(　　)
　　　A. 正确　　　　　　　　　　　　B. 错误
17. 热熔釜和漆料保温桶上方不得出现明火。(　　)
　　　A. 正确　　　　　　　　　　　　B. 错误
18. 运货车辆未停稳,不得装卸货物,护栏立柱堆放应采取防止滚落措施。(　　)
　　　A. 正确　　　　　　　　　　　　B. 错误
19. 在进行隧道顶端灯具安装施工作业时,如果操作人员能够独立完成作业,可以不安排指定专门的看护人员。(　　)
　　　A. 正确　　　　　　　　　　　　B. 错误
20. 蓄电池室、变压器室应有良好的通风。(　　)

A. 正确 B. 错误

21. 配电箱以外不得有裸带电体外露,装设在箱外表面或配电板上的电气元件必须有可靠的屏护。（　　）

A. 正确 B. 错误

22. 公路机电系统室内作业可以不佩戴安全帽。（　　）

A. 正确 B. 错误

23. 雷雨天气情况下,作业人员要远离建筑物的接闪杆及其接地引下线,以防止二次放电和跨步电压伤人。（　　）

A. 正确 B. 错误

24. 室外使用的电焊机应设有防水、防晒、防砸棚,并设有消防器具。（　　）

A. 正确 B. 错误

25. 正常使用中的开关箱必须合上电源后箱门上锁。（　　）

A. 正确 B. 错误

26. 在电焊作业场所,做好防火措施是可以吸烟的。（　　）

A. 正确 B. 错误

27. 配电线路可以采用四芯电缆外敷一根绝缘导线替代五芯电缆。（　　）

A. 正确 B. 错误

28. 高速公路隧道照明灯具维修、保养作业不得少于两人,严禁酒后操作和闲谈打闹。（　　）

A. 正确 B. 错误

29. 现场防止直接接触触电的基本安全防范技术措施有隔离、屏护、间距等。（　　）

A. 正确 B. 错误

30. 发生电气火灾,应及时打开消防栓及时扑救。（　　）

A. 正确 B. 错误

31. 开关箱、配电箱壳体和底板可以采用木质材料制作。（　　）

A. 正确 B. 错误

32. 使用手持式电动工具时,必须按规定穿、戴绝缘防护用品。（　　）

A. 正确 B. 错误

33. 手持式电动工具金属外壳与PE线的连接点不少于两处。（　　）

A. 正确 B. 错误

34. 控制用电机械的开关箱,在作业中应将开关箱锁上,以免非电工人员随意开、关。（　　）

A. 正确 B. 错误

35. 患有高血压、心脏病、恐高症等疾病的人员,不得从事起重机操作、登高作业工作。（　　）

A. 正确 B. 错误

36. 上梯子作业要按规范戴好安全帽,为便于上下传递工具,允许两人在梯子上作业,地面

不需要有人监护。(   )
  A. 正确   B. 错误

37. 喷涂水性涂料应采取防涂料飞溅的措施。(   )
  A. 正确   B. 错误

38. 打、压立桩的桩机应安设牢固、平稳。桩机移动时,应注意避让地面沟槽、地上架空线路等障碍物。(   )
  A. 正确   B. 错误

39. 波形梁板安装后不需要及时固定。(   )
  A. 正确   B. 错误

40. 缆索架设作业中,张拉时紧邻张拉跨中间立柱两侧不得站人。(   )
  A. 正确   B. 错误

41. 施工用小型柴油发电机使用地点应通风良好,以防止排出的废气中毒。(   )
  A. 正确   B. 错误

42. 手动电钻外壳必须有接地或者中性线保护。(   )
  A. 正确   B. 错误

43. 使用手动电钻时,要求要戴胶皮手套,穿胶布鞋;在潮湿的地方工作时,必须站在橡皮垫或干燥的木板上工作,以防触电。(   )
  A. 正确   B. 错误

44. 用电设备开关箱必须做到"一机、一箱、一闸、一漏"。(   )
  A. 正确   B. 错误

45. 室外用电设备开关箱必须有门、有锁、防雨、防尘。(   )
  A. 正确   B. 错误

46. 配电箱、开关箱的电源进线端可以采用插头或者插座做活动连接。(   )
  A. 正确   B. 错误

47. 配电箱、开关箱维修、检查时,必须将其前一级相应的电源隔离开关分闸断电,并悬挂"禁止合闸、有人工作"停电标志牌。(   )
  A. 正确   B. 错误

48. 经验丰富的电工在配电箱、开关箱维修、检查时,可以带电作业。(   )
  A. 正确   B. 错误

49. 总配电箱和开关箱至少设三级漏电保护器。(   )
  A. 正确   B. 错误

50. 室外电缆线路可以采用埋地敷设、架空敷设、地面明设等敷设方式。(   )
  A. 正确   B. 错误

51. 三相五线制配电电缆线路中的淡蓝色和绿/黄两种颜色绝缘芯线可以混用。(   )
  A. 正确   B. 错误

52. 各种用电设备、灯具的相线可以不经开关控制而直接接入。(   )
  A. 正确   B. 错误

53.配电装置的箱(柜)门处应有名称、用途、分路标记及内部电气系统接线图,以防止误操作。(　　)
　　　　A.正确　　　　　　　　　　　　B.错误

54.电缆接线盒应能防水、防尘、防机械损伤,并远离易燃、易爆、易腐蚀场所。(　　)
　　　　A.正确　　　　　　　　　　　　B.错误

55.有外电架空线路的下方不能进行施工作业,可以堆放施工材料和机具。(　　)
　　　　A.正确　　　　　　　　　　　　B.错误

56.进行外场监控摄像机安装的人员必须年满18周岁,必须进行身体检查合格后,方可从事安装作业。(　　)
　　　　A.正确　　　　　　　　　　　　B.错误

57.安装门架标志时,作业人员可以站在门架横梁上作业。(　　)
　　　　A.正确　　　　　　　　　　　　B.错误

58.热熔作业时,作业人员应穿着防护服,佩戴护目眼镜,戴防护手套,普通口罩。(　　)
　　　　A.正确　　　　　　　　　　　　B.错误

59.基础基坑位于现场通道附近时,应沿边缘设立防护栏杆或围挡,有了围挡夜间不用加设警示灯。(　　)
　　　　A.正确　　　　　　　　　　　　B.错误

60.交通标志支撑结构的安装应在混凝土强度达到设计要求后方可进行。(　　)
　　　　A.正确　　　　　　　　　　　　B.错误

61.交通标志及设备安装过程中的高处作业可以采用任意登高措施。(　　)
　　　　A.正确　　　　　　　　　　　　B.错误

62.登高梯的梯脚底部应坚实,在高度不够时,可以采用硬质材料垫高使用。(　　)
　　　　A.正确　　　　　　　　　　　　B.错误

63.立梯与地面的工作角度为70°~80°为宜,踏板上下距离以30cm为宜,不得缺档。(　　)
　　　　A.正确　　　　　　　　　　　　B.错误

参考答案

公路工程

(一) 单项选择题

1. D	2. D	3. A	4. A	5. D	6. A	7. D	8. D	9. B	10. B
11. A	12. D	13. D	14. C	15. C	16. B	17. A	18. C	19. D	20. A
21. D	22. D	23. A	24. D	25. A	26. A	27. B	28. B	29. A	30. A
31. D	32. A	33. D	34. D	35. C	36. D	37. D	38. A	39. B	40. A
41. A	42. B	43. C	44. D	45. D	46. B	47. D	48. C	49. D	50. C
51. D	52. A	53. B	54. D	55. A	56. C	57. A	58. D	59. B	60. B
61. D	62. D	63. B	64. B	65. C	66. B	67. D	68. C	69. C	70. A
71. B	72. C	73. D	74. A	75. B	76. B	77. C	78. B	79. A	80. C
81. B	82. A	83. A	84. B	85. A	86. D	87. D	88. D	89. D	90. C
91. D	92. A	93. A	94. D	95. C	96. D	97. B	98. A	99. D	100. C
101. A	102. C	103. B	104. D	105. B	106. D	107. A	108. D	109. B	110. C
111. A	112. C	113. A	114. B	115. D	116. B	117. D	118. A	119. D	120. A
121. C	122. A	123. D	124. C	125. D	126. C	127. A	128. D	129. B	130. C
131. C	132. A	133. C	134. A	135. B	136. D	137. C	138. B	139. C	140. D
141. C	142. B	143. B	144. A	145. A	146. A	147. A	148. B	149. A	150. C
151. A	152. D	153. B	154. B	155. B	156. A	157. D	158. D	159. A	160. C
161. C	162. D	163. D	164. D	165. D	166. B	167. B	168. C	169. B	170. D
171. B	172. D	173. A	174. D	175. D	176. D	177. C	178. C	179. C	180. C
181. A	182. A	183. B	184. A	185. D					

(二) 多项选择题

1. ABC	2. ABCDE	3. ABCD	4. ABCDE	5. ABDE
6. BCDE	7. ACDE	8. ABCDE	9. ABCDE	10. ACDE
11. BCDE	12. ABCDE	13. ABCDE	14. ABCDE	15. ABCD
16. ABCDE	17. ABDE	18. ABCD	19. ABCD	20. ABCDE
21. ABCDE	22. AB	23. ABCDE	24. ABCDE	25. ABCDE

26. ABD	27. ABCDE	28. ABCDE	29. ABCDE	30. ABCD
31. ACDE	32. CDE	33. ABDE	34. ABCDE	35. CDE
36. ABCE	37. BCDE	38. ABCD	39. BCDE	40. ABCDE
41. DE	42. BDE	43. BD	44. CD	45. ACE
46. ABCE	47. ABCDE	48. ABDE	49. ABCD	50. BD
51. ABCD	52. AD	53. ACDE	54. AC	55. ABD
56. BCD	57. ABDE	58. BCDE	59. ABDE	60. ABCD
61. BCD	62. BCD	63. CDE	64. BCD	65. BD
66. BCDE	67. ABDE	68. ABDE	69. ABCD	70. ABCDE
71. AB	72. AD	73. ACE	74. ABD	75. CDE
76. AB	77. ABCD	78. ACDE	79. ACD	80. AD
81. AC	82. ABCD	83. ABC	84. AC	85. BC
86. ACDE	87. BC	88. BCE	89. ABE	90. ACD
91. BE	92. ABDE	93. ABCD	94. ABDE	95. ACDE
96. ABDE	97. CD	98. BD	99. ABC	100. ABE
101. AD	102. BCD	103. ABCE	104. ACE	105. ACD
106. BCDE	107. BCD	108. ABDE	109. BDE	110. BCD
111. ABDE	112. AC	113. CDE	114. ADE	115. BCDE
116. CD	117. ABDE	118. ABCE	119. BCDE	120. ABCE
121. ABE	122. BDE	123. BC	124. ACE	125. BD
126. ACDE	127. ABCE	128. ABE	129. ABCE	130. ACD
131. ABCDE	132. ABCD	133. ABCD	134. BDE	135. ABD
136. ABDE	137. ABE	138. AC	139. ABCD	140. BCD
141. ACDE	142. ABD	143. ABC	144. ABCDE	145. ABCDE
146. BCD	147. ABCDE	148. ABC	149. CE	150. ABCDE
151. ABCDE	152. ABCD	153. ABCDE	154. BCDE	155. ABCE
156. ABCD	157. ABDE	158. ADE	159. ABCE	160. ABCE
161. BE	162. ABCDE	163. ABDE	164. ABCDE	165. ABCD
166. ABCDE	167. ABCDE	168. ABCDE	169. ABCDE	170. ABCE
171. ACDE	172. BCDE			

(三) 判断题

1. A	2. A	3. A	4. B	5. A	6. A	7. B	8. B	9. B	10. B
11. B	12. A	13. B	14. A	15. A	16. A	17. B	18. B	19. A	20. B
21. A	22. A	23. A	24. A	25. B	26. B	27. B	28. B	29. B	30. A

31. A	32. A	33. B	34. A	35. B	36. A	37. A	38. B	39. A	40. A
41. B	42. B	43. B	44. A	45. A	46. A	47. A	48. A	49. A	50. A
51. A	52. B	53. B	54. B	55. A	56. B	57. A	58. B	59. B	60. B
61. A	62. A	63. B	64. B	65. B	66. A	67. A	68. B	69. A	70. A
71. A	72. A	73. B	74. B	75. A	76. A	77. B	78. A	79. A	80. B
81. B	82. A	83. A	84. B	85. B	86. A	87. B	88. A	89. B	90. A
91. B	92. A	93. B	94. A	95. B	96. B	97. A	98. B	99. A	100. A
101. A	102. A	103. B	104. B	105. A	106. A	107. A	108. B	109. B	110. B
111. A	112. B	113. B	114. A	115. B	116. B	117. A	118. B	119. B	120. B
121. A	122. A	123. A	124. A	125. A	126. B	127. A	128. B		

(四)案例题

1. (1)B　(2)A　(3)C　(4)D
2. (1)C　(2)B　(3)C　(4)A
3. (1)B　(2)B　(3)B　(4)B
4. (1)B　(2)B　(3)B　(4)A
5. (1)A　(2)B　(3)C　(4)D
6. (1)A　(2)B　(3)C　(4)A
7. (1)A　(2)A　(3)D　(4)B
8. (1)A　(2)A　(3)B　(4)B

交通机电工程

(一)单项选择题

1. A	2. C	3. D	4. B	5. A	6. D	7. A	8. B	9. A	10. B
11. C	12. B	13. C	14. C	15. B	16. C	17. D	18. A	19. D	20. B
21. D	22. B	23. A	24. C	25. A	26. C	27. B	28. A	29. C	30. A
31. C	32. C	33. B	34. A	35. B					

(二)多项选择题

1. ABDE　2. ABCD　3. ABCE　4. ABD　5. BCD
6. ABCD　7. ACD　8. ABCDE　9. ABCE　10. BC
11. ABC　12. ACDE　13. ABC　14. CE　15. ABCE
16. BD　17. BD　18. ACD　19. ABCD　20. AC

(三) 判断题

1. A	2. A	3. A	4. A	5. A	6. A	7. B	8. A	9. A	10. A
11. A	12. A	13. B	14. B	15. A	16. A	17. A	18. A	19. B	20. A
21. A	22. B	23. A	24. A	25. A	26. B	27. B	28. A	29. A	30. B
31. B	32. A	33. A	34. B	35. A	36. B	37. A	38. A	39. B	40. A
41. A	42. A	43. A	44. A	45. A	46. B	47. A	48. B	49. A	50. B
51. B	52. B	53. A	54. A	55. B	56. A	57. B	58. B	59. B	60. A
61. B	62. B	63. A							

水运篇

一、综合知识和能力

(一) 单项选择题

1. 企业安全生产许可证可以延期的唯一条件是(　　)。
   A. 原来有效期满
   B. 原有效期内,企业严格遵守有关安全生产的法律法规,未发生死亡事故
   C. 原有效期内,企业严格遵守有关安全生产的法律法规,未发生伤亡事故
   D. 原安全生产许可证颁发机关审查同意
2. 风险识别的结果是(　　)。
   A. 建立风险清单　　　　　　　　B. 发现危险源
   C. 发现事故隐患　　　　　　　　D. 规划风险控制对策
3. 安全生产管理人员使用最多的辨识危险源的方法是(　　)。
   A. 事故树分析法　　　　　　　　B. 工作任务分析法
   C. 现场调查法　　　　　　　　　D. 故障树分析法
4. 担任项目安全生产领导小组组长的是(　　)。
   A. 项目经理　　B. 项目副总经理　　C. 项目安全总监　　D. 技术副总经理
5. 在安全生产管理长效机制建构中,事故持续高发的阶段是(　　)。
   A. 内容设计阶段　　　　　　　　B. 要素构建阶段
   C. 反馈完善阶段　　　　　　　　D. 整合运行阶段
6. 安全系统工程最早起源于(　　)。
   A. 经济管理部门　　B. 交通建设部门　　C. 道路运输部门　　D. 航空部门
7. 生产安全事故应急管理的第一原则是(　　)。
   A. 防止事故扩大,减少人员伤亡　　B. 分工合作,落实责任
   C. 以人为本、关爱生命　　　　　　D. 服从命令,听从指挥
8. 应急管理的四个阶段依次为(　　)。
   A. 接警、响应、准备、恢复　　　B. 预防、准备、响应、恢复
   C. 启动、响应、准备、救援　　　D. 准备、响应、救援、恢复
9. 《公路水运工程"平安工地"考核评价标准(试行)》规定,"平安工地"考评等级分为达

标、不达标与( )三个等级。

    A.示范   B.优秀   C.优良   D.创建

10.《公路水运工程施工企业项目负责人施工现场带班生产制度(暂行)》规定,公路水运工程施工企业应建立本企业项目负责人施工现场带班生产的责任考核制度,每( )至少组织1次对所承揽工程项目经理部的定期检查考核。

    A.半年   B.一年   C.两年   D.三年

11.( )应对安全技术措施内容是否符合强制性标准要求进行重点审查,审查合格后方可同意工程开工。

    A.设计单位   B.建设单位   C.施工单位   D.监理单位

12.安全技术交底由( )负责实施,实行逐级安全技术交底制度。

    A.设计单位技术负责人   B.施工单位项目部技术负责人

    C.施工单位专职安全员   D.施工单位项目部班组长

13.安全生产领域有一个"南风法则",即北风和南风比威力,看谁把行人身上的大衣吹掉,北风呼啸,结果行人把大衣裹得更紧,南风徐徐,行人感到春意浓浓,最后脱掉大衣。这一法则反映出安全生产管理必须坚持( )的理念。

    A.以人为本   B.综合治理   C.预防为主   D.本质安全

14.各项安全管理制度的核心是( )。

    A.教育培训制度   B.责任追究制度

    C.组织管理制度   D.安全生产责任制度

15.根据特殊条件作业规定,( )级以上大风应该停止高处作业。

    A.4   B.5   C.6   D.7

16.如果我们把一个企业、一个项目、一个班组看做一个系统,系统内部都有人、物、环境、关系四大要素,从管理哲学来看,安全生产管理着重是管理( )。

    A.系统中的人   B.系统中的物

    C.系统所处的环境   D.系统内外要素之间的关系

17.安全生产管理的最高境界是( )。

    A.管理安全   B.规范安全   C.操作安全   D.本质安全

18.曾有"安全公理"之称的事故致因分析理论是( )。

    A.系统安全理论   B.海因里希的因果连锁理论

    C.人机轨迹交叉理论   D.破窗理论

19.2014年12月1日开始实施的新《安全生产法》第18条将生产经营单位的主要负责人的安全责任在原来6大责任基础上增加到7大责任,下面属于新增加的是( )。

    A.建立、健全本单位安全生产责任制

    B.及时、如实报告生产安全事故

    C.保证本单位安全生产投入的有效实施

    D.组织制订并实施本单位安全生产教育和培训计划

20.《建筑法》第四十八条规定:建筑施工企业应当依法为职工参加工伤保险,缴纳工伤保险费。鼓励企业为从事危险作业的职工办理意外伤害保险,支付保险费。建筑工人意外伤害保险属于(　　)。

　　A.法定保险　　　　B.选择性保险　　　　C.强制保险　　　　D.责任保险

21.有机溶剂的应用日趋广泛,围绕人们的衣食住行,都可以观察到有机溶剂的踪影,如四氯乙烯广泛用于纺织品的干洗、汽车防冻液、汽车轮胎制造等领域与有机溶剂密不可分。有机溶剂种类和用量的不断增加改善了人们的生活质量。同时也会给人们带来健康方面的损害。规避有机溶剂的伤害重在预防。对生产环节中可能存在的有机溶剂,必须做好密闭化管理。存在有机溶剂的工作场所,应当定期检测空气中各种有机溶剂的浓度,使其符合国家职业卫生标准。家庭装修使用的有机溶剂,除了购买安全环保产品外,在入住前应当充分开窗通风,将空气中的有机溶剂控制在安全的剂量水平。这段文字意在强调(　　)。

　　A.避免有机溶剂伤害的方法　　　　B.有机溶剂的用途十分广泛
　　C.有机溶剂造成伤害可以避免　　　　D.有机溶剂可能伤害人的健康

22.许多人很崇尚言论自由,以为言论自由就可以解决思想自由的问题。实际上,言论表达的自由并不必然走向思想自由。假如我们观察网络媒体上的有些表达,就会发现它存在着一种极端化的趋势,严谨的人不一定参与表达和讨论,同时网络媒体上有许多非理性的谩骂和恶意攻击等等。结果虽然言论自由了,但一个人的思想表达很容易遭到围攻,这不是思想自由,仅仅是言论自由而已。这段文字意在强调(　　)。

　　A.思想自由的前提并非言论自由　　　　B.言论自由不必然导致思想自由
　　C.思想自由并不等于言论自由　　　　D.言论自由将导致思想的极端化

23.由细颗粒物造成的灰霾天气对人体健康的危害甚至要比沙尘暴更大。粒径10微米以上的颗粒物,会被挡在人的鼻子外面;粒径在2.5微米至10微米之间的颗粒物,能够进入上呼吸道,但部分可通过痰液等排出体外,另外也会被鼻腔内部的绒毛阻挡,对人体健康危害相对较小;而粒径在2.5微米以下的细颗粒物吸入人体后会进入支气管,干扰肺部的气体交换,引发包括哮喘、支气管炎和心血管病等方面的疾病。这些颗粒还会进入血液,其中的有害气体、重金属等溶解在血液中,对人体健康的伤害更大。这段文字意在说明(　　)。

　　A.重金属等会溶解于血液中危及人体健康
　　B.灾害天气中各自尺寸颗粒物的致病机理
　　C.不同粒径的颗粒物对人体健康的不同影响
　　D.灰霾天气中的细颗粒物对人体健康伤害大

24.虚拟人力资源管理是指以合作关系为基础,充分利用现代信息网络技术,帮助企业获取、发展和筹划智力和劳力资本的一种人力资源管理办法,它可以满足企业管理虚拟化发展的要求,将大量的人力资源管理活动外部化或由员工实现自主管理,企业从而可以将主要精力放在核心人力资源管理方面,提高人力资源管理效率。根据上述定义,下列选项不属于虚拟人力资源管理的是(　　)。

　　A.某企业通过猎头公司物色到一位产品研发专家
　　B.某公司委托劳动派遣公司负责分发员工的薪酬
　　C.小李和同事都被公司派到某职业学校培训半年

D. 某集团将其全部广告交由同一家广告公司设计

25. 企业社会响应是指企业受社会伦理道德标准的引导满足社会某种普遍需要。根据上述定义,下列选项不属于企业社会响应的是( )。

    A. 某工厂发生污染事故,周边企业出资垫付事故赔偿金

    B. 工程队在工地周围铺设防尘网,减少粉尘造成的污染

    C. 某企业捐赠3亿股企业股票给慈善组织设立专项基金

    D. 某公司按照《残疾人保障法》的规定安排残疾人就业

26. 小王、小张、小李、小顾四位舍友预测某次考试的结果。小王:我想这次大家都能过吧! 小张:怎么可能? 你没看见我乌云密布吗? 小李:小顾肯定是没问题的。小顾:拜托! 要是我没问题,大家就都没问题。成绩公布后,证明四人中只有一个人的说法是错误的。说法错误的是( )。

    A. 小王   B. 小张   C. 小李   D. 小顾

27. 下列法律法规中,第一次详细规定各参建单位的安全责任以及政府部门监管责任的是( )。

    A.《安全生产法》   B.《安全生产许可证条例》

    C.《建设工程安全生产管理条例》   D.《建筑法》

28. 心理学研究表明,一种良好的安全行为习惯的形成,需要( )次行为的反复。

    A. 10   B. 21   C. 30   D. 11

29. 某公司董事长由上一级单位总经理张某兼任,张某长期在外地,不负责该公司日常工作。该公司总经理安某在国外脱产学习,期间日常工作由常务副总经理徐某负责,分管安全生产工作的副总经理姚某协助其工作。根据安全生产法有关规定,此期间对该公司的安全生产工作全面负责的人是( )。

    A. 安某   B. 张某   C. 徐某   D. 姚某

30. 2014年12月1日开始实施的新《安全生产法》规定,因发生生产安全事故,最高罚款可以达到( )。

    A. 500万元   B. 1000万元   C. 1500万元   D. 2000万元

31. "破窗理论"反映出人类行为中所具有的( )。

    A. 墨菲定律   B. 从众心理

    C. 多米诺骨牌效应   D. 蝴蝶效应

32. 下列属于社会主义核心价值观内容的是( )。

    A. 廉洁、自律   B. 诚信、友善   C. 敢言、道正   D. 遵纪、守法

33. 安全生产法可以做广义和狭义两个方面的理解,下列说法错误的是( )。

    A. 所有调整安全生产关系的法律规范都属于广义的安全生产法

    B. 狭义的安全生产法专指最高立法机关制定的安全生产法律规范

    C. 广义与狭义安全生产法的区别在于,广义安全生产法的立法主体是多元的,而狭义安全生产法的立法主体是一元的

    D. 我们通常所说的安全生产法是狭义的

34. 重大隐患排查治理的责任主体是( )。
   A. 建设单位　　　B. 施工单位　　　C. 设计单位　　　D. 监理单位
35. 《公路水运工程生产安全重大事故隐患挂牌督办制度(暂行)》规定,负责挂牌督办的交通运输主管部门自接到( )起 10 个工作日内对整改报告进行审查并组织现场复查。
   A. 通知　　　　　B. 销号申请书　　C. 开工指令　　　D. 罚款通知书
36. 在设备内受限空间作业时,设备内照明电压应该小于或等于( )。
   A. 5V　　　　　　B. 10V　　　　　C. 15V　　　　　D. 36V
37. 根据规定,( )以上的高处作业应该配备通信联络工具,并派专人负责联络。
   A. 20m　　　　　B. 40m　　　　　C. 10m　　　　　D. 30m

(二) 多项选择题

1. 以下物体(品)中,既是起因物又是致害物的是( )。
   A. 架空高压裸线　　　　　　　　B. 雷击、导电物体
   C. 易燃物　　　　　　　　　　　D. 一氧化碳、瓦斯和其他有毒气体
   E. 水泥浆
2. 公路水运工程施工企业新进场的从业人员,必须进行( )的三级安全培训教育。
   A. 区域级　　　　　　　　　　　B. 公司
   C. 项目经理部(或工区、工程队等)　D. 作业队(或班组等)
   E. 国家级
3. 下列属于海因里希因果连锁理论所提到的关键性因素的是( )。
   A. 人的缺点　　　　　　　　　　B. 遗传与社会环境
   C. 人的不安全行为与物的不安全状态　D. 管理缺陷
   E. 现场失误
4. 下列属于第一类危险源的是( )。
   A. 吊起重物的势能　　　　　　　B. 噪声的声能
   C. 机械和车辆的动能　　　　　　D. 高处坠落的势能
   E. 未正确佩戴安全防护用品
5. 人的不安全行为大多是因为对安全不重视、态度不正确、技能或知识不足、健康或生理状态不佳和劳动条件不良等因素造成的。下列属于人的不安全行为的是( )。
   A. 使用不安全设备　　　　　　　B. 以手工取代工具
   C. 冒险进入危险场所　　　　　　D. 不安全装束
   E. 未贯彻落实安全管理法律法规
6. 辨识危险源除了主要使用现场调查法之外,还可采用以下( )方法。
   A. 事故树分析法　　　　　　　　B. 安全检查表法
   C. 危险与可操作性研究法　　　　D. 具体实践法
   E. 专家论证法
7. 安全理念发展的主要动力是( )。

A. 生产社会化程度的提高 B. 生产自动化、信息化水平的提升
C. 科学技术的进步 D. 人类生命与健康意识的增强
E. 人类生产力水平的提高

8. 迄今为止,安全理念经历的三大转化是（　　）。
   A. 从宿命理念向可控理念转化
   B. 从关注单一安全因素向关注系统安全转化
   C. 从关注财产安全向关注生命安全转化
   D. 从关注安全向关注生命与健康并举转化
   E. 从"物本"安全向"人本"安全转化

9. 下列费用可以在安全生产费用中列支的有（　　）。
   A. 购买消防车的费用
   B. 设置围挡的费用
   C. 购买用电专用开关的费用
   D. 施工单位组织对重大隐患进行评估的费用
   E. 施工单位的招待费用

10. 以下属于较大安全生产事故的是（　　）。
    A. 造成3人以上10人以下死亡的事故
    B. 造成10人以上30人以下死亡的事故
    C. 造成10人以上50人以下重伤的事故
    D. 造成1000万元以上5000万元以下直接经济损失的事故
    E. 造成恶劣社会影响的事故

11. 特种设备出厂时,应当随附安全技术规范要求的（　　）相关技术资料和文件,并在设备显著位置设置产品铭牌、安全警示标志及其说明。
    A. 设计文件 B. 产品质量合格证明
    C. 安装及使用维护保养说明 D. 监督检验证明
    E. 使用说明书

12. 习近平总书记十八大以来一直强调,在安全生产工作中要贯彻的思维是（　　）。
    A. 底线思维 B. 红线思维 C. 人本思维 D. 效益思维
    E. 历史思维

13. 风险管理包括策划、组织、领导、协调和控制等方面的工作,其工作流程应包括（　　）步骤。
    A. 风险辨识 B. 风险分析 C. 风险控制 D. 风险转移
    E. 风险规避

14. 构成安全隐患的因素有（　　）。
    A. 致害物 B. 不安全状态＋起因物
    C. 不安全状态＋不安全行为＋起因物 D. 不安全行为＋起因物
    E. 起因物

15. 责任追究制度提出的"四不放过"是指( )。
   A. 原因没有查清不放过
   B. 责任人没有受到严肃处理不放过
   C. 广大群众没有受到教育不放过
   D. 防范措施没有落实不放过
   E. 赔偿资金不到位不放过

16. 下列关于应急救援的表述,正确的是( )。
   A. 应急预案应该2年修订一次
   B. 启动应急预案应该做好相关记录
   C. 应急预案应该定期进行演练
   D. 综合应急预案是最有整体性、科学性、针对性的应急预案
   E. 应急救援应该在安全生产委员会统一领导下进行

17. 在事故中一座大桥的一个桥墩坏了,我们上报损失时往往只报一个桥墩的损失,但是实际上,整个桥梁都坏了。这一桥墩法则说明( )。
   A. 事故的损失不仅仅是直接的有形损失,还包括无形的间接损失
   B. 事故的真正损失是长期的、全局的、潜在的
   C. 在看待事故损失时应有系统的、整体的思维
   D. 预防事故发生是安全管理的重心所在
   E. 这属于谎报瞒报事故

18. 下列关于生产安全事故档案管理表述,正确的是( )。
   A. 凡造成人员死亡或者重伤的事故档案必须永久保管
   B. 造成1000万元以上直接经济损失的事故档案必须永久保管
   C. 造成1000万元直接经济损失的事故档案必须永久保管
   D. 未造成人员死亡或者重伤,且直接经济损失在1000万元以下的事故档案为30年保管
   E. 任何安全生产事故的档案都应永久保存

19. 根据《安全生产许可证条例》,下列属于取得安全生产许可证所必须具备的条件是( )。
   A. 安全投入符合安全生产要求
   B. 主要负责人和安全生产管理人员经考核合格
   C. 依法进行安全评价
   D. 依法参加工伤保险,为从业人员缴纳保险费
   E. 应该具有较高安全技术水平

20. 下列属于安全目标的表述形式的有( )。
   A. 绝对数表达法,如本企业职工年死亡人数不高于0.2%
   B. 相对数表达法,如较大事故起数下降30%
   C. 模糊表达法,如切实提高安全生产管理水平

D. 远景描述法,如百亿元产值安全事故死亡率低于同行业平均水平

E. 事故描述法,如详细描述某一事故的发生情况

21. 企业持有安全生产标准化达标证书,但是具有如下情况的应实施附加考评(　　)。

    A. 发生重特大安全生产事故的

    B. 一年内企业连续发生二次及以上较大安全责任事故的

    C. 企业被举报并经核实其安全生产管理存在重大安全问题的

    D. 主管机关认为确实有必要进行附加考评的

    E. 企业没有持续进行安全技术开发的

22. 下列属于国内外建筑行业必须普遍遵循的职业道德准则的是(　　)。

    A. 诚实信用　　　B. 遵纪守法　　　C. 廉洁自律　　　D. 公平公正

    E. 忠诚勇敢

23. 2015年印发的《国家安全监管总局特别重大生产安全事故调查处理工作程序》规定,特别重大事故调查处理的工作程序包括(　　)。

    A. 调查准备阶段　　　　　　　　B. 调查结案阶段

    C. 评估与归档阶段　　　　　　　D. 反思与总结阶段

    E. 整改提高阶段

24. 预防生产安全事故有三大支柱,简称"3E",它们是(　　)。

    A. 技术手段　　　B. 教育手段　　　C. 经济手段　　　D. 管理手段

    E. 行政手段

25. 《公路水运工程施工企业项目负责人施工现场带班生产制度(暂行)》规定现场带班的方式是(　　)。

    A. 现场巡视检查　　　　　　　　B. 现场工作例会

    C. 蹲点带班生产　　　　　　　　D. 现场专题讲座

    E. 典型经验介绍

26. 下列属于安全生产管理的基本原理的是(　　)。

    A. 系统原理　　　B. 强制原理　　　C. 预防原理　　　D. 人本原理

    E. 破窗原理

27. 下列选项中,三国典故与哲学论断对应错误的是(　　)。

    A. 士别三日,当刮目相看:用联系的眼光看问题

    B. 望梅止渴:理性认识依赖于感性认识

    C. 张飞醉酒失徐州,借酒破张郃:矛盾是对立统一的

    D. 草船借箭:人可以认识并利用规律

    E. 群英会蒋干中计:聪明反被聪明误

28. 消防人员的"四个能力"建设是指(　　)。

    A. 检查消除火灾隐患的能力　　　B. 扑救初级火灾的能力

    C. 组织疏散逃生的能力　　　　　D. 消防宣传教育的能力

    E. 有效处理事故的能力

29. 安全生产管理有三种境界,分别为( )。
    A. 以无人员伤亡为目标的基本安全
    B. 以生命与健康并举为目标的规范安全
    C. 以消除事故发生可能性为目标的本质安全
    D. 以提高整体安全性能为目标的系统安全
    E. 以提高安全科技水平为目标的科技安全

30. 德国人海恩提出的一个在航空界关于飞行安全的法则叫做海恩法则,它表明每一起严重事故的背后,必然有 29 次轻微事故,300 起未遂先兆,1000 起事故隐患。这一法则表明( )。
    A. 任何一起事故都是有原因的,并且是有征兆的
    B. 安全生产是可以控制的,安全事故是可以避免的
    C. 事故的发生是量的积累的结果
    D. 再好的技术,再完美的规章,在实际操作层面,也无法取代人自身的素质和责任心
    E. 安全责任是安全生产管理的灵魂

31. 2015 年 8 月 31 日,山东滨源化学有限公司发生重大爆炸事故,2015 年 9 月 15 日,公司负责人李倍祥被捕,在法庭上,李倍祥忏悔道:"这次事故,像是挥之不去的梦魇,如毒蛇般时刻吞噬着我的心灵,时刻围绕在我的眼前。如果能用我的生命去换回他们的生命,我都愿意去做。"这一事故教训告诉我们( )。
    A. 每一位企业老总在安全问题上都不要心存侥幸
    B. 安全领域内没有亡羊补牢的机会
    C. 他人今天的事故就是故事
    D. 再沉痛的忏悔也改变不了生命逝去、家庭破碎的现实
    E. 企业每一位员工都应成为优秀的安全员

32. 下列属于可能引发高处作业风险的是( )。
    A. 高处作业人员不熟悉作业环境
    B. 未佩戴防坠落防滑用品
    C. 作业人员患有恐高症、高血压等职业禁忌症
    D. 基坑开挖作业未按照规定配备通信联络工具
    E. 未召开安全工作会议

33. 在进行吊装作业时,应注意( )。
    A. 吊装指挥人员应该由生产经营单位主要负责人担任
    B. 斜拉重物不能起吊
    C. 起吊指挥信号必须明确、统一、专业
    D. 起吊重物不能超过 5m
    E. 应加强安全检查

34. 在进行动土作业时,为了化解作业风险,必须( )。
    A. 动土临近地下隐蔽设施时,禁止使用抓斗

B. 挖掘土方应该自下而上进行
C. 落实人员进出口和撤离等保护措施
D. 作业人员上下时要铺设跳板
E. 应为作业人员配备供氧设备

35. 2011年7月1日起,《建筑法》第四十八条修改为:建筑施工企业应当依法为职工参加工伤保险,缴纳工伤保险费。鼓励企业为从事危险作业的职工办理意外伤害保险,支付保险费。关于这一修改下列理解正确的是(   )。
A. 意外伤害保险现在属于强制的法定保险
B. 该修改降低了对建筑工程的保障力度
C. 该规定从2011年7月1日实施
D. 工伤保险属于强制法定保险
E. 意外伤害保险与工伤险都属于强制险

36. 安全生产领域有一个"市场法则",即1:8:25。也就是说,一个人如果对安全工作满意,他会向8个人表达;如果不满意,就会向25个人表达。下列对这一法则理解正确的是(   )。
A. 安全管理必须不断加强安全文化建设
B. 安全管理必须提升员工的安全满意度
C. 生产安全事故影响大,影响坏,好事不出门,坏事传千里
D. 安全工作没有终点,只有起点
E. 每一个安全事故都是可以预防的

37.《中央企业安全生产监督管理暂行办法》第十三条规定:中央企业应当建立健全安全生产管理体系,积极推行和应用国内外先进的安全生产管理方法、体系等,实现安全生产管理的规范化、标准化、科学化、现代化。下列属于中央企业安全生产管理体系的有(   )。
A. 监督保证体系   B. 教育培训体系
C. 安全责任体系   D. 组织制度体系
E. 技术开发体系

38. 为提高安全治理能力与治理体系的现代化、科学化水平,企业积极出台加强和创新安全管理的措施,下列措施中不属于创新安全管理的是(   )。
A. 加强安全培训教育
B. 通过微博、微信向企业与项目部提供安全资讯
C. 提高一线安全管理人员的待遇水平
D. 推进"互联网+安全管理"活动的深度、力度与广度
E. 设立安全生产委员会

39. 十八届五中全会提出实施依法治国战略,在水运工程生产安全领域主要体现为(   )。
A. 加强安全法律法规教育培训
B. 处理生产安全事故必须体现法治精神,不可随心所欲

C. 在公路工程生产安全领域做到有法必依

D. 提升企业负责人、项目负责人以及专职安全生产管理人员依法治安的能力与水平

E. 加强公路水运工程各道工序的隐患排查工作

40. 安全管理人员不但应该遵守法律规范，还应该遵守职业道德规范。下列属于违反职业道德规范的行为是（　　）。

A. 不如实报告事故死亡人数

B. 不及时认真学习安全知识，掌握安全技能

C. 不公正处理安全事故

D. 不努力提升安全管理能力

E. 强令工人冒险作业

41. 公路水运工程安全生产工作目前面临的独特性主要表现为（　　）。

A. 公路水运施工地域分布广　　B. 公路水运施工环境条件复杂

C. 跨线（跨航道）施工成为新常态　　D. 大量新型特种设备广泛投入使用

E. 安全管理人员的安全素质有待提高

（三）判断题

1. 较大事故由省级人民政府直接组织事故调查组或授权或委托有关部门调查。（　　）

A. 正确　　B. 错误

2. 企业应当将安全费用优先用于满足安全生产监督管理部门对企业安全生产提出的整改措施或达到安全生产标准所需支出。（　　）

A. 正确　　B. 错误

3. 企业为职工提供的职业病防治、工伤保险、医疗保险所需费用在安全费用中列支。（　　）

A. 正确　　B. 错误

4. 公路水运工程安全生产监督管理实行统一监管、分级负责。（　　）

A. 正确　　B. 错误

5. 施工单位对编制的专项施工方案必须组织专家进行审查。（　　）

A. 正确　　B. 错误

6. 海因里希的因果连锁理论着重强调的是人的不安全行为和物的不安全状态在事故发生中的作用。（　　）

A. 正确　　B. 错误

7. 第一类危险源决定事故发生的可能性，第二类危险源决定事故后果的严重程度。（　　）

A. 正确　　B. 错误

8. 在同一生产安全事故中，起因物和致害物是相同的物体。（　　）

A. 正确　　B. 错误

9. "人机轨迹交叉理论"强调人的因素和物的因素在事故发生中具有同等重要的地位。

(   )

　　A. 正确　　　　　　　　　　　　B. 错误

10. 生产经营单位待岗、转岗、换岗的从业人员,再重新上岗前,必须接受一次安全培训教育,时间不得少于20学时。(   )

　　A. 正确　　　　　　　　　　　　B. 错误

11. 危险性较大工程专项施工方案需要论证的,应当由建设单位组织召开专家论证会。(   )

　　A. 正确　　　　　　　　　　　　B. 错误

12. 对已经按要求治理的事故隐患应及时销号,解除监控。(   )

　　A. 正确　　　　　　　　　　　　B. 错误

13. 作业队(班组)进行班前、班后岗位安全检查属于定期检查。(   )

　　A. 正确　　　　　　　　　　　　B. 错误

14. 检查中发现重大隐患,不能够立即解决的,应下达停工指令。(   )

　　A. 正确　　　　　　　　　　　　B. 错误

15. 在企业生产经营活动中,员工之间团结互助的基本要求是讲究合作,避免竞争。(   )

　　A. 正确　　　　　　　　　　　　B. 错误

16. 企业的整体形象是由职工的个体形象组成的,个体形象是整体形象的一部分,没有个体形象就没有整体形象,整体形象要靠个体形象来维护。(   )

　　A. 正确　　　　　　　　　　　　B. 错误

17. 危险驾驶罪就是指醉酒后驾驶机动车辆的情形。(   )

　　A. 正确　　　　　　　　　　　　B. 错误

18. 重特大事故的档案保存期为70年。(   )

　　A. 正确　　　　　　　　　　　　B. 错误

19. 不同的人对同一事物的所想所思都是不同的,这说明人的思维内容与形式是主观的。(   )

　　A. 正确　　　　　　　　　　　　B. 错误

20. 系统安全理论认为,安全是一个相对主观的概念。(   )

　　A. 正确　　　　　　　　　　　　B. 错误

21. 人们不可能消除一切危险源,只能消除或降低现有危险源的危险性。(   )

　　A. 正确　　　　　　　　　　　　B. 错误

22. 安全风险是指安全事故发生的可能性即损失程度的不确定性。(   )

　　A. 正确　　　　　　　　　　　　B. 错误

23. 破窗理论告诉我们,不安全行为往往是受从众心理的影响。(   )

　　A. 正确　　　　　　　　　　　　B. 错误

24. 生产经营单位可结合公司和项目情况为职工办理工伤社会保险。(   )

　　A. 正确　　　　　　　　　　　　B. 错误

25. 两个以上生产经营单位在同一作业区域内进行生产经营活动,可能危及对方生产安全的,应当签订安全生产管理协议。（　　）

　　A. 正确　　　　　　　　　　　　B. 错误

26. 集体主义是社会主义职业道德的集中体现。（　　）

　　A. 正确　　　　　　　　　　　　B. 错误

27. 生产经营单位从业人员发现直接危及人身安全的紧急情况时,必须先报告,而不能停止作业。（　　）

　　A. 正确　　　　　　　　　　　　B. 错误

28. 建筑施工企业从业人员超过200人就必须设置安全生产管理机构,配备专职安全生产管理人员。（　　）

　　A. 正确　　　　　　　　　　　　B. 错误

29. 国家对特种设备的生产、经营、使用,实施分类的、全过程的安全监督管理。（　　）

　　A. 正确　　　　　　　　　　　　B. 错误

30. 生产经营单位与从业人员订立的协议,可以适当免除或者减轻其对从业人员因生产安全事故伤亡依法应承担的责任。（　　）

　　A. 正确　　　　　　　　　　　　B. 错误

31. 特种设备安全工作应当坚持安全第一、预防为主、节能环保、综合治理的原则。（　　）

　　A. 正确　　　　　　　　　　　　B. 错误

32. 建设单位"不得压缩合同约定的工期"指的是不得单方面压缩工期。（　　）

　　A. 正确　　　　　　　　　　　　B. 错误

33. 建设单位在编制工程概算时,应当确定建设工程安全作业环境及安全施工措施所需费用。（　　）

　　A. 正确　　　　　　　　　　　　B. 错误

34. 建设工程实行施工总承包的,由总承包单位与分包单位对施工现场的安全生产负连带责任。（　　）。

　　A. 正确　　　　　　　　　　　　B. 错误

35. 特别重大事故、重大事故应逐级上报至国务院安全生产监督管理部门和负有安全生产监督管理职责的有关部门。（　　）。

　　A. 正确　　　　　　　　　　　　B. 错误

(四)案例题

1. 背景资料:2011年5月17日12时许,××桥大桥左线2号墩进行第二节墩身浇筑(第一节墩高13m,第二节浇筑高度10.6m)时,模具底部漏浆而发生模板爆裂,导致正在浇筑的墩身倾斜倒塌,4根缆风绳断裂,现场作业的4人从23m高处坠落后死亡。

（1）本次事故发生的直接原因是模板底部及侧向的螺栓未按规定上足并拧紧,模板与中系梁连接处爆裂。（　　）。

A. 正确 B. 错误

(2)进行此类施工时,应防范施工过程中因发生大风而发生高处坠落风险。( )。

A. 正确 B. 错误

(3)下列不属于高墩模板爆裂事故发生的直接原因的是( )。

A. 模板本身有质量问题

B. 螺栓本身质量问题和安装问题

C. 施工现场管理不到位

D. 未按照规定进行安全教育

(4)下列不属于高墩模板爆裂事故发生的共同特征的是( )。

A. 模板本身纵向开裂

B. 模板连接螺栓断裂

C. 未建立风险清单

D. 多数事故发生在混凝土浇筑临近结束

2. 背景资料:2012年2月14日上午7时,某公司××大桥作业队队长谯××、副队长徐××带领17名作业队作业人员从××项目部驻地前往大桥南侧边跨工作现场。7时40分左右到达现场,班长蒲××对作业人员进行了分工,3人在南塔顶、6人在靠近南塔的箱梁段清理工具和废料作业;副队长徐××、班长蒲××、邓××、先××、杜××等8人到南侧上游边跨猫道上拆除改吊绳,7时50分左右,17名作业人员按照分工分别到达各自岗位,8名作业人员从南向北,从高到低依次拆除改吊绳。8时20分左右,改吊绳只剩下最后一根,先××、杜××、邓××3人留下继续拆除,其余人员撤离现场到桥面上收拾工具,准备将工具转送到北边跨。8时25分左右,猫道突然倾斜,上述3名工人坠落至地面(垂直高度45m),现场有关人员立即将3人紧急送往某市人民医院抢救,经抢救无效3人均于当天死亡。经过调查发现,大桥南边跨上游侧猫道最后一根改吊绳解除后,猫道下放过程中,因突发团雾,邓××、先××、杜××3名作业人员没有能够及时发现存在的不安全状态,导致猫道内侧触及塔锚间引桥翼缘板,外侧猫道发生局部倾斜扭转。因为猫道特殊的柔性结构体系,局部倾斜扭转后,松放猫道的外侧手拉葫芦受力瞬间突然加大,导致葫芦断裂,猫道局部瞬间侧翻,加之3名作业人员安全意识不强,麻痹大意,没有按规定将身上穿戴的安全带系挂在扶手索上,在猫道局部倾斜扭转时,失去保护,从而导致事故发生。

(1)本事故属于( )。

A. 一般事故 B. 较大事故 C. 重大事故 D. 特大事故

(2)本事故应该由( )负责调查。

A. 县级人民政府 B. 设区的市级人民政府

C. 省级人民政府 D. 国务院

(3)本事故的直接原因是该公司安全管理制度不完善。( )

A. 正确 B. 错误

(4)如果要对事故发生单位进行罚款,根据新《安全生产法》的规定,应该处以上一年收入的百分之四十。( )

A. 正确 B. 错误

3. 背景资料:2008年12月27日7时30分许,位于韶山路的"上海城"工程施工电梯(荷载9人)在运送施工人员时发生坠落,造成18人死亡、1人重伤。2008年12月26日16时许,高某对施工电梯进行加节安装,同日21时许完成。经安全监察部门鉴定,电梯标准节的螺栓没有按要求安装是导致本次事故的直接原因,而未按要求安装附着及增加附着后未按规定验收合格就投入使用是导致本次事故的次要原因。

(1)安装人员无执业资格证书,是本次事故发生的直接原因。(　　)

A. 正确 B. 错误

(2)项目部也未安排安全员进行现场安全管理,表明管理松懈。(　　)

A. 正确 B. 错误

(3)监理人汤某未履行旁站监督职责,未对该栋楼的施工电梯及其使用、运行进行检查,应承担相应的法律责任是(　　)。

A. 民事责任　　B. 刑事责任　　C. 行政责任　　D. 经济责任

(4)升降机上乘坐的工人远远超载是事故发生的(　　)。

A. 直接原因　　B. 间接原因　　C. 次要原因　　D. 重要原因

参考答案

(一) 单项选择题

1. B 2. A 3. C 4. A 5. B 6. D 7. A 8. B 9. A 10. A
11. D 12. B 13. A 14. D 15. C 16. D 17. D 18. B 19. D 20. B
21. A 22. B 23. D 24. D 25. D 26. B 27. C 28. B 29. C 30. D
31. B 32. B 33. D 34. B 35. B 36. D 37. D

(二) 多项选择题

1. BCD 2. BCD 3. ABC 4. ABCD 5. ABCD
6. ABC 7. ACD 8. ABD 9. BCD 10. ACD
11. ABCD 12. ABC 13. ABCD 14. BCD 15. ABCD
16. BC 17. ABCD 18. ABC 19. ABCD 20. ABD
21. ABCD 22. AD 23. ABC 24. ABD 25. AC
26. ABCD 27. AB 28. ABCD 29. ABC 30. ABCD
31. ABDE 32. ABC 33. BC 34. ACD 35. CD
36. ABC 37. ABCD 38. AC 39. ABCD 40. BCD
41. ABCD

(三) 判断题

1. B 2. A 3. B 4. A 5. B 6. A 7. B 8. B 9. A 10. A
11. B 12. A 13. B 14. A 15. B 16. A 17. B 18. B 19. B 20. A
21. A 22. A 23. A 24. B 25. A 26. B 27. B 28. B 29. A 30. B
31. A 32. A 33. A 34. B 35. A

(四) 案例题

1. (1) A (2) A (3) D (4) C
2. (1) B (2) B (3) B (4) A
3. (1) B (2) A (3) C (4) A

二、法律法规及规章规范

(一) 单项选择题

1. 民用爆炸物品生产企业持《民用爆炸物品生产许可证》到工商行政管理部门办理工商登记,并在办理工商登记后( )日内,向所在地县级人民政府公安机关备案。
   A. 1　　　　　　B. 3　　　　　　C. 5　　　　　　D. 7

2. 施工单位应当为施工现场的人员办理意外伤害保险,意外伤害保险费应由( )支付。
   A. 政府主管部门　　B. 建设单位　　C. 施工单位　　D. 分包单位

3. 事故发生单位及其有关责任人员对安全生产监督管理部门给予的行政处罚不服的,( )。
   A. 有权申请行政复议,无权提起行政诉讼
   B. 无权申请行政复议,但可提起行政诉讼
   C. 无权申请行政复议,也无权提起行政诉讼
   D. 有权申请行政复议,也有权提起行政诉讼

4. ( )是船舶安全配员管理的主管机关。
   A. 中华人民共和国安全生产监督管理总局
   B. 中华人民共和国海事局
   C. 中华人民共和国交通主管部门
   D. 中国船级社

5. 依据《内河交通事故调查处理规定》,一次死亡和失踪( )人及以上的内河交通事故由中华人民共和国海事局负责组织调查处理。
   A. 3　　　　　　B. 5　　　　　　C. 10　　　　　　D. 15

6. 依据《内河交通事故调查处理规定》,下列不属于事故调查结论应当包括的内容的是( )。
   A. 事故概况(包括事故简要经过、损失情况等)
   B. 事故原因(事实与分析)
   C. 事故当事人责任认定
   D. 事故当事人的刑事判罚

7. 根据《潜水员管理办法》的规定,持有空气潜水员证书的潜水员,可使用空气从事( )以浅的潜水。
   A. 30m　　　　　B. 60m　　　　　C. 120m　　　　　D. 300m

8. 根据《潜水员管理办法》的规定,持有混合气潜水员证书的潜水员,可使用人工配制的混合气从事(　　)以浅的潜水。
　　A.30m　　　　　　B.60m　　　　　　C.120m　　　　　　D.300m

9. 根据《潜水员管理办法》的规定,持有饱和潜水员证书的潜水员,可使用饱和潜水系统从事(　　)以浅的饱和潜水。
　　A.30m　　　　　　B.60m　　　　　　C.120m　　　　　　D.300m

10. 依据《公路水运工程施工企业项目负责人施工现场带班生产制度(暂行)》,对于有专业(或劳务)分包的合同段,分包单位应制订月度带班生产计划,并报(　　)项目经理部备案。
　　A.承包单位　　　B.建设单位　　　C.设计单位　　　D.监理单位

11. 依据《生产经营单位安全培训规定》,煤矿、非煤矿山、危险化学品、烟花爆竹、金属冶炼等生产经营单位主要负责人和安全生产管理人员,自任职之日起(　　)个月内,必须经安全生产监管监察部门对其安全生产知识和管理能力考核合格。
　　A.1　　　　　　B.3　　　　　　C.6　　　　　　D.10

12. 《生产经营单位安全生产不良记录"黑名单"管理暂行规定》中规定,受到责令限期改正、责令停产停业整顿等现场处理或行政处罚的生产经营单位,应当在"黑名单"管理期限届满(　　)个工作日前,向原信息采集部门报送整改材料并提出移出申请,经原信息采集部门组织验收合格、符合规定后方能移出。
　　A.5　　　　　　B.10　　　　　　C.20　　　　　　D.30

13. 《企业安全生产风险公告六条规定》中规定,必须及时更新(　　)公告内容,建立档案。
　　A.安全生产报告　　　　　　B.安全生产风险
　　C.安全检查　　　　　　　　D.隐患整改结果

14. 《企业安全生产应急管理九条规定》中规定,企业必须建立(　　)或与邻近专职救援队签订救援协议。
　　A.安全检查制度　　　　　　B.应急救援体系
　　C.安全管理机构　　　　　　D.专(兼)职应急救援队伍

15. 根据《中华人民共和国消防法》的规定,消防工作参照的原则是(　　)。
　　A.政府统一领导,部门依法监管,单位全面负责,公民积极参与
　　B.政府统一协调,部门依法监督,单位集中负责,公民积极配合
　　C.政府统一领导,部门依法监督,单位全面负责,公民积极配合
　　D.政府统一协调,部门依法监管,单位集中负责,公民积极参与

16. (　　)必须采用有效的职业病防护设施,并为劳动者提供符合职业病防治要求的个人使用的职业病防护用品。
　　A.卫生行政部门　　　　　　B.职业卫生技术服务机构
　　C.用人单位　　　　　　　　D.建设单位

17. 《环境保护法》中规定,企业事业单位和其他生产经营者违法排放污染物,受到罚款处罚,被责令改正,拒不改正的,依法作出处罚决定的行政机关可以自责令改正之日的次日起,按

照( )处罚。
    A. 原处罚数额按日连续   B. 原处罚数额 2 倍
    C. 原处罚数额 3 倍   D. 原处罚数额 5 倍

18. 根据《海上交通安全法》的规定,外国籍船舶在我国港内移泊时(   )。
    A. 可自行操作
    B. 视海事要求而定
    C. 必须由引航员操作
    D. 向主管机关申请,经同意后自主移泊

19. 特种设备生产、经营、使用单位及其(   )对其生产、经营、使用的特种设备安全负责。
    A. 法人   B. 全体职工   C. 主要负责人   D. 安全员

20. 根据《建设工程安全生产管理条例》,关于建设单位安全责任的说法中,错误的是(   )。
    A. 对向施工企业提供的勘察资料的真实性、正确性、完整性负责
    B. 进行施工安全技术交底
    C. 依法履行合同,不得压缩合同约定的工期
    D. 对拆除工程进行备案

21.《生产安全事故报告和调查处理条例》规定,(   )上报至设区的市级人民政府安全生产监督管理部门和负有安全生产监督管理职责的有关部门。
    A. 一般事故   B. 较大事故   C. 重大事故   D. 特别重大事故

22.《企业安全生产费用提取和使用管理办法》安全生产费用是指企业按照规定标准提取在(   )中列支,专门用于完善和改进企业或项目安全生产条件的资金。
    A. 成本   B. 利润   C. 税费   D. 员工薪酬

23. 依据《安全生产违法行为行政处罚办法》,发证机关暂扣有关许可证和暂停有关执业资格、岗位证书的期限一般不得超过(   )个月。
    A. 1   B. 2   C. 3   D. 6

24. 依据《海上海事行政处罚规定》,以下关于海事行政处罚案件管辖说法错误的是(   )。
    A. 海事行政处罚案件由海事行政违法行为发生地的海事管理机构管辖
    B. 对海事行政处罚案件管辖发生争议的,报请共同的上一级海事管理机构指定管辖
    C. 海事管理机构对不属其管辖的海事行政处罚案件,不可移送至其他海事管理机构
    D. 下级海事管理机构对其管辖的海事行政处罚案件,认为需要由上级海事管理机构办理的,可以报请上级海事管理机构决定

25. 船舶的有关人员未按照规定抄收海岸电台播发的海上航行警告,以下处罚不当的是(   )。
    A. 警告   B. 记大过
    C. 扣留职务证书   D. 吊销职务证书

26. 以下不属于水上水下活动通航安全管理应当遵循的原则的是(　　)。
　　A. 安全第一　　　B. 预防为主　　　C. 方便群众　　　D. 节能高效

27. 企业在安全生产许可证有效期内,未发生死亡事故的,安全生产许可证有效期届满时,经(　　)同意,不再审查,安全生产许可证有效期延期3年。
　　A. 工商行政管理部门　　　　　　B. 国家安全生产监督管理总局
　　C. 交通运输主管部门　　　　　　D. 原安全生产许可证颁发管理机关

28. 根据《内河交通安全管理条例》的规定,(　　)主管全国内河交通安全管理工作。
　　A. 国务院交通主管部门　　　　　B. 国务院建设主管部门
　　C. 国务院公安管理部门　　　　　D. 中国船级社

29. 《水运工程施工安全防护技术规范》中规定,存在重大安全隐患或违反工程建设标准强制性条文的,在整改、验收未完成前,必须(　　)。
　　A. 限制施工　　　B. 停止施工　　　C. 停业整顿　　　D. 吊销资质

30. 《水运工程施工安全防护技术规范》中规定,在调查、处理生产安全事故时,必须坚持(　　)的原则。
　　A. 四不放过　　　B. 安全第一　　　C. 党政同责　　　D. 一岗双责

31. (　　)是生产经营活动的主体,也是安全生产责任主体。
　　A. 班组　　　　　B. 岗位工人　　　C. 企业　　　　　D. 安全管理部门

32. 《企业安全生产责任体系五落实五到位规定》中规定,必须落实安全管理力量,依法设置安全生产管理机构,配齐配强(　　)等安全管理人员。
　　A. 注册建造师　　　　　　　　　B. 注册消防工程师
　　C. 注册环境影响评价工程师　　　D. 注册安全工程师

33. 《建筑施工企业安全生产管理规范》中规定,建筑施工企业必须依法取得(　　)。
　　A. 施工许可证　　　　　　　　　B. 经营许可证
　　C. 安全生产许可证　　　　　　　D. 营业执照

34. A公司承建B项目,公司总经理张三,项目经理李四,依据《建筑施工企业安全生产管理规范》,下列不属于张三负责组织进行安全生产责任考核和奖惩的是(　　)。
　　A. A公司副总经理　　　　　　　B. 李四
　　C. A公司工程部部长　　　　　　D. B项目木工班班长

35. 《建设工程施工现场消防安全技术规范》中规定,临时消防车道的净宽度和净高度均不小于(　　)。
　　A. 5m　　　　　B. 4m　　　　　C. 3m　　　　　D. 2m

36. 《建设工程施工现场消防安全技术规范》中规定,施工现场每个部位配置的灭火器数量不少于(　　)具。
　　A. 1　　　　　　B. 2　　　　　　C. 3　　　　　　D. 4

37. 根据《安全生产法》的规定,不具备安全生产条件的生产经营单位(　　)。
　　A. 不得从事生产经营活动
　　B. 经主管部门批准后允许生产经营

C. 经安全生产监管部门批准后可从事生产经营活动

D. 经国家安全监督管理总局批准后方可从事生产经营活动

38. 建设单位应当自领取施工许可证之日起( )个月内开工。
    A. 1 B. 3 C. 6 D. 12

39. 我国刑法规定,已满( )周岁的人犯罪,应当负刑事责任。
    A. 14 B. 15 C. 16 D. 18

40. 我国劳动法规定,安排劳动者延长工作时间的,支付不低于工资的( )的工资报酬。
    A. 100% B. 150% C. 200% D. 300%

41. 固定期限劳动合同,是指用人单位与劳动者约定合同( )时间的劳动合同。
    A. 解除 B. 续订 C. 终止 D. 中止

42. 恢复工作应在事故发生后立即进行,首先使( )恢复到相对安全的基本状态,然后逐步恢复到正常状态。
    A. 事故发生区域 B. 生产区域 C. 人员撤离区域 D. 事故影响区域

43. 根据《内河交通事故调查处理规定》的规定,关于主管机关的调查权,下列说法不正确的是( )。
    A. 勘察事故现场,搜集有关物证
    B. 审问有关人员
    C. 要求被调查人员提供书面材料和证明
    D. 查验船货损坏及伤亡情况

44. 根据《内河交通事故调查处理规定》的规定,船舶、浮动设施发生内河交通事故,必须在事故发生后( )小时内向事故发生地的海事管理机构提交《内河交通事故报告书》和必要的证书、文书资料。
    A. 12 B. 24 C. 36 D. 72

45. 根据《潜水员管理办法》的规定,( )具体负责潜水员的培训、考核、发证管理工作。
    A. 专门的潜水员培训机构 B. 交通运输部海事局
    C. 省级海事局 D. 交通运输部救助打捞局

46. 根据《潜水员管理办法》的规定,潜水员证书( )审核一次,审核合格者证书继续有效;审核不合格者,证书失效。
    A. 半年 B. 一年 C. 两年 D. 三年

47. 依据《公路水运工程施工企业项目负责人施工现场带班生产制度(暂行)》,公路水运工程施工企业应建立本企业项目负责人施工现场带班生产的责任考核制度,每( )至少组织1次对所承揽工程项目经理部的定期检查考核,检查考核结果应报备项目监理和建设单位。
    A. 一个月 B. 一个季度 C. 半年 D. 一年

48. 依据《公路水运工程施工企业项目负责人施工现场带班生产制度(暂行)》,( )是公路水运工程施工合同段安全生产管理的第一责任人,对落实带班生产制度负全面领导责任。
    A. 董事长 B. 企业法人 C. 党组织书记 D. 项目经理

49.依据《生产经营单位安全培训规定》,煤矿、非煤矿山、危险化学品、烟花爆竹等生产经营单位主要负责人和安全生产管理人员安全资格培训时间不得少于(　　)学时;每年再培训时间不得少于(　　)学时。
　　A.32;12　　　　B.32;16　　　　C.48;12　　　　D.48;16

50.依据《生产经营单位安全培训规定》,生产经营单位主要负责人和安全生产管理人员初次安全培训时间不得少于(　　)学时;每年再培训时间不得少于(　　)学时。
　　A.32;12　　　　B.32;16　　　　C.48;12　　　　D.48;16

51.《生产经营单位安全生产不良记录"黑名单"管理暂行规定》中规定,生产经营单位纳入"黑名单"管理的期限,为自公布之日起1年。连续进入"黑名单"管理的生产经营单位,从第2次纳入"黑名单"管理起,管理期限为(　　)年。
　　A.1　　　　B.2　　　　C.3　　　　D.4

52.《企业安全生产风险公告六条规定》中规定,必须及时向员工公开安全生产行政处罚决定、执行情况和(　　)。
　　A.安全生产报告　　B.处罚规定　　C.整改结果　　D.复查情况

53.《企业安全生产风险公告六条规定》中规定,必须在工作岗位标明(　　)。
　　A.职业健康风险告知　　　　B.安全管理制度
　　C.事故预防措施　　　　　　D.安全操作考点

54.《企业安全生产应急管理九条规定》中规定,每年至少组织(　　)次应急演练。
　　A.1　　　　B.2　　　　C.3　　　　D.4

55.《企业安全生产应急管理九条规定》中规定,危险作业必须(　　)。
　　A.报政府部门备案　　　　　B.专人监护
　　C.监理旁站　　　　　　　　D.经业主同意

56.船舶假冒中国国籍,悬挂中国国旗航行的,依照《船舶登记条例》规定,应依法(　　)。
　　A.立即改正　　　　　　　　B.没收船舶
　　C.吊销其船舶国籍证书　　　D.警告

57.船舶、设施上的人员不遵守有关海上交通安全的规章制度和操作规程,造成海上交通事故,依据《海上海事行政处罚规定》,以下处罚错误的是(　　)。
　　A.造成特别重大事故的,对负有全部责任、主要责任的船员吊销适任证书
　　B.造成重大事故的,对负有全部责任、主要责任的船员吊销适任证书
　　C.造成特别重大事故的,对负有次要责任的船员扣留适任证书或者其他适任证件12个月直至吊销适任证书或者其他适任证件
　　D.造成重大事故的,对负有次要责任的船员吊销适任证书

58.依据《海上航行警告和航行通告管理规定》,进行使船舶航行能力受到限制的超长、超高、笨重拖带作业,应当在活动前向该项活动所涉及海区的区域主管机关递交发布海上(　　)的书面申请。
　　A.航行线路、海况报告　　　B.航行警告、航行通告
　　C.气象预报、航行线路　　　D.海况报告、气象预报

59. 依据《海上航行警告和航行通告管理规定》,海上航行通告由国家主管机关或者区域主管机关发布,以下不属于其发布形式的是( )。
   A. 书面形式   B. 报纸   C. 广播、电视   D. 无线电报

60. 依据《海上航行警告和航行通告管理规定》,设置、撤除系船浮筒及其他建筑物,应当在活动开始之日的( )天前向该项活动所涉及海区的区域主管机关递交发布海上航行警告、航行通告的书面申请。
   A. 3   B. 5   C. 7   D. 9

61. 依据《海上航行警告和航行通告管理规定》,海上航行警告、航行通告发布后,申请人在国家主管机关或者区域主管机关核准的区域外进行活动,由国家主管机关或者区域主管机关责令其停止活动,并可以处( )罚款。
   A. 二千元以下   B. 二千元以上   C. 两万元以下   D. 两万元以上

62. 依据《海上航行警告和航行通告管理规定》,当事人对罚款、扣留职务证书或者吊销职务证书的处罚决定不服的,可以自接到处罚决定通知之日起( )日内申请复议,可也以直接向人民法院提起诉讼。
   A. 7   B. 15   C. 21   D. 30

63. 未依《海上航行警告和航行通告管理规定》要求的时间申请发布海上航行警告、航行通告的,国家主管机关或者区域主管机关可以给予( ),可以并处( )罚款。
   A. 警告;八百元以下   B. 警告;八百元以上
   C. 关闭处理;八百元以上   D. 关闭处理;八百元以下

64. 《水上水下活动通航安全管理规定》中规定,( )主管全国水上水下活动通航安全管理工作。
   A. 国务院安全生产监督部门   B. 国务院城乡建设主管部门
   C. 国务院交通运输主管部门   D. 国家海事管理机构

65. 依据《水上水下活动通航安全管理规定》,水上水下活动水域涉及两个以上海事管理机构的,关于申请《中华人民共和国水上水下活动许可证》的说法错误的是( )。
   A. 应当向其共同的上一级海事管理机构提出
   B. 应当向共同的上一级海事管理机构指定的海事管理机构提出
   C. 应当向其共同的上一级海事管理机构或者共同的上一级海事管理机构指定的海事管理机构提出
   D. 应当向任意一个海事管理机构提出或者分别向涉及的所有海事管理机构提出

66. 《水上水下活动通航安全管理规定》中规定,水上水下活动许可证的有效期由海事管理机构根据活动的期限及水域环境的特点确定,最长不得超过( )年。
   A. 1   B. 2   C. 3   D. 4

67. 《水上水下活动通航安全管理规定》中规定,有效期届满不能结束施工作业的,申请人应当于许可证有效期届满( )日前到海事管理机构办理延期手续。
   A. 10   B. 20   C. 30   D. 60

68. 违反《水上水下活动通航安全管理规定》,未妥善处理有碍航行和作业安全隐患并按

照海事管理机构的要求采取清除、设置标志、显示信号等措施的,由海事管理机构责令改正,并处( )的罚款。

    A.5000 元以下　　　　　　　　　　B.3 万元以上

    C.5000 元以上 3 万元以下　　　　　D.处理对象相等价值数额

69.依据《水上水下活动通航安全管理规定》,对未按有关规定申请发布航行警告、航行通告即实施水上水下活动,处罚不当的是( )。

    A.处以 2000 元以下的罚款

    B.处以 2000 元以上的罚款

    C.拒不改正的,海事管理机构应当责令施工作业单位停止作业

    D.拒不改正的,海事管理机构应当责令施工作业的船舶和设施停止作业

70.《生产安全事故罚款处罚规定(试行)》中规定,事故发生单位主要负责人未依法履行安全生产管理职责,导致特别重大事故发生的,处上一年年收入( )的罚款。

    A.30%　　　　B.40%　　　　C.60%　　　　D.80%

71.依据《生产安全事故罚款处罚规定(试行)》,关于对发生事故的单位及其有关责任人员罚款的行政处罚,说法不正确的是( )。

    A.对发生特别重大事故的单位及其有关责任人员罚款的行政处罚,由国家安全生产监督管理总局决定

    B.对发生较大事故的单位及其有关责任人员罚款的行政处罚,由设区的市级人民政府安全生产监督管理部门决定

    C.对发生一般事故的单位及其有关责任人员罚款的行政处罚,由县级人民政府安全生产监督管理部门决定

    D.上级安全生产监督管理部门不可以指定下一级安全生产监督管理部门对事故发生单位及其有关责任人员实施行政处罚

72.依据《生产安全事故罚款处罚规定(试行)》规定,事故发生单位主要负责人在事故调查处理期间擅离职守的,处上一年年收入( )的罚款。

    A.40%～60%　　　B.60%～80%　　　C.80%～100%　　　D.100%～200%

73.依据《安全生产违法行为行政处罚办法》,上级安全监管监察部门( )直接查处下级安全监管监察部门管辖的案件,( )将自己管辖的案件交由下级安全监管监察部门管辖。

    A.不可;可以　　　B.不可;不可　　　C.可以;不可　　　D.可以;可以

74.依据《安全生产违法行为行政处罚办法》,以下不属于从轻或者减轻行政处罚情形的是( )。

    A.主动消除或者减轻安全生产违法行为危害后果的

    B.受他人胁迫实施安全生产违法行为的

    C.已满 18 周岁不满 20 周岁的公民实施安全生产违法行为的

    D.配合安全监管监察部门查处安全生产违法行为,有立功表现的

75.依据《安全生产违法行为行政处罚办法》,违法事实确凿并有法定依据,对个人处以

( )罚款、对生产经营单位处以( )罚款或者警告行政处罚的,安全生产行政执法人员可以当场作出行政处罚决定。

  A.50 元以上;1000 元以上   B.500 元以上;1 万元以上
  C.50 元以下;1000 元以下   D.500 元以下;1 万元以下

76. 依据《安全生产违法行为行政处罚办法》,国有企业及其工作人员,生产安全事故发生后逃匿的,给予( )处分。

  A.警告   B.记大过   C.开除   D.留用察看

77. 依据《安全生产违法行为行政处罚办法》,国有企业及其工作人员,对发生的生产安全事故瞒报、谎报或者拖延不报且情节较重的,给予( )处分。

  A.记过   B.记大过   C.降级   D.开除

78. 依据《安全生产违法行为行政处罚办法》,国有企业及其工作人员,组织破坏事故现场、出具伪证或者隐匿、转移、篡改、毁灭有关证据,阻挠事故调查处理,情节严重的,给予( )处分。

  A.记过   B.记大过   C.降级   D.开除

79. 各缔约国政府制定《1974 年国际海上人命安全公约》的最终目的是( )。

  A.促进各方经济发展   B.维护海上经济利益
  C.增进海上人命安全   D.划分各方海域范围

80. 任何缔约国政府,在《1974 年国际海上人命安全公约》对该政府生效满( )后,可随时退出本公约。

  A.1 年   B.2 年   C.3 年   D.5 年

81. 船舶所有人应当在《船舶最低安全配员证书》有效期截止前 12 个月以内,或者在船舶国籍证书重新核发或者相关内容发生变化时,凭原证书到船籍港的( )办理换发证书手续。

  A.海事管理机构   B.原船舶生产单位
  C.原船舶检验单位   D.交通运输主管部门

82. 《船舶最低安全配员证书》中规定,船舶所有人可以根据需要增配船员,但船上总人数( )经中华人民共和国海事局认可的船舶检验机构核定的救生设备定员标准。

  A.不得少于   B.不得超过   C.可以超过   D.必须等于

83. 海事管理机构在核发( )时,应向当事船舶配发《船舶最低安全配员证书》。

  A.船舶出厂证明   B.船舶检验合格证书
  C.船舶防污染证书   D.船舶国籍证书

84. 依据《海上海事行政处罚规定》,未经海事管理机构批准,擅自打捞或者拆除沿海水域内的沉船沉物,处以( )罚款。

  A.打捞费用 1 倍以上 2 倍以下   B.打捞费用 0.5 倍以上 1 倍以下
  C.5000 元以上 3 万元以下   D.1000 元以上 5000 元以下

85. ( )负责建筑施工企业安全生产许可证的颁发和管理,并接受国务院建设主管部门的指导和监督。

  A.国务院建设主管部门

B. 国务院安全生产监督管理部门

C. 省、自治区、直辖市人民政府建设主管部门

D. 省、自治区、直辖市人民政府安全生产监督管理部门

86. 根据《内河交通安全管理条例》的规定,( )是负责船舶登记的主管机关。
    A. 地方行政部门　　B. 海事管理机构　　C. 公安部门　　D. 船检机构

87. 根据《内河交通安全管理条例》的规定,船员经( )专业培训,其中客船和载运危险货物船舶的船员还应当经相应的特殊培训,并经海事管理机构考试合格,取得相应的适任证书或者其他适任证件后,方可担任船员职务。
    A. 水上交通安全　　B. 船舶操作　　C. 海上航行信号灯　D. 水上水下作业

88. 根据《内河交通安全管理条例》的规定,( )在内河航行,不需要向引航机构申请引航。
    A. 外国籍船舶
    B. 1000 总吨以下的海上机动船舶
    C. 通航条件受限制的船舶
    D. 国务院交通主管部门规定应当申请引航的客船、载运危险货物的船舶

89. 《民用爆炸物品安全管理条例》中规定,( )负责民用爆炸物品生产、销售的安全监督管理。
    A. 国务院安全生产监督主管部门　　B. 公安部门
    C. 国防科技工业主管部门　　　　　D. 工商行政管理部门

90. 《民用爆炸物品安全管理条例》中规定,销售、购买民用爆炸物品,应当通过( )进行交易。
    A. 现金　　　　B. 实物　　　　C. 外币　　　　D. 银行账户

91. 营业性爆破作业单位持《爆破作业单位许可证》到( )办理工商登记后,方可从事营业性爆破作业活动。
    A. 公安部门　　　　　　　　　　B. 工商行政管理部门
    C. 国防科技工业主管部门　　　　D. 当地政府部门

92. 《民用爆炸物品安全管理条例》中规定,爆破作业单位不再使用民用爆炸物品时,应当将剩余的民用爆炸物品登记造册,报所在地县级人民政府公安机关组织监督( )。
    A. 销毁　　　　B. 封存　　　　C. 设专人管理　　D. 没收

93. 《民用爆炸物品安全管理条例》中规定,爆破作业人员违反国家有关标准和规范的规定实施爆破作业的,由公安机关责令限期改正,情节严重的,( )《爆破作业人员许可证》。
    A. 更换　　　　B. 暂扣　　　　C. 吊销　　　　D. 重新核发

94. 《公路水运工程安全生产监督管理办法》中规定,施工单位应当对管理人员和作业人员进行每年不少于( )次的安全生产教育培训,其教育培训情况记入个人工作档案。
    A. 1　　　　　B. 2　　　　　C. 3　　　　　D. 4

95. 《公路水运工程安全生产监督管理办法》中规定,公路水运工程每项工程实施前,施工单位( )对有关安全施工的技术要求向施工作业班组、作业人员进行安全生产技术交底。

A. 主要负责人 B. 项目技术负责人
C. 专职安全管理人员 D. 负责项目管理的技术人员

96. 依据《企业安全生产费用提取和使用管理办法》，水利水电工程、港口与航道工程安全费用提取标准分别为( )。

A. 1.5%；2.0% B. 2.0%；1.5% C. 均为1.5% D. 均为2.0%

97. 根据《企业安全生产费用提取和使用管理办法》，下列费用中，不属于安全生产费用支出范围的是( )。

A. 配备应急器材费用 B. 操作器械竞赛费用
C. 安全标准化建设费用 D. 重大事故隐患整改费用

98. 《企业安全生产费用提取和使用管理办法》中规定，建设工程施工企业安全费用使用范围共分为( )大项。

A. 3 B. 6 C. 9 D. 12

99. 根据《建设工程安全生产管理条例》，建设行政主管部门或者其他有关部门对建设工程是否有安全施工措施进行审查时，( )。

A. 可以收取费用 B. 不得收取费用
C. 适当收取合理费用 D. 收取必要费用

100. 根据《建设工程安全生产管理条例》，发生生产安全事故后，施工单位应当采取措施( )。需要移动现场物品时，应当做出标记和书面记录，妥善保管有关证物。

A. 立即上报 B. 防止事故扩大，保护事故现场
C. 防止事故扩大 D. 保护事故现场，妥善保护证物

101. 违反《建设工程安全生产管理条例》的规定，建设单位未提供建设工程安全生产作业环境及安全施工措施所需费用的，责令限期改正；逾期未改正的，( )。

A. 撤销施工许可证 B. 责令拆除该建设工程
C. 责令该建设工程停止施工 D. 责令该建设单位缴纳一定数额的罚款

102. 施工单位主要负责人依法对本单位的安全生产工作( )。

A. 部分负责 B. 全面负责 C. 负领导责任 D. 负监督责任

103. 《生产安全事故报告和调查处理条例》适用于( )。

A. 生产经营活动中发生的事故 B. 环境污染事故
C. 核设施事故 D. 国防科研生产事故

104. 单位负责人接到报告后，应当于( )小时内向事故发生地县级以上人民政府安全生产监督管理部门和负有安全生产监督管理职责的有关部门报告。

A. 0.5 B. 1 C. 1.5 D. 2

105. 安全生产监督管理部门和负有安全生产监督管理职责的有关部门逐级上报事故情况，每级上报的时间不得超过( )小时。

A. 0.5 B. 1 C. 2 D. 7

106. 事故调查组组长由负责事故调查的( )指定。

A. 安全生产监督管理部门 B. 事故发生单位

C. 人民政府　　　　　　　　　　　D. 专家组

107. 事故发生地(　　)根据事故的情况,对涉嫌犯罪的,应当依法立案侦查,采取强制措施和侦查措施。
　　A. 人民法院　　　　　　　　　　B. 人民政府
　　C. 公安机关　　　　　　　　　　D. 安全生产监督管理部门

108. 未造成人员伤亡的一般事故,(　　)人民政府也可委托事故发生单位组织事故调查组进行调查。
　　A. 县级　　　　B. 市级　　　　C. 省级　　　　D. 中央

109. 《生产安全事故报告和调查处理条例》中规定的重大事故是指(　　)。
　　A. 造成 10 人以上 50 人以下死亡,或者 50 人以上 100 人以下重伤(包括急性工业中毒),或者 5000 万元以上 1 亿元以下直接经济损失
　　B. 造成 3 人以上 30 人以下死亡,或者 30 人以上 100 人以下重伤(包括急性工业中毒),或者 5000 万元以上 1 亿元以下直接经济损失
　　C. 造成 10 人以上 30 人以下死亡,或者 50 人以上 100 人以下重伤(包括急性工业中毒),或者 5000 万元以上 1 亿元以下直接经济损失
　　D. 造成 3 人以上 10 人以下死亡,或者 10 人以上 50 人以下重伤(包括急性工业中毒),或者 5000 万元以上 1 亿元以下直接经济损失

110. 依据《安全生产许可证条例》,安全生产许可证的有效期为(　　)年。
　　A. 1　　　　B. 2　　　　C. 3　　　　D. 6

111. 企业进行(　　),应当依照《安全生产许可证条例》的规定向安全生产许可证颁发管理机关申请领取安全生产许可证。
　　A. 生产前　　　B. 生产中　　　C. 生产后　　　D. 事故处理时

112. 依据《安全生产许可证条例》,安全生产许可证有效期满未办理延期手续,继续进行生产的,下列处理不正确的是(　　)。
　　A. 责令其停止生产　　　　　　　B. 没收其违法所得
　　C. 责令其限期补办延期手续　　　D. 吊销其安全生产许可证

113. (　　)是国家的基本国策。
　　A. 环境保护　　　　　　　　　　B. 防治污染
　　C. 保障公众健康　　　　　　　　D. 推进生态文明建设

114. 排放污染超过国家或者地方规定的污染物排放标准的企业、事业单位,依照国家规定缴纳超标准排污费,并(　　)。
　　A. 被罚款　　　B. 被通报批评　　　C. 被警告　　　D. 负责治理

115. 违反国家环境保护法,造成重大环境污染事故,导致公私财产重大损失或者人身伤亡严重后果的,对直接责任人员(　　)。
　　A. 开除公职　　　　　　　　　　B. 进行重罚
　　C. 依法追究刑事责任　　　　　　D. 依法行政拘留处罚

116. 《海上交通安全法》规定,主管机关发现船舶处于不适航状态时,有权(　　)。

A. 扣留船舶　　　B. 拘留船长　　　C. 令其立即离港　　　D. 禁止其离港

117. 下列有关我国《海上交通安全法》的叙述,正确的是(　　)。
　　A. 船舶是指各类排水或非排水船、筏、水上飞机、潜水器和移动式平台
　　B. 海事局也负责渔业船舶间交通事故的调查处理
　　C. 沿海水域是指我国沿海港口及附近水域
　　D. 固定平台也归属于船舶

118. 下列哪种行为不违背《海上交通安全法》有关对人员的规定(　　)。
　　A. 船上无专职厨师　　　　　　　B. 船上缺少轮机长
　　C. 油轮船员未经适当的培训　　　D. 不符合最低安全配员要求

119. 《海上交通安全法》规定,大型设施和移动式平台的海上拖带,须经(　　)拖航检验,并报(　　)核准。
　　A. 船检部门;海事局　　　　　　B. 造船部门;海事局
　　C. 海事局;船厂　　　　　　　　D. 造船部门;船检部门

120. 下列设备中,不属于特种设备的是(　　)。
　　A. 冲床　　　B. 叉车　　　C. 液化气罐　　　D. 门式起重机

121. 安全阀是一种(　　)装置。
　　A. 计量　　　B. 连锁　　　C. 报警　　　D. 泄压

122. 依照《中华人民共和国特种设备安全法》规定,(　　)设备应报废,并向原登记机关注销。
　　A. 存在严重事故隐患、无改造、维修价值的
　　B. 超过检验周期的
　　C. 发生过一般事故的
　　D. 管理混乱的

123. 特种设备(　　)单位应当建立特种设备安全技术档案。
　　A. 经营　　　B. 生产　　　C. 使用　　　D. 出租

124. 根据《建设工程安全生产管理条例》,建设单位在编制(　　)时,应当确定建设工程安全作业环境及安全施工措施所需费用。
　　A. 工程预算　　　B. 工程估算　　　C. 工程决算　　　D. 工程概算

125. 根据《建设工程安全生产管理条例》,建设单位不得明示或者暗示施工单位购买、租赁、使用不符合(　　)的安全防护用具、机械设备、施工机具及配件、消防设施和器材。
　　A. 造价控制要求　　　B. 安全施工要求　　　C. 市场　　　D. 进度要求

126. 根据《建设工程安全生产管理条例》,施工单位的主要负责人、项目负责人、专职安全生产管理人员,应当经建设行政主管部门或者其他有关部门(　　)后,方可任职。
　　A. 评审　　　B. 资质检验　　　C. 推荐　　　D. 考核合格

127. 根据《建设工程安全生产管理条例》,作业人员进入新的岗位或者新的施工现场前,应当接受(　　)。
　　A. 质量教育　　　　　　B. 安全生产教育培训

C. 技术培训 D. 机械操作规程培训

128. 依据《劳动合同法》的规定,对于从事接触职业危害作业的劳动者,下列情形中用人单位不得解除或终止劳动合同的是( )。
    A. 上岗前未进行职业健康检查
    B. 在岗期间未进行职业健康检查
    C. 离岗前未进行职业健康检查
    D. 未进行身体健康综合评估检查

129. 根据《劳动合同法》,下列关于劳动合同解除的说法中,正确的是( )。
    A. 用人单位未按照劳动合同约定提供劳动保护,劳动者提前通知用人单位后,可以解除劳动合同
    B. 用人单位强令冒险作业危及劳动者人身安全,劳动者提前3日通知用人单位后,可以解除劳动合同
    C. 用人单位以威胁手段强迫劳动者劳动,劳动者可以解除劳动合同,不需事先告知用人单位
    D. 用人单位未按照劳动合同约定提供劳动保护,劳动者不可以解除劳动合同

130. 根据《中华人民共和国突发事件应对法》的规定,应对突发事件的工作原则是( )。
    A. 处置为主、预防为辅
    B. 预防为主、预防与应急相结合
    C. 预防为主、处置为辅
    D. 处置与预防并重

131. 根据《中华人民共和国突发事件应对法》的规定,可以预警的自然灾害、事故灾难和公共卫生事件的预警级别分为四级,即一级、二级、三级和四级,分别是下列何种颜色标示( )。
    A. 红、橙、黄、蓝
    B. 红、黄、橙、绿
    C. 红、黄、绿、蓝
    D. 黄、红、橙、蓝

132. 公民参加应急救援工作或者协助维护社会秩序期间,其在本单位的工资待遇和福利( );表现突出、成绩显著的,由县级以上人民政府给予表彰或者奖励。
    A. 不变
    B. 增加1倍
    C. 不享受
    D. 享受3倍待遇

133. 对迟报、谎报、瞒报和漏报突发事件重要情况或者在应急管理工作中有其他失职、渎职行为的有关责任人,要依法依规给予行政处分;构成犯罪的,依法追究其( )。
    A. 民事责任
    B. 行政责任
    C. 经济责任
    D. 刑事责任

134. 根据《中华人民共和国消防法》的规定,消防工作贯彻的方针是( )。
    A. 消防为主、防消结合
    B. 预防为主、防消结合
    C. 消防为主、防治结合
    D. 预防为主、防治结合

135. 根据《中华人民共和国消防法》的规定,任何单位和成年人都有参加( )的义务。
    A. 有组织的救援工作
    B. 有组织的抢险工作
    C. 有组织的灭火工作
    D. 有组织的预防工作

136. 公安消防队、专职消防队扑救火灾、应急救援时,( )。
    A. 公安消防队不得收取费用,专职消防队可收取部分费用
    B. 不得收取任何费用
    C. 可以收取火灾所损耗的燃料、灭火剂和器材、装备等费用
    D. 适当收取费用

137. 违反《消防法》规定,构成犯罪的,( )。
　　A. 依法给予行政处罚　　　　　B. 依法追究刑事责任
　　C. 给予行政处分　　　　　　　D. 给予治安处罚

138. 机关、团体、企业、事业等单位应当落实( ),制定本单位的消防安全制度、消防安全操作规程,制定灭火和应急疏散预案。
　　A. 岗位防火责任制　　　　　　B. 领导消防安全负责制
　　C. 安全生产责任制　　　　　　D. 消防安全责任制

139. 对放射工作场所和放射性同位素的运输、储存,用人单位必须配置防护设备和( )装置,保证接触放射线的工作人员佩戴个人剂量计。
　　A. 安全　　　B. 防护　　　C. 报警　　　D. 测试

140. 职业病危害,是指对从事职业活动的劳动者可能导致职业病的各种危害。职业病危害因素包括:职业活动中存在的各种有害的( )因素以及在作业过程中产生的其他职业有害因素。
　　A. 化学、物理、生物　　　　　B. 化学、物理、生理
　　C. 生理、物理、生物　　　　　D. 化学、物理、生化

141. 用人单位应当建立、健全职业病防治( ),加强对职业病防治的管理,提高职业病防治水平,对本单位产生的职业病危害承担责任。
　　A. 规章制　　B. 机构　　C. 责任制　　D. 组织

142. 依据《安全生产法》的规定,生产经营单位的建设项目的安全设施必须做到"三同时",即生产经营单位新建、改建、扩建工程项目的安全设施,必须与主体工程( )。
　　A. 同时勘察、同时设计、同时施工
　　B. 同时审批、同时设计、同时施工
　　C. 同时设计、同时施工、同时投入生产和使用
　　D. 同时施工、同时修复、同时投入生产和使用

143. 下列做法中,符合《建筑法》关于分包工程的规定的是( )。
　　A. 总承包单位将承包的全部建筑工程转包给他人
　　B. 总承包单位将承包的全部建筑工程肢解后以分包的名义转包给他人
　　C. 总承包单位经建设单位认可将承包工程中的部分工程发包给具有相应资质条件的分包单位
　　D. 总承包单位将工程主体结构发包给具有相应资质条件的分包单位

144. 基坑支护工程专项施工方案须经( )签字后实施。
　　A. 施工企业项目经理和现场监理工程师
　　B. 施工企业负责人和建设单位负责人
　　C. 建设单位负责人和总监理工程师
　　D. 施工企业技术负责人和总监理工程师

145. 《建筑法》规定,两个以上不同资质等级的单位实行联合共同承包的,应当按照( )单位的业务许可范围承揽工程。

A.资质等级高的 B.资质等级低的
C.介于两者之间的 D.由建设行政主管部门确认

146.根据《刑法》第13条的规定,犯罪是指危害社会的,依法应当受刑罚处罚的行为,但是情节显著轻微危害不大的(　　)。

A.不认为是犯罪

B.也应当以犯罪论处

C.可以认定是犯罪也可以不认为是犯罪

D.可以判处刑罚也可以免于刑罚处罚

147.我国《刑法》对于空间效力的规定,采取的是(　　)。

A.属地原则

B.属人原则

C.保护原则

D.以属地原则为主,兼采属人原则、保护原则和普遍原则

148.罪责刑相适应原则的内容是(　　)。

A.刑罚应与犯罪行为相适应

B.刑罚应与犯罪人个人情况相适应

C.刑罚应与犯罪客观危害相适应

D.刑罚应当与犯罪行为和承担的刑事责任相适应

149.在下列犯罪中,犯罪主体为特殊主体的为(　　)。

A.重大责任事故罪 B.交通肇事罪
C.放火罪 D.破坏交通工具罪

150.根据《刑法》的规定,破坏交通工具罪的法定对象有(　　)。

A.火车、汽车、电车、拖拉机 B.汽车、电车、船只、摩托车
C.电车、船只、航空器、火车轨道 D.船只、航空器、火车、汽车、电车

151.下列关于《劳动法》对人的适用范围的表述,正确的是(　　)。

A.社会团体和与之建立劳动合同关系的劳动者不适用《劳动法》

B.个体经济组织聘用的劳动者不适用《劳动法》

C.事业单位聘用的劳动者不适用《劳动法》

D.国家机关和与之形成事实劳动关系的劳动者适用《劳动法》

152.在工伤保险中,保险费由(　　)。

A.职工独立缴纳 B.职工与用人单位共同缴纳
C.用人单位负责缴纳 D.国家财政负责缴纳

153.依据《劳动法》的规定,用人单位不得安排女职工在哺乳未满1周岁的婴儿期间从事的工作是(　　)。

A.第一级体力劳动强度的劳动 B.夜班劳动
C.电工 D.驾驶机动车

154.依据《劳动合同法》,用人单位自(　　)起即与劳动者建立劳动关系。

A. 用工之日 B. 签订合同之日
C. 上级批准设立之日 D. 劳动者领取工资之日

155. 保障人民群众( )安全,是制定《安全生产法》的目的之一。
A. 生命 B. 财产 C. 生命和财产 D. 生命和健康

156. 制定《安全生产法》,就是要从( )保证生产经营单位健康有序地开展生产经营活动,防止和减少生产安全事故,从而促进和保障经济社会持续健康发展。
A. 思想上 B. 组织上 C. 制度上 D. 认识上

157. 《安全生产法》规定的安全生产管理方针是( )。
A. 安全第一、预防为主、综合治理 B. 安全生产人人有责
C. 安全为了生产,生产必须安全 D. 坚持安全发展

158. 生产经营单位应当建立相应的机制,加强对安全生产责任制落实情况的( ),保证安全生产责任制的落实。
A. 综合管理 B. 监督考核 C. 监督管理 D. 综合监督管理

159. 某化工厂委托一家安全生产服务机构为本单位提供安全生产管理服务,在这种情况下,该厂安全生产责任( )。
A. 仍由该厂负责
B. 由接受委托的安全生产服务机构负责
C. 主要由接受委托的安全生产服务机构负责,该厂承担相应责任
D. 由双方在委托合同中约定

160. 《安全生产法》规定,矿山、金属冶炼、建筑施工、道路运输单位和危险物品的生产、经营、储存单位,应当设置安全生产管理机构或者配备专职安全生产管理人员。上述以外的其他生产经营单位,从业人员超过( )人的,应当设置安全生产管理机构或者配备专职安全生产管理人员。
A. 100 B. 400 C. 300 D. 200

161. 依据《安全生产法》的规定,生产经营单位的从业人员有权了解其作业场所和工作岗位存在的危险因素、防范措施及( )。
A. 劳动用工情况 B. 安全技术措施
C. 安全投入资金情况 D. 事故应急措施

(二) 多项选择题

1. 依据《潜水员管理办法》,下列关于潜水员证书管理说法正确的是( )。
A. 初次取得空气潜水员证书的潜水员实行见习期,见习期为半年
B. 潜水员证书每年审1次,年审合格者证书继续有效
C. 未经年审的潜水员证书,自动失效
D. 年审不合格者,证书失效
E. 潜水员年审包括体格审查、技术审查、理论审查

2. 根据《潜水员管理办法》的规定,有下列( )行为之一者,各级海事机构可以责令停

止潜水作业,并视情节给予3万元以下的罚款。

  A.使用失效潜水员证书

  B.无潜水员证书人员进行潜水作业

  C.未经批准的

  D.租借、转让、冒用、涂改、变造、伪造、买卖潜水员证书

  E.潜水前未接受安全教育培训

3.依据《公路水运工程施工企业项目负责人施工现场带班生产制度(暂行)》,项目负责人带班生产时,应履行以下(　　)职责。

  A.检查本合同段安全生产条件落实情况

  B.检查施工组织设计或专项施工方案中安全措施的落实情况

  C.加强对重点部位、关键环节的施工指导,及时制止"三违"行为

  D.及时发现、报告并组织消除事故隐患和险情

  E.填写带班生产工作日志并签字归档备查

4.《建设工程施工现场消防安全技术规范》中规定,施工现场的动火作业应符合下列(　　)规定。

  A.动火作业前,应对动火作业点进行封闭、隔离

  B.动火作业前应按要求配置灭火器

  C.5级(含5级)以上风力时,应停止室外动火作业

  D.6级(含6级)以上风力时,应停止室外动火作业

  E.动火作业后应确认无火灾隐患

5.依据《职业病防治法》,用人单位应当采取下列职业病防治管理措施(　　)。

  A.制订职业病防治计划和实施方案

  B.建立、健全职业卫生管理制度和操作规程

  C.建立、健全职业卫生档案和劳动者健康监护档案

  D.建立、健全职业病危害事故应急救援预案

  E.建立、健全工作场所职业病危害因素监测及评价制度

6.《环境保护法》中规定,严禁通过(　　)或者不正常运行防治污染设施等逃避监管的方式违法排放污染物。

  A.暗管   B.渗井   C.渗坑   D.灌注

  E.篡改、伪造监测数据

7.因海上交通事故引起民事纠纷时,下列哪种处理途径不是《海上交通安全法》的规定(　　)。

  A.可以申请主管机关调解处理

  B.可以向法院起诉

  C.必须首先申请主管机关调解处理

  D.涉外案件可以根据书面协议提交仲裁机构仲裁

  E.必须首先向法院起诉

8.《特种设备安全法》中规定,特种设备使用单位应当建立特种设备安全技术档案。安全技术档案应当包括(　　)等内容。
   A.特种设备的设计文件、产品质量合格证明等相关技术资料和文件
   B.特种设备的定期检验和定期自行检查记录
   C.特种设备的日常使用状况记录
   D.特种设备及其附属仪器仪表的维护保养记录
   E.特种设备的运行故障和事故记录

9.《建设工程安全生产管理条例》中所称建设工程,是指(　　)。
   A.土木工程　　　　　　　　　　B.建筑工程
   C.水运工程　　　　　　　　　　D.线路管道和设备安装工程
   E.装修工程

10.《生产安全事故报告和调查处理条例》要求事故调查组应由有关政府、(　　)有关人员组成。
   A.安监部门　　　B.监察机关　　　C.公安机关　　　D.党委
   E.工会

11.依据《安全生产许可证条例》,以下有关企业安全生产许可证描述正确的有(　　)。
   A.依法参加工伤保险,为从业人员缴纳保险费是企业取得安全生产许可证的前提条件
   B.企业不得转让安全生产许可证
   C.安全生产许可证式样由工商管理部门统一规定
   D.企业取得安全生产许可证后,不得降低安全生产条件
   E.安全生产许可证颁发机关发现企业不再具备规定的安全生产条件的,可暂扣或者吊销其安全生产许可证

12.《内河交通安全管理条例》中规定,浮动设施必须具备下列(　　)条件,方可从事有关活动。
   A.必须持有安全生产许可证
   B.经海事管理机构认可的船舶检验机构依法检验并持有合格的检验证书
   C.经海事管理机构依法登记并持有登记证书
   D.必须持有产品操作手册
   E.配备符合国务院交通主管部门规定的掌握水上交通安全技能的船员

13.依据《民用爆炸物品安全管理条例》,以下关于爆破作业说法正确的有(　　)。
   A.应当遵守国家有关标准和规范,在安全距离以外设置警示标志并安排警戒人员,防止无关人员进入
   B.爆破作业结束后应当及时检查、排除未引爆的民用爆炸物品
   C.领取民用爆炸物品的数量不得超过3天用量,作业后剩余的民用爆炸物品必须清退回库
   D.爆破作业单位应当如实记载领取、发放民用爆炸物品的品种、数量、编号以及领取、

发放人员姓名

E. 爆破作业单位应当将领取、发放民用爆炸物品的原始记录保存2年备查

14. 依据《公路水运工程安全生产监督管理办法》,以下说法正确的是(　　)。
    A. 施工单位应当在施工现场出入口设置明显的安全警示标志
    B. 施工单位应当根据不同施工阶段和周围环境及季节、气候的变化,在施工现场采取相应的安全施工措施
    C. 施工现场暂时停止施工的,施工单位应当做好现场防护
    D. 为提高工作效率,施工单位应当将施工现场的办公、生活区与作业区设置在一起
    E. 因施工单位安全生产隐患原因造成工程停工的,所需费用由施工单位承担

15. 《生产安全事故罚款处罚规定(试行)》中所称主要负责人包括(　　)。
    A. 有限责任公司的总经理　　　　B. 股份有限公司的董事长
    C. 厂长　　　　　　　　　　　　D. 矿长
    E. 实际控制人

16. 根据《内河交通事故调查处理规定》的规定,根据调查工作的需要,海事管理机构可以行使下列(　　)权力。
    A. 勘查事故现场,搜集有关证据
    B. 核查事故所导致的财产损失和人身伤亡情况
    C. 要求当事人提供各种原始文书、航行资料、技术资料或者其影印件
    D. 扣留造成事故的相关人员
    E. 询问当事人及其他有关人员并要求其提供书面材料和证明

17. 《企业安全生产责任体系五落实五到位规定》中规定,必须落实"党政同责"要求,(　　)对本企业安全生产工作共同承担领导责任。
    A. 董事长　　　B. 董事　　　C. 党组织书记　　　D. 总经理
    E. 工会主席

18. 《企业安全生产责任体系五落实五到位规定》中规定,企业必须成立安全生产委员会,并由(　　)担任主任。
    A. 董事长　　　B. 董事　　　C. 党组织书记　　　D. 总经理
    E. 工会主席

19. 《建筑施工企业安全生产管理规范》中规定,建筑施工企业的各项安全管理制度应包括(　　)等内容。
    A. 工作内容　　　　　　　　　　B. 责任人(部门)的职责与权限
    C. 施工组织设计的编制规范　　　D. 基本工作程序集标准
    E. 分部分项工程的划分

20. 依据《建筑施工企业安全生产管理规范》,下列关于安全生产费用管理,说法正确的是(　　)。
    A. 建筑施工企业应按规定储备安全生产所需费用
    B. 建筑施工企业应根据安全生产管理需要编制安全生产费用使用计划

C. 建筑施工企业相关负责人必须按专款专用、及时足额的要求组织实施安全生产费用的使用计划

D. 建筑施工企业应建立安全生产费用分类使用台账,定期统计上报

E. 安全生产费用管理应包括资金的储备、申请、审核审批、支付、使用、统计、分析、审计检查等工作内容

21.《建设工程施工现场消防安全技术规范》中规定,在建工程及临时用房的下列( )场所应配置灭火器。

    A. 易燃易爆危险品存放及使用场所

    B. 动火作业场所

    C. 可燃材料存放、加工及使用场所

    D. 厨房操作间、锅炉房、发电机房、变配电房、设备用房、办公用房、宿舍等临时用房

    E. 其他具有火灾危险的场所

22. 根据《安全生产法》规定,生产经营单位应当告知从业人员的事项包括( )。

    A. 作业场所和工作岗位危险因素   B. 生产经营计划

    C. 事故应急措施   D. 安全防范措施

    E. 环境保护政策

23.《刑法》中规定,下列人员不适应于死刑的是( )。

    A. 70 周岁以上的人   B. 犯罪时不满 18 周岁的人

    C. 审判时怀孕的人   D. 犯罪时哺乳自己 1 周岁以下婴儿的人

    E. 犯罪时不满 16 周岁的人

24. 根据《劳动法》规定,有下列情形之一的,劳动者可以随时通知用人单位解除劳动合同( )。

    A. 在试用期内解除劳动合同的

    B. 用人单位以暴力、威胁或者非法限制人身自由的手段强迫劳动的

    C. 用人单位不提供住所地的

    D. 用人单位的条件低于同行业其他单位的待遇的

    E. 用人单位未按照劳动合同约定支付劳动报酬或者提供劳动条件的

25.《劳动合同法》中规定,订立劳动合同,应当遵循( )的原则。

    A. 合法   B. 公平   C. 平等自愿   D. 协商一致

    E. 诚实信用

26. 根据《中华人民共和国突发事件应对法》规定,单位应当为单位内部的专业应急救援人员( )。

    A. 购买人身意外保险   B. 配备必要的防护装备

    C. 配备必要的器材   D. 解决子女就业和生活问题

    E. 设置专用办公室

27.《消防法》中规定,禁止( )不合格的消防产品以及国家明令淘汰的消防产品。

    A. 生产   B. 销售   C. 储存   D. 使用

E. 运输

28.《生产经营单位安全培训规定》中规定,加工、制造业等生产单位的其他从业人员,在上岗前必须经过( )三级安全培训教育。

　　A. 厂(矿)　　　　　　　　　　B. 车间(工段、区、队)
　　C. 班组　　　　　　　　　　　 D. 岗位
　　E. 工种

29.依据《生产经营单位安全培训规定》,厂(矿)级岗前安全培训内容应当包括( )。

　　A. 岗位安全操作规程
　　B. 本单位安全生产情况及安全生产基本知识
　　C. 本单位安全生产规章制度和劳动纪律
　　D. 从业人员安全生产权利和义务
　　E. 有关事故案例

30.依据《生产经营单位安全培训规定》,车间(工段、区、队)级岗前安全培训内容应当包括( )。

　　A. 工作环境及危险因素
　　B. 所从事工种可能遭受的职业伤害和伤亡事故
　　C. 所从事工种的安全职责、操作技能及强制性标准
　　D. 安全设备设施、个人防护用品的使用和维护
　　E. 自救互救、急救方法、疏散和现场紧急情况的处理

31.依据《生产经营单位安全培训规定》,班组级岗前安全培训内容应当包括( )。

　　A. 岗位安全操作规程
　　B. 岗位之间工作衔接配合的安全与职业卫生事项
　　C. 本单位安全生产规章制度和劳动纪律
　　D. 有关事故案例
　　E. 其他需要培训的内容

32.《生产经营单位安全生产不良记录"黑名单"管理暂行规定》中规定,生产经营单位有下列( )情况之一的,纳入国家安全监管总局管理的"黑名单"。

　　A. 发生重大及以上生产安全责任事故,或一个年度内累计发生责任事故死亡10人及以上的
　　B. 发生生产安全事故、发现职业病病人或疑似职业病病人后,瞒报、谎报或故意破坏事故现场、毁灭有关证据的
　　C. 存在重大安全生产事故隐患、作业岗位职业病危害因素的强度或浓度严重超标,经负有安全监管监察职责的部门指出或者责令限期整改后,不按时整改或整改不到位的
　　D. 暂扣、吊销安全生产许可证的
　　E. 存在其他严重违反安全生产、职业病危害防治法律法规行为的

33.《生产经营单位安全生产不良记录"黑名单"管理暂行规定》中对生产经营单位的管

理,说法正确的是( )。

  A. 生产经营单位纳入"黑名单"管理的期限,为自公布之日起1年

  B. 连续进入"黑名单"管理的生产经营单位,从第2次纳入"黑名单"管理起,管理期限为2年

  C. 在生产经营单位纳入"黑名单"管理期间,各级负有安全监管监察职责的部门应当按有关规定,制定并落实各项制约措施和惩戒制度

  D. 信息采集部门应对"黑名单"管理的生产经营单位加大执法检查频次,每半年至少进行1次抽查,每年至少约谈1次其主要负责人

  E. 对纳入"黑名单"管理的生产经营单位采取严格限制或禁止其新增项目的核准、土地使用等措施

34.《企业安全生产风险公告六条规定》中规定,必须在企业醒目位置设置公告栏,在存在安全生产风险的岗位设置告知卡,分别标明本企业、本岗位的( )。

  A. 主要危险危害因素   B. 可能导致的事故

  C. 事故预防及应急措施   D. 施工工艺流程

  E. 报告电话

35.《企业安全生产风险公告六条规定》中规定,必须在重大危险源、存在严重职业病危害的场所设置明显标志,标明( )。

  A. 风险内容 B. 危险程度 C. 安全距离 D. 防控办法

  E. 应急措施

36.《企业安全生产应急管理九条规定》中规定,必须开展从业人员( ),并定期组织考核。

  A. 应急预案教育培训   B. 自救互救技能培训

  C. 安全风险告知   D. 避险逃生技能培训

  E. 岗位应急知识

37.《企业安全生产应急管理九条规定》中规定,必须在险情或事故发生后第一时间做好先期处置,及时采取( )措施,并按规定立即如实向当地政府及有关部门报告。

  A. 隔离   B. 预警   C. 疏散   D. 控制

  E. 应急

38.《水运工程施工安全防护技术规范》中规定,施工单位必须根据工程项目施工生产的特点、作业环境和条件,制订( )。

  A. 综合应急预案   B. 专项应急预案

  C. 现场处置方案   D. 作业指导书

  E. 应急领导小组职责

39.《水运工程施工安全防护技术规范》中规定,水运工程施工单位的( ),必须参加水运工程建设行业安全生产管理人员培训、考核,取得合格证书,并按规定参加继续教育和培训。

  A. 主要负责人   B. 项目负责人

  C. 专职安全生产管理人员   D. 技术员

E.兼职安全生产管理人员

40.《水上水下活动通航安全管理规定》中规定,有以下(　　)情形的,申请者应当及时向原发证的海事管理机构报告,办理《中华人民共和国水上水下活动许可证》注销手续。

A.涉水工程及其设施中止的

B.一个月内不开工的

C.提前完工的

D.因许可事项变更而重新办理了新的许可证的

E.因不可抗力导致批准的水上水下活动无法实施的

41.《水上水下活动通航安全管理规定》中规定,涉水工程(　　)应当确保水上交通安全设施与主体工程同时设计、同时施工、同时投入生产和使用。

A.建设单位　　　　B.施工单位　　　　C.监理单位　　　　D.业主单位

E.勘察设计单位

42.《水上水下活动通航安全管理规定》中规定,涉水工程施工单位应当(　　)。

A.落实国家安全作业和防火、防爆、防污染等有关法律法规

B.制订施工安全保障方案,完善安全生产条件

C.采取有效安全防范措施,制订水上应急预案,保障涉水工程的水域通航安全

D.办理《中华人民共和国水上水下活动许可证》

E.申请进行通航安全评估

43.根据《水上水下活动通航安全管理规定》规定,有下列(　　)情形之一的,海事管理机构应当责令改正,拒不改正的,海事管理机构应当责令其停止作业。

A.因恶劣自然条件严重影响安全的

B.雇佣不符合安全标准的船舶和设施进行水上水下活动的

C.施工作业水域内发生水上交通事故,危及周围人命、财产安全的

D.未落实通航安全评估提出的安全防范措施的

E.未按规定采取安全和防污染措施进行水上水下活动的

44.《水上水下活动通航安全管理规定》中规定,隐瞒有关情况或者提供虚假材料,以欺骗或其他不正当手段取得许可证的,由海事管理机构(　　)。

A.暂扣其《中华人民共和国水上水下活动许可证》

B.注销其《中华人民共和国水上水下活动许可证》

C.撤销其水上水下施工作业许可

D.处5000元以上3万元以下的罚款

E.处5000元以下罚款

45.依据《内河交通事故调查处理规定》,船舶、浮动设施发生内河交通事故,必须立即采取一切有效手段向事故发生地的海事管理机构报告。报告的主要内容包括(　　)。

A.事故发生的时间和地点

B.船舶、浮动设施的名称

C.船员、旅客的伤亡情况

D. 事故发生时水域的水文、气象、通航环境情况
E. 船舶、浮动设施的损害情况

46.《内河交通事故调查处理规定》中规定,内河交通事故是指船舶、浮动设施在内河通航水域内航行、停泊、作业过程中发生的(　　)事件。
　　A. 碰撞、触碰或者浪损　　　　　　B. 触礁或者搁浅
　　C. 火灾或者爆炸　　　　　　　　　D. 船员或旅客失足落水
　　E. 影响适航性能的机件或者重要属具的损坏或者灭失

47. 根据《潜水员管理办法》规定,潜水员培训分为(　　)。
　　A. 空气潜水员培训　　　　　　　　B. 混合气潜水员培训
　　C. 饱和潜水员培训　　　　　　　　D. 轻潜潜水员培训
　　E. 重潜潜水员培训

48. 根据《潜水员管理办法》规定,申请考核饱和潜水的人员,应提供下列(　　)等材料。
　　A. 由本人填写的潜水员考核申请表
　　B. 毕业证书
　　C. 由县级以上医院,按交通运输部潜水员体格标准进行体检后出具的体检合格证明
　　D. 空气潜水员证书的有效证件
　　E. 混合气潜水员证书的有效证件

49. 依据《潜水员管理办法》中关于申请潜水员考核,下列说法正确的是(　　)。
　　A. 须年满16周岁
　　B. 须年满18周岁
　　C. 具有高中毕业或同等学力文化程度
　　D. 已有4年以上非产业潜水经历的潜水员,可申请潜水员考核
　　E. 国务院教育行政主管部门核准的大中专院校潜水专业毕业生,可免予考核

50.《公路水运工程施工企业项目负责人施工现场带班生产制度(暂行)》中规定,对于有专业(或劳务)分包的合同段,项目负责人同时包括分包项目的(　　)。
　　A. 施工管理负责人　　B. 技术负责人　　C. 安全负责人　　D. 技术员
　　E. 安全员

51.《公路水运工程施工企业项目负责人施工现场带班生产制度(暂行)》中规定,项目负责人带班生产方式主要有(　　)。
　　A. 现场巡视检查　　　　　　　　　B. 召开安全生产会议
　　C. 蹲点带班生产　　　　　　　　　D. 组织安全教育培训
　　E. 参加安全技术交底

52.《安全生产领域违法违纪行为政纪处分暂行规定》中规定,国有企业及其工作人员违章指挥,强令工人违章冒险作业,情节较重的,给予(　　)处分。
　　A. 记过　　　　　　B. 降级　　　　　　C. 撤职　　　　　　D. 留用察看
　　E. 开除

53. 以下关于《1974年国际海上人命安全公约》的说法,正确的有(　　)。

A. 各缔约国政府承担义务实施本公约及其附则的各项规定

B. 凡引用本公约时,同时也就是引用该附则

C. 缔约国政府船舶悬挂国旗不需要相关授权

D. 各缔约国应颁布一切必要的法律、法令和其他措施,使公约充分和完全生效

E. 为了避免人命安全的威胁而撤离人员时,缔约国政府可准许船舶载运多于本公约所允许的人数

54. ( )不适用《中华人民共和国船舶最低安全配员规则》。

A. 货船　　　　　B. 渔船　　　　　C. 体育运动船艇　　D. 营业性游艇

E. 非营业游艇

55. 《中华人民共和国船舶最低安全配员规则》中规定,关于500总吨及以上海船、600总吨及以上内河船舶人员管理,正确的是( )。

A. 船长和大副不得同时离船

B. 轮机长和大管轮在船时,船长和大副可同时离船

C. 轮机长和大管轮不得同时离船

D. 船长和大副在船时,轮机长和大管轮不得同时离船

E. 任何情况下,船长、大副、轮机长、大管轮不得离船

56. 根据《海上海事行政处罚规定》规定,对海事行政违法行为的当事人应当从重处以海事行政处罚的情形有( )。

A. 造成较为严重后果或者情节恶劣

B. 一年内因同一海事行政违法行为受过海事行政处罚

C. 胁迫、诱骗他人实施海事行政违法行为

D. 伪造、隐匿、销毁海事行政违法行为证据

E. 拒绝接受或者阻挠海事管理机构实施监督管理

57. 依据《海上海事行政处罚规定》,船舶无正当理由进入或者穿越禁航区,需承担的处罚有( )。

A. 对船舶所有人或者船舶经营人处以警告

B. 对船舶所有人或者船舶经营人处以2000元以上1万元以下罚款

C. 对船长处以警告或者1000元以上1万元以下罚款

D. 暂扣该违章船舶

E. 扣留船员适任证书3~12个月

58. 《海上航行警告和航行通告管理规定》中规定,在中华人民共和国沿海水域从事( )活动,必须事先向所涉及的海区的区域主管机关申请发布海上航行警告、航行通告。

A. 改变航道、航槽　　　　　　　B. 打捞沉船、沉物

C. 打桩作业　　　　　　　　　　D. 划定抛泥区

E. 设置系船浮筒

59. 《海上航行警告和航行通告管理规定》中规定,进行使船舶航行能力受到限制的超长、超高、笨重拖带作业,所递交发布海上航行警告、航行通告的书面申请内容主要有( )。

A. 拖船、被拖船或者被拖物的名称　　B. 拖船船长证件
C. 启拖时间　　D. 拖带总长度
E. 航速

60. 依据《海上航行警告和航行通告管理规定》，在中华人民共和国沿海水域从事扫海、疏浚、爆破、打桩、拔桩、起重、钻探等作业,组织者向该项活动所涉及海区的区域主管机关递交发布海上航行警告、航行通告的书面申请主要内容包括(　　)。
A. 活动起止日期和每日活动时间　　B. 活动内容和活动方式
C. 参与活动的人员名单　　D. 活动区域
E. 安全措施

61. 违反《海上航行警告和航行通告管理规定》，造成海上交通事故的,除依法承担民事赔偿责任外,国家主管机关或者区域主管机关可以根据情节给予(　　)。
A. 警告　　B. 罚款　　C. 扣留职务证书　　D. 吊销职务证书
E. 构成犯罪的,依法追究刑事责任

62. 《海上航行警告和航行通告管理规定》中规定,船舶、设施在海上发现(　　)情形,应当尽快向就近的区域主管机关报告。
A. 鱼群　　B. 航海图书上未载明的浅滩、礁石
C. 沉船、沉物、危险物、碍航漂流物　　D. 助航标志或者导航设施变异、失常
E. 异常磁区

63. 《民用爆炸物品安全管理条例》中规定,储存民用爆炸物品应当遵守(　　)。
A. 建立出入库检查、登记制度,收存和发放民用爆炸物品必须进行登记
B. 储存的民用爆炸物品数量不得超过储存设计容量的1.2倍
C. 对性质相抵触的民用爆炸物品必须分库储存,严禁在库房内存放其他物品
D. 为保证库房安全,必须安排持证人员住宿在库房内
E. 民用爆炸物品丢失、被盗、被抢,应当立即报告当地公安机关

64. 《公路水运工程安全生产监督管理办法》中明确的施工单位安全生产三类管理人员是指(　　)。
A. 主要负责人　　B. 项目负责人　　C. 项目书记　　D. 项目副经理
E. 专职安全生产管理人员

65. 根据《公路水运工程安全生产监督管理办法》规定,对(　　)等危险性较大的工程,施工单位应编制专项施工方案,并附安全验算结果。
A. 滑坡和高边坡处理　　B. 桩基础、挡墙基础、深水基础及围堰工程
C. 桥梁工程中的梁、拱、柱等构件施工　　D. 爆破工程
E. 机械维修

66. 根据《公路水运工程安全生产监督管理办法》规定,施工单位的(　　)等国家规定的特种作业人员,必须按照国家规定经过专门的安全作业培训,并取得特种作业操作资格证书后,方可上岗作业。
A. 木工　　B. 电工　　C. 焊工　　D. 钳工

E. 起重信号工

67. 《企业安全生产费用提取和使用管理办法》中规定,安全费用按照( )的原则进行管理。

A. 既定数额　　　　B. 企业提取　　　　C. 政府监管　　　　D. 确保需要

E. 规范使用

68. 根据《企业安全生产费用提取和使用管理办法》规定,以下建设工程安全费用提取标准不符合《企业安全生产费用提取和使用管理办法》要求的有( )。

A. 房屋建筑工程:1.5%　　　　　　B. 铁路工程:1.5%

C. 市政公用工程:1.0%　　　　　　D. 公路工程:1.5%

E. 港口与航道工程:1%

69. 根据《企业安全生产费用提取和使用管理办法》规定,以下属于建设工程施工企业安全费用使用范围的有( )。

A. "三同时"要求初期投入的安全设施的支出

B. 维护应急救援器材的支出

C. 新建、改建、扩建项目安全评价的支出

D. 安全生产宣传、教育、培训支出

E. 开展重大危险源和事故隐患评估、监控和整改的支出

70. 根据《生产安全事故罚款处罚规定(试行)》规定,以下关于迟报、漏报、谎报和瞒报,说法错误的是( )。

A. 报告事故的时间超过规定时限的,属于迟报

B. 报告事故的时间超过规定时限的,属于漏报

C. 因过失对应当上报的事故或者事故发生的时间、地点、类别、伤亡人数、直接经济损失等内容遗漏未报的,属于漏报

D. 故意不如实报告事故发生的时间、地点、初步原因、性质、伤亡人数和涉险人数、直接经济损失等有关内容的,属于谎报

E. 故意不如实报告事故发生的时间、地点、初步原因、性质、伤亡人数和涉险人数、直接经济损失等有关内容的,属于瞒报

71. 依据《生产安全事故罚款处罚规定(试行)》,事故发生单位对特别重大事故负有责任且有以下( )情形之一的,处 2000 万元的罚款。

A. 谎报特别重大事故的　　　　　　B. 瞒报特别重大事故的

C. 拒绝、阻碍行政执法的　　　　　D. 主要负责人逃逸的

E. 明知存在事故隐患,仍然进行生产经营活动的

72. 《生产安全事故罚款处罚规定(试行)》中规定,安全生产违法行为行政处罚包括( )。

A. 警告　　　　　B. 罚款　　　　　C. 罚金　　　　　D. 拘留

E. 拘役

73. 依据《安全生产违法行为行政处罚办法》,生产经营单位及其有关人员有下列( )

情形的,应当从重处罚。

　　A. 一年内因同一违法行为受到两次行政处罚的
　　B. 一年内因不同违法行为受到两次行政处罚的
　　C. 拒绝、阻碍行政执法人员的
　　D. 以暴力威胁行政执法人员的
　　E. 拒不整改或者整改不力,其违法行为呈持续状态的

74.《安全生产领域违法违纪行为政纪处分暂行规定》中规定,国有企业及其工作人员不执行或者不正确执行对事故责任人员作出的处理决定,或者擅自改变上级机关批复的对事故责任人员的处理意见的,对有关责任人员,给予( )处分。

　　A. 警告　　　　　B. 撤职　　　　　C. 记过　　　　　D. 开除
　　E. 记大过

75.《建设工程安全生产管理条例》中规定,施工单位在采用( )时,应当对作业人员进行相应的安全生产教育培训。

　　A. 新技术　　　　B. 新工艺　　　　C. 新设备　　　　D. 新产品
　　E. 新材料

76.《生产安全事故报告和调查处理条例》中规定,事故发生单位主要负责人有下列( )行为之一的,处上一年年收入40%~80%的罚款。

　　A. 不立即组织事故抢救的
　　B. 迟报或者漏报事故的
　　C. 在事故调查处理期间擅离职守的
　　D. 在事故调查中作伪证或者指使他人作伪证的
　　E. 事故发生后逃匿的

77.《生产安全事故报告和调查处理条例》中规定,事故发生单位及其有关人员有下列( )行为之一的,对事故发生单位处100万元以上500万元以下的罚款;对主要负责人、直接负责的主管人员和其他直接责任人员处上一年年收入60%至100%的罚款。

　　A. 谎报或者瞒报事故的
　　B. 伪造或者故意破坏事故现场的
　　C. 转移、隐匿资金、财产,或者销毁有关证据、资料的
　　D. 在事故调查中作伪证或者指使他人作伪证的
　　E. 事故发生后逃匿的

78.《生产安全事故报告和调查处理条例》中规定,事故调查报告应当包括下列( )内容。

　　A. 事故发生单位概况
　　B. 事故发生经过和事故救援情况
　　C. 事故发生的原因和事故性质
　　D. 事故造成的人员伤亡和直接经济损失
　　E. 事故责任的认定以及对事故责任者的判罚

79.《生产安全事故报告和调查处理条例》中规定,事故调查组应履行的职责有( )。
　　A.认定事故的性质和事故责任　　　B.提出对事故责任者的处理建议
　　C.总结事故教训,提出防范和整改措施　D.提交事故调查报告
　　E.查明事故发生的经过、原因、人员伤亡情况及直接经济损失

80.《生产安全事故报告和调查处理条例》中规定,事故报告应当及时、准确、完整,任何单位和个人对事故不得( )。
　　A.迟报　　　　B.漏报　　　　C.泄露秘密　　　D.谎报
　　E.瞒报

81.《安全生产许可证条例》中规定,企业取得安全生产许可证,应当具备的安全生产条件有( )。
　　A.建立、健全安全生产责任制,制订完备的安全生产规章制度和操作规程
　　B.安全投入符合安全生产要求
　　C.设置安全生产管理机构,配备兼职安全生产管理人员
　　D.主要负责人和安全生产管理人员经考核合格
　　E.从业人员经安全生产教育和培训合格

82.《安全生产许可证条例》中规定,国家对( )企业实行安全生产许可制度。
　　A.烟花爆竹经营　B.矿山　　　C.建筑施工　　　D.建材生产
　　E.民用爆炸物品生产

83.根据《安全生产许可证条例》规定,在有关安全生产许可证的取得、使用情况中,施工企业应负法律责任的情形有( )。
　　A.未取得安全生产许可证进行施工
　　B.转让或接受转让安全生产许可证
　　C.冒用安全生产许可证
　　D.安全生产许可证遗失,已在公众媒体上声明作废
　　E.安全生产许可证期满后仍继续进行生产

84.根据《内河交通安全管理条例》规定,船舶具备( )条件,方可航行。
　　A.经海事管理机构认可的船舶检验机构依法检验并持有合格的船舶检验证书
　　B.持有船长与船舶所属人签订的航行安全保证书
　　C.经海事管理机构依法登记并持有船舶登记证书
　　D.配备符合国务院交通主管部门规定的船员
　　E.配备必要的航行资料

85.根据《内河交通安全管理条例》规定,以下关于船舶航行规定,正确的有( )。
　　A.船舶在内河航行时,上行船舶应当沿缓流或者航路一侧航行
　　B.船舶在内河航行时,上行船舶应当沿主流或者航路一侧航行
　　C.船舶在内河航行时,下行船舶应当沿主流或者航路中间航行
　　D.船舶在内河航行时,下行船舶应当沿缓流或者航路中间航行
　　E.在潮流河段、湖泊、水库、平流区域,应当尽可能沿本船右舷一侧航路航行

86.《民用爆炸物品安全管理条例》中规定,申请从事爆破作业的单位,应当具备的条件有( )。
  A. 爆破作业属于合法的生产活动
  B. 有符合国家有关标准和规范的民用爆炸物品专用仓库
  C. 有具备相应资格的安全管理人员、仓库管理人员和具备国家规定执业资格的爆破作业人员
  D. 从未发生过任何安全生产事故
  E. 有健全的安全管理制度、岗位安全责任制度

87.《民用爆炸物品安全管理条例》中规定,从事爆破作业的单位有以下( )行为的,由公安机关责令停止违法行为或者限期改正,处10万元以上50万元以下的罚款;逾期不改正的,责令停产停业整顿;情节严重的,吊销《爆破作业单位许可证》。
  A. 未按照其资质等级从事爆破作业的
  B. 营业性爆破作业单位跨省、自治区、直辖市行政区域实施爆破作业,未按照规定事先向爆破作业所在地的县级人民政府公安机关报告的
  C. 转让、出借、转借、抵押、赠送民用爆炸物品的
  D. 未按照规定建立民用爆炸物品领取登记制度、保存领取登记记录的
  E. 违反国家有关标准和规范实施爆破作业的

88. 依据《海上交通安全法》,以下船舶、设施人员必须持有合格职务证书的有( )。
  A. 船长　　　　B. 轮机长　　　　C. 轮机员　　　　D. 厨师
  E. 驾驶员

89. 在我国沿海水域,应遵守我国《海上交通安全法》的船舶有( )。
  A. 正在疏浚航道的船　　　　B. 正在港内锚泊中的船
  C. 正在装卸货的船　　　　　D. 正在进行救助的船
  E. 停靠在港内的水上飞机

90.《海上交通安全法》对船员规定的目的在于( )。
  A. 保证船员的质量　　　　B. 保证船员的配备数量
  C. 保证船员的构成　　　　D. 保障船舶航行、停泊和作业的安全
  E. 保障船舶的使用寿命

91. 起重机的安全装置有( )。
  A. 力矩限制器　　　　　　　　B. 防风防爬装置
  C. 安全钩、防后倾装置和回转锁定装置　　D. 危险电压报警器
  E. 回转锁定装置

92.《特种设备安全法》中规定,特种设备销售单位销售的特种设备,应当符合安全技术规范及相关标准的要求,其( )相关技术资料和文件应当齐全。
  A. 设计文件　　　　　　　　B. 产品质量合格证明
  C. 安装及使用维护保养说明　　D. 监督检验证明
  E. 设备操作规程

93.《特种设备安全法》中规定,发生事故,对负有责任的单位除要求其依法承担相应的赔偿等责任外,依照下列规定处以( )。

　　A.发生一般事故,处十万元以上二十万元以下罚款

　　B.发生较大事故,处二十万元以上五十万元以下罚款

　　C.发生重大事故,处五十万元以上二百万元以下罚款

　　D.发生特大事故,处二百万元以上五百万元以下罚款

　　E.发生特大事故,处五百万元以上一千万元以下罚款

94.《特种设备安全法》中规定,特种设备使用单位应当对其使用的特种设备的( )进行定期校验、检修,并做出记录。

　　A.安全连锁装置　　　　　　　B.安全附件

　　C.安全警示装置　　　　　　　D.安全保护装置

　　E.仪表装置

95.为了加强建设工程安全生产监督管理,保障人民群众生命和财产安全,根据( ),制定《建设工程安全生产管理条例》。

　　A.《中华人民共和国建筑法》

　　B.《中华人民共和国城市规划法》

　　C.《中华人民共和国安全生产法》

　　D.《中华人民共和国建设工程质量管理条例》

　　E.《中华人民共和国建设工程勘察设计管理条例》

96.《建设工程安全生产管理条例》适用于( )。

　　A.建设工程的新建　　　　　　B.建设工程的改建

　　C.建设工程的扩建　　　　　　D.救灾工程

　　E.建设工程的拆除

97.《建设工程安全生产管理条例》规定,发生生产安全事故后( )。

　　A.施工单位应当采取措施防止事故扩大

　　B.需要移动现场物品时,应当做出标记和书面记录,妥善保管有关证物

　　C.保护事故现场

　　D.需要移动现场物品时,可以不做标记和书面记录

　　E.施工单位不允许采取任何措施

98.依据《建设工程安全生产管理条例》,以下说法正确的是( )。

　　A.施工单位主要负责人依法对本单位的安全生产工作全面负责

　　B.安全生产费用不得挪作他用

　　C.建设工程实行施工总承包的,由总承包单位对施工现场的安全生产负总责

　　D.总承包单位可以将建设工程主体结构的施工分包给有资质的分包单位

　　E.施工单位应当将施工现场的办公、生活区与作业区分开设置,并保持安全距离

99.依据《劳动合同法》,下列说法正确的是( )。

　　A.用人单位安排加班的,应当按照国家有关规定向劳动者支付加班费

B. 劳动者拒绝用人单位管理人员违章指挥、强令冒险作业的,视为违反劳动合同

C. 劳动者对危害生命安全和身体健康的劳动条件,有权对用人单位提出批评、检举和控告

D. 工会依法维护劳动者的合法权益,对用人单位履行劳动合同、集体合同的情况进行监督

E. 用人单位自用工之日起超过一个月不满一年未与劳动者订立书面劳动合同的,应当向劳动者每月支付二倍的工资

100. 关于《中华人民共和国突发事件应对法》的立法宗旨,以下选项正确的是( )。

A. 预防和减少突发事件的发生

B. 控制、减轻和消除突发事件引起的严重社会危害

C. 规范突发事件应对活动

D. 保护人民生命财产安全

E. 规范本单位安全生产条件

101. 《中华人民共和国突发事件应对法》中规定,受到自然灾害危害或者发生事故灾难、公共卫生事件的单位,应当( )。

A. 立即组织本单位应急救援队伍和工作人员营救受害人员

B. 疏散、撤离、安置受到威胁的人员

C. 控制危险源,标明危险区域,封锁危险场所等防止危害扩大的必要措施

D. 向所在地县级人民政府报告

E. 实行交通管制

102. 根据《中华人民共和国突发事件应对法》规定,因本单位的问题引发的或者主体是本单位人员的社会安全事件,有关单位应当( )。

A. 按照规定上报情况

B. 禁止或者限制使用有关设备、设施

C. 迅速派出负责人赶赴现场开展劝解、疏导工作

D. 直接拘留当事人

E. 实行交通管制

103. 《消防法》规定,任何单位和个人都有( )的义务。

A. 维护消防安全　　　B. 保护消防设施　　　C. 预防火灾　　　D. 报告火警

E. 参加有组织的灭火工作

104. 人员密集场所发生火灾时,该场所的现场工作人员应当立即( )。

A. 组织在场人员疏散　　　　　　　B. 抢救贵重物品

C. 引导在场人员疏散　　　　　　　D. 参与灭火

E. 拨打报警电话

105. 根据《消防法》的规定,对个人占用、堵塞、封闭疏散通道的行为,应当( )。

A. 责令改正　　　　　　　　　　　B. 给予警告或罚款处罚

C. 经责令改正拒不改正的,强制执行　D. 给予行政拘留处罚

E. 通报批评

106.《职业病防治法》中规定,用人单位应当优先采用有利于防治职业病和保护劳动者健康的( )。
　　A. 新技术　　　　B. 新工艺　　　　C. 新产品　　　　D. 新设备
　　E. 新材料

107. 用人单位违反《职业病防治法》规定,有下列( )行为之一的,由安全生产监督管理部门责令限期改正,给予警告,可以并处五万元以上十万元以下的罚款。
　　A. 未按照规定及时、如实向安全生产监督管理部门申报产生职业病危害的项目的
　　B. 未实施由专人负责的职业病危害因素日常监测,或者监测系统不能正常监测的
　　C. 订立或者变更劳动合同时,未告知劳动者职业病危害真实情况的
　　D. 未按照规定组织职业健康检查、建立职业健康监护档案或者未将检查结果书面告知劳动者的
　　E. 未依照本法规定在劳动者离开用人单位时提供职业健康监护档案复印件的

108.《职业病防治法》中规定,用人单位应当按照规定,组织( )的职业健康检查,并将检查结果书面告知劳动者。
　　A. 上岗前　　　　B. 在岗期间　　　　C. 离岗时　　　　D. 退休时
　　E. 休假前

109.《职业病防治法》中规定,国家对严重污染环境的工艺、设备和产品实行淘汰制度,任何单位和个人不得( )严重污染环境的工艺、设备和产品。
　　A. 生产　　　　B. 经营　　　　C. 转移　　　　D. 使用　　　　E. 进口

110.《环境保护法》中规定,企业事业单位和其他生产经营者,在污染物排放符合法定要求的基础上,进一步减少污染物排放的,人民政府应当依法采取( )、政府采购等方面的政策和措施予以鼓励和支持。
　　A. 补贴　　　　B. 财政　　　　C. 税收　　　　D. 价格
　　E. 政府采购

111.《环境保护法》中规定,企业事业单位和其他生产经营者违反法律法规规定排放污染物,造成或者可能造成严重污染的,县级以上人民政府环境保护主管部门和其他负有环境保护监督管理职责的部门,可以( )造成污染物排放的设施、设备。
　　A. 查封　　　　B. 扣押　　　　C. 转移　　　　D. 搬迁
　　E. 拍卖

112.《安全生产法》把安全投入作为必备的安全保障条件之一,要求生产经营单位的安全投入由( )予以保证。
　　A. 生产经营单位的决策机构　　　　B. 生产经营单位的主要负责人
　　C. 个人经营的投资人　　　　　　　D. 安全生产监督管理部门
　　E. 生产经营单位的财务部门

113.《安全生产法》规定了从业人员的安全生产义务,下列说法正确的是( )。
　　A. 遵章守规、服从管理的义务

B. 正确佩戴和使用劳动防护用品的义务

C. 接受安全培训,掌握安全生产技能的义务

D. 发现事故隐患或者其他不安全因素及时报告的义务

E. 发现事故隐患或者其他不安全因素及时消除的义务

114. 依据《安全生产法》规定,下列企业中,必须设置安全生产管理机构或者配备专职安全管理人员的企业包括(　　)。

　　A. 从业人员100人的矿山企业

　　B. 从业人员150人的机械制造企业

　　C. 从业人员50人的纺织企业

　　D. 从业人员50人的危险物品生产、经营、储存企业

　　E. 从业人员100人的建筑施工企业

115. 根据《中华人民共和国建筑法》的规定,下列属于违法分包行为的有(　　)。

　　A. 总承包商将建设工程分包给不具备相应资质的分包商

　　B. 分包商将其承包的部分非关键工程分包给某公司

　　C. 分包商将工程施工中的劳务作业分包给某劳务分包企业

　　D. 总承包合同中没有约定且没有经建设单位认可,总承包商将某分项工程分包给分包商

　　E. 总承包商将建设工程的主体结构施工分包给具备相应资质的分包商

116. 《建筑法》规定,总承包单位依法将建设工程分包给其他单位施工,若分包工程出现安全问题时,应当由(　　)。

　　A. 总承包单位单独向建设单位承担责任

　　B. 分包单位单独向建设单位承担责任

　　C. 总承包单位与分包单位向建设单位承担连带责任

　　D. 总承包单位与分包单位分别向建设单位承担责任

　　E. 分包单位向总承包单位承担责任

117. 《建筑法》规定,申请领取施工许可证应当具备(　　)条件。

　　A. 在规划区的建筑工程,已经取得规划许可证

　　B. 有满足施工需要的施工图纸及技术资料

　　C. 建设资金已落实

　　D. 有保证工程质量和安全的具体措施

　　E. 有从事相关建筑活动所应有的技术装备

118. 《刑法》规定,(　　)违反国家规定,降低工程质量标准,造成重大安全事故的,对直接责任人员,处五年以下有期徒刑或者拘役,并处罚金;后果特别严重的,处五年以上十年以下有期徒刑,并处罚金。

　　A. 建设单位　　　　B. 设计单位　　　　C. 施工单位　　　　D. 物资供应单位

　　E. 工程监理单位

119. 下列几种刑罚中,属于刑罚主刑的是(　　)。

A. 管制　　　　　B. 有期徒刑　　　　C. 剥夺政治权利　　D. 死刑
E. 拘役

120. 在水运工程安全生产中,属于《刑法》规定的危害公共安全罪的有(　　)。
A. 生产、销售伪劣产品罪　　　　B. 工程重大安全事故罪
C. 不报、谎报安全事故罪　　　　D. 强令违章冒险作业罪
E. 重大劳动安全事故罪

121. 《劳动法》规定了劳动者应该享有的权利有(　　)。
A. 平等就业和选择职业的权利　　B. 取得劳动报酬的权利
C. 休息休假的权利　　　　　　　D. 获得劳动安全卫生保护的权利
E. 享受社会保险和福利的权利

122. 依据《劳动法》,用人单位应对劳动者开展职业培训,下列说法正确的是(　　)。
A. 用人单位根据本单位实际,有计划地对劳动者进行职业培训
B. 可以不制订培训制度
C. 用人单位应按照国家规定提取和使用职业培训经费
D. 用人单位应当建立职业培训制度
E. 从事技术工种的劳动者,上岗前必须经过培训

123. 甲公司与劳动者李某在劳动合同中约定的下列事项,无效的有(　　)。
A. 发生工伤,公司概不负责
B. 合同期满单位无须向李某支付经济补偿金
C. 试用期内公司可随时解除与李某的劳动合同
D. 合同期满后的三年内,李某不得从事与甲公司同类业务
E. 职工自己缴纳工伤保险

124. 《安全生产法》规定,企业主要负责人对本单位安全生产工作全面负责,其主要职责有(　　)。
A. 建立、健全本单位安全生产责任制
B. 组织制订本单位安全生产规章制度和操作规程
C. 组织制订并实施本单位安全生产教育和培训计划
D. 及时、如实报告生产安全事故
E. 及时为本单位职工购买工伤保险

125. 《安全生产法》赋予从业人员的权利有(　　)。
A. 知情权　　　　B. 赔偿请求权　　　C. 检举权　　　　D. 安全保障权
E. 指挥权

(三) 判断题

1. 依据《海上航行警告和航行通告管理规定》,船舶发现异常磁区必须记录在航行日志中,不必向区域主管机关报告。(　　)
A. 正确　　　　　　　　　　　　B. 错误

2. 依据《海上航行警告和航行通告管理规定》,海上航行警告由国家主管机关或者其授权的机关以无线电报或者无线电话的形式发布。( )
  A. 正确   B. 错误

3. 依据《水上水下活动通航安全管理规定》,国家海事管理机构在国务院交通运输主管部门的领导下,负责全国水上水下活动通航安全监督管理工作。( )
  A. 正确   B. 错误

4. 依据《水上水下活动通航安全管理规定》,建设单位或者主办单位申请设置安全作业区,不得在向海事管理机构申请《中华人民共和国水上水下活动许可证》时一并提出,必须重新提出。( )
  A. 正确   B. 错误

5. 遇有紧急情况,需要对航道进行修复或者对航道、码头前沿水域进行疏浚的,作业单位可以边申请《中华人民共和国水上水下活动许可证》边施工。( )
  A. 正确   B. 错误

6. 依据《水上水下活动通航安全管理规定》,与批准的水上水下活动无关的船舶、设施经施工单位允许可进入安全作业区。( )
  A. 正确   B. 错误

7. 依据《水上水下活动通航安全管理规定》,擅自构筑、设置水上水下建筑物或设施影响通航环境的,应当责令搬迁或拆除,搬迁或拆除的有关费用由构筑、设置者自行承担。( )
  A. 正确   B. 错误

8. 《内河交通事故调查处理规定》中规定,内河交通事故按照人员伤亡和直接经济损失情况,分为一般事故、较大事故、重大事故和特大事故。( )
  A. 正确   B. 错误

9. 《内河交通事故调查处理规定》中规定,根据内河交通事故发生的原因,海事管理机构可责令有关船舶、浮动设施的所有人、经营人或者管理人对其所属船舶、浮动设施加强安全管理。有关船舶、浮动设施的所有人、经营人或者管理人应当积极配合、认真落实。( )
  A. 正确   B. 错误

10. 《潜水员管理办法》中规定,发现无潜水员证书人员进行潜水作业,应由救捞局视情节给以警告、限期整改。( )
  A. 正确   B. 错误

11. 根据《潜水员管理办法》的规定,救捞局在收到潜水员培训申请书后30个工作日内,对有关情况进行审核,并根据相关规定作出批准或不批准的决定。对获得批准的,应当颁发许可证;对未获得批准的,应当书面通知,并说明理由。( )
  A. 正确   B. 错误

12. 依据《公路水运工程施工企业项目负责人施工现场带班生产制度(暂行)》,公路水运工程施工期间,项目负责人必须在施工现场轮流带班生产。项目负责人原则上不得同时承担2个及以上施工合同段安全生产管理工作,确需兼任的,应当征得项目监理单位的书面同意。( )

A. 正确　　　　　　　　　　　　B. 错误

13. 依据《公路水运工程施工企业项目负责人施工现场带班生产制度(暂行)》,项目监理单位应定期或不定期地对施工企业项目负责人施工现场带班生产制度和月度带班生产计划的落实情况进行专项检查。(　　)

A. 正确　　　　　　　　　　　　B. 错误

14. 《生产经营单位安全培训规定》中规定,生产经营单位除主要负责人、安全生产管理人员、特种作业人员以外的从业人员的安全培训工作,由生产经营单位组织实施。(　　)

A. 正确　　　　　　　　　　　　B. 错误

15. 《生产经营单位安全生产不良记录"黑名单"管理暂行规定》中规定,在生产经营单位纳入"黑名单"管理期间,各级负有安全监管监察职责的部门应制定并落实各项制约措施和惩戒制度,在各级各类评先表彰中,对该生产经营单位及其主要负责人实行"一票否决"。(　　)

A. 正确　　　　　　　　　　　　B. 错误

16. 《企业安全生产风险公告六条规定》中规定,必须在有重大事故隐患和较大危险的场所和设施设备上设置明显标志,标明治理责任、期限及应急措施。(　　)

A. 正确　　　　　　　　　　　　B. 错误

17. 《企业安全生产应急管理九条规定》中规定,必须在风险评估的基础上,编制与临近企业相衔接的应急预案。(　　)

A. 正确　　　　　　　　　　　　B. 错误

18. 《水运工程施工安全防护技术规范》中规定,从事水运工程施工的单位必须建立安全生产委员会,设立专门的安全生产管理部门,并按规定配备专职安全生产管理人员。(　　)

A. 正确　　　　　　　　　　　　B. 错误

19. 《企业安全生产责任体系五落实五到位规定》中规定,必须落实安全生产报告制度,定期向董事会、业绩考核部门报告安全生产情况,并向社会公示。(　　)

A. 正确　　　　　　　　　　　　B. 错误

20. 《建筑施工企业安全生产管理规范》中规定,生产安全事故发生后,建筑施工企业应按照有关规定及时、如实上报,实行施工总承包的,应由总承包企业负责上报。(　　)

A. 正确　　　　　　　　　　　　B. 错误

21. 《建设工程施工现场消防安全技术规范》中规定,易燃易爆危险品应分类专库储存,库房内应通风良好,并应设置严禁明火标志。(　　)

A. 正确　　　　　　　　　　　　B. 错误

22. 《企业安全生产费用提取和使用管理办法》中规定,企业提取的安全费用属于企业自提自用资金,其他单位和部门不得采取收取、代管等形式对其进行集中管理和使用,国家法律、法规另有规定的除外。(　　)

A. 正确　　　　　　　　　　　　B. 错误

23. 《企业安全生产费用提取和使用管理办法》中规定,企业为职工提供的职业病防治、工伤保险、医疗保险所需费用,均可在安全生产费用中列支。(　　)

A. 正确 B. 错误

24. 依据《生产安全事故罚款处罚规定(试行)》,对发生重大事故的单位及其有关责任人员罚款的行政处罚,由设区的市级人民政府安全生产监督管理部门决定。(　　)

A. 正确 B. 错误

25. 依据《生产安全事故罚款处罚规定(试行)》,无法核定主要负责人上一年年收入的,按照本省、自治区、直辖市上一年度职工平均工资的1倍以上5倍以下计算。(　　)

A. 正确 B. 错误

26. 依据《生产安全事故罚款处罚规定(试行)》,隐瞒已经发生的事故,超过规定时限未向安全监管监察部门和有关部门报告,经查证属实的,属于瞒报。(　　)

A. 正确 B. 错误

27. 依据《安全生产违法行为行政处罚办法》,中央企业及其所属企业、有关人员的安全生产违法行为的行政处罚,由安全生产违法行为发生地的县级以上安全监管监察部门管辖。(　　)

A. 正确 B. 错误

28. 依据《安全生产违法行为行政处罚办法》,两个以上安全监管监察部门因行政处罚管辖权发生争议的,由其共同的上一级安全监管监察部门指定管辖。(　　)

A. 正确 B. 错误

29. 依据《安全生产违法行为行政处罚办法》,对同一生产经营单位及其有关人员的同一安全生产违法行为,必须加大处罚力度,给予两次以上罚款的行政处罚。(　　)

A. 正确 B. 错误

30. 依据《安全生产领域违法违纪行为政纪处分暂行规定》,国有企业及其工作人员对存在的重大安全隐患,未采取有效措施且情节严重的,给予记大过处分。(　　)

A. 正确 B. 错误

31. 某国有企业工作人员使用不符合国家标准的安全装置,导致安全生产事故发生,情况严重,影响恶劣,依据《安全生产领域违法违纪行为政纪处分暂行规定》给予其降级处分。(　　)

A. 正确 B. 错误

32. 某国有企业负责人,在事故发生后故意破坏现场,影响特别恶劣,依据《安全生产领域违法违纪行为政纪处分暂行规定》给予其开除处分。(　　)

A. 正确 B. 错误

33. 根据《1974年国际海上人命安全公约》,在出航时不受公约规定约束的船舶,因天气恶劣或其他不可抗力的原因偏离原定航线也要受到公约规定的约束。(　　)

A. 正确 B. 错误

34. 根据《1974年国际海上人命安全公约》,船舶消火栓的数量和位置,应至少能将两股不是由同一消火栓发出的水柱,射至船舶在航行时旅客或船员经常到达的任何部分,而其中一股应仅用一根消防水带。(　　)

A. 正确 B. 错误

35. 中国籍船舶应当按照《船舶最低安全配员规则》的规定,持有海事管理机构颁发的《船舶最低安全配员证书》。(   )

  A. 正确   B. 错误

36. 《船舶最低安全配员规则》中规定,船舶在航行、停泊、作业时,必须将《船舶最低安全配员证书》妥善存放在船舶所属单位管理部门。(   )

  A. 正确   B. 错误

37. 船舶状况发生变化需改变证书所载内容时,船舶所有人可自行修改《船舶最低安全配员证书》,但必须向船籍港的海事管理机构申请备案。(   )

  A. 正确   B. 错误

38. 《海上海事行政处罚规定》中规定,当事人的同一个海事行政违法行为,不得给予两次以上海事行政处罚。(   )

  A. 正确   B. 错误

39. 《海上海事行政处罚规定》中规定,当事人未按照海事管理机构规定的期限和要求改正海事行政违法行为的,属于同一海事行政违法行为。(   )

  A. 正确   B. 错误

40. 《海上海事行政处罚规定》中规定,海事管理机构对船员处以海事行政处罚后,可以不予以记载。(   )

  A. 正确   B. 错误

41. 依据《海上航行警告和航行通告管理规定》,撤除电缆和管道不需要申请发布海上航行警告、航行通告。(   )

  A. 正确   B. 错误

42. 依据《海上航行警告和航行通告管理规定》,海上航行警告、航行通告发布后,申请人必须在主管机关核准的时间和区域内进行活动;需要变更活动时间或者改换活动区域的,必须采取保障安全的措施,不必重新申请发布海上航行警告、航行通告。(   )

  A. 正确   B. 错误

43. 依据《海上航行警告和航行通告管理规定》,船舶、设施的有关人员必须按照规定抄收海岸电台播发的海上航行警告。(   )

  A. 正确   B. 错误

44. 《建设工程安全生产管理条例》中规定,总承包单位和分包单位对分包工程的安全生产各自承担责任。(   )

  A. 正确   B. 错误

45. 《生产安全事故报告和调查处理条例》中规定,为发生事故的单位提供虚假证明的中介机构,由有关部门依法暂扣或者吊销其有关证照及其相关人员的执业资格;构成犯罪的,依法追究刑事责任。(   )

  A. 正确   B. 错误

46. 《生产安全事故报告和调查处理条例》中规定,事故发生后,现场立即组织进行了救援,因抢救人员移动事故现场部分物件,可以不做书面记录。

  A. 正确   B. 错误

47.《生产安全事故报告和调查处理条例》中规定,工会依法参加事故调查处理,有权向有关部门提出处理意见。（　　）
  A. 正确   B. 错误

48.《生产安全事故报告和调查处理条例》中规定,事故发生单位对事故发生负有责任,发生一般事故的,处 20 万元以上 50 万元以下的罚款。（　　）
  A. 正确   B. 错误

49.《生产安全事故报告和调查处理条例》中规定,道路交通事故、火灾事故自发生之日起 30 日内,事故造成的伤亡人数发生变化的,应当及时补报。（　　）
  A. 正确   B. 错误

50.《安全生产许可证条例》中规定,企业不得转让、冒用安全生产许可证或者使用伪造的安全生产许可证。（　　）
  A. 正确   B. 错误

51.《安全生产许可证条例》中规定,安全生产许可证有效期满需要延期的,安全生产许可证自动延期,不需要办理延期手续。（　　）
  A. 正确   B. 错误

52.《安全生产许可证条例》中规定,企业未取得安全生产许可证,但经主管部门特许,可暂时从事生产活动。（　　）
  A. 正确   B. 错误

53.《安全生产许可证条例》中规定,任何单位或者个人对违反本条例规定的行为,有权向安全生产许可证颁发管理机关或者监察机关等有关部门举报。（　　）
  A. 正确   B. 错误

54.《内河交通安全管理条例》中规定,按照国家规定应当报废的船舶、浮动设施不得航行,但可以在申请的区域内作业。（　　）
  A. 正确   B. 错误

55.《内河交通安全管理条例》中规定,船舶航行、避让和信号显示的具体规则,由船舶所属人自行制定。（　　）
  A. 正确   B. 错误

56.《内河交通安全管理条例》中规定,船舶停泊,应当留有足以保证船舶安全的船员值班。（　　）
  A. 正确   B. 错误

57.《民用爆炸物品安全管理条例》中规定,民用爆炸物品运达目的地,收货单位应当进行验收后在《民用爆炸物品运输许可证》上签注,无需核销《民用爆炸物品运输许可证》。（　　）
  A. 正确   B. 错误

58.《民用爆炸物品安全管理条例》中规定,爆破作业单位应当对本单位的爆破作业人员、安全管理人员、仓库管理人员进行专业技术培训。爆破作业人员应当经本单位考核合格后,方

可从事爆破作业。（　　）

  A. 正确   B. 错误

59.《民用爆炸物品安全管理条例》中规定,在城市、风景名胜区和重要工程设施附近实施爆破作业的,应当向爆破作业所在地设区的市级人民政府安全生产监督管理部门提出申请。（　　）

  A. 正确   B. 错误

60.《民用爆炸物品安全管理条例》中规定,民用爆炸物品行业主管部门、公安机关对没收的非法民用爆炸物品,应当组织销毁。（　　）

  A. 正确   B. 错误

61.《公路水运工程安全生产监督管理办法》中规定,从业单位从事公路水运工程建设活动,应当具备法律、行政法规规定的安全生产条件。任何单位和个人不得降低安全生产条件。（　　）

  A. 正确   B. 错误

62.《公路水运工程安全生产监督管理办法》中规定,在施工中发生可能危及人身安全的紧急情况时,作业人员无权立即停止作业,必须采取措施减少损失。（　　）

  A. 正确   B. 错误

63.《公路水运工程安全生产监督管理办法》中规定,项目负责人,是指由企业法定代表人授权,负责公路水运工程项目施工管理的项目经理。（　　）

  A. 正确   B. 错误

64.《企业安全生产费用提取和使用管理办法》中规定,总包单位应当将安全费用按比例直接支付给分包单位并监督使用的同时,分包单位按同样比例提取。（　　）

  A. 正确   B. 错误

65.《企业安全生产费用提取和使用管理办法》中规定,建设工程施工企业提取的安全费用列入工程造价,在竞标时,可稍作删减,但必须列入标外管理。（　　）

  A. 正确   B. 错误

66.《消防法》中规定,进行电焊、气焊等具有火灾危险的作业的人员和自动消防系统的操作人员,必须持证上岗,并严格遵守消防安全操作规程。（　　）

  A. 正确   B. 错误

67.《消防法》中规定,单位专职消防队、志愿消防队参加扑救外单位火灾所损耗的燃料、灭火剂和器材、装备等,由火灾发生的公司给予补偿。（　　）

  A. 正确   B. 错误

68.《职业病防治法》中规定,施工单位应当为施工现场从事危险作业的人员办理意外伤害保险。意外伤害保险费由建设单位支付。（　　）

  A. 正确   B. 错误

69.《职业病防治法》中规定,用人单位应当为劳动者创造符合国家职业卫生标准和卫生要求的工作环境和条件,并采取措施保障劳动者获得职业卫生保护。（　　）

  A. 正确   B. 错误

70.《职业病防治法》中规定,任何单位和个人有权对违反本法的行为进行检举和控告。（　　）

  A. 正确   B. 错误

71.《环境保护法》中规定,企业事业单位应当防止、减少环境污染和生态破坏,对所造成的损害依法承担责任。（　　）

  A. 正确   B. 错误

72.《环境保护法》中规定,国家鼓励和支持环境保护技术装备、环境服务等环境保护产业的发展。（　　）

  A. 正确   B. 错误

73.《环境保护法》中规定,引进不符合我国环境保护规定的技术、设备、材料和产品必须经有关部门批准。（　　）

  A. 正确   B. 错误

74.《海上交通安全法》中规定,海上交通安全法适用于在中华人民共和国沿海水域航行、停泊和作业的一切船舶、设施和人员以及船舶、设施的所有人、经营人。（　　）

  A. 正确   B. 错误

75.《海上交通安全法》中规定,船舶、设施储存、装卸、运输危险货物,必须具备安全可靠的设备和条件,遵守国家关于危险货物管理和运输的规定。（　　）

  A. 正确   B. 错误

76.《海上交通安全法》中规定,因海上交通事故引起的民事纠纷,可以由主管机关调解处理,不愿意调解或调解不成的,当事人可以向人民法院起诉;涉外案件的当事人,还可以根据书面协议提交仲裁机构仲裁。（　　）

  A. 正确   B. 错误

77.《特种设备安全法》中规定,特种设备,是指对人身和财产安全有较大危险性的锅炉、压力容器(含气瓶)、压力管道、电梯、起重机械、客运索道、大型游乐设施、场(厂)内专用机动车辆,以及法律、行政法规规定适用本法的其他特种设备。（　　）

  A. 正确   B. 错误

78.《特种设备安全法》中规定,特种设备安全工作应当坚持安全第一、预防为主、节能环保、综合治理的原则。（　　）

  A. 正确   B. 错误

79.《特种设备安全法》中规定,国家支持有关特种设备安全的科学技术研究,鼓励先进技术和先进管理方法的推广应用,对做出突出贡献的单位和个人给予奖励。（　　）

  A. 正确   B. 错误

80.《特种设备安全法》中规定,特种设备使用单位应当按照安全技术规范的要求,在检验合格有效期届满前二个月向特种设备检验机构提出定期检验要求。（　　）

  A. 正确   B. 错误

81.《建设工程安全生产管理条例》中规定,建设单位应当将拆除工程发包给具有相应资质等级的施工单位。（　　）

A. 正确　　　　　　　　　　　　B. 错误

82.《建设工程安全生产管理条例》中规定,施工单位应当制订本单位生产安全事故应急救援预案,建立应急救援组织或者配备应急救援人员,配备必要的应急救援器材、设备,并定期组织演练。(　　)

A. 正确　　　　　　　　　　　　B. 错误

83.《建设工程安全生产管理条例》中规定,作业人员不服管理、违反规章制度和操作规程冒险作业造成重大伤亡事故或者其他严重后果,构成犯罪的,依照《刑法》有关规定追究刑事责任。(　　)

A. 正确　　　　　　　　　　　　B. 错误

84.《建设工程安全生产管理条例》中规定,施工单位可以在尚未竣工的建筑物内设置员工集体宿舍。(　　)

A. 正确　　　　　　　　　　　　B. 错误

85.《建设工程安全生产管理条例》中规定,作业人员应当遵守安全施工的强制性标准、规章制度和操作规程,正确使用安全防护用具、机械设备等。(　　)

A. 正确　　　　　　　　　　　　B. 错误

86.《建设工程安全生产管理条例》中规定,施工单位的项目负责人应当由取得相应执业资格的人员担任,对建设工程项目的安全施工负责。(　　)

A. 正确　　　　　　　　　　　　B. 错误

87.《安全生产法》中规定,生产经营场所和员工宿舍应当设有符合紧急疏散要求、标志明显、保持畅通的出口,禁止锁闭、封堵生产经营场所或者员工宿舍的出口。(　　)

A. 正确　　　　　　　　　　　　B. 错误

88.《安全生产法》中规定,为安全生产提供技术、管理服务的中介机构必须是依法组建成立的,具备国家规定的资质条件,对其出具的安全评价、认证、检测、检验结果的准确性、公正性负法律责任。(　　)

A. 正确　　　　　　　　　　　　B. 错误

89.《建筑法》中规定,分包商经业主同意可将所承揽的工程再分包,但必须要包给具有相应资质的单位。(　　)

A. 正确　　　　　　　　　　　　B. 错误

90.《建筑法》中规定,建筑工程总承包单位可以将承包工程中的部分工程发包给具有相应资质条件的分包单位;但是,除总承包合同中约定的分包外,必须经建设单位认可。(　　)

A. 正确　　　　　　　　　　　　B. 错误

91.《刑法》中规定,具有提供重要线索,从而得以侦破其他案件等立功表现的,可以从轻处罚或者减轻处罚。(　　)

A. 正确　　　　　　　　　　　　B. 错误

92.《刑法》中规定,在安全事故发生后,负有报告职责的人员不报或者谎报事故情况,贻误事故抢救,情节严重的,处三年以下有期徒刑或者拘役;情节特别严重的,处三年以上七年以下有期徒刑。(　　)

A. 正确　　　　　　　　　　　　B. 错误

93.《刑法》中规定,无意识的危害社会的动作不属于刑法意义上的危害行为。(　　)

A. 正确　　　　　　　　　　　　B. 错误

94. 罪责自负、主观与客观相统一、惩办与宽大相结合,是我国《刑法》明文规定的三项基本原则。(　　)

A. 正确　　　　　　　　　　　　B. 错误

95.《劳动法》中规定,劳动者对用人单位管理人员违章指挥、强令冒险作业,有权拒绝执行;对危害生命安全和身体健康的行为,有权提出批评、检举和控告。(　　)

A. 正确　　　　　　　　　　　　B. 错误

96.《劳动法》中规定,禁止用人单位招用未满十六周岁的未成年工。(　　)

A. 正确　　　　　　　　　　　　B. 错误

97.《劳动法》中规定,禁止安排女职工从事矿山井下、国家规定的第四级体力劳动强度的劳动和其他禁忌从事的劳动。(　　)

A. 正确　　　　　　　　　　　　B. 错误

98.《劳动法》中规定,劳动争议发生后,当事人可以向本单位劳动争议调解委员会申请调解;调解不成时,方可要求仲裁。(　　)

A. 正确　　　　　　　　　　　　B. 错误

99.《劳动合同法》中规定,劳动合同自试用期满之日生效。(　　)

A. 正确　　　　　　　　　　　　B. 错误

100.《劳动合同法》中规定,固定期限劳动合同,是指用人单位与劳动者约定合同终止时间的劳动合同。(　　)

A. 正确　　　　　　　　　　　　B. 错误

101.《劳动合同法》中规定,劳动者拒绝用人单位管理人员违章指挥、强令冒险作业的,不视为违反劳动合同。(　　)

A. 正确　　　　　　　　　　　　B. 错误

102.《中华人民共和国突发事件应对法》所称突发事件,是指突然发生,造成或者可能造成严重社会危害,需要采取应急处置措施予以应对的自然灾害、事故灾难、公共卫生事件和社会安全事件。(　　)

A. 正确　　　　　　　　　　　　B. 错误

103.《中华人民共和国突发事件应对法》中规定,按照社会危害程度、影响范围等因素,自然灾害、事故灾难、公共卫生事件分为特别重大、重大、较大和一般四级。(　　)

A. 正确　　　　　　　　　　　　B. 错误

104.《中华人民共和国突发事件应对法》中规定,突发事件发生地的居民委员会、村民委员会和其他组织应当按照当地人民政府的决定、命令,进行宣传动员,组织群众开展自救和互救,协助维护社会秩序。(　　)

A. 正确　　　　　　　　　　　　B. 错误

105.《中华人民共和国突发事件应对法》中规定,单位或者个人违反《中华人民共和国突

发事件应对法》规定,导致突发事件发生或者危害扩大,给他人人身、财产造成损害的,应当依法承担刑事责任。( )

  A. 正确   B. 错误

106.《消防法》中规定,施工单位应当在施工现场建立消防安全责任制度,确定消防安全责任人,制定用火、用电、使用易燃易爆材料等各项消防安全管理制度和操作规程,设置消防通道、消防水源,配备消防设施和灭火器材,并在施工现场入口处设置明显标志。( )

  A. 正确   B. 错误

107.《消防法》中规定,同一建筑物由两个以上单位管理或者使用的,应当明确各方的消防安全责任,并确定责任人对共用的疏散通道、安全出口、建筑消防设施和消防车通道进行统一管理。( )

  A. 正确   B. 错误

108.《安全生产法》中规定,特种作业人员未按照规定经专门的安全作业培训,未取得相应资格,上岗作业导致事故的,应追究生产经营单位有关人员的责任。( )

  A. 正确   B. 错误

109.《安全生产法》中规定,从业人员有权对本单位安全生产工作中存在的问题提出批评、检举、控告。( )

  A. 正确   B. 错误

110.《安全生产法》中规定,建筑施工企业为从业人员提供劳动防护用品时,可根据情况采用货币或其他物品替代。( )

  A. 正确   B. 错误

(四)案例题

1. 背景资料:××年×月×日15时20分,某货运公司所属A客货轮与某船务公司所属B液货轮,在C省D市某水域发生碰撞,A轮翻沉,人员落水,12人生还,造成31人死亡的水上交通事故。事故调查发现:事发时,该区域江面有浓雾,能见距离不足150m,但两船均未按内河避碰规则停航,未采用安全航速,导致两船相撞;A轮实际在船船员5人,低于最低安全配员要求。

(1) A轮船长应按照《船舶最低安全配员规则》载明的船员配备要求,为船舶配备合格的船员。( )

  A. 正确   B. 错误

(2) 对A轮违反《船舶最低安全配员规则》船舶和人员,海事管理机构应当禁止其离港。( )

  A. 正确   B. 错误

(3) 该起事故是一起( )水上交通事故。

  A. 一般事故   B. 大事故   C. 重大事故   D. 特大事故

(4) 该起事故应由( )负责调查处理。

  A. A轮所属货运公司   B. B市海事局

C. A 省海事局　　　　　　　　　　D. 中华人民共和国海事局

2. 背景资料：××年×月×日,某跨海大桥工程施工现场,发生一起船舶碰撞事故,导致一艘货船沉没,1 人死亡。事故调查情况：上午 8 时许,正在作业的工程船在倒车过程中撞上了一艘航行的货船,导致货船船体受损进水沉没,1 名船员死亡。施工现场跨越运输繁忙的航道,建设单位与海事管理机构商议边施工边申请水上水下活动许可证,申请发布了海上航行通告,但该工程船舶超越航行通告规定的区域作业,且最低安全配员不能满足要求,未安排人员瞭望船舶后方情况,导致事故发生。

(1)海事管理机构应当禁止该工程船舶离港直至船舶满足最低安全配员要求。(　　)
A.正确　　　　　　　　　　B.错误

(2)该工程属于重点工程,可以不申请办理水上水下活动许可证,发布了海上航行通告即可。(　　)
A.正确　　　　　　　　　　B.错误

(3)该工程船舶不能满足最低安全配员要求,对此,以下处罚不当的是(　　)。
A.对船舶所有人或者船舶经营人处以 3000 元以上 2 万元以下罚款
B.对大副处以 2000 元以上 2 万元以下罚款
C.对船长处以 2000 元以上 2 万元以下罚款
D.情节严重的,并给予扣留船员适任证书 3 个月至 12 个月的处罚

(4)以下哪一项不是航行通告书面申请应当包括的内容(　　)。
A.活动起止日期　　B.活动内容　　C.活动人员名单　　D.活动区域

3. 背景资料：××年×月×日,某高桩码头施工现场发生一起预制板侧翻事故,导致 3 人死亡。事故直接原因是,吊装最后一片 45 吨重预制板所用的一条钢丝绳断裂,预制板失稳发生侧翻。起重班班长强令司索工使用断股钢丝绳进行预制板吊装,吊装过程中,钢丝绳突然断裂,预制板砸中下面的 3 名作业人员,3 人当场死亡。

(1)预制板吊装作业不属于危险性较大分部分项工程,不需要编制专项施工方案,但作业前必须进行安全技术交底。(　　)
A.正确　　　　　　　　　　B.错误

(2)司索工可以拒绝起重班班长使用断股钢丝绳的作业指令。(　　)
A.正确　　　　　　　　　　B.错误

(3)依据《生产安全事故报告和调查处理条例》,该事故属于(　　)。
A.特别重大事故　　B.重大事故　　C.较大事故　　D.一般事故

(4)该起事故应由(　　)组织调查。
A.省级人民政府　　　　　　　　B.设区的市级人民政府
C.县级人民政府　　　　　　　　D.事故发生单位

4. 背景资料：A 公司企业法人为张三,A 公司成立 B 项目部负责承建某码头工程,任命李四为项目经理。在 2013 年 4 月 5 日施工过程中,B 项目部发生一起重大安全生产责任事故。2013 年 5 月 20 日按照《生产经营单位安全生产不良记录"黑名单"管理暂行规定》,国家安监总局将 A 公司第一次纳入安全生产不良记录"黑名单"进行管理。

(1)张三是该项目安全管理的第一责任人。(　　)
　　A.正确　　　　　　　　　　　　B.错误
(2)B项目应负责组织对新入场工人的岗前安全教育培训,且培训时间不少于12学时。(　　)
　　A.正确　　　　　　　　　　　　B.错误
(3)依据《安全生产法》,不属于B项目部安全管理部门职责的是(　　)。
　　A.建立健全本单位安全生产责任制
　　B.组织或者参与本单位应急救援演练
　　C.制止和纠正违章指挥、强令冒险作业、违反操作规程的行为
　　D.督促落实本单位安全生产整改措施
(4)A公司受"黑名单"管理的期限截止到(　　)。
　　A.2014年4月5日　　　　　　　B.2016年4月5日
　　C.2014年5月20日　　　　　　　D.2016年5月20日

5.背景资料:A公司承建某码头项目,部分工程分包给C公司、D公司,工程由E设计院设计,G监理公司监理。
(1)C公司、D公司应当服从A公司对施工现场的安全管理。(　　)
　　A.正确　　　　　　　　　　　　B.错误
(2)A公司和C公司、D公司对分包工程的安全生产承担连带责任。(　　)
　　A.正确　　　　　　　　　　　　B.错误
(3)D公司不服从A公司的管理导致生产安全事故的,由(　　)承担主要责任。
　　A.C公司　　　B.D公司　　　C.A公司　　　D.G监理公司
(4)G监理公司应当审查本工程专项施工方案是否符合工程建设(　　)。
　　A.推荐性标准　　B.企业标准　　C.指导性技术文件　　D.强制性标准

6.背景资料:A公司承建某工程,现场租赁一台塔吊,出租单位是B机械租赁公司。
(1)塔吊司机应当按照国家有关规定取得相应资格,方可操作塔吊。(　　)
　　A.正确　　　　　　　　　　　　B.错误
(2)B机械租赁公司可以出租未取得许可生产的塔吊。(　　)
　　A.正确　　　　　　　　　　　　B.错误
(3)A公司应当在塔吊投入使用后(　　)日内,向当地负责特种设备安全监督管理的部门办理使用登记,取得使用登记证书。
　　A.10　　　B.20　　　C.30　　　D.40
(4)A公司应当在塔吊检验合格有效期届满前(　　)向特种设备检验机构提出定期检验要求。
　　A.半个月　　B.一个月　　C.一个半月　　D.两个月

7.背景资料:A公司承建某码头工程,××年8月5日11时许,在钢筋绑扎过程中发生坍塌,造成2人死亡,2人受伤;8月13日,受伤的2人救治无效死亡。A公司总经理李三接到事故报告后,向当地政府安全生产监督管理部门报告现场1人死亡,2人受伤。经事故调查组调

查,该起事故属于责任事故。

(1)接到报告后,李三于当日15时向当地安监局报告事故。此做法是否正确。( )
  A.正确   B.错误

(2)事故发生后,现场立即组织进行了救援,因抢救人员移动事故现场部分物件,未做书面记录。( )
  A.正确   B.错误

(3)按照事故等级划分,该起事故属于( )。
  A.一般事故   B.较大事故   C.重大事故   D.特别重大事故

(4)对李三的经济罚款应为( )。
  A.处上一年年收入40%的罚款   B.处上一年年收入60%的罚款
  C.处上一年年收入80%的罚款   D.处上一年年收入100%的罚款

8.背景资料:2014年9月5日15时20分,某在建港口工程施工现场一水上作业平台倾翻,导致正在平台上凿桩施工的5名作业人员落水,2人死亡,3人受轻伤。事故调查发现:该工程建设单位为某港口开发公司,工程造价为1.4亿元,施工单位为A公司,分包单位为B公司。为加快施工进度,施工单位项目负责人要求分包单位必须在赶在受潮水影响前完成最后几根桩的凿桩作业,分包单位为赶时间,搭设了不稳固的作业平台。事故调查中发现,该施工现场管理混乱,安全措施落实不到位,安全费用计划投入150万元,安全技术交底人为专职安全管理人员,分包单位安全生产许可证复审日期为2010年12月2日。

(1)该分包单位的安全生产许可证仍在有效期内。( )
  A.正确   B.错误

(2)施工人员作业前,应由专职安全生产管理人员对其进行安全技术交底,告知现场存在的隐患及应对措施。( )
  A.正确   B.错误

(3)根据《生产安全事故报告和调查处理条例》的规定,该事故属于( )。
  A.特别重大事故   B.重大事故
  C.较大事故   D.一般事故

(4)该工程施工单位应及时、足额地投入( )万元安全费用,并保证安全费用的合理使用。
  A.140   B.210   C.280   D.350

9.背景资料:A公司是B市一家施工企业,公司总经理是张三,该公司现承建B市某码头项目,由李四担任项目经理,王五担任安全员,赵六是高校实习生在现场实习。

(1)A公司可以不对赵六进行安全教育和培训。( )
  A.正确   B.错误

(2)王五发现现场存在安全隐患,要求进行整改,由此造成现场半天未施工,李四因此扣发王五半月奖金。此罚款是否正确?( )
  A.正确   B.错误

(3)A公司( )对本单位的安全生产工作全面负责。

A. 张三　　　B. 李四　　　C. 王五　　　D. 赵六

(4)A 公司应当按照规定提取和使用(　　),专门用于改善安全生产条件。

A. 员工工资　　B. 福利费用　　C. 安全生产费用　　D. 材料费用

10. 背景资料:A 公司承建 B 港某码头项目,部分工程分包给 C 公司、D 公司,工程由 E 设计院设计,G 监理公司监理。

(1)A 公司应为职工办理工伤保险。(　　)

A. 正确　　　　　　　　　　B. 错误

(2)C 公司将承包的工程分包给 F 公司。(　　)

A. 正确　　　　　　　　　　B. 错误

(3)由(　　)对该项目施工现场的安全生产负总责。

A. C 公司　　B. D 公司　　C. G 监理公司　　D. A 公司

(4)码头项目主体结构的施工必须由(　　)完成。

A. C 公司　　B. D 公司　　C. A 公司　　D. G 监理公司

参 考 答 案

(一) 单项选择题

1. B	2. C	3. D	4. B	5. C	6. D	7. B	8. C	9. D	10. A
11. C	12. D	13. B	14. D	15. A	16. C	17. A	18. C	19. C	20. B
21. A	22. A	23. D	24. C	25. B	26. D	27. D	28. A	29. B	30. A
31. C	32. D	33. C	34. D	35. B	36. B	37. A	38. B	39. C	40. B
41. C	42. D	43. B	44. B	45. D	46. B	47. C	48. D	49. D	50. A
51. C	52. C	53. D	54. A	55. B	56. B	57. D	58. B	59. D	60. C
61. A	62. B	63. A	64. C	65. D	66. C	67. B	68. C	69. B	70. D
71. D	72. C	73. D	74. C	75. C	76. C	77. C	78. D	79. C	80. D
81. A	82. B	83. D	84. C	85. C	86. B	87. A	88. B	89. C	90. D
91. B	92. A	93. C	94. B	95. D	96. B	97. B	98. C	99. B	100. B
101. C	102. B	103. A	104. B	105. C	106. C	107. C	108. A	109. C	110. C
111. A	112. D	113. A	114. D	115. C	116. D	117. A	118. A	119. A	120. A
121. D	122. A	123. C	124. D	125. B	126. D	127. B	128. C	129. C	130. B
131. A	132. A	133. D	134. B	135. C	136. B	137. B	138. D	139. C	140. A
141. C	142. C	143. C	144. D	145. B	146. A	147. D	148. D	149. A	150. D
151. D	152. C	153. B	154. A	155. C	156. C	157. A	158. B	159. A	160. A
161. D									

(二) 多项选择题

1. BCD	2. ABD	3. ABCDE	4. ABCE	5. ABCDE
6. ABCDE	7. ABD	8. ABCDE	9. ABCDE	10. ABCE
11. ABDE	12. BCE	13. ABDE	14. ABCE	15. ABCDE
16. ABCE	17. ACD	18. AD	19. ABD	20. ABCDE
21. ABCDE	22. ACD	23. BC	24. ABE	25. ABCDE
26. ABC	27. ABD	28. ABC	29. BCDE	30. ABCDE
31. ABDE	32. ABCDE	33. ACDE	34. ABCE	35. ABCDE
36. BDE	37. AC	38. ABC	39. ABC	40. ACDE
41. AD	42. ABC	43. BDE	44. BCD	45. ABCDE

46. ABCE	47. ABC	48. ACE	49. BCDE	50. ABC
51. AC	52. BCD	53. ABDE	54. BCE	55. AC
56. ABCDE	57. ABCE	58. ABCDE	59. ACDE	60. ABDE
61. BCDE	62. BCDE	63. ACE	64. ABDE	65. ABCD
66. BCE	67. BCDE	68. ABE	69. BDE	70. BE
71. ABCE	72. ABD	73. ACDE	74. ACE	75. ABCE
76. ABC	77. ABCDE	78. ABCD	79. ABCDE	80. ABDE
81. ABDE	82. BCE	83. ABCE	84. ACDE	85. ACE
86. ABCE	87. ABDE	88. ABCE	89. ABCDE	90. ABCD
91. ABCDE	92. ABCDE	93. ABC	94. BD	95. AC
96. ABCE	97. ABC	98. ABCE	99. ACDE	100. ABCD
101. ABCD	102. AC	103. ABCD	104. ACE	105. ABC
106. ABDE	107. ABCD	108. ABC	109. ABCDE	110. BCD
111. AB	112. ABC	113. ABCD	114. ABDE	115. ABDE
116. AE	117. ABCD	118. ABCE	119. ABDE	120. BCDE
121. ABCDE	122. ACDE	123. ABCDE	124. ABCD	125. ABCD

(三) 判断题

1. B	2. A	3. A	4. B	5. A	6. B	7. A	8. B	9. A	10. B	
11. B	12. B	13. A	14. A	15. A	16. A	17. B	18. A	19. A	20. A	
21. A	22. A	23. B	24. B	25. B	26. A	27. B	28. A	29. B	30. B	
31. B	32. A	33. B	34. A	35. A	36. B	37. B	38. A	39. B	40. B	
41. B	42. B	43. A	44. B	45. A	46. B	47. A	48. B	49. B	50. A	
51. B	52. B	53. A	54. B	55. B	56. A	57. B	58. B	59. B	60. A	
61. A	62. B	63. B	64. B	65. B	66. A	67. B	68. B	69. A	70. A	
71. A	72. B	73. B	74. A	75. A	76. A	77. A	78. A	79. A	80. B	
81. A	82. A	83. A	84. B	85. A	86. A	87. A	88. A	89. B	90. A	
91. A	92. A	93. A	94. B	95. A	96. B	97. A	98. B	99. B	100. A	
101. A	102. A	103. A	104. A	105. B	106. A	107. A	108. A	109. A	110. B	

(四) 案例题

1. (1) B (2) A (3) D (4) D
2. (1) A (2) B (3) B (4) C
3. (1) B (2) A (3) C (4) B
4. (1) B (2) B (3) A (4) C
5. (1) A (2) A (3) B (4) D

6. (1) A (2) B (3) C (4) B
7. (1) B (2) B (3) B (4) D
8. (1) B (2) B (3) D (4) B
9. (1) B (2) B (3) A (4) C
10. (1) A (2) B (3) D (4) C

三、安全生产管理

(一) 单项选择题

1. 应急管理是一个动态的过程,包括预防、( )、响应和恢复四个阶段。
   A. 准备　　　　　B. 实施　　　　　C. 总结　　　　　D. 完善
2. 构建应急救援体系,应贯彻( )思想。
   A. 顶层设计和系统论　　　　　　　B. 以人为本,时间就是生命
   C. 防止事故扩大、减少人员伤亡　　D. 服从命令、听众指挥
3. 应急演练至少每( )举行一次。
   A. 年　　　　　　B. 半年　　　　　C. 月　　　　　　D. 季度
4. 分包单位安全生产考评档案中不包括( )。
   A. 分包单位资金情况的记录
   B. 违反法规等行政处罚的记录
   C. 守法经营受到的奖励表彰的记录
   D. 发生安全生产责任事故的记录
5. 下列对安全生产考评的应用描述,不准确的是( )。
   A. 考评结果是对分包单位某一方面的反映,不是综合考核评价的重要依据
   B. 考评结果可作为对分包单位阶段性考评的重要依据
   C. 考评结果可以作为督促分包单位加大安全生产投入、提高安全管理水平的依据
   D. 考评结果可以作为企业清理、淘汰不合格分包单位的依据
6. 以下哪一项不是对分包单位进行安全审查时的必须项( )。
   A. 资质证书　　　　　　　　　　　B. 资金情况
   C. 安全生产许可证　　　　　　　　D. 安全人员持证情况
7. 根据《生产安全事故报告和调查处理条例》的有关规定,生产安全事故分为( )等级。
   A. 一个　　　　　B. 二个　　　　　C. 三个　　　　　D. 四个
8. 发生安全生产事故后,事故单位应在( )小时内向事故发生地县级以上人民政府安全生产监督管理部门和负有安全生产监督管理职责的有关部门报告。
   A. 1　　　　　　B. 2　　　　　　C. 4　　　　　　D. 8
9. 自事故(非交通、火灾事故)发生( )日内,事故造成的伤亡人数发生变化的,应及时补报。
   A. 15　　　　　B. 7　　　　　　C. 20　　　　　D. 30

10.( )承保在工程施工过程中因发生意外事故造成工地及邻近地区第三者的人身伤亡、疾病或财产的损失。

　　A. 建筑工程一切险　　　　　　　　B. 第三者责任险
　　C. 工伤事故险　　　　　　　　　　D. 机器设备损坏险

11.( )承保各类工程民用、工业和公共事业建筑项目在建造过程中因自然灾害或意外事故而引起的损失。

　　A. 建筑工程一切险　　　　　　　　B. 第三者责任险
　　C. 工伤事故险　　　　　　　　　　D. 机器设备损坏险

12. 安全管理的系统原理是指人们在从事安全管理工作时,运用系统的观点、理论和方法对安全管理活动进行充分的( ),以达到管理的优化目标。

　　A. 论证　　　　B. 系统分析　　　　C. 决策　　　　D. 系统审核

13. 从只注重操作人员的不安全行为到开始考虑如何通过改善物的可靠性来提高复杂系统的安全性,从而避免事故。这一观点是包括在( )理论中的。

　　A. 系统安全理论　　　　　　　　　B. 事故频发倾向理论
　　C. 海因里希因果连锁理论　　　　　D. 能量意外释放理论

14. 具有一定规模的危险性较大的分部分项工程的专项施工方案应由( )组织召开专家论证会。

　　A. 建设单位　　　B. 施工单位　　　C. 监理单位　　　D. 分包单位

15. 超深基坑、大型脚手架等专业工程的专项施工方案由( )负责编制。

　　A. 总包单位　　　　　　　　　　　B. 专业承包单位
　　C. 建设单位　　　　　　　　　　　D. 监理单位

16. 特种作业人员必须持证上岗,证书原件应存放在( )以备查验,做到人、证相符。

　　A. 公司　　　　B. 主管部门　　　　C. 现场　　　　D. 培训学校

17. 下列符合特种设备操作人员取证要求的是( )。

　　A. 18周岁以下
　　B. 初中尚未毕业
　　C. 具备必要的安全技术知识与技能
　　D. 退休临时返聘人员

18. 特种设备使用单位应每( )进行一次专门的安全检查。

　　A. 1个月　　　　B. 一周　　　　　C. 半年　　　　D. 使用前

19. 安全带使用时,超过( )需要加缓冲器。

　　A. 1m　　　　　B. 2m　　　　　　C. 3m　　　　　D. 4m

20. 安全带是高处作业人员预防坠落伤亡的个体防护用品,安全带的正确使用方法是( )。

　　A. 低挂高用　　　B. 高挂低用　　　C. 水平挂用　　　D. 因地制宜

21. 企业应当定期对工作场所进行职业健康检测、评价,结果定期向( )报告并向劳动者公布。

A. 当地市政府 B. 当地安监局
C. 当地卫生行政部门 D. 上级分管单位

22. 下列做法不正确的是(　　)。
   A. 企业在作业场所明显位置设置隐患公示牌
   B. 制订应急预案并告知作业人员
   C. 施工企业只对管理人员告知现场的危险因素
   D. 施工现场悬挂危险告知牌

23. 在安全检查中,检查组应当对查出的隐患的(　　)进行复查,以实现安全检查工作的闭环。
   A. 整改落实　　B. 严重程度　　C. 整改资金　　D. 性质种类

24. 针对事故隐患排查治理,下面描述不正确的是(　　)。
   A. 企业是事故隐患排查、治理和防控的责任主体
   B. 企业在接受隐患整改通知后,应按照"三限"原则对隐患进行整改治理
   C. 企业接到有关部门下达责令停产整顿指令,可以由主要负责人先组织制订整改方案并上报有关单位,不必立即停止生产
   D. 企业应加强对自然灾害的预防

25. 应急管理的第一原则是(　　)。
   A. 防止事故扩大,减少人员伤亡
   B. 以人为本,时间就是生命
   C. 分工合作、落实责任
   D. 服从命令、听众指挥

26. 典型的响应级别通常可分为(　　)。
   A. 一级　　B. 二级　　C. 三级　　D. 四级

27. 下列对应急管理制度制订目的和意义描述,不准确的是(　　)。
   A. 减少事故中人员伤亡 B. 减少财产损失
   C. 减少环境损害 D. 提高企业知名度

28. 下列企业安全生产责任制度中,属于资金保障责任的是(　　)。
   A. 具备法律、法规和国家标准、行业标准规定的安全生产条件
   B. 保证履行建设项目安全设施"三同时"的规定
   C. 依法为从业人员提供劳动防护用品,并监督、教育其正确佩戴和使用
   D. 按规定提取和使用安全生产费用,确保资金投入满足安全生产条件需要

29. 建筑施工企业提取的安全生产费用列入工程造价,在竞标时(　　)。
   A. 可以删除 B. 没有明确规定
   C. 不得删减 D. 应当删除

30. 现有以下几项支出:①高处作业防护支出设施设备;②防台风安全防护设施设备支出;③新建项目立项过程中的安全评价支出;④现场作业人员安全防护用品支出;⑤特种设备检测检验支出。其中,应当列入建设工程施工企业安全费用使用范围的是(　　)。

A.①②③④ B.①②③⑤ C.①②④⑤ D.①③④⑤

31. 关于企业安全费用管理的说法,错误的是( )。
    A. 企业应当编制年度安全费用提取和使用计划
    B. 企业应当将安全费用计划纳入企业财务预算
    C. 企业提取的安全费用应当专户核算
    D. 当年计提安全费用不足的,超出部分不应按正常成本费用渠道列支

32. 安全风险评估分为三个步骤:安全风险的辨识、( )、安全风险评估。
    A. 安全风险采集
    B. 现场勘查
    C. 危险危害因素分析、分类及管理措施
    D. 安全风险确定

33. 危险源辨识方法大致可分为三类:( )、材料性质和生产条件分析法、作业条件危险性评价法。
    A. 经验分析法 B. 类比法 C. 对照法 D. 直观法

34. 一份完整的安全风险评估报告主要应该包括以下内容:工程概况、( )、风险评估结论。
    A. 评估的主要内容
    B. 危险源分析
    C. 物的不安全状态
    D. 管理上的缺陷

35. 危险危害因素分析中的管理缺陷不包括( )。
    A. 应急措施不足
    B. 劳动用品不足
    C. 工艺过程不正确
    D. 上岗人员未按要求培训

36. 正确的安全技术交底时间应该安排在( )。
    A. 施工前 B. 施工期间 C. 施工结束 D. 任何时间点

37. 安全技术交底应该由( )负责实施。
    A. 安全员 B. 监理 C. 技术负责人 D. 业主

38. 下列属于安全技术交底主要内容的是( )。
    A. 施工人员酬劳
    B. 有关安全施工的技术要求
    C. 劳动用工合同签订细则
    D. 公司安全文化理念

39. 根据《公路水运工程安全生产监督管理办法》规定,对爆破工程编制专项施工方案需要经过( )同意签字后,方可实施。
    A. 施工单位技术负责人
    B. 工程监理单位总监理工程师
    C. 施工单位技术负责人和监理工程师
    D. 企业负责人

40. 专项施工方案的审核应由施工单位( )部门组织相关部门人员进行。
    A. 安全 B. 经营 C. 技术 D. 生产

41. 专项施工方案中需要专家论证的内容不包括( )。
    A. 方案内容是否完整
    B. 方案是否符合建设标准
    C. 方案是否符合施工现场实际
    D. 方案是否耗费大量资金

42. 专项施工方案由( )组织编制。
    A. 建筑单位　　B. 施工单位　　C. 监理单位　　D. 分包单位

43. 可以不参加安全生产三类人员培训的有( )。
    A. 企业法定代表人　　　　　　B. 企业总经理
    C. 企业技术负责人　　　　　　D. 企业党组织书记

44. 某项目部专职安全生产管理人员经公路水运安全生产三类人员培训及考核合格后,取得( )考核合格证书。
    A. A 类　　B. B 类　　C. C 类　　D. D 类

45. 某公司总经理经公路水运安全生产三类人员培训及考核合格后,取得( )考核合格证书。
    A. A 类　　B. B 类　　C. C 类　　D. D 类

46. 企业法定代表人、项目经理每年接受安全培训的时间不得少于( )学时。
    A. 15　　B. 20　　C. 25　　D. 30

47. 企业专职安全生产管理人员每年接受安全培训的时间不得少于( )学时。
    A. 20　　B. 30　　C. 40　　D. 50

48. 特种人员每年应接受有针对性的安全培训,时间不得少于( )学时。
    A. 20　　B. 30　　C. 40　　D. 50

49. 三级安全教育是指哪三级( )。
    A. 公司、项目、班组
    B. 分包单位、工程项目、班组
    C. 总包单位、分包单位、工程项目企业
    D. 法定代表人、项目负责人、班组长

50. 垂直运输机械作业人员、安装拆卸工、爆破作业人员、起重信号工、登高架设作业人员等特种作业人员,必须按照国家有关规定经过( )培训,并取得特种作业操作资格证书后,方可上岗作业。
    A. 安全技能　　　　　　B. 三级教育
    C. 安全教育　　　　　　D. 专门的安全作业

51. 关于被派遣劳动者安全生产教育和培训的说法,正确的是( )。
    A. 使用单位应当对被派遣劳动者进行岗位安全操作规程和安全操作技能的教育和培训
    B. 使用单位可以不将被派遣劳动者纳入本单位从业人员统一管理
    C. 只需要劳务派遣单位负责对被派遣劳动者进行岗位安全操作规程和安全操作技能的教育和培训
    D. 无明确规定

52. 《建设工程安全生产管理条例》规定,施工单位应当对管理人员和作业人员每年至少进行( )次安全生产教育培训,其教育培训情况记入个人工作档案。
    A. 1　　B. 2　　C. 3　　D. 4

53. 建筑施工企业以建筑安装工程造价为计提依据。港口与航道工程安全费用提取标准为( )。
    A. 0.5%   B. 1%   C. 1.5%   D. 2%

54. 监督检查本单位安全生产费用的提取、管理和使用情况,并在年度财务会计报表中披露安全生产费用提取和使用的具体情况。这项职责一般归属于( )部门。
    A. 安全   B. 工程   C. 财务   D. 技术

55. 各施工企业在落实安全生产资金管理工作时必须做到"三到位",不包括( )到位。
    A. 责任   B. 措施   C. 效能   D. 资金

56. 施工单位项目部的( )是项目部安全生产直接责任人。
    A. 项目经理   B. 技术总工
    C. 分管安全生产副经理   D. 项目书记

57. 建设工程施工前,施工单位负责项目管理的( )应当对有关安全施工的技术要求向施工作业班组、作业人员作出详细说明,并由双方签字确认。
    A. 技术人员   B. 专职安全管理人员
    C. 物资员   D. 安全总监

58. 国家安全监管总局出台的《企业安全生产责任体系五落实五到位规定》,要求企业( )对本企业安全生产工作共同承担领导责任。
    A. 董事长、总经理   B. 董事长、党组织书记
    C. 党组织书记、总经理   D. 董事长、党组织书记、总经理

59. 国家安全监管总局出台的《企业安全生产责任体系五落实五到位规定》,要求企业必须落实安全生产( ),所有领导班子成员对分管范围内安全生产工作承担相应职责。
    A. 一岗双责   B. 管生产管安全
    C. 党政同责   D. 全员监管

60. 公路水运工程施工企业应当建立由单位( )任主任的安全生产委员会。
    A. 党组织书记   B. 主要负责人
    C. 安全总监   D. 技术负责人

61. 项目经理部要建立以( )任组长的安全生产领导小组。
    A. 项目经理   B. 项目主管安全生产副经理
    C. 项目总工   D. 项目安全总监

62. 根据《建筑施工企业安全生产管理机构设置及专职安全生产管理人员配备办法》规定,建筑施工专业承包一级资质企业安全生产管理机构的专职安全生产管理人员应不少于( )人。
    A. 3   B. 4   C. 5   D. 6

63. 根据《建筑施工企业安全生产管理机构设置及专职安全生产管理人员配备办法》规定,建筑施工劳务分包企业安全生产管理机构的专职安全生产管理人员应不少于( )人。
    A. 2   B. 3   C. 4   D. 5

64. 根据《建筑施工企业安全生产管理机构设置及专职安全生产管理人员配备办法》规

定,建筑施工专业承包二级及以下资质企业安全生产管理机构的专职安全生产管理人员应不少于( )人。
  A. 2   B. 3   C. 4   D. 5

65. 企业的安全生产委员会会议一般每( )召开一次。
  A. 月   B. 季度   C. 半年   D. 年

66. 企业安全生产会议每( )至少应召开一次。
  A. 月   B. 季度   C. 半年   D. 年

67. 企业安全生产委员会会议由企业( )主持,全体委员参加,时间、地点由会议组织者决定。
  A. 主要负责人   B. 技术负责人   C. 党组织书记   D. 安全总监

68. 安全生产例会制度的内容必须包括该制度的适用范围、职责和( )。
  A. 制订依据   B. 主要工作程序   C. 修订条款   D. 会议计划

69. 施工单位的安全生产三类人员必须取得( ),方可参加公路水运工程投标及施工。
  A. 执业证书   B. 工程师职称证
  C. 三类人员安全生产考核合格证书   D. 注册证书

70. 参加安全生产三类人员培训的项目负责人不包括( )。
  A. 项目经理   B. 项目书记   C. 项目副经理   D. 项目总工

71. 建筑施工企业负责人要定期带班检查,每月检查时间不少于其工作日的( )。
  A. 20%   B. 25%   C. 30%   D. 35%

72. 生产经营单位的主要负责人未履行《安全生产法》规定的安全生产管理职责,导致发生一般生产安全事故的,由安全生产监督管理部门依照规定处以其上一年年收入( )的罚款。
  A. 20%   B. 30%   C. 40%   D. 50%

73. 生产经营单位的主要负责人未履行《安全生产法》规定的安全生产管理职责,导致发生较大生产安全事故的,由安全生产监督管理部门依照规定处以其上一年年收入( )的罚款。
  A. 20%   B. 30%   C. 40%   D. 50%

74. 生产经营单位的主要负责人未履行安全生产法规定的安全生产管理职责的,受刑事处罚或者撤职处分的,自刑罚执行完毕或者受处分之日起,( )年内不得担任任何生产经营单位的主要负责人。对重大、特别重大生产安全事故负有责任的,终身不得担任本行业生产经营单位的主要负责人。
  A. 3   B. 5   C. 7   D. 10

75. 公路水运工程施工企业分管生产安全负责人是本单位安全生产工作的( )责任人。
  A. 第一   B. 直接   C. 技术   D. 资金

76. 通过建立健全企业安全生产规章制度,促进广大作业人员树立( )的思想,促使企业最高管理者正确处理安全与生产、安全与效益、安全与进度的关系。

A. 安全第一,预防为主,综合治理
B. 管生产必须管安全
C. 人人管安全
D. 人人要安全

77. 国家安全监管总局出台的《企业安全生产责任体系五落实五到位规定》中"五到位"是指( )。

A. 安全责任到位、安全投入到位、安全培训到位、安全管理到位、应急救援到位
B. 安全责任到位、安全文化到位、安全培训到位、安全管理到位、应急救援到位
C. 安全责任到位、安全投入到位、安全检查到位、安全管理到位、应急救援到位
D. 安全责任到位、安全文化到位、安全检查到位、安全管理到位、应急救援到位

78. 《安全生产法》明确规定,生产经营单位必须遵守本法和其他有关安全生产的法律、法规,加强安全生产管理,建立健全( )和安全生产规章制度,完善安全生产条件,推进安全生产标准化建设,提高安全生产水平,确保安全生产。

A. 安全生产责任制度　　　　B. 安全生产教育制度
C. 安全生产检查制度　　　　D. 安全生产交底制度

79. 安全生产责任制度通过明确各级责任使各类人员真正重视安全生产工作,把每个岗位的安全职责一一对应,实现( ),对全面做好安全生产工作具有重要作用。

A. 人人管安全　　B. 一岗双责　　C. 党政同责　　D. 安全第一

80. 《安全生产法》规定,生产经营单位的安全生产责任制应当明确各岗位的责任人员、责任范围和( )等内容。

A. 标准程序　　B. 奖励　　C. 考核标准　　D. 制订依据

81. 《安全生产法》中关于工会安全生产权利,下列说法错误的是( )。

A. 工会对生产经营单位违反安全生产法律、法规,侵犯从业人员合法权益的行为,有权要求纠正
B. 发现生产经营单位违章指挥、强令冒险作业或者发现事故隐患时,有权提出解决的建议
C. 发现危及从业人员生命安全的情况时,有权向生产经营单位建议组织从业人员撤离危险场所
D. 工会无权参加事故调查

82. 施工单位的( )应当由取得相应执业资格的人员担任,对建设工程项目的安全施工负责。

A. 项目负责人　　　　　　B. 技术总工
C. 分管安全生产副经理　　D. 项目书记

83. 施工单位项目部的( )是项目部安全生产第一责任人。

A. 项目经理　　　　　　　B. 技术总工
C. 分管安全生产副经理　　D. 项目书记

84. 总承包单位对分包工程施工现场的安全生产管理承担( )责任。

A. 全部 B. 部分 C. 连带 D. 一半

85. 建设单位应当严格履行基本建设程序,将工程发包给具有相应(　　)的从业单位。
 A. 信用等级 B. 履约能力 C. 资质等级 D. 施工能力

86. 实行施工总承包的,专项施工方案按规定需要论证审查时,由(　　)单位组织专家论证。
 A. 劳务分包 B. 专业分包 C. 安装 D. 施工总承包

87. 《建设工程安全生产管理条例》规定,勘察、设计单位未按照法律、法规和工程建设强制性标准进行勘察、设计的,责令限期改正,处(　　)的罚款。
 A. 5万元以上10万元以下 B. 10万元以上30万元以下
 C. 30万元以上40万元以下 D. 40万元以上50万元以下

88. 分包单位应当服从总承包单位的安全生产管理,分包单位不服从管理导致生产安全事故的,由分包单位承担(　　)责任。
 A. 部分 B. 一半 C. 主要 D. 全部

89. 以下不属于专职安全生产管理人员职责的是(　　)。
 A. 负责施工现场安全生产巡视督查,并作好记录
 B. 发现现场存在安全事故隐患时,应及时向企业安全生产管理机构和工程项目经理报告
 C. 对于违章指挥、违章操作的,应当立即制止
 D. 亲自落实各项安全措施

90. 下列哪项不属于分管生产安全负责人的安全生产职责(　　)。
 A. 负责本单位落实关于安全生产的法律法规以及方针政策等重大事项的贯彻落实情况的督查检查和督促指导
 B. 负责落实企业安全生产责任制
 C. 按照相关规定负责审核企业年度安全生产专项资金投入计划
 D. 负责新设备、新技术、新工艺和新材料安全技术保证工作

91. 以下哪位人员属于该单位安全生产工作的第一责任人(　　)。
 A. 公司法定代表人 B. 公司党委书记
 C. 公司总工 D. 公司安全总监

92. 施工企业(　　)对本单位的安全生产负技术领导责任。
 A. 法定代表人 B. 副总经理 C. 安全总监 D. 技术负责人

93. 《安全生产法》规定,生产经营单位的(　　)对本单位的安全生产工作全面负责。
 A. 主要负责人 B. 党委书记 C. 安全总监 D. 技术负责人

94. 《建设工程安全生产管理条例》规定,施工单位的主要负责人、项目负责人未履行安全生产管理职责的,责令限期改正;逾期未改正的,责令施工单位停业整顿;造成重大安全事故、重大伤亡事故或者其他严重后果,构成犯罪的,依照刑法有关规定追究(　　)。
 A. 民事责任 B. 行政责任 C. 刑事责任 D. 赔偿责任

95. 为项目工程购买建筑工程一切险属于风险控制对策中的(　　)。
 A. 风险回避 B. 损失控制 C. 风险自留 D. 风险转移

96. (   )方法是一种从初始原因事件起,分析各环节事件"成功(正常)"或"失败(失效)"的发展变化过程,并预测各种可能结果的方法。
    A. 故障树分析   B. 安全检查表
    C. 工作任务分析   D. 事件树分析

97. 检查评分表法是一种原始的、初步的(   )分析方法,它通过事先拟定安全检查明细或清单从而对生产安全进行初步的诊断和控制。
    A. 定量   B. 定性   C. 定参数   D. 定额

98. 作业条件危险性评价法认为影响危险性有三个主要因素,以下不属于这三个主要因素的是(   )。
    A. 发生事故的可能性大小
    B. 人体暴露于危险环境的频繁程度
    C. 发生事故可能产生的后果
    D. 危险环境的危险程度

99. 根据现行《企业职工伤亡事故分类》,不属于物理性爆炸的是(   )。
    A. 锅炉爆炸   B. 容器超压爆炸   C. 轮胎爆炸   D. 粉尘爆炸

100. 按伤害的性质可分为(   )伤害、伤害和严重伤害。
    A. 轻微   B. 表面   C. 内部   D. 细小

101. 不安全状态、不安全行为、起因物、(   )、伤害方式是引发生产安全事故的五个基本因素,简称"事故五要素"。
    A. 致害物   B. 作业活动   C. 施工设备   D. 作业场所

102. 根据现行《生产过程危险和有害因素分类与代码》,以下不属于危险、有害因素中环境因素的是(   )。
    A. 电离辐射   B. 作业场所狭窄   C. 空气不良   D. 光照不良

103. 根据现行《生产过程危险和有害因素分类与代码》,以下不属于危险、有害因素中物的因素的是(   )。
    A. 电危害   B. 运动物伤害   C. 标志缺失   D. 采光照明不良

104. 根据现行《企业职工伤亡事故分类》,以下不属于灼烫事故的是(   )。
    A. 高温物体烫伤   B. 化学灼伤
    C. 放射性物质引起的体内外灼伤   D. 电灼伤

105. 根据系统可能发生的或已经发生的事故结果,去寻找与事故发生有关的原因、条件和规律的危险源识别方法是(   )。
    A. 事件树分析   B. 故障树分析
    C. 危险与可操作性研究   D. 工作任务分析

106. 根据现行《生产过程危险和有害因素分类与代码》,以下不属于管理因素的是(   )。
    A. 操作规程不规范   B. 指挥错误
    C. 培训制度不完善   D. 安全生产责任制未落实

107. 事故征兆按征兆出现的( )，可分为早期、中期、晚期三类。
    A. 后果　　　　　B. 顺序　　　　　C. 形式　　　　　D. 事故

108. 实行总承包的,施工现场的安全生产管理由( )负总责。
    A. 建设单位　　　B. 总承包单位　　C. 分包单位　　　D. 监理单位

109. 达到一定规模的危险性较大的分部分项工程专项施工方案,应经施工单位( )签字。
    A. 技术负责人　　B. 主要负责人　　C. 法人代表　　　D. 安全总监

110. 在生产过程中,事故是指造成人员死亡、伤害、职业病、财产损失或其他损失的( )。
    A. 意外事件　　　B. 状态　　　　　C. 结果　　　　　D. 事情

111. 我国在工伤事故统计中,参照《企业职工伤亡事故分类》(GB 6441—86),综合考虑起因物、引起事故的诱导性原因、致害物、伤害方式等,将事故分为( )类。
    A. 17　　　　　　B. 18　　　　　　C. 19　　　　　　D. 20

112. ( )是安全生产的核心,必须层级落实。
    A. 安全文化　　　B. 安全科技　　　C. 安全设施　　　D. 安全责任

113. ( )安全是指设备、设施或技术工艺含有内在的能够从根本上防止发生事故的功能。
    A. 本质　　　　　B. 局部　　　　　C. 全面　　　　　D. 基础

114. 用多米诺骨牌来形象地描述事故因果连锁关系的是( )理论。
    A. 人机轨迹交叉　　　　　　　　　B. 亚当斯事故因果连锁
    C. 博德事故因果连锁　　　　　　　D. 海因里希事故因果连锁

115. 关于海因里希理论的不足,不包括( )。
    A. 该理论对事故致因连锁关系的描述过于绝对化、简单化
    B. 事故全都造成伤害
    C. 消除人的不安全行为或物的不安全状态,即可防止事故的发生
    D. 不安全行为或不安全状态必然造成事故

116. 博德事故因果连锁理论包括( )、基本原因、直接原因、事故、损失。
    A. 管理缺陷　　　B. 制度缺陷　　　C. 行为缺陷　　　D. 意识缺陷

117. 关于轨迹交叉理论的说法,错误的是( )。
    A. 伤害事故是许多相互联系的事件顺序发展的结果
    B. 人的不安全行为和物的不安全状态之所以产生和发展,是受多种因素作用的结果
    C. 该理论反映了绝大多数事故的情况
    D. 该理论强调就在事故致因中所占地位而言,人的因素比物的因素地位更重要

118. 在海因里希因果连锁理论基础上提出的与现代安全观点更加吻合的是( )理论。
    A. 人机轨迹交叉　　　　　　　　　B. 亚当斯事故因果连锁
    C. 博德事故因果连锁　　　　　　　D. 破窗理论

119. 安全风险评估一般有三个步骤,下列不属于的是( )。

A. 安全风险评估制度的建立
B. 安全风险的辨识与评价
C. 危险危害因素的分析、分类及管理措施
D. 安全风险评估

120. 根据现行《生产过程危险和有害因素分类与代码》,属于物理性危险、有害因素的是(   )。
    A. 电危害　　　　　　　　　　B. 易燃易爆性物质
    C. 致病微生物　　　　　　　　D. 瓦斯中毒

121. 根据现行《生产过程危险和有害因素分类与代码》,属于化学性危险、有害因素的是(   )。
    A. 电危害　　　　　　　　　　B. 易燃易爆性物质
    C. 致病微生物　　　　　　　　D. 体力负荷超限

122. 根据现行《企业职工伤亡事故分类》,爆破作业引起的坍塌属于(   )事故类型。
    A. 放炮　　　B. 坍塌　　　C. 物体打击　　　D. 火药爆炸

123. 从状态上,危险源识别时要考虑三种状态,下列不属于的是(   )状态。
    A. 正常　　　B. 异常　　　C. 紧急　　　D. 过去

124. 我国现行安全生产方针是(   )。
    A. 管生产必须管安全
    B. 安全第一,群防群治
    C. 安全第一,预防为主,综合治理
    D. 关爱生命,科学发展

(二) 多项选择题

1. 安全生产考评档案内容包括(   )。
    A. 守法经营、从业,安全生产业绩突出,受到表彰、奖励的记录
    B. 违反安全生产法律法规、强制性标准等受到行政处罚的记录
    C. 发生生产安全责任事故的记录
    D. 存在安全隐患的记录
    E. 其他守法、诚信及不良失信行为记录

2. 工程保险的特点是(   )。
    A. 保险标的的不完整性和保险金额的渐增性
    B. 工程保险承保的是综合风险
    C. 被保险人的多方性
    D. 保险费率的个别性
    E. 保险期限与建设期限的一致性

3. 工程保险的作用是(   )。
    A. 保障项目财务的稳定性　　　　　　B. 加强工程风险的防范和控制

C. 改善项目融资的条件 D. 减少经济纠纷
E. 为人身安全提供保障

4. 发现事故隐患,下列属于隐患整改原则的有( )。
   A. 定人 B. 定时 C. 定费用 D. 定措施
   E. 定结论

5. 事故隐患治理方案包括( )等内容。
   A. 治理的目标和任务 B. 采取的方法和措施
   C. 经费和物资的落实 D. 负责治理的机构和人员
   E. 治理的时限和要求

6. 事故现场的保护对于事故调查取证、确定事故责任以及责任追究十分重要。为了抢险救灾,需要移动事故现场物件时,应( )。
   A. 作出标志 B. 绘制现场简图
   C. 作出书面记录 D. 封闭事故现场
   E. 妥善保护现场主要痕迹、物证

7. 一个完善的事故应急预案包括6个一级关键要素,其中包括( )。
   A. 事故调查与处理 B. 应急策划
   C. 现场恢复 D. 预案管理与评审改进
   E. 方针与原则

8. 下列属于劳动防护用品的是( )。
   A. 工作服 B. 工作帽 C. 风镜 D. 水鞋
   E. 太阳镜

9. 下列表述不正确的是( )。
   A. 企业应当为从业人员配备劳动防护用品
   B. 企业可以以货币或者其他物品代替规定配备的劳动防护用品
   C. 劳动防护用品未损坏可一直使用
   D. 企业应当建立健全防护用品的采购、验收等管理制度
   E. 购买的防护用品可以不用进行检查验收而直接使用

10. 安全检查分为( )等类型。
    A. 定期性检查 B. 经常性检查
    C. 季节性检查 D. 专业性检查
    E. 综合性检查

11. 从面向被检查的对象来说,检查的内容包括( )。
    A. 查意识 B. 查制度 C. 查隐患 D. 查整改落实
    E. 查岗位责任

12. 安全检查的方法有( )。
    A. 看现场 B. 听汇报 C. 询问现场人员 D. 查原因
    E. 分析原因

13. 一个完整的应急体系应由( )四部分构成。
    A. 组织体制　　　B. 运作机制　　　C. 法制基础　　　D. 保障系统
    E. 通信系统

14. 应急程序按过程可分为( )等几个过程。
    A. 接警与响应级别确定　　　　　B. 应急启动
    C. 救援行动　　　　　　　　　　D. 应急恢复
    E. 应急结束

15. 综合应急预案的主要内容包括( )等。
    A. 总则　　　　　　　　　　　　B. 企业的危险性分析
    C. 组织机构及职责　　　　　　　D. 预防与预警
    E. 应急响应

16. 应急预案中的预防与预警主要包括( )。
    A. 危险源识别　　　　　　　　　B. 危险源评价
    C. 危险源监控　　　　　　　　　D. 预警行动
    E. 信息报告与处置

17. 为保障安全生产应急管理制度的有效实施,必须具备以下( )保障措施。
    A. 通信与信息保障　　　　　　　B. 应急队伍保障
    C. 应急物资装备保障　　　　　　D. 资金保障
    E. 其他保障

18. 事故报告包括( )等内容。
    A. 事故发生时间、地点、工程项目和事故单位名称
    B. 事故的简单经过、紧急抢救救援情况
    C. 人员伤亡情况、预估的直接经济损失
    D. 事故原因的初步分析判定
    E. 事故发生后所采取应对措施和控制情况

19. 对于安全管理执行情况监督检查,下面描述准确的有( )。
    A. 要确立检查内容、方式、时间程序等
    B. 要按照谁检查、谁签字、谁落实、谁负责、谁整改的要求进行监督
    C. 要留有检查记录,记录上可以不签字
    D. 要采取定期、不定期的监督检查方式
    E. 要把执行情况作为安全考核的内容

20. 下列属于人的不安全因素的有( )。
    A. 未按要求培训　　　　　　　　B. 作业人员安排不当
    C. 不采取安全措施　　　　　　　D. 不按规定方法操作
    E. 人员疲劳

21. 下列属于安全技术交底内容的有( )。
    A. 项目施工作业特点和危险源、危险点

B.针对危险源、危险点所要采取的具体预防措施
C.相应的安全操作规程、安全技术规范及标准
D.若发生事故后应采取的避难和紧急救援措施等
E.施工人员的待遇问题

22.下列哪些是技术交底应涵盖的内容( )。
   A.工程概况   B.工程造价   C.施工方法   D.施工工艺
   E.安全技术措施

23.专项施工方案编制应当包括以下( )内容。
   A.工程概况   B.编制依据   C.施工计划   D.施工工艺技术
   E.施工安全保证措施

24.以下属于危险性较大工程的是( )。
   A.滑坡、高边坡处理   B.桩基础
   C.隧道工程中不良地质隧道   D.桥梁工程中的梁、拱等
   E.爆破工程

25.施工单位根据专家组提交的报告对专项施工方案进行修改完善的,需要经过( )签字后,方可实施。
   A.施工单位技术负责人   B.企业负责人
   C.总监理工程师   D.建设单位
   E.安全总监

26.专项施工方案中需要专家论证的主要内容包括( )。
   A.专项施工方案内容是否完整
   B.计算书和验算依据是否符合相关标准
   C.专项施工方案是否可行
   D.是否符合施工现场实际情况
   E.费用是否超出预算

27.专项施工方案参加审核的部门有( )。
   A.技术部门   B.安全部门   C.生产部门   D.经营部门
   E.技术质量部门

28.下列属于特种设备的有( )。
   A.电梯   B.厂内专用机动车辆
   C.额定功率为1MW的热水锅炉   D.额定起重为1t的手拉葫芦
   E.工作压力为1MPa的储气罐

29.特种作业人员应当遵守以下( )规定。
   A.作业时随身携带证件,并接受检查   B.积极参加相关教育培训
   C.杜绝违章指挥   D.接受安全技术交底
   E.发现事故隐患可以不上报

30.特种设备使用单位应履行以下( )义务。

A. 制订相关规程和管理制度
B. 建立特种作业人员管理档案
C. 定期组织特种作业人员体检
D. 及时进行安全技术交底
E. 对特种作业人员进行安全教育和培训

31. 施工安全"四宝"指的是( )。
    A. 安全帽　　　B. 安全带　　　C. 安全网　　　D. 安全锁
    E. 救生衣

32. 下列属于正确佩戴安全帽的是( )。
    A. 进入施工现场所有人必须佩戴
    B. 现场休息时或天气热是可以不佩戴安全帽
    C. 佩戴安全帽要扣好帽带
    D. 可以使用缺带的安全帽
    E. 帽箍底边至人头顶端垂直距离为 80~90mm

33. 下列属于项目负责人安全生产知识考核要点的有( )。
    A. 国家有关安全生产的方针政策、法律法规、部门规章、标准及有关规范性文件
    B. 工程项目生产管理的基本知识和相关专业知识
    C. 事故防范和应急救援措施
    D. 事故报告制度及调查处理方法
    E. 企业和项目安全生产责任制及其他安全生产规章制度的内容、制订方法

34. 下列属于专职安全生产管理人员安全生产知识考核要点的有( )。
    A. 国家有关安全生产的方针政策、法律法规、部门规章、标准及有关规范性文件
    B. 施工现场安全监督检查的内容和方法
    C. 事故防范和应急救援措施
    D. 事故报告制度及调查处理方法
    E. 企业和项目安全生产责任制及其他安全生产规章制度的内容、制订方法

35. 下列选项中,属于专职安全生产管理人员的是( )。
    A. 项目经理
    B. 企业安全生产管理机构的负责人
    C. 企业安全生产管理机构的工作人员
    D. 项目总工
    E. 施工现场专职安全员

36. 安全教育培训形式有( )。
    A. 三级安全教育培训　　　　　B. 岗前安全教育培训
    C. 班前教育　　　　　　　　　D. 企业组织的安全技术知识竞赛
    E. 事故分析会

37. 安全教育和培训的目的包括( )。

A. 提高各级领导和广大从业人员对安全生产方针和政策的认识

B. 增强安全生产工作责任感、使命感和法律意识

C. 提高贯彻执行安全法律、法规和各项规章制度的自觉性

D. 促使广大从业人员掌握所需的安全生产知识，提高安全操作技能和应急自救能力

E. 提高企业安全生产管理水平

38. 关于企业安全教育的说法，正确的有(　　)。

A. 企业应当对从业人员进行安全生产教育和培训

B. 要保证从业人员具备必要的安全生产知识，熟悉有关的安全生产规章制度和安全操作规程

C. 使从业人员掌握本岗位的安全操作技能，了解事故应急处理措施

D. 使从业人员知悉自身在安全生产方面的权利和义务

E. 从业人员可以先上岗一段时间后再对其开展岗位安全生产教育和培训

39.《安全生产法》规定，企业应当建立安全生产教育和培训档案，如实记录安全生产教育和培训的(　　)等情况。

A. 时间　　　　B. 地点　　　　C. 内容　　　　D. 参加人员

E. 考核结果

40. 以下哪些属于建设工程施工企业安全费用使用范围(　　)。

A. 完善、改造和维护安全防护设施设备支出

B. 配备、维护、保养应急救援器材、设备支出和应急演练支出

C. 开展重大危险源和事故隐患评估、监控和整改支出

D. 安全生产检查、评价(不包括新建、改建、扩建项目安全评价)、咨询和标准化建设支出

E. 配备和更新现场作业人员安全防护用品支出

41. 安全费用按照(　　)的原则进行管理。

A. 企业提取　　B. 政府监管　　C. 计划支取　　D. 确保需要

E. 规范使用

42. 危险危害因素的分析可以从以下几个方面进行(　　)。

A. 思想认识上不足　　　　　　B. 人的不安全行为

C. 物的不安全状态　　　　　　D. 安全管理缺陷

E. 自然灾害

43. 危险源辨识方法中的经验分析法包括(　　)。

A. 直观判断法　　　　　　　　B. 对照分析法

C. 类比分析法　　　　　　　　D. 客观总结法

E. 危险分析法

44. 下列选项可作为安全风险评估的有(　　)。

A. 人身伤害　　　　　　　　　B. 职业病发生

C. 企业财产损失　　　　　　　D. 承担的法律责任

E. 环境污染

45. 关于生产经营单位的安全生产管理人员开展安全检查的说法,正确的有( )。
   A. 应当根据本单位的生产经营特点,对安全生产状况进行经常性检查
   B. 对检查中发现的安全问题,应当立即处理
   C. 检查中发现的问题不能处理的,应当及时报告本单位有关负责人
   D. 有关负责人接到问题报告后应当及时处理
   E. 检查及处理情况应当如实记录在案

46. 关于两个以上生产经营单位在同一作业区域内进行生产经营活动,可能危及对方生产安全的时候,以下说法正确的有( )。
   A. 应当签订安全生产管理协议
   B. 可口头约定各自安全生产管理职责
   C. 采取书面方式明确各自的安全生产管理职责和应当采取的安全措施
   D. 指定专职安全生产管理人员进行安全检查与协调
   E. 指定技术人员进行安全检查与协调

47. 建立安全生产管理制度的基本要求是( )。
   A. 政策性　　　　B. 科学性　　　　C. 可操作性　　　　D. 规范性
   E. 流程化

48. 以下属于施工企业安全生产管理制度的是( )。
   A. 安全生产责任制度　　　　　　B. 安全生产例会制度
   C. 安全生产教育制度　　　　　　D. 安全生产检查制度
   E. 安全技术交底制度

49. 生产经营单位的主要负责人在本单位发生生产安全事故时,不立即组织抢救或者在事故调查处理期间擅离职守或者逃匿的,其法律责任有( )。
   A. 给予降级、撤职的处分,并由安全生产监督管理部门处上一年年收入百分之二十至百分之六十的罚款
   B. 给予降级、撤职的处分,并由安全生产监督管理部门处上一年年收入百分之六十至百分之一百的罚款
   C. 对逃匿的处十日以下拘留
   D. 对逃匿的处十五日以下拘留
   E. 构成犯罪的,依照刑法有关规定追究刑事责任

50. 生产经营单位的从业人员不服从管理,违反安全生产规章制度或者操作规程的,其法律责任有( )。
   A. 由生产经营单位给予批评教育
   B. 依照生产经营单位有关规章制度给予处分
   C. 处以2万元以下罚款
   D. 给予降级处分
   E. 构成犯罪的,依照刑法有关规定追究刑事责任

51. 某施工单位有主要负责人及其他公司领导、各职能部门领导及其他职工、施工项目部领导及其他职工,则该单位安全生产责任制应涉及(　　)等人员或岗位。
   A. 主要负责人及其他公司领导　　　　B. 各职能部门领导
   C. 各职能部门其他职工　　　　　　　D. 施工项目部领导
   E. 施工项目部其他职工

52. 以下属于企业安全生产管理机构的主要工作内容的是(　　)。
   A. 宣传和贯彻国家有关安全生产管理制度并监督实施
   B. 编制并适时更新安全生产管理制度并监督实施
   C. 组织开展安全教育培训与交流
   D. 制订企业安全生产检查计划并组织实施
   E. 建立企业安全生产管理档案

53. 以下属于企业内部安全组织管理的重点的是(　　)。
   A. 落实各级人员、各个岗位的安全生产责任制
   B. 建立健全安全规章制度和安全操作规程,并严格执行
   C. 实行安全目标管理,加强信息反馈和控制
   D. 坚持安全教育和培训
   E. 开展各种安全检查、评价工作

54. 建立安全生产例会制度的目的有(　　)。
   A. 全面了解和掌握安全生产工作动态
   B. 全面布置和安排安全生产工作
   C. 认真落实各项预防、预控和预警措施
   D. 减少违章
   E. 避免生产安全事故发生

55. 企业安全生产会议主要内容一般有(　　)。
   A. 传达贯彻上级有关安全生产方面的方针政策有关文件
   B. 检查上阶段的安全生产工作
   C. 部署下阶段的安全生产工作
   D. 研究解决存在的安全问题
   E. 表彰、奖励先进,事故处理或决定

56. 以下属于企业主要负责人安全生产知识考核要点的有(　　)。
   A. 国家有关安全生产的方针政策、法律法规、部门规章、标准及有关规范性文件
   B. 公路水运施工企业生产管理的基本知识和相关专业知识
   C. 事故防范和应急救援措施
   D. 事故报告制度及调查处理方法
   E. 企业安全生产责任制及其他安全生产规章制度的内容、制订方法

57. 以下属于行为性危险和有害因素的是(　　)。
   A. 指挥错误　　　B. 操作错误　　　C. 监护错误　　　D. 体力负荷超限

E. 从事禁忌工作

58. 施工单位应当在工程项目施工中,开展安全生产的( )工作。
    A. 计划　　　　B. 布置　　　　C. 检查　　　　D. 总结
    E. 评比

59. 建设项目安全设施必须与主体工程"三同时",即( )。
    A. 同时设计　　B. 同时可行性研究　　C. 同时施工　　D. 同时验收
    E. 同时投入生产和使用

60. 施工单位在发生生产安全事故后,应当( )。
    A. 采取有效措施抢救人员和财产
    B. 保护事故现场
    C. 向有关上级单位及政府部门报告
    D. 因抢救人员、疏导交通等原因需要移动现场物件的,应当做出标志,绘制现场简图并做出书面记录,有条件的应拍照或录像
    E. 召开新闻发布会

61. 以下属于监理单位的职责的是( )。
    A. 对施工现场的安全生产进行日常检查
    B. 审核施工组织设计中的安全技术措施或专项施工方案是否符合工程建设强制性标准
    C. 督促起重机械设备等特种设备和设施向当地安全生产监督部门和技术质量监督部门进行备案登记
    D. 编制生产安全事故应急救援预案
    E. 参与事故应急救援

62. 采用( )的工程,设计单位应当在设计文件中提出保障施工作业人员安全和预防生产安全事故的措施建议。
    A. 新结构　　　B. 新材料　　　C. 新工艺　　　D. 框架结构
    E. 现场装配

63. 建设项目安全设施的( )应当对安全设施设计负责。
    A. 设计人　　　　　　　　　B. 设计单位
    C. 建设单位　　　　　　　　D. 建设单位技术负责人
    E. 施工单位

64. 以下属于施工企业项目经理安全生产职责的是( )。
    A. 贯彻执行国家有关安全生产的法律法规标准
    B. 定期召开安全生产会议
    C. 组织安全生产检查和分析
    D. 组织安全生产事故隐患排查整治工作
    E. 发生事故后,按照规定程序及时上报

65. 以下属于施工企业项目工程师安全生产职责的是( )。

A. 负责组织编制工程项目施工组织设计、专项施工方案
B. 负责向专业技术人员进行特殊或关键部位的安全技术交底
C. 参与安全生产检查
D. 组织制订安全生产规章制度
E. 组织召开安全生产会议

66. 以下属于施工企业项目主管安全生产副经理安全生产职责的是(　　)。
   A. 主持召开项目安全生产会议
   B. 组织制订安全生产规章制度
   C. 组织项目安全生产宣传教育工作
   D. 及时向项目经理汇报安全生产情况
   E. 参与或组织安全生产检查

67. 《安全生产法》规定,以下属于企业主要负责人安全生产职责的是(　　)。
   A. 建立、健全本单位安全生产责任制,组织制订本单位安全生产规章制度和操作规程
   B. 组织制订并实施本单位安全生产教育和培训计划
   C. 保证本单位安全生产投入的有效实施
   D. 督促、检查本单位的安全生产工作,及时消除生产安全事故隐患
   E. 组织制订并实施本单位的生产安全事故应急救援预案,及时、如实报告生产安全事故

68. 风险识别方法包括(　　)。
   A. 文件审查　　B. 信息收集技术　　C. 核对表　　D. 假设分析
   E. 图解技术

69. 事故损失一般可分为(　　)。
   A. 直接损失　　B. 间接损失　　C. 预期损失　　D. 意外损失
   E. 短期损失

70. 危险源辨识步骤可分为(　　)。
   A. 划分作业活动　　　　　　　　B. 危险源辨识
   C. 风险评价　　　　　　　　　　D. 判断风险是否容许
   E. 制订风险控制措施计划

71. 风险评价方法选择应遵循(　　)的原则。
   A. 充分性　　B. 适应性　　C. 系统性　　D. 针对性
   E. 合理性

72. 安全生产管理涉及企业中的(　　)信息等各个方面。
   A. 所有人员　　B. 设备设施　　C. 物料　　D. 环境
   E. 财务

73. 企业管理中避免"破窗理论"效应的发生要从三个层面来防范,包括(　　)。
   A. 制度层面　　B. 管理层面　　C. 文化层面　　D. 行为层面
   E. 状态层面

74. 海因里希最初提出的事故因果连锁过程包括的因素有( )。
    A. 遗传及社会环境　　　　　　　　B. 人的缺点
    C. 人的不安全行为或物的不安全状态　D. 事故
    E. 伤害

75. 根据现行《生产过程危险和有害因素分类与代码》，以下属于化学性危险、有害因素的有( )。
    A. 易燃易爆性物质　　　　　　　　B. 自燃性物质
    C. 腐蚀性物质　　　　　　　　　　D. 致病微生物
    E. 致害植物

76. 根据现行《生产过程危险和有害因素分类与代码》，以下属于心理、生理性危险、有害因素的有( )。
    A. 体力负荷超限　　　　　　　　　B. 健康状况异常
    C. 自燃性物质　　　　　　　　　　D. 致病微生物
    E. 心理异常

77. 避免或减少事故损失的方法有( )。
    A. 隔离　　　　　　　　　　　　　B. 个体防护
    C. 设置薄弱环节　　　　　　　　　D. 使能量或危险物质按人们的意图释放
    E. 避难与援救措施

78. 以下属于危险源识别方法的有( )。
    A. 现场调查　　　　　　　　　　　B. 工作任务分析
    C. 安全检查表　　　　　　　　　　D. 事件树分析
    E. 故障树分析

79. 以下属于物的不安全状态的有( )。
    A. 在起重机的吊钩下停留　　　　　B. 没有防护的传动齿轮
    C. 裸露的带电体　　　　　　　　　D. 照明不良
    E. 不发信号就启动机器

80. 以下属于管理缺陷的有( )。
    A. 对物(含作业环境)性能控制的缺陷　B. 对人的失误控制的缺陷
    C. 工艺过程、作业程序的缺陷　　　　D. 用人单位的缺陷
    E. 合同签订、采购等活动中忽略了安全健康方面的要求

81. 风险管理的工作流程有( )。
    A. 风险辨识　　B. 风险分析　　C. 风险控制　　D. 风险转移
    E. 风险调节

82. 以下属于人的不安全行为的有( )。
    A. 无关人员进入警戒区域　　　　　B. 未系安全带进行高处作业
    C. 违章指挥　　　　　　　　　　　D. 照明不良
    E. 不发信号就启动机器

83. 以下属于定量风险评价方法的有(　　　)。
   A. 专家打分法　　　B. 层次分析法　　　C. 敏感性分析　　　D. 决策树
   E. 随机网络
84. 关于本质安全,以下说法正确的有(　　　)。
   A. 本质安全具体包括失误安全功能和故障安全功能
   B. 本质安全的安全功能不是设备、设施和技术工艺本身固有的
   C. 本质安全是安全生产管理为主的根本体现,是安全生产管理的最高境界
   D. 本质安全无需规划设计,可以事后补偿
   E. 由于技术、资金和人们对事故的认识等原因,目前还很难做到本质安全
85. 预防为主主要体现为"六先",包括(　　　)、隐患整改在先、监督执法在先。
   A. 安全意识在先　　　　　　　　B. 安全投入在先
   C. 安全组织在先　　　　　　　　D. 安全责任在先
   E. 建章立制在先
86. 安全生产中的危险源是指可能造成(　　　)的根源或状态。
   A. 人员伤害　　　B. 人员疾病　　　C. 财产损失　　　D. 作业环境破坏
   E. 其他损失

(三) 判断题

1. 建筑施工单位应当设立安全生产管理机构。(　　　)
   A. 正确　　　　　　　　　　　　B. 错误
2. 建筑施工单位应当配备专职安全生产管理人员。(　　　)
   A. 正确　　　　　　　　　　　　B. 错误
3. 建筑施工企业的分公司、区域公司等较大的分支机构应依据实际生产情况,配备不少于2人的专职安全生产管理人员。(　　　)
   A. 正确　　　　　　　　　　　　B. 错误
4. 安全会议所议事项以及作出的决定应形成会议纪要。(　　　)
   A. 正确　　　　　　　　　　　　B. 错误
5. 企业安全生产各职能部门应根据建设单位的要求、工程进展、生产的季节性和突发性等情况随时、不定期召开安全生产会议。(　　　)
   A. 正确　　　　　　　　　　　　B. 错误
6. 企业安全生产委员会会议由安委会办公室负责召集。(　　　)
   A. 正确　　　　　　　　　　　　B. 错误
7. 企业主要负责人应能有效组织和督促本单位安全生产工作,建立健全安全生产责任制。(　　　)
   A. 正确　　　　　　　　　　　　B. 错误
8. 专职安全生产管理人员应能有效对安全生产进行现场监督检查,发现生产安全事故隐患,能及时向项目负责人和安全生产管理机构报告。(　　　)

A. 正确　　　　　　　　　　　B. 错误

9. 安全生产教育与培训制度的主要内容应包括：安全意识、安全知识和安全技能教育。（　　）

A. 正确　　　　　　　　　　　B. 错误

10. 作业人员进入新的岗位或者新的施工现场前，应当接受安全生产教育培训。（　　）

A. 正确　　　　　　　　　　　B. 错误

11. 生产经营单位接收中等职业学校、高等学校学生实习的，应当对实习学生进行相应的安全生产教育和培训，提供必要的劳动防护用品。（　　）

A. 正确　　　　　　　　　　　B. 错误

12. 安全生产费用是指企业按照规定标准提取，在成本中列支，专门用于完善和改进企业安全生产条件的资金。（　　）

A. 正确　　　　　　　　　　　B. 错误

13. 生产经营单位安全生产资金投入，由生产经营单位的决策机构、主要负责人或者个人经营的投资人予以保证。（　　）

A. 正确　　　　　　　　　　　B. 错误

14. 总包单位应当将安全费用按比例直接支付给分包单位并监督使用，分包单位可再重复提取。（　　）

A. 正确　　　　　　　　　　　B. 错误

15. 对专业性较强的分部分项工程以及涉及新技术、新工艺、新设备、新材料的工程，施工单位应当单独编制安全技术措施。（　　）

A. 正确　　　　　　　　　　　B. 错误

16. 建筑施工企业安全生产责任制的考核范围包括各级管理人员、工程项目管理人员和作业人员，以及施工单位各职能部门。（　　）

A. 正确　　　　　　　　　　　B. 错误

17. 对于不按方案组织施工、不符合工程建设强制性标准、存在较大安全隐患的，监理单位必须责令施工单位立即停工整改。（　　）

A. 正确　　　　　　　　　　　B. 错误

18. 设计单位应当考虑施工安全操作和防护的需要，对涉及施工安全的重点部位和环节在设计文件中注明，并对防范生产安全事故提出指导意见。（　　）

A. 正确　　　　　　　　　　　B. 错误

19. 施工单位项目管理或者专职技术人员应在工程开工前向一线作业班组、作业人员进行安全技术措施和操作规范交底，并书面告知危险岗位的操作规程和违章操作的危害。（　　）

A. 正确　　　　　　　　　　　B. 错误

20. 施工单位应根据国家有关规定和本项目生产安全事故应急预案的要求，建立应急救援组织，配备必要的应急救援器材及设备，并定期进行演练。（　　）

A. 正确　　　　　　　　　　　B. 错误

21. 施工单位作业人员可以拒绝违章指挥和强令冒险作业，但是不得对施工现场存在的安

全生产工作提出批评、检举和控告。（　　）

  A. 正确   B. 错误

22. 建设单位在编制工程招标文件时,应当确定公路水运工程项目安全作业环境及安全施工措施所需的安全生产费用。（　　）

  A. 正确   B. 错误

23. 生产经营单位应当在有较大危险因素的生产经营场所和有关设施、设备上设置明显的安全警示标志。（　　）

  A. 正确   B. 错误

24. 建筑施工单位应当建立应急救援组织；生产经营规模较小的，可以不建立应急救援组织，但应当指定兼职的应急救援人员。（　　）

  A. 正确   B. 错误

25. 生产经营单位必须依法参加工伤保险，为从业人员缴纳保险费。（　　）

  A. 正确   B. 错误

26. 施工单位不得在尚未竣工的建筑物内设置员工集体宿舍。（　　）

  A. 正确   B. 错误

27. 某一施工单位专职安全生产管理人员因制止了现场的违章指挥，造成现场局部停工，该施工单位可以因此降低其工资、福利等待遇。（　　）

  A. 正确   B. 错误

28. 生产经营单位作出涉及安全生产的经营决策，应当听取安全生产管理机构以及安全生产管理人员的意见。（　　）

  A. 正确   B. 错误

29. 某施工项目设置了项目经理、主管安全生产副经理、项目总工、安全总监，按《公路水运工程施工企业项目负责人施工现场带班生产制度(暂行)》规定，该项目仅项目经理、主管安全生产副经理、项目总工应当施工现场带班生产。（　　）

  A. 正确   B. 错误

30. 在执行过程中出现问题，或企业内、外部环境变化时，企业应及时修订安全生产管理制度。（　　）

  A. 正确   B. 错误

31. 安全生产管理制度是约束企业各级安全管理人员在安全生产工作中的行为准则。（　　）

  A. 正确   B. 错误

32. 在安全生产管理制度的实施过程中，还要采取严格的管理措施和手段，加强对制度执行力和落实情况的考核，确保安全生产管理制度的有效实施。（　　）

  A. 正确   B. 错误

33. 安全生产管理制度建设应实行 PDCA 闭环管理。（　　）

  A. 正确   B. 错误

34. 安全生产责任制度是企业岗位责任制的一个重要的组成部分，是安全生产管理各项制

度中最基本、最核心的规章制度。( )
A. 正确　　　　　　　　　　　B. 错误

35. 安全生产责任制中涉及的岗位不包括该施工单位班组长。( )
A. 正确　　　　　　　　　　　B. 错误

36. 建设工程项目专职安全生产管理人员负责安全技术交底工作。( )
A. 正确　　　　　　　　　　　B. 错误

37. 某施工单位项目部施工员安全生产责任可以不包括"在作业过程中,应当严格遵守本单位安全生产规章制度和操作规程,服从管理,正确佩戴和使用劳动防护用品"或其同义内容。( )
A. 正确　　　　　　　　　　　B. 错误

38. 《安全生产法》规定,从业人员发现事故隐患或者其他不安全因素,应当立即向现场安全生产管理人员或者本单位负责人报告。( )
A. 正确　　　　　　　　　　　B. 错误

39. 安全生产管理的基本对象是企业的员工。( )
A. 正确　　　　　　　　　　　B. 错误

40. 危险的特征在于其危险可能性的大小与安全条件有关,与概率无关。( )
A. 正确　　　　　　　　　　　B. 错误

41. 应用先进的安全装置、防护设施、预测报警技术都是解放生产力、保护生产力、发展生产力的最重要途径。( )
A. 正确　　　　　　　　　　　B. 错误

42. 围绕安全生产建设安全文化,其重点是要加强安全宣传教育,普及安全常识,强化全社会的安全意识,强化公民的自我保护意识。( )
A. 正确　　　　　　　　　　　B. 错误

43. 在实际生产过程中,只有少量的事故仅仅由人的不安全行为或物的不安全状态引起,绝大多数的事故是与两者同时相关的。( )
A. 正确　　　　　　　　　　　B. 错误

44. 在人与物两大系列的运动中,二者相互不关联,不能相互转化。( )
A. 正确　　　　　　　　　　　B. 错误

45. 博德事故因果连锁理论曾被称作"工业安全公理"。( )
A. 正确　　　　　　　　　　　B. 错误

46. 亚当斯事故因果连锁理论中,将人的不安全行为和物的不安全状态称作"现场失误"。( )
A. 正确　　　　　　　　　　　B. 错误

47. 轨迹交叉理论示意图显示,起因物与致害物可能是不同的物体,也可能是同一个物体。( )
A. 正确　　　　　　　　　　　B. 错误

48. 若某个可能发生的事件其可能的损失程度和发生的概率都很大,则其风险量就很

大。( )

  A. 正确   B. 错误

49. 从时态上,危险源辨识应考虑到以下三种时态:过去、现在、将来。( )

  A. 正确   B. 错误

50. 按《企业职工伤亡事故分类》,触电坠落事故属于高处坠落事故。( )

  A. 正确   B. 错误

51. 故障类型和影响分析属于定性分析方法。( )

  A. 正确   B. 错误

52. 全面风险管理包括项目全过程风险管理、对全部风险的管理、全方位的管理、全面的组织措施四个方面的含义。( )

  A. 正确   B. 错误

53. 第二类危险源决定事故后果的严重程度。( )

  A. 正确   B. 错误

54. 按《企业职工伤亡事故分类》,火药爆炸是指爆破器材生产、运输、作业、储藏过程中发生的爆炸。( )

  A. 正确   B. 错误

55. 风险识别的结果是建立风险清单。( )

  A. 正确   B. 错误

56. 重大危险源是指长期地或临时地生产、搬运、使用或存储危险物品,且危险物品的数量等于或超过临界量的单元(包括场所和设施)。( )

  A. 正确   B. 错误

57. 按《企业职工伤亡事故分类》,高处坠落淹溺事故类型属于淹溺。( )

  A. 正确   B. 错误

58. 按《企业职工伤亡事故分类》,雷击伤害事故类型属于触电。( )

  A. 正确   B. 错误

59. 建设单位应当向施工单位提供与工程相关的供水、排水、供电、供气、供热和邮电通信等地下管线资料。( )

  A. 正确   B. 错误

60. 事故报告应当及时、准确、完整,任何单位和个人对事故不得迟报、漏报、谎报或者瞒报。( )

  A. 正确   B. 错误

61. 事故处理应遵循"统一指挥、快速反应、各司其职、协同配合"的要求。( )

  A. 正确   B. 错误

62. 企业应加强安全文化建设,为实施安全管理创造良好氛围。( )

  A. 正确   B. 错误

63. 领导是企业的决策层和管理层,要做好安全生产管理工作领导班子必须齐抓共管。( )

A. 正确　　　　　　　　　　　　B. 错误

64. 把握安全工作的主动权,要把安全工作重点放在做好规章制度执行情况的监督、检查上。（　）
A. 正确　　　　　　　　　　　　B. 错误

65. 工伤保险是强制性保险。（　）
A. 正确　　　　　　　　　　　　B. 错误

66. 建筑工程一切险和第三者责任的投保在合同专用条款中约定,一般由乙方承担。（　）
A. 正确　　　　　　　　　　　　B. 错误

67. 水运工程保险主要包括:建筑工程一切险、第三者责任险以及雇主责任险、人身意外伤害险、机器设备损坏险等。（　）
A. 正确　　　　　　　　　　　　B. 错误

68. 安全生产管理"五要素"是指安全文化、安全法制、安全责任、安全科技、安全投入。（　）
A. 正确　　　　　　　　　　　　B. 错误

69. 坚持依法治安,必须立法、懂法、守法、执法。（　）
A. 正确　　　　　　　　　　　　B. 错误

70. 安全带可以随便悬挂在固定支架上。（　）
A. 正确　　　　　　　　　　　　B. 错误

71. 生产经营单位是事故隐患排查、治理和防控的责任主体。（　）
A. 正确　　　　　　　　　　　　B. 错误

72. 对于重大事故隐患,可以由安全管理人员组织制订并实施事故隐患治理方案。（　）
A. 正确　　　　　　　　　　　　B. 错误

73. 造成一次9人死亡,直接经济损失500万元以上1000万元以下的事故属于较大事故。（　）
A. 正确　　　　　　　　　　　　B. 错误

74. 安全检查中发现的重大隐患,不能立即解决的,可以不下达停工令。（　）
A. 正确　　　　　　　　　　　　B. 错误

75. 安全检查是对现场情况和人员的检查,不包括规章制度的检查。（　）
A. 正确　　　　　　　　　　　　B. 错误

76. 以专业技术人员为主,根据各专业特点进行的安全检查属于综合性安全检查。（　）
A. 正确　　　　　　　　　　　　B. 错误

77. 事故应急管理过程为:预防—准备—响应—恢复。（　）
A. 正确　　　　　　　　　　　　B. 错误

78. 应急预案的演练主要有桌面演练、功能演练和全面演练三种方式。（　）

A. 正确 B. 错误

79. 应急管理应充分体现"预防为主,常备不懈"的应急思想。(   )
    A. 正确 B. 错误

80. 应急救援活动一般划分为应急准备、扩大应急和应急恢复三个阶段。(   )
    A. 正确 B. 错误

81. 列为应急保障系统第一位的是信息系统。(   )
    A. 正确 B. 错误

82. 应急演练每年至少组织一次。(   )
    A. 正确 B. 错误

83. 分包单位安全生产考评工作实行定期评价和动态评价相结合的方式。(   )
    A. 正确 B. 错误

84. 分包单位阶段性评价包括投标行为评价和履约行为评价。(   )
    A. 正确 B. 错误

85. 只要分包队伍安全生产许可证有效,其安全管理人员无证件时也可以通过审查。(   )
    A. 正确 B. 错误

86. 事故发生后,单位负责人接到报告后,应当于1小时内向事故发生地县级以上人民政府安全生产监督管理部门和负有安全生产监督管理职责的有关部门报告。(   )
    A. 正确 B. 错误

87. 一般事故是指造成3人死亡,或者10人重伤,或者1000万元直接经济损失的事故。(   )
    A. 正确 B. 错误

88. 经验分析法中的直观判断是对照有关法律法规和标准等进行分析的方法。(   )
    A. 正确 B. 错误

89. 危险危害因素分析、分类及管理措施可以由安全管理人员和施工人员讨论确定。(   )
    A. 正确 B. 错误

90. 通过对危险源的分析、分类后采取相应的控制措施是控制事故的关键。(   )
    A. 正确 B. 错误

91. 安全技术交底可以在开工前,也可以在开工后进行。(   )
    A. 正确 B. 错误

92. 安全技术交底是安全员对现场施工人员进行的一项工作。(   )
    A. 正确 B. 错误

93. 项目经理部必须实行逐级安全技术交底制度,纵向延伸到班组全体作业人员。(   )
    A. 正确 B. 错误

94. 安全技术交底签字可以不进行书面签字。(   )

A. 正确　　　　　　　　　　　　B. 错误

95. 技术交底的内容应针对分部分项工程施工中给作业人员带来的潜在隐含危险因素和存在的问题。（　　）

A. 正确　　　　　　　　　　　　B. 错误

96. 安全技术交底应优先交底采用的新的安全技术方法和技术措施。（　　）

A. 正确　　　　　　　　　　　　B. 错误

97. 专项施工方案编制之后由施工技术负责人签字即可实施。（　　）

A. 正确　　　　　　　　　　　　B. 错误

98. 专项施工方案需要经过安全部门人员的审核。（　　）

A. 正确　　　　　　　　　　　　B. 错误

99. 施工单位必须严格执行专项施工方案,如果需要变更,可擅自修改,无需进行审批。（　　）

A. 正确　　　　　　　　　　　　B. 错误

100. 施工单位认为没有必要邀请专家论证的施工方案可以不进行专家论证。（　　）

A. 正确　　　　　　　　　　　　B. 错误

101. 如因设计、结构等因素发生变化,需要修订专项施工方案,修订后不需要进行审批。（　　）

A. 正确　　　　　　　　　　　　B. 错误

102. 特种设备安装完成后,安装单位出具有关安装合格报告后即可投入使用。（　　）

A. 正确　　　　　　　　　　　　B. 错误

103. 公路水运建设工程起重机械作业人员不属于特种作业操作人员,无需取得操作资格证。（　　）

A. 正确　　　　　　　　　　　　B. 错误

104. 特种设备的日常维护和保养由设备使用单位负责。（　　）

A. 正确　　　　　　　　　　　　B. 错误

105. 特种设备使用单位可以自行对设备进行安装和调试。（　　）

A. 正确　　　　　　　　　　　　B. 错误

106. 未佩戴安全防护用品,在确保本人安全的前提下可以进入施工现场。（　　）

A. 正确　　　　　　　　　　　　B. 错误

107. 企业不得使用无安全标志的劳动防护用品。（　　）

A. 正确　　　　　　　　　　　　B. 错误

108. 安全网内如果存留建筑垃圾,可以在工程结束后进行清理。（　　）

A. 正确　　　　　　　　　　　　B. 错误

109. 危险源辨识大致分为三类,施工现场的危险源主要是通过经验分析方法来辨识。（　　）

A. 正确　　　　　　　　　　　　B. 错误

(四)案例题

1. 背景资料:某航道整治工程项目部,租赁某航运公司1艘交通船,用于接送民工上下班。2014年3月16日,该交通船在靠泊作业中,水手张某在船尾带缆时,不慎跌入江中溺亡。事后调查发现,水手张某为新入职职工,未进行岗前安全教育,作业时未穿救生衣,该船船尾护栏缺失。

(1)在带缆作业中,水手张某跌入江中是该事故的直接原因。(　　)
　　A. 正确　　　　　　　　　　　　B. 错误

(2)项目部安全管理不到位,未对新入职的张某进行岗前培训,对船尾护栏缺失没有及时采取相应安全措施,且继续使用存在安全隐患的船舶,是造成此次事故的间接原因。(　　)
　　A. 正确　　　　　　　　　　　　B. 错误

(3)船舶进场前,项目部应对(　　)内容进行检查。
　　A. 船舶证书、船员健康证　　　　B. 船舶证书、船员资格证书
　　C. 船员学历证书、船舶安全状况　　D. 船员资格证书、船员健康证

(4)航道整治工程项目部租赁的交通船应按要求配置消防、救生、通信设施,所有的救生器材应以(　　)进行标识。
　　A. 红色　　　B. 橙黄色　　　C. 蓝色　　　D. 白色

2. 背景资料:××年××月××日,××打桩船进行沉桩作业,桩工班长王某站在升降机吊笼下方指挥作业。吊桩定位后,在稳桩过程中做解扣准备时,桩工张某所乘坐的升降机吊笼升至约30m高度时,升降机上下滑轮卡死在滑槽内,王某指挥操作手刘某通过松放卷筒钢丝绳排除故障,因未及时停机,造成钢丝绳松放过长,吊笼失去向上的拉力,晃动后瞬间自动坠落,吊笼保险杆受重力冲击折断,吊笼砸在王某身上,致使其右小腿、右盆骨、胸部多处不同程度受伤。事故发生后,现场人员立即抢救伤员,同时通知"120"救护车赶到现场,将伤者送往医院抢救,但由于伤势过重,王某经抢救无效死亡。张某随升降机吊笼一起坠落,左脚趾骨折。

(1)桩工张某乘坐升降机吊笼升高进行高处作业为特种作业,必须经体检,培训考试合格,取得特种作业操作资格证书后,方可上岗作业。(　　)
　　A. 正确　　　　　　　　　　　　B. 错误

(2)桩工班长王某思想麻痹,站位不对,违章指挥,操作手刘某不得违反班长的指挥。(　　)
　　A. 正确　　　　　　　　　　　　B. 错误

(3)该事故的直接原因是(　　)。
　　A. 操作手刘某松放卷筒钢丝绳过长,吊笼失去向上的拉力瞬间坠落,强大冲击力折断吊笼保险杆,致吊笼自由下落
　　B. 打桩船设备管理人员作业前未对设备进行检查,升降机设备存在故障
　　C. 桩工班长王某经验不足,未及时躲避下落的吊笼
　　D. 桩工班长王某站位不对,在吊笼下方指挥作业

(4)以下说法错误的是(　　)。

A. 人员严禁在升降机下方作业和逗留

B. 项目部应加强升降机操作工人的安全教育,严格落实升降机操作规程

C. 打桩船应加强升降机设备日常检查、维修和保养,发现隐患应及时整改

D. 升降机属打桩船上的设备,船舶设备部门负检查责任,项目部安全员不得检查该设备

3.背景资料:某工地施工中,桩锤掉落于水深32m的管桩内。某潜水大队接到求助电话后,立刻组织四名潜水员组成潜水作业队,携带重潜装备赴工地抢险。在现场,潜水作业队简单了解情况后,安排潜水员徐某进行潜水作业。徐某下潜至25m处时,因管桩内浮力太大不能继续下潜,遂通知出水,增加配重后再次下潜,系固桩锤后短时间内出水。后在起吊桩锤的过程中,起吊钢缆又断裂,桩锤重新落入32m处。徐某再次着装入水,经近15min的潜水作业,潜水监督张某估算,让徐某水下减压10min后出水。次日上午徐某身体不适,全身红肿,中午昏迷不醒,后送××大学高压氧部进行抢救,挽救了生命,但四肢瘫痪。

(1)潜水作业过程中,水深大于24m或减压时间超过20min,在水下不能安全减压时,潜水现场应备有可使用的减压舱。(　　)

  A. 正确　　　　　　　　　　　　B. 错误

(2)须执行减压程序的潜水作业,潜水员可自由选择减压方案。(　　)

  A. 正确　　　　　　　　　　　　B. 错误

(3)潜水从业单位应根据不同的潜水装具和潜水作业内容,组成潜水作业队。重潜作业时,潜水队组成不得少于(　　)。

  A. 3人　　　　B. 5人　　　　C. 6人　　　　D. 8人

(4)(　　)内再次潜水,称为反复潜水。

  A. 3h　　　　B. 6h　　　　C. 12h　　　　D. 24h

4.背景资料:2012年1月8日20时许,江面风大流急,某航道治理工程一碇泊式挖泥船正紧张施工。在进行调整船舶钢丝绳时,一名水手被钢丝绳反弹击中,落水失踪。事后经调查,该水手未穿救生衣,在调整钢丝绳作业时站位不对,违反甲板操作规程。

(1)该水手在作业中被钢丝绳反弹击中落水是造成此次事故的直接原因。(　　)

  A. 正确　　　　　　　　　　　　B. 错误

(2)该水手安全意识差,甲板作业经验不足,站位不对是此事故的间接原因。(　　)

  A. 正确　　　　　　　　　　　　B. 错误

(3)以下不符合水上作业安全管理要求的是(　　)。

  A. 临水作业人员必须穿好救生衣　　B. 禁止单人独自进行临水作业

  C. 临水区域不得设置栏杆,以免妨碍作业　D. 夜间临水作业要保持足够的照明

(4)以下措施中,不符合船舶安全管理规定的是(　　)。

  A. 临水作业前,作业人员应对使用的救生衣等防护设备进行检查

  B. 并靠船舶通道,应铺设符合安全要求的跳板,并张挂安全网

  C. 不得站立和骑坐舷墙及临水栏杆

  D. 临水作业人员可穿带钉硬底鞋或拖鞋

5.背景资料:某工程公司承建某内河框架式码头,2013年7月16日21:30许,该工程项目部在进行第三层框架(离水面10m)模板施工作业时,一名施工人员不慎跌落水中,溺亡。事后调查发现,项目部为赶工期,未搭设第三层框架模板施工安全防护网,现场未安排监护人员,该施工人员未穿救生衣,也未系安全带。

(1)本次事故的直接原因是该作业人员进行模板施工作业时,不慎跌落水中。(　　)
　　A.正确　　　　　　　　　　B.错误
(2)该码头框架模板施工作业不需要编制专项施工方案。(　　)
　　A.正确　　　　　　　　　　B.错误
(3)高空作业必须系好安全带,安全带的使用原则是(　　)。
　　A.高挂低用　　　　　　　　B.低挂高用
　　C.随意使用　　　　　　　　D.以使用者舒服为原则
(4)该施工作业中,安全防护措施错误的是(　　)。
　　A.作业面下方应搭设符合安全要求的防护网
　　B.施工现场不需配置现场安全员进行现场监护
　　C.施工人员应穿好救生衣,系好安全带
　　D.施工现场应保持足够的照明

6.背景资料:某项目在隧道施工中,为赶进度连夜加班,通风系统的巷道未打通,瓦斯监控系统的传感器损坏,没有信号。某日,由于地面冲击,某工人在未断电的情况下检修照明保护装置,发生瓦斯爆炸。经查,发生事故时,值班负责人未在岗,工人未佩带自救器和瓦斯检测仪。事故造成3人死亡。

(1)该工人未按操作规程要求进行检修。(　　)
　　A.正确　　　　　　　　　　B.错误
(2)瓦斯浓度超标,未进行检测。(　　)
　　A.正确　　　　　　　　　　B.错误
(3)发生瓦斯爆炸的直接原因是(　　)。
　　A.加班人员没打开通风系统
　　B.瓦斯浓度超标,在未断电的情况下检修照明保护装置
　　C.工人没使用瓦斯检测仪进行检测
　　D.值班人员没有按规定巡检
(4)按事故等级划分,该事故属于(　　)。
　　A.重大事故　　B.一般事故　　C.较大事故　　D.特别重大事故

7.背景资料:某集团公司项目部在海上施工中,因需大量碎石方,找石场负责人签订了供碎石合同,其中合同条款规定运送碎石的船舶、车辆由石场负责,项目部只管现场收料,按量付款。在抢工期间,因需大量碎石方,石场负责人又临时增加了部分船舶,其中有的船况较差。某日,夜间雾大,新增加船舶在进施工现场航道时,因船舶照明设备故障,船长亲自操舵前进,不慎与过往船舶相撞,导致船舱进水沉没,人员落水被救,造成直接经济损失580万元。

(1)船舶相撞和船舱进水沉没是事故的直接原因。(　　)

A. 正确 　　　　　　　　　　　B. 错误

(2)项目部可以不同石场负责人签订安全生产协议,明确双方的安全责任和义务。(　　)

   A. 正确 　　　　　　　　　　　B. 错误

(3)上述事故的发生,(　　)是直接责任者。

   A. 船长　　　　B. 项目负责人　　　C. 石场负责人　　　D. 瞭望人员

(4)按事故等级划分,该属于(　　)。

   A. 重大事故　　B. 一般事故　　　　C. 较大事故　　　　D. 特别重大事故

8. 背景资料:某项目部沉箱预制在抢工期间,组织劳务队伍昼夜施工,因现场施工人员不足,有些人员每天都要加班。某日,劳务负责人安排王某在沉箱顶部绑扎钢筋时,王某不慎踩空,从作业平台防护栏缺口处坠落地面,经送医院诊断造成多处骨折。

(1)劳务队伍负责人应负事故的主要领导责任。(　　)

   A. 正确 　　　　　　　　　　　B. 错误

(2)施工人员安全意识薄弱,自我保护能力差是事故的间接原因。(　　)

   A. 正确 　　　　　　　　　　　B. 错误

(3)事故的直接原因是(　　)。

   A. 高空作业未系安全带　　　　　B. 作业平台防护栏有缺口,不慎踩空坠落

   C. 昼夜施工,疲劳作业　　　　　D. 安全意识薄弱

(4)项目部现场施工负责人应负事故的责任是(　　)。

   A. 直接责任　　B. 管理责任　　　　C. 领导责任　　　　D. 监管责任

9. 背景资料:某年某月某日,A 公司租用 B 公司的铺排船进行铺排作业,并由 A 公司王某负责现场指挥作业。某日船首吊机吊运混凝土块时吊机臂突然发生下落,混凝土块砸中在甲板上等待作业的一名民工。由于伤势过重,该民工抢救无效死亡。经调查发现:吊机变幅机构拉杆滑轮组主轴变形,起吊负重时轴两端受力不均匀,左侧变幅机构拉杆脱落,右侧拉杆无法单独承受负荷断裂,致使整个吊机吊臂失控下落。船舶和项目部安全员事发前已发现吊机拉杆滑轮组主轴变形,船上无法解决,已报给 B 公司,但 B 公司一直没有解决。

(1)项目部租用船舶时,除了核实船舶的法定证书是否齐全有效和船员是否适任外,还应核查船舶的设备状况。(　　)

   A. 正确 　　　　　　　　　　　B. 错误

(2)该事故是 B 公司的设备在作业过程中发生的,A 公司不应承担责任。(　　)

   A. 正确 　　　　　　　　　　　B. 错误

(3)该事故的直接原因是(　　)。

   A. 该民工经验不足,未及时躲避下落的混凝土块

   B. 铺排船设备管理人员作业前,未对吊机设备进行检查

   C. 吊机设备存在严重安全隐患,作业中吊臂突然下落

   D. B 公司安全意识淡薄,对吊机设备缺陷未及时解决

(4)针对该事故,说法错误的是(　　)。

A.起吊作业时,严禁在吊臂回转半径下方作业和逗留

B.项目部应加强民工的安全教育,严格落实起吊作业安全防护规程

C.铺排船应加强起重设备日常检查维修与保养,发现隐患应及时整改

D.发现吊机设备存在缺陷时,由于抢进度,可以适当带病工作

10.背景资料:在某项港口码头泊位维修改造工程施工作业中,该项工程造价12500万元,施工现场为多工种人机混合作业,该项目部配备了3名专职安全生产管理人员对施工现场进行监督检查,确保施工安全。请依据《安全生产法》和《公路水运工程安全生产监督管理办法》等回答下列问题。

(1)施工现场应加强机械设备安全检查,作业人员必须严格遵守操作规程。(　　)

  A.正确　　　　　　　　　　　B.错误

(2)现场使用一台额定起重量为100t的起重设备,作业前现场安全员应会同相关技术人员对被吊物的总量达到额定起重量80%的进行试吊。(　　)

  A.正确　　　　　　　　　　　B.错误

(3)关于项目专职安全管理人员职责,说法正确的是(　　)。

  A.组织对施工现场事故易发、多发部位及环节进行监控

  B.保证项目安全生产资金投入

  C.现场监督危险性较大工程专项施工方案的实施情况

  D.及时、如实向行政主管部门报告生产安全事故

(4)安全生产教育与培训制度的主要内容包括(　　)。

  A.安全意识、安全知识、安全技能教育

  B.安全法规、安全意识、劳动纪律教育

  C.安全思想教育、安全技能教育、安全防护基本知识

  D.安全法规、安全知识、安全技能教育

11.背景资料:某公司项目部在北方某港口码头胸墙模板工程(搭设高度8.5m)施工中,该公司项目部租用的一艘施工船舶出现故障。怕影响工期,项目经理要求该船舶利用模板搭设间歇期在该码头上系缆进行舱室焊接维修作业,该项目经理还在该船舶另外的一个舱室中对该项工程模板施工方案进行审核签字。请依据《水运工程施工安全防护技术规范》要求,根据案例场景回答下列问题。

(1)施工船舶不得在未建成的码头、墩台或其他构筑物上系挂缆绳。(　　)

  A.正确　　　　　　　　　　　B.错误

(2)作业时,必须将氧气瓶或电焊机放置在封闭处所外。(　　)

  A.正确　　　　　　　　　　　B.错误

(3)模板搭设前,需要对现场施工人员进行安全技术交底的是(　　)。

  A.现场专职安全员　　　　　　B.项目工程技术负责人或方案编制人员

  C.项目经理　　　　　　　　　D.该企业技术负责人

(4)下列关于模板工程施工安全技术防护,说法不正确的是(　　)。

  A.施工方案由企业相关技术负责人编制,并报上一级技术部门审批合格

B. 模板工程作业面高度在 1.5m 及以上,要依据高处作业安全技术规定进行操作和防护

C. 水上作业支拆模板过程中,操作人员必须穿好救生衣,临边和洞口必须设置安全防护措施

D. 在拆除钢模板时,禁止拆模人员在垂直作业面上作业,防止发生人员坠落和物体打击

12. 背景资料:某港口施工企业承担某港口疏浚和吹填工程,该项工程使用的各类施工船舶和人机混合作业是该项工程的安全防护重点。请根据案例背景回答下列问题。

(1) 该项工程施工现场生产安全事故应急预案应由项目经理组织制订。(　　)
　　A. 正确　　　　　　　　　　　　B. 错误

(2) 施工中航速应控制在 2.5 节左右;卸泥时应微速或停车,风浪较大时应顶浪或顺浪,避免横浪作业。(　　)
　　A. 正确　　　　　　　　　　　　B. 错误

(3) 以下吹填区围堰施工作业安全防护,错误的做法是(　　)。
　　A. 吹填区域设置指示标志,指引外来人员进入吹填区
　　B. 排泥管线对接时,操作人员应站在固定管线的一侧
　　C. 管线人员在调节溢水水门高度或开关水门阀时,应至少两人同行并穿好救生衣
　　D. 排泥管口要设置危险警示标志,禁止人员在排泥口处逗留

(4) 以下泥驳施工作业安全防护,错误的是(　　)。
　　A. 泥驳航行时,驾驶人员应保持瞭望,通信畅通,安全避让
　　B. 靠近挖泥船时,提前通知挖泥船收回舷外突出物或松放锚链
　　C. 泥驳卸泥时,降低航速,可以在横浪或转向航行过程中卸泥
　　D. 装舱作业时,要注意船舶吃水变化,适当调整系缆长度

13. 背景资料:某项目在路基施工中,现场收料员李某(系项目劳务分包队伍人员)正在验收运输车运来的山坡土,由于工作不熟练,加之运输车连续不断经过,所以当他刚验收完一车土后,一边记录一边指挥下一辆车将土拉到指定不同地点时,刚卸完土的东风车辆驾驶员王某在现场空旷、视野良好的情况下,未进行观察就急速倒车撞到收料员李某,车后轮从李某的下腹部压过,李某在送往医院途中死亡。

(1) 收料员李某缺乏现场指挥经验,站立位置不当是事故原因之一。(　　)
　　A. 正确　　　　　　　　　　　　B. 错误

(2) 东风车辆驾驶员王某,不观察车后情况就急速倒车,属于违章作业。(　　)
　　A. 正确　　　　　　　　　　　　B. 错误

(3) 新入场人员的安全教育属于(　　)。
　　A. 岗前安全教育　　　　　　　　B. 日常安全教育
　　C. 复工安全教育　　　　　　　　D. 事故安全教育

(4) 项目部安全技术交底应有(　　)人员参加。
　　A. 外来参观人员　　　　　　　　B. 现场收料人员

C. 门卫人员　　　　　　　　　　D. 伙房人员

14. 背景资料:某项目在港口工程施工中,分包队伍的泥浆泵出现故障,钻机停钻。钻机队技术负责人张某带领他人修好后已过开饭时间,急于回驻地吃晚饭,因此忘了把传动轴防护罩安装上,就安排李某留在工地看守钻机运行,李某不慎被钻机咬住工作服带进绞死。饭后上夜班人员来到工地,发现李某被钻机传动轴绞死,立即关掉电源,并喊人将李某的尸体抬到一旁。经鉴定李某的双腿被绞断,左臂折断,已当场死亡。

(1)钻机队技术负责人及维修钻机人员维修时不认真,忘了安装传动轴防护罩是发生事故的原因之一。

　　A. 正确　　　　　　　　　　B. 错误

(2)钻机作业时,传动轴无防护罩,李某不慎被钻机咬住工作服带进绞死,是事故发生的直接原因。(　　)

　　A. 正确　　　　　　　　　　B. 错误

(3)钻机队技术负责人张某应负事故的(　　)。

　　A. 领导责任　　B. 直接责任　　C. 间接责任　　D. 管理责任

(4)上述事故的发生,按规定由(　　)负责上报当地安全监督管理部门。

　　A. 分包队伍负责人　　　　　　B. 项目部负责人
　　C. 安全管理人员　　　　　　　D. 现场值班人员

15. 背景资料:某大型工程施工企业招募100名工程施工人员,并与其从业人员订立在本企业施工作业期间发生生产安全事故由从业人员本人负责而与企业无关的"协议"。在承建某港口码头施工作业中,由于模板坍塌,造成1名工人当场坠落死亡,11人重伤的事故,事故发生后该企业负责人没有立即组织抢救伤员,而是继续组织作业人员施工,最后被公安机关采取强制控制措施。

(1)该企业与从业人员签署的用工协议无效。(　　)

　　A. 正确　　　　　　　　　　B. 错误

(2)该企业所发生的生产安全事故为一般事故。(　　)

　　A. 正确　　　　　　　　　　B. 错误

(3)该企业负责人对本企业发生的生产安全事故没有立即组织抢救的做法,将受到的处罚是(　　)。

　　A. 对主要负责人处上一年年收入60%~70%的罚款
　　B. 对主要负责人处上一年年收入60%~80%的罚款
　　C. 对主要负责人处上一年年收入60%~90%的罚款
　　D. 对主要负责人处上一年年收入60%~100%的罚款

(4)事故发生单位主要负责人受到刑事处罚或者撤销处分的,自刑罚执行完毕或者受处分之日起,(　　)年内不得担任任何生产经营单位的主要负责人。

　　A. 2年　　　　B. 3年　　　　C. 4年　　　　D. 5年

16. 背景资料:某施工企业在进行港口仓库施工期间,作业人员在库房顶层进行电气焊切割作业时,由于焊渣喷溅点燃下层可燃物而导致发生火灾,没有人员伤亡,但造成直接经济损失5700多万元。当地政府成立安全生产调查组进行调查,发现该施工企业未能提供安全生产责任制和生产安全事故应急救援预案,并没有及时采取有效措施组织抢救。事故调查期间该施工企业负责人未经生产安全事故调查领导小组负责人同意擅离职守,去异地出差。

(1)依据《安全生产法》规定,该企业未建立本企业安全生产责任制和组织制定生产安全事故应急救援预案,导致发生生产安全事故,给予撤职处分;构成犯罪的,依照刑法有关规定追究刑事责任。( )

  A. 正确   B. 错误

(2)该施工企业负责人在事故调查期间以出差为名,拒不配合事故调查处理工作,发生逃匿行为,应处15日以下拘留。( )

  A. 正确   B. 错误

(3)依据《安全生产法》,该事故应定性为( )。

  A. 一般事故   B. 较大事故   C. 重大事故   D. 特别重大事故

(4)依照《安全生产法》规定,发生火灾时,企业负责人没有及时采取有效措施组织抢救,造成财产损失严重,该负责人将受到( )。

  A. 给予降级、撤职的处分,并由安全生产监督管理部门处上一年年收入60%~100%的罚款

  B. 对负责人处2万元以上20万元以下的罚款

  C. 构成犯罪的将追究刑事责任,尚不够刑事处罚的,对负责人给予降职处分

  D. 对负责人处上一年年收入30%的罚款

17.背景资料:某大型建筑施工企业依法承揽到一项工程造价为2亿元的码头配套工程施工任务。请根据《安全生产法》《建设工程安全生产管理条例》和《公路水运工程安全生产监督管理办法》等法律法规回答下列问题。

(1)按照《建设工程安全生产管理条例》的要求,项目经理的安全职责为:在工程施工中要落实安全生产责任制制度、安全生产规章制度和操作规程,确保本项目安全费用的有效使用。( )

  A. 正确   B. 错误

(2)依据《建设工程安全生产管理条例》第二十三条规定:施工单位应当设立安全生产管理机构,配备专职安全生产管理人员。安全管理机构是负责安全生产管理工作的独立部门。( )

  A. 正确   B. 错误

(3)依据《公路水运工程安全生产监督管理办法》中施工单位的安全责任规定,该项工程项目经理在设立安全生产管理机构的同时,每周应召开( )工作例会。

  A. 质量   B. 安全   C. 进度   D. 合同

(4)依据《安全生产法》规定,两个以上生产经营单位在同一作业区域内进行生产经营活动,可能危及对方生产安全时,以下说法正确的是( )。

  A. 可以签订安全生产管理协议,相互约束

  B. 各自设置兼职安全生产管理人员进行协调

C. 应当签订安全生产管理协议,明确各自的安全生产管理职责和应当采取的安全措施,并指定专职安全生产管理人员进行安全检查与协调

D. 设置一名专职安全管理人员进行安全检查

18. 背景资料:某沉箱预制场在拆除沉箱预制模板作业中,现场项目经理派没有电焊工作业资格证书的3名电焊工进行切割拆除作业,导致模板坍塌,造成正在作业的其他员工10人当场死亡,另有5人受伤。请依据《安全生产法》《生产安全事故报告和调查处理条例》和《公路水运工程安全生产监督管理办法》等法律法规回答下列问题。

(1)依据生产安全事故等级划分标准,该沉箱预制场事故为较大安全事故。( )
    A. 正确   B. 错误

(2)安全生产监督管理部门将对该责任单位处100万元以上500万元以下的罚款。( )
    A. 正确   B. 错误

(3)该事故属于( )。
    A. 特别重大事故   B. 重大事故   C. 较大事故   D. 一般事故

(4)依据《公路水运工程安全生产监督管理办法》,以下项目负责人的安全生产职责正确的是( )。
    A. 组织工程项目的危险源识别和安全风险评价工作
    B. 保证本企业安全生产投入的有效实施
    C. 组织制订并实施本企业的生产安全事故应急救援预案并组织演练
    D. 现场监督危险性较大工程专项施工方案实施情况

19. 背景资料:某工程公司承接了一项深基坑施工工程,基坑深15m。请回答以下问题。

(1)该项基坑施工工程应编制基坑开挖及支护专项施工方案,但无需组织专家论证。( )
    A. 正确   B. 错误

(2)基坑每层开挖均应在完成本层降水且稳定后进行。( )
    A. 正确   B. 错误

(3)深基坑开挖过程中,不得采用掏脚方式挖土,应自上而下,遵循分层、分段、适时的原则,严禁超挖;其中软土基坑分层高度不宜大于( )。
    A. 1m   B. 1.5m   C. 2m   D. 2.5m

(4)若采用机械开挖土方时,一般应在基坑底预留( )厚的土层。
    A. 100mm   B. 100~150mm   C. 150~300mm   D. 300~350mm

20. 背景资料:2008年9月某码头工地在进行混凝土灌注桩作业过程中,使用一条由两个钢丝绳夹交错(其中一个绳夹已有裂纹)连接的钢丝绳起吊料斗,且两边没有采取防止滑动措施。由于钢丝绳夹突然断裂,料斗掉落下来,作业人员见状立即躲开,所幸未造成人员伤亡。

(1)由于该项施工作业内容比较简单,在施工前可以不对作业人员进行安全技术交底。( )
    A. 正确   B. 错误

(2)钢丝绳夹使用时,在钢丝绳上排列的方式应统一,U形螺栓应扣在钢丝绳的工作端。(   )

  A. 正确   B. 错误

(3)按规范要求,钢丝绳连接方式采用钢丝绳夹时,应根据钢丝绳直径选择钢丝绳夹的数量和规格,起码不得少于(   )个。

  A. 2   B. 3   C. 4   D. 5

(4)吊装灌注作业前,应对钢丝绳及所有的夹座进行检查,有裂纹的夹座必须(   )。

  A. 维修   B. 保养   C. 修复   D. 报废

21. 背景资料:为了更好地对施工生产进行系统安全管理,某码头施工项目部经理组织了副经理、总工、安全员、技术员等人员对施工生产活动进行危险源辨识和评价,讨论过程中,部分人员对危险源的分类不是很清楚。根据危险源在事故中发生、发展中的作用,将危险源分为第一类和第二类危险源。在生产现场中产生能量的能量源或拥有能量的能量载体属于第一类危险源;导致约束、限制能量的措施(屏蔽)失效或破坏的各种不安全因素称为第二类危险源。

(1)带电的导体属于第一类危险源。(   )

  A. 正确   B. 错误

(2)带电电线绝缘损坏属于第二类危险源。(   )

  A. 正确   B. 错误

(3)以下关于危险源的说法,错误的是(   )。

  A. 第一类危险源的存在是事故发生的前提

  B. 第一类危险源决定事故后果的严重程度

  C. 第一类危险源也决定事故发生的可能性的大小

  D. 第二类危险源是第一类危险源导致事故的必要条件

(4)从系统安全的观点而言,导致约束、限制能量的措施(屏蔽)失效或破坏的各种不安全因素包括(   )方面的问题。

  A. 人   B. 物   C. 环境   D. 以上三者

22. 背景资料:某沿海港口施工船舶,在台风季节施工期间,收到台风警报后,将船舶拖至指定的地点避风。因预报台风中心距离船舶避风锚地较远,船员放松了警惕,未按规定抛出足够的锚链,夜间突然遇到强风,船舶发生走锚,导致船舶搁浅。

(1)风浪的成长与大小,只取决于风力。(   )

  A. 正确   B. 错误

(2)热带气旋位置移动路径受各种天气系统和其他因素的影响,目前还无法达到像观测其位置那样精确。(   )

  A. 正确   B. 错误

(3)热带气旋按中心附近地面最大风速划分为6个等级,其中台风是指(   )级风力的热带气旋。

  A. 8~9   B. 10~11   C. 12~13   D. 14~15

(4)在台风严重威胁中,防台指挥系统必须实施(   )专人值班制度,并按时收听气象预报和查阅有关台风信息,跟踪掌握热带气旋动向。

  A.4h   B.8h   C.12h   D.24h

23.背景资料:某公司中标了深圳盐田港某码头项目,工期两年,项目部组织编写了应急预案。请回答以下问题。

(1)深圳属于台风影响区域,项目部应编写防台应急预案。(　　)

  A.正确   B.错误

(2)预案的编写格式应参考《生产经营单位生产安全事故应急预案编制导则》(GB/T 29639—2013)。(　　)

  A.正确   B.错误

(3)项目部应开展应急预案演练,检验预案是否安全、可行、合理、实用,其中(　　)演练是指针对事故情景,利用图纸、沙盘、流程图、计算机、视频等辅助手段,依据应急预案而进行交互式讨论或模拟应急状态下应急行动的演练活动。

  A.桌面   B.单项   C.现场   D.综合

(4)在预案动态管理过程中发现如(　　)等的情况,应当及时对预案进行修订,并及时通知相关人员。

  A.危险设施和危险物质发生变化   B.组织机构或人员发生变化

  C.救援技术改进   D.以上三项

24.背景资料:某航务工程公司在某海域进行码头施工,该码头结构形式是重力式码头,水深较深,该工程在水下进行地基处理,形成基床,采用大型沉箱作为码头的墙身。

(1)重力式码头的结构形式有混凝土方块及钢筋混凝土沉箱、扶壁和大直径圆筒等。(　　)

  A.正确   B.错误

(2)重力式码头依靠其自身重力维持稳定,故自重大,适用于具有较高承载能力的地基。(　　)

  A.正确   B.错误

(3)关于重力式码头特点的说法,错误的是(　　)。

  A.岸壁由混凝土构件构成,坚固耐久,维修少

  B.适用于岩石、砂质和坚硬黏土地基

  C.在砂石料易于取得的地区造价较便宜

  D.抛石基床需分层整平、夯实,预制构件吊放及潜水作业工作量较小

(4)根据自然条件和施工条件的不同,此重力式码头结构建造方法是(　　)施工法。

  A.干地   B.挡水   C.水上   D.预制

25.背景资料:某建设工程有限公司是某建设集团下一子公司,有独立法人资格,在A省B市注册,属于建筑施工行业,该建设集团已取得建筑施工安全生产许可证。

(1)因该建设集团已取得安全生产许可证,该建设工程有限公司可以不领取安全生产许可证。(　　)

  A.正确   B.错误

(2)企业取得安全生产许可证后,不得降低安全生产条件,并应当加强日常安全生产管理,接受安全生产许可证颁发管理机关的监督检查。(　　)

　　A.正确　　　　　　　　　　　　B.错误

(3)若该建设工程有限公司要领取安全生产许可证,则应向(　　)申请领取安全生产许可证。

　　A.国务院　　　　　　　　　　　B.国务院建设行政主管部门

　　C.A省建设行政主管部门　　　　D.B市建设行政主管部门

(4)企业应在企业法定代表人变更后(　　)日内,到原安全生产许可证颁发管理机关办理安全生产许可证变更手续。

　　A.30　　　　　B.20　　　　　C.15　　　　　D.10

26.背景资料:某建设工程有限公司是一家建筑施工企业,每年七月份都会招收一批大中专毕业生加入公司,新员工一般包括安全员、施工技术员、机电管理人员、合约管理人员、财务人员等。

(1)该公司应为新加入的职工购买工伤保险。(　　)

　　A.正确　　　　　　　　　　　　B.错误

(2)该公司为每位新职工发放300元人民币用以替代劳动防护用品的发放。(　　)

　　A.正确　　　　　　　　　　　　B.错误

(3)该公司应该在新职工上岗前对其进行安全教育和培训,其中(　　)应经政府主管部门三类人员安全生产考核合格后方可上岗。

　　A.安全员　　　B.施工技术员　　C.机电管理人员　　D.合约管理人员

(4)该公司与新职工订立劳动合同(含聘用合同)时,应当将工作过程中可能产生的(　　)和待遇等如实告知劳动者,并在劳动合同中写明。

　　A.职业病危害　　　　　　　　　B.职业病产生后果

　　C.职业病防护措施　　　　　　　D.以上三项

27.背景资料:某工程公司在中国某海域承建一港口工程,工程合同额为1.6亿元人民币,成立了工程项目部。请回答以下问题。

(1)该项目部要建立由项目经理任组长,主管生产、安全副经理任副组长,各职能部门负责人和所属工区主任或工班长任组员的安全生产领导小组。(　　)

　　A.正确　　　　　　　　　　　　B.错误

(2)该项目部项目经理应持水运B类安全生产考核合格证上岗。(　　)

　　A.正确　　　　　　　　　　　　B.错误

(3)项目经理每月现场带班时间应(　　)。

　　A.≥本月工作日的25%　　　　　B.<本月工作日的25%

　　C.≥本月施工时间的80%　　　　D.<本月施工时间的80%

(4)该类工程安全费用提取比例为(　　)。

　　A.1%　　　　　B.1.5%　　　　C.2%　　　　　D.2.5%

28.背度资料:某快速路浇筑护栏混凝土时,使用泵车浇筑护栏混凝土。浇筑过程中,泵车仅配备1人操作,且支腿未使用枕木,左前支腿突然陷入地面而使泵车倾斜,泵臂随之大幅摆动并将桥面一段护身栏杆及一名正进行浇筑作业的工人击中,导致该作业人员直接坠落桥下死亡。

(1)造成这一事故的主要原因之一是泵车司机违章操作,未在泵车支腿下方垫置枕木。(　　)

　　A.正确　　　　　　　　　　　　B.错误

(2)造成这一事故的主要原因之一是作业人员进入泵臂下的危险区域。(　　)

　　A.正确　　　　　　　　　　　　B.错误

(3)这起事故的直接原因是(　　)。

　　A.使用泵车浇筑护栏混凝土

　　B.泵车仅配备1人操作

　　C.泵车左前支腿突然陷入地面而使泵车倾斜,泵臂随之大幅摆动

　　D.泵送作业前对现场检查不足

(4)下列不是事故发生的主要原因的是(　　)。

　　A.使用泵车浇筑护栏混凝土

　　B.混凝土供应方泵车操作人员配置不足

　　C.泵车操作人员对事故隐患的危害性、严重性预见不足

　　D.泵送作业前对现场检查不足

29.背景资料:某隧道爆破作业时,对硬岩层加大药量,因隧道洞口与爆破洞口不通视、警戒人员麻痹大意,未疏散在此等候上班的施工人员,就开始通知点炮。炮响后,发现一名施工人员头部遭受硬物打击倒地负伤,抢救无效死亡。

(1)造成这一事故的直接原因是爆破作业时,事发现场和作业隧道洞口不通视,掌子面爆破时硬岩小块石沿抛物线飞行击中死者头部。(　　)

　　A.正确　　　　　　　　　　　　B.错误

(2)造成这一事故的主要原因之一是爆破作业没有划定规范的安全警戒范围。(　　)

　　A.正确　　　　　　　　　　　　B.错误

(3)爆破作业必须遵守现行国家标准(　　)的有关规定。

　　A.《爆破安全规程》　　　　　　B.《爆破作业规范》

　　C.《爆破作业指导书》　　　　　D.《爆破作业准则》

(4)爆破作业前必须同时发出(　　)和(　　)信号,使危险区内的人员都能清楚地听到和看到。(　　)

　　A.红色;禁止　　B.黄色;警告　　C.蓝色;指示　　D.音响;视觉

30.背景资料:某家在A市B县注册的建筑施工单位,其在C市D县承建的一个工程项目发生了一起死亡2人的生产安全事故。事故发生后,该单位瞒报事故。后因媒体曝光,政府介入,开展事故调查,后做出处理决定,暂扣该单位安全生产许可证90日,同时给予罚款。

(1)这起生产安全事故等级为一般事故。(　　)

　　A.正确　　　　　　　　　　　　B.错误

(2)此事故一般直接由 D 县人民政府开展事故调查工作。( )
    A. 正确   B. 错误

(3)如无特殊情况,事故调查组提交事故调查报告的时限是( )天。
    A. 20   B. 30   C. 50   D. 60

(4)该单位瞒报事故,人民政府可以对该单位处( )的罚款。
    A. 100 万元以上 500 万元以下   B. 100 万元以上 200 万元以下
    C. 100 万元以上 300 万元以下   D. 300 万元以上 500 万元以下

31. 背景资料:某工程公司进行护坡锚杆作业。当天工地主要负责人、安全员、电工等有关人员不在现场。下锚杆钢筋笼时,班组长因故请假也不在现场,13 名民工在无人指挥的情况下自行作业,因钢筋笼将配电箱引出的 380V 电缆线磨破,使钢筋笼带电,造成 5 人触电死亡。

(1)这起事故中造成触电伤害的原因之一是民工违章作业。( )
    A. 正确   B. 错误

(2)这起事故中,操作人员没有违规操作的行为。( )
    A. 正确   B. 错误

(3)这起事故的直接原因是( )。
    A. 由 13 名民工作业,人员过多   B. 工地主要负责人不在现场
    C. 班组长请假   D. 380V 电缆线磨破漏电

(4)下列对于三类人员的安全管理职责的说法,正确的是( )。
    A. 施工单位主要负责人对工程项目的安全生产工作不需负责任
    B. 施工单位的项目负责人对本企业的安全负全部责任
    C. 现场安全生产管理人员负责对安全生产进行现场监督检查
    D. 专职安全生产管理人员对违章指挥、违章操作的,应当立即报告,并可越级上报,但无权制止施工单位行为

32. 背景资料:某建筑公司项目部负责人陈某安排 6 名工人浇筑 350t 门机轨道梁平台板,使用挖掘机抛灰,公司安排无证人员丁某从事挖掘机施工作业。5 时 30 分许,作业面南半部分浇筑完毕,挖掘机司机丁某将挖掘机移动到作业面北侧,东西方向停放,挖掘机车头朝东,在挖掘机北侧有一约 2m 高的土堆。挖掘机操作台作 180°旋转抛灰。大约 5 时 50 分,地面人员告诉挖掘机司机碰到人了,丁某立即停车查看,发现工人鲁某躺在土堆上,最终抢救无效死亡。

(1)工人鲁某违反安全规定进入危险区域,对事故的发生负主要责任。( )
    A. 正确   B. 错误

(2)工程项目负责人对事故发生负领导责任。( )
    A. 正确   B. 错误

(3)这起事故的直接原因是( )。
    A. 丁某无证操作
    B. 司机丁某对周围观察不周
    C. 工人鲁某违反安全规定进入挖掘机作业危险区域
    D. 施工现场无人指挥

(4)下列不是事故发生的主要原因的是( )。

A. 司机丁某无证操作

B. 司机丁某对周围观察不周

C. 司机丁某没有及时发现有人进入危险区域

D. 项目负责人陈某安排6名工人浇筑350t门机轨道梁平台板

33.背景资料:某公司在一工地用吊篮进行外装修作业,施工员指派一名抹灰工升吊篮,由于吊篮未挂保险钢丝绳,在上升时突然一个倒链急剧下滑,吊篮随即倾斜。由于一作业人员未系安全带,从吊篮坠落死亡。

(1)造成这一事故的主要原因之一是工人未系安全带。( )

  A. 正确   B. 错误

(2)作业时工人应将安全带挂在吊篮升降用的钢丝绳上。( )

  A. 正确   B. 错误

(3)下列关于施工员布置这项工作的说法,正确的是( )。

A. 事故责任在于设备,与施工员无关

B. 可以安排未经培训的抹灰工操作吊篮的升降

C. 施工现场的工作布置由施工员安排,没有违章指挥

D. 抹灰工对于施工员的违章指挥可以拒绝接受

(4)下列不是事故发生的主要原因的是( )。

A. 吊篮未挂保险钢丝绳   B. 工人未系安全带

C. 使用吊篮进行外装修作业   D. 抹灰工操作吊篮

34.背景资料:某单位将新招来的一批民工直接派到工地参加人工挖孔桩施工。其中一人挖土深度达到5m时,闻到异味,感觉头晕腿软,奋力呼叫地面同伴,由于没有系安全绳,地上的人费尽周折才把他救上来,险些酿成伤亡事故。

(1)此事件由于没有造成事故,所以可以认为没有违规。( )

  A. 正确   B. 错误

(2)此事件如果没有劳动合同,则即使发生了事故,也不属于施工单位的事故,可以不用上报。( )

  A. 正确   B. 错误

(3)下列关于新工人上岗培训的要求,正确的是( )。

A. 新工人必须进行公司、班组和作业技术的三级安全教育

B. 新工人上岗前必须接受规定课时的安全生产教育培训

C. 对于不从事危险作业的新工人不必进行安全教育培训

D. 持有特种作业证的新工人可以直接进行作业,不需要再进行三级安全教育

(4)下列关于挖孔桩施工的说法,错误的是( )。

A. 挖孔桩施工时,桩位处应设置安全警示标志

B. 挖孔桩孔口无需防护

C. 挖孔桩施工应设置安全绳

D. 桩孔内应有足够的照明

35. 背景资料：A 建筑公司承包了一处场馆建设施工项目，该公司将本工程以内部承包的形式转包给非本企业员工杨某承揽该工程。施工过程中，未按照要求配备相应的专职安全员，未就筏板基础钢筋施工向作业人员进行技术交底，部分作业人员未经安全培训教育即上岗作业。作业人员在基坑内绑扎钢筋的过程中，违反施工方案要求施工作业和盲目吊运钢筋材料集中码放在上排钢筋网上导致载荷过大，致使筏板基础钢筋体系发生坍塌，造成 10 人死亡，4 人受伤。

(1) 因杨某非 A 建筑公司员工，所以他不承担事故责任。（　　）
　　A. 正确　　　　　　　　　　　　B. 错误

(2) 造成这一事故的主要原因之一是未按照施工方案的要求堆放物料。（　　）
　　A. 正确　　　　　　　　　　　　B. 错误

(3) 根据《生产安全事故报告和调查处理条例》(国务院令第 493 号)，这起事故属于(　　)。
　　A. 一般事故　　B. 较大事故　　C. 重大事故　　D. 特别重大事故

(4) 本起事故的直接原因是(　　)。
　　A. 非法转包
　　B. 未进行技术交底
　　C. 作业人员未经安全培训教育
　　D. 作业人员盲目吊运钢筋材料集中码放在上排钢筋网上导致载荷过大

36. 背景资料：某建材公司职工赵某、薛某和夏某 3 人上班后从事拌料土工作。拌料完成后，停机清理稳定土搅拌机箱体内的积土。3 人将料土清理完毕后，便加盖搅拌机箱体上端的铁板盖，夏某站在箱体外，赵某和薛某站在箱体内共同推拉铁板。此时，搅拌机操作工孔某为将箱体内清理下来的料土绞出，在未认真观察 3 人所处工作位置的情况下便开启了搅拌机，导致站在箱体内的赵某当场被绞死，薛某腿部被绞伤。经调查，该公司法人为李某，公司平日疏于安全管理，未制定安全生产责任制和相关的安全生产规章，未设置必要的安全警示标志和安全装置，对作业人员的安全教育不到位。

(1) 操作员孔某是该单位安全生产的第一责任人。（　　）
　　A. 正确　　　　　　　　　　　　B. 错误

(2) 造成这一事故的主要原因之一是未制定安全生产责任制和相关的安全生产规章。（　　）
　　A. 正确　　　　　　　　　　　　B. 错误

(3) 对该事故发生负直接责任的是(　　)。
　　A. 李某　　B. 孔某　　C. 赵某　　D. 夏某

(4) 人员进入搅拌机内清理废料，应在设备操作处悬挂的警示标志是(　　)。
　　A. 注意安全　　　　　　　　　　B. 当心触电
　　C. 有人工作，禁止合闸　　　　　D. 当心机械伤人

37. 背景资料：某建筑公司项目部施工员张某通知带班员陈某负责电缆沟施工，主要工作

是清理沟底,敷设玻璃钢管,并要求加快施工进度。上午,挖掘机进行了电缆沟的挖掘,至11时挖掘完毕,电缆沟深3.5～4m,底宽2.1～2.2m,未放坡,也未支护,挖掘土全部对方电缆沟沟壁上方,超出电缆沟承载要求。13时带班员陈某安排4名施工人员进入沟底敷设玻璃钢管。15时40分,电缆沟发生坍塌,将4名施工人员埋入土中,造成4人死亡。

(1)造成这一事故的主要原因之一是施工员张某违反施工方案,电缆沟未进行放坡处理,也未进行支护。(　　)

  A.正确　　　　　　　　　　　　B.错误

(2)造成这一事故的主要原因之一是电缆沟沟壁上方堆土过载。(　　)

  A.正确　　　　　　　　　　　　B.错误

(3)根据《生产安全事故报告和调查处理条例》(国务院令第493号),这起事故属于(　　)。

  A.一般事故　　　B.较大事故　　　C.重大事故　　　D.特别重大事故

(4)对事故发生负直接责任的是(　　)。

  A.施工员张某　　　B.带班员陈某　　　C.挖掘机司机　　　D.4名施工人员

38.背景资料:某建筑公司进行某工程施工,工地上没有持证电工,工地负责人安排有一定电气基础的电焊工张某担任工地电工。当天,张某有事离开工地,就对另一名电焊工崔某说:"有电工活,你替我干一下。"崔某表示同意。傍晚,工地施工需要安装照明灯。崔某在安装线路及碘钨灯时,使用了普通双股塑料电线,为了固定铁质外壳的灯具,用钢筋做支架。民工杜某在作业时,不慎碰到灯具支架,触电身亡。

(1)造成这一事故的主要原因之一是电焊工崔某无电工证。(　　)

  A.正确　　　　　　　　　　　　B.错误

(2)造成这一事故的主要原因之一是崔某接线不规范,又用钢筋支护灯具。(　　)

  A.正确　　　　　　　　　　　　B.错误

(3)本起事故的直接原因是(　　)。

  A.工地无持证电工

  B.电焊工张某担任工地电工

  C.电焊工崔某安装线路及碘钨灯

  D.塑料照明线在高温作用下绝缘损坏,造成灯具支架带电

(4)下列关于特种作业的说法,正确的是(　　)。

  A.特种作业人员未经培训考核即从事特种作业并造成重大安全事故,不得追究其刑事责任

  B.对特种作业人员专门的安全作业培训,是指由有关主管部门组织的专门针对作业人员的培训

  C.特种作业是指容易发生人员伤亡事故,对操作者本人、他人及周围设施的安全有重大危害的作业

  D.特种作业人员可不考核从事相应工种作业的疾病和生理缺陷情况

参 考 答 案

(一) 单项选择题

1. A	2. A	3. A	4. A	5. A	6. B	7. D	8. A	9. D	10. B
11. A	12. B	13. A	14. B	15. B	16. C	17. C	18. A	19. C	20. B
21. C	22. C	23. A	24. C	25. A	26. C	27. D	28. D	29. C	30. C
31. D	32. C	33. A	34. A	35. D	36. A	37. C	38. B	39. C	40. C
41. D	42. B	43. D	44. C	45. A	46. D	47. C	48. A	49. A	50. D
51. A	52. A	53. C	54. C	55. C	56. C	57. A	58. D	59. A	60. B
61. A	62. A	63. A	64. A	65. B	66. A	67. A	68. B	69. C	70. B
71. B	72. B	73. C	74. B	75. B	76. A	77. A	78. A	79. B	80. C
81. D	82. A	83. A	84. C	85. C	86. D	87. B	88. C	89. D	90. D
91. A	92. D	93. A	94. C	95. D	96. D	97. A	98. D	99. D	100. A
101. A	102. A	103. D	104. D	105. B	106. B	107. B	108. B	109. A	110. A
111. D	112. D	113. A	114. D	115. C	116. A	117. D	118. C	119. A	120. A
121. B	122. A	123. D	124. C						

(二) 多项选择题

1. ABCE	2. ABCDE	3. ABCD	4. ABD	5. ABCDE
6. ABCE	7. BCDE	8. ABCD	9. BCE	10. ABCDE
11. ABCDE	12. ABCDE	13. ABCD	14. ABCDE	15. ABCDE
16. CDE	17. ABCDE	18. ABCDE	19. ABDE	20. ACDE
21. ABCD	22. ACDE	23. ABCDE	24. ABCDE	25. ACD
26. ABCD	27. ABCE	28. ABCDE	29. ABCD	30. ABCDE
31. ABCE	32. ACE	33. ABCDE	34. ABCDE	35. BCE
36. ABCDE	37. ABCDE	38. ABCD	39. ACDE	40. ABCDE
41. ABDE	42. BCDE	43. ABC	44. ABCDE	45. ABCDE
46. ACD	47. ABC	48. ABCDE	49. BDE	50. ABE
51. ABCDE	52. ABCDE	53. ABCDE	54. ABCDE	55. ABCDE
56. ABCDE	57. ABC	58. ABCDE	59. ACE	60. ABCD
61. ABCE	62. ABC	63. AB	64. ABCDE	65. ABC

66. ACDE	67. ABCDE	68. ABCDE	69. AB	70. ABCDE
71. ABCDE	72. ABCDE	73. ABC	74. ABCDE	75. ABC
76. ABE	77. ABCDE	78. ABCDE	79. BCD	80. ABCDE
81. ABCD	82. ABCE	83. CDE	84. ACE	85. ABDE
86. ABCDE				

(三) 判断题

1. A	2. A	3. A	4. A	5. A	6. A	7. A	8. A	9. A	10. A
11. A	12. A	13. A	14. B	15. A	16. A	17. A	18. A	19. A	20. A
21. B	22. A	23. A	24. A	25. A	26. A	27. B	28. A	29. B	30. A
31. A	32. A	33. A	34. A	35. B	36. B	37. B	38. A	39. A	40. B
41. A	42. A	43. A	44. B	45. B	46. A	47. A	48. A	49. A	50. B
51. A	52. A	53. B	54. B	55. A	56. A	57. A	58. A	59. A	60. A
61. A	62. A	63. A	64. A	65. A	66. A	67. A	68. A	69. A	70. B
71. A	72. B	73. A	74. B	75. B	76. B	77. A	78. A	79. B	80. B
81. B	82. A	83. B	84. B	85. B	86. A	87. A	88. B	89. B	90. A
91. B	92. B	93. A	94. B	95. A	96. A	97. B	98. A	99. B	100. B
101. B	102. B	103. B	104. A	105. B	106. B	107. A	108. B	109. A	

(四) 案例题

1. (1) A	(2) A	(3) B	(4) B
2. (1) B	(2) B	(3) A	(4) D
3. (1) A	(2) B	(3) B	(4) C
4. (1) A	(2) A	(3) C	(4) D
5. (1) A	(2) B	(3) A	(4) B
6. (1) A	(2) A	(3) B	(4) C
7. (1) A	(2) B	(3) A	(4) B
8. (1) A	(2) A	(3) B	(4) B
9. (1) A	(2) B	(3) C	(4) D
10. (1) A	(2) B	(3) C	(4) A
11. (1) A	(2) A	(3) B	(4) B
12. (1) A	(2) A	(3) A	(4) C
13. (1) A	(2) A	(3) A	(4) B
14. (1) A	(2) A	(3) A	(4) B
15. (1) A	(2) B	(3) D	(4) D
16. (1) A	(2) A	(3) C	(4) A

17. (1) A   (2) A   (3) B   (4) C
18. (1) B   (2) A   (3) B   (4) A
19. (1) B   (2) A   (3) A   (4) C
20. (1) B   (2) B   (3) B   (4) D
21. (1) A   (2) A   (3) C   (4) D
22. (1) B   (2) A   (3) C   (4) D
23. (1) A   (2) A   (3) A   (4) D
24. (1) A   (2) A   (3) D   (4) C
25. (1) B   (2) A   (3) C   (4) D
26. (1) A   (2) B   (3) A   (4) D
27. (1) A   (2) A   (3) C   (4) B
28. (1) A   (2) B   (3) C   (4) A
29. (1) A   (2) A   (3) A   (4) D
30. (1) A   (2) A   (3) D   (4) A
31. (1) A   (2) B   (3) D   (4) C
32. (1) A   (2) A   (3) C   (4) D
33. (1) A   (2) B   (3) D   (4) C
34. (1) B   (2) B   (3) B   (4) B
35. (1) B   (2) A   (3) C   (4) D
36. (1) B   (2) A   (3) B   (4) C
37. (1) A   (2) A   (3) B   (4) A
38. (1) A   (2) A   (3) D   (4) C

四、安全生产技术

(一) 单项选择题

1. 吹泥船应选择(　　)抛锚固定,锚要抓牢。
   A. 近岸深水区　　B. 近岸浅水区　　C. 离岸深水区　　D. 离岸浅水区
2. 卸泥时,泥驳应(　　),不得在横浪或转向航行过程中卸泥。
   A. 停航　　B. 抛锚　　C. 靠泊　　D. 降低航速
3. 排泥口的管架要稳定牢固,管口应(　　),禁止人员在排泥管出口处逗留。
   A. 派专人守护　　B. 派人巡视　　C. 设置警戒区　　D. 设立危险警示标志
4. 施工区域的水上管线应每隔 50m 设置一个安全警示标志,夜间应设置(　　)。
   A. 警示牌　　B. 警示灯　　C. 警示红灯　　D. 白光环照灯
5. 吹填区的排泥管口应设立(　　)警示标志。
   A. "当心坠落"　　B. "当心滑倒"　　C. "停留危险"　　D. "禁止入内"
6. (　　)应对被拖船在拖航中的航行安全负责。
   A. 拖轮船长　　B. 主拖船船长　　C. 被拖船船长　　D. 主拖船大副
7. 在拖航途中,被拖船上留守的值班船员应对被拖船全船水密封闭设备、拖曳设备和活动部件的固定情况进行定时检查,必须每日定时对船上所有液体舱、空气舱测量(　　),做好记录,并按时向拖轮值班驾驶员报告。
   A. 1次　　B. 2次　　C. 3次　　D. 4次
8. 拖航途中,主拖船每天不少于(　　)适当收放主拖缆,以改变主拖缆摩擦部位。
   A. 1次　　B. 2次　　C. 3次　　D. 4次
9. 调遣船舶接到船舶调遣令后,(　　)应组织全体船员进行封舱加固及对船舶技术状态进行全面检查,采取安全措施。
   A. 调度部门　　B. 安监部门　　C. 设备部门　　D. 船长
10. 半潜驳的下潜坑深度,必须满足半潜驳(　　)的要求。
    A. 最小潜深　　B. 最大潜深　　C. 富余水深　　D. 吃水
11. 半潜驳用起重船助浮安装沉箱时,必须待吊装绳扣与沉箱挂牢后,方可(　　)。
    A. 向舱格内灌水　　B. 起吊　　C. 拖离半潜驳　　D. 安装
12. 沉箱安装后,应及时在沉箱顶部设置高潮位时不得被(　　)的安全警示标志。
    A. 碰撞　　B. 水淹没　　C. 障碍物阻挡　　D. 船舶阻挡
13. 桩基施工前,项目部技术负责人应对施工图纸认真学习,还应组织相关人员到现场进行踏勘,绘制施工现场总平面布置图,验算基桩的(　　)。

A. 承载力 B. 断面与长度 C. 中心位置 D. 在泥面下是否相碰

14. 打桩船吊桩时,桩锤应置于( ),捆桩绳扣应采取防滑措施,不得斜拉或越钩吊桩。
    A. 桩架顶部 B. 桩架中部 C. 桩架底部 D. 背板处

15. 吊桩入龙口时,严禁操作人员( )桩。
    A. 用手拉曳或用肩扛 B. 用绳索拉曳
    C. 用橇棒橇 D. 重新起吊

16. 吊桩入背板或套戴替打时,操作人员必须( ),严禁身体任何部位进入替打下方或置于桩与滑道之间。
    A. 使用工具 B. 防止风浪 C. 采取双控 D. 防止滑坡

17. 沉桩结束后,应及时( ),加强桩之间的连接,以减小桩身位移,改善施工期受力状态。
    A. 拉桩 B. 浇筑桩帽 C. 上部施工 D. 夹桩

18. 深基坑开挖过程中,不得采用( )方式挖土。
    A. 分层 B. 分段 C. 适时 D. 掏脚

19. 耙吸式挖泥船施工过程中遇有横向强风、流压时,船舶航向应与风向、流向保持适当( ),要防止吸泥管被压到船底。
    A. 距离 B. 交角 C. 转角 D. 修正角

20. 绞吸式挖泥船移位时,不得( )。
    A. 收放锚缆 B. 调整定位桩 C. 停机 D. 拖航

21. 链斗挖泥船摆动时,应( )。
    A. 先动船艏,后动船艉 B. 先动船艉,后动船艏
    C. 艏、艉反向移动 D. 艏、艉同向移动

22. 抓斗挖泥船作业前,抓斗机操作人员必须事先( ),在泥驳靠妥后才能作业。
    A. 了解工程名称 B. 了解工程地点
    C. 了解施工进度 D. 发出警示信号

23. 铲斗式挖泥船在软土质施工时,抬船操作应注意要逐渐均匀地增加对钢桩的压力,并注意调整高度,施工时严禁( ),以防单面受力将桩压弯。
    A. 缓慢抬船 B. 逐渐抬船 C. 单桩抬船 D. 整体抬船

24. 构件装驳前,应根据驳船的稳性绘制( )。
    A. 构件形状图 B. 构件吊点布置图
    C. 驳船结构图 D. 装驳布置图

25. 陆上预制、滑道下水、沉箱起浮出运的正确工艺是( )。
    A. 顶升→横移→纵移→溜放 B. 横移→顶升→纵移→溜放
    C. 顶升→纵移→横移→溜放 D. 纵移→顶升→横移→溜放

26. 陆上预制沉箱通过滑道下水、沉箱起浮出运方法时,沉箱溜放前,要注意搜集海况和气象,当波高( )时,不宜进行沉箱的溜放。
    A. 0.5m B. 1.0m C. 1.5m D. 2.0m

27. 陆上预制沉箱气囊出运,气囊移运作业区周边( )处应设置安全警戒线,无关人员不得进入施工现场。

A. 10m　　　　B. 15m　　　　C. 20m　　　　D. 25m

28. 陆上预制沉箱气囊出运的通道应坚实、平整,不得有尖锐物及障碍物。通道的坡度不宜( )。

A. <2%　　　　B. >2%　　　　C. >3%　　　　D. >5%

29. 为了提高沉箱拖运的稳定性,一般须在沉箱内采取压载措施。沉箱压载宜采用砂、石等固体压载物,以减少自由液面对( )的影响。

A. 沉箱吃水　　　　　　　　B. 沉箱干舷高度
C. 沉箱浮游稳定性　　　　　D. 沉箱拖运速度

30. 沉箱拖带航道应有足够水深,出、进港航道的( )不宜小于0.5m。

A. 水深　　　　B. 富裕水深　　　　C. 宽度　　　　D. 富裕宽度

31. 沉箱拖带,航道宽度应( )的2倍。

A. 大于拖船长度　　　　　　B. 小于拖船长度
C. 大于拖带长度　　　　　　D. 小于拖带长度

32. 沉箱拖运前应对气象、海况进行调查,远程拖带应掌握起航后3天内的天气预报,拖带时满足安全的拖航条件是( )。

A. 风速小于6级,波高小于等于1.0m
B. 风速小于6级,波高小于1.5m
C. 风速小于等于6级,波高小于等于1.5m
D. 风速小于7级,波高小于等于2.0m

33. 为确保沉箱拖运安全,沉箱拖运前,除应对沉箱孔筒采取密封处理和在沉箱外壁绘制清晰醒目的水尺外,还必须对所拖运的沉箱进行不少于24h 的( )试验,检验沉箱是否有漏水、渗水现象。

A. 漂浮　　　　B. 密封　　　　C. 注水　　　　D. 稳性

34. 构件安装时,应使用( )控制其摇摆,待构件稳定且基本就位后,安装人员方可扶握和安装。

A. 起重副钩　　　B. 控制绳　　　C. 控制杆　　　D. 双手

35. 受风、浪或水流影响的梁、板、靠船构件等安装后,应立即采取( )措施,以免坠落。

A. 封固　　　B. 支撑　　　C. 焊接外伸钢筋　　　D. 浇筑混凝土

36. 吊安方块、半圆体的马腿、卡钩,宜采用锻造或铸造件。采用焊接件时,必须( ),合格后方可使用。

A. 对焊件进行强度试验　　　　B. 对焊件进行检验
C. 对焊口进行探伤检验　　　　D. 对焊件进行试吊

37. 当方块、半圆体、大圆筒入水后,必须服从( )指挥,信号不明,严禁移船或动钩。

A. 船长　　　B. 施工员　　　C. 起重指挥　　　D. 潜水员

38. 根据作业强度和作业环境,在( )水深以下作业时间不能超过2h。

  A.2.5m   B.5.5m   C.12.5m   D.15.0m

39.根据作业强度和作业环境,在12.5m水深以下作业时间不能超过(　　)。

  A.2h   B.3h   C.4h   D.5h

40.潜水员辅助安装构件时,宜由两个潜水员在(　　)同时进行,构件安装应使用专用工具调整构件的安装位置,严禁潜水员用手直接操作。

  A.一边   B.两边   C.一角   D.两角

41.沉井和大直径护筒(　　),以防内外水头差过大导致沉井的大直径护筒内发生管涌,对筒内潜水员造成危害。

  A.内侧水位应高于外侧水位   B.内侧水位应等于外侧水位
  C.内侧水位应小于外侧水位   D.内外侧水位应有水位差

42.采用钻孔爆破船施工时,临时存放的炸药和雷管必须(　　)。

  A.分舱放置   B.捆扎在一起
  C.存放于高温舱室,以防受潮   D.存放在同一舱室

43.水下安放爆炸挤淤的药包时,宜采取(　　)向布药。

  A.逆风或顺流   B.顺风或顺流   C.顺风或逆流   D.逆风或逆流

44.在覆盖水厚度小于3倍药包半径的(　　)上裸露爆破时,爆炸源与人员、其他保护对象之间的安全距离,应与地面裸露爆破相同,并取最大值。

  A.沙质河床   B.石质河床   C.卵石河床   D.泥质河床

45.陆上两台及以上砂桩或排水板打设机械同时作业时,打设机械之间要有一定的安全距离,安全距离应(　　)。

  A.大于1.5倍的机身高度   B.等于1.5倍的机身高度
  C.等于2.5倍的机身高度   D.大于2.5倍的机身高度

46.振沉砂桩或碎石桩等打设机械在沉管过程中,当遇有块石、硬层等障碍时,应立即(　　),避免发生桩管断裂。

  A.勘察   B.清除   C.停机   D.停止沉管

47.强夯施工应设置警戒区,警戒区的警戒范围应通过试夯确定,但不得小于(　　)的1.5倍。

  A.起重机   B.起重机吊臂   C.夯锤   D.夯坑

48.建筑物拆除施工严禁采取(　　)作业的施工方法。

  A.自上而下   B.逐层分段   C.先水上后水下   D.立体交叉

49.拆除现场的作业区域应设置醒目的安全警示标志,并采取安全警戒措施。非作业人员不得进入拆除区。遇雾、雨、雪天或风力大于等于(　　)的天气,应停止露天拆除作业。

  A.4级   B.5级   C.6级   D.7级

50.水上抛填块石,应根据水深、水流和波浪等自然条件对块石的(　　)影响,确定抛石船的船位。

  A.漂流   B.位移   C.变位   D.移位

51.桩基码头沉桩后抛填岸坡块石,应由水域向岸分层进行,在基桩处,应沿桩周对称抛

填,桩两侧高差不得大于( )。

  A.1m   B.2m   C.3m   D.4m

52.斜坡堤在软土地基上抛石,当堤侧有块石压载层时,应( )。

  A.先抛堤身,后抛压载层   B.先抛压载层,后抛堤身

  C.在低潮时抛压载层   D.在高潮时抛压载层

53.抛石船作业人员必须正确穿戴救生衣,作业现场还必须( )。

  A.专人监护   B.配备救生设备   C.设置安全护栏   D.配备消防设备

54.挖掘机、装载机等在驳船上作业时,驳船的( )应控制在允许范围内,并不得超载。

  A.吃水   B.强度   C.倾角   D.纵横倾角

55.铺排船设有滑板的侧舷严禁( )。

  A.站人   B.带缆   C.堆物   D.靠舶其他船舶

56.吊运混凝土联锁块排体应使用专用( ),排体与吊架连接应牢固。

  A.起重设备   B.吊机   C.吊索   D.吊架

57.升降铺排船滑板或溜放排体时,( )不得站人。

  A.舷边   B.甲板上   C.滑板和排体上   D.滑板和排体旁

58.浅水区作业,作业人员应观察水情变化,严禁在( )或深水区边缘作业。

  A.淤泥区   B.走沙水   C.陡坡段   D.湾道浅滩

59.任何方式的潜水,必须正确选择和严格执行( ),潜水员必须熟识潜水系统、装具的操作程序和应急程序,严防错误操作和疏忽失职。

  A.施工方案   B.潜水方案   C.减压方案   D.作业方案

60.潜水作业现场应备有急救箱及相应急救器具。水深超过30m时应备有( )等设备,并制订应急措施。

  A.增压舱   B.恒压舱   C.密闭舱   D.减压舱

61.当( )时,在无安全防御措施情况下,潜水员不得进行潜水作业。

  A.夜间

  B.作业区60m处有船舶航行

  C.能见度不良

  D.施工水域的水温在5℃以下,流速大于1.0m/s

62.潜水员下水作业时,在( )范围内不能有施工、运输船舶通过,锚缆亦不得通过潜水作业区。

  A.50m   B.100m   C.150m   D.200m

63.潜水员下水作业时,( )范围内不得进行爆破作业。

  A.1000m   B.1500m   C.2000m   D.2600m

64.氧气瓶和乙炔气瓶与明火间的距离应在( )以上。

  A.1m   B.3m   C.5m   D.10m

65.氧气瓶和乙炔瓶间的距离不得小于( )。

  A.1m   B.3m   C.5m   D.7m

66. 大型吊装工程,应在编制的施工组织设计中制订专门的( )。
   A. 工作计划   B. 安全技术措施   C. 工作要求   D. 安全技术要求

67. 被吊物的重量达到起重设备额定起重能力的( )以上时,应进行试吊。
   A. 60%   B. 70%   C. 80%   D. 90%

68. 一台起重设备的两个主吊钩起吊同一重物时,两钩( ),且每个钩的吊重不得大于其额定负荷。
   A. 吊重应相同   B. 受力应相等   C. 升降应同步   D. 升降应协调

69. 钢丝绳绳卡的滑鞍应设在钢丝绳受力的一侧,U形螺栓应在钢丝绳的尾端且不得( )使用,最后一个绳卡距绳头的长度不得小于140mm。
   A. 正反交错   B. 同向交错   C. 一致   D. 相反

70. 起重机在驳船上作业时,应用( )在船上,前后轮(或履带)下应用三角木块楔紧,并对起重机的吊重、作业半径作出规定。
   A. 绳索系牢   B. 预埋螺栓固定   C. 电焊固定   D. 支架固定

71. 构件入水后,应服从( )的指挥。指挥信号不明时,不得移船或动钩。
   A. 起重指挥   B. 潜水员   C. 施工员   D. 船长

72. 水下构件吊装完毕,应待( )解开吊钩,避至安全水域后,方可起升吊钩或移船。
   A. 起重指挥   B. 潜水员   C. 施工员   D. 船长

73. 凡在坠落高度基准面( )可以坠落的高处所进行的作业,称为高处作业。
   A. >2m   B. ≥2m   C. <2m   D. ≤2m

74. 施工现场中,工作面边沿无围护设施或围护设施高度低于80cm时的高处作业称为( )。
   A. 高处作业   B. 悬空作业   C. 临边作业   D. 攀登作业

75. 在施工现场的上下不同层次,处于空间贯通状态下同时进行的高处作业,称为( )。
   A. 洞口作业   B. 悬空作业   C. 攀登作业   D. 交叉作业

76. 进行悬空作业所用索具、脚手板、吊篮、吊笼、平台等设备均需经技术( )后方能使用。
   A. 设计   B. 试验   C. 检查   D. 鉴定

77. 结构施工自( )起,凡施工人员进出的通道口,均应搭设安全防护棚。
   A. 底层   B. 二层   C. 2m   D. 3m

78. 模板安装就位后,必须立即进行( )。
   A. 支撑和固定   B. 钢筋绑扎   C. 浇筑混凝土   D. 下道工序

79. 大型钢模板上应设置工作平台和爬梯,工作平台上应设置( )。
   A. 制作日期和警示标志   B. 操作规程和限载标志
   C. 安装日期和警示标志   D. 防护栏杆和限载标志

80. 模板拆除顺序和方法应根据模板设计的规定执行,如果模板设计无规定时,应严格遵守( )的原则。
   A. 自上而下、先装后拆、后装先拆   B. 自下而上、先装后拆、后装先拆

C. 自上而下、先装先拆、后装后拆　　　　D. 自下而上、先装先拆、后装后拆

81. 大模板必须面对面码放整齐,保证(　　)的自稳角。
A. 30°~45°　　B. 45°~60°　　C. 60°~70°　　D. 70°~80°

82. 禁止模板拆除人员在(　　)上作业,防止发生人员坠落和物体打击事故。
A. 上下同一垂直面　B. 同一侧面　　C. 前后同一垂直面　D. 同一平面

83. 多台钢筋对焊机并列安装时,其间距不得小于(　　)。
A. 1m　　　　　B. 2m　　　　　C. 3m　　　　　D. 4m

84. 钢筋对焊机作业时,闪光区四周应设置(　　),注意防火。
A. 作业区　　　B. 警示区　　　C. 防火墙　　　D. 挡板

85. 钢筋冷拉作业,卷扬机的位置必须使操作人员能见到全部冷拉场地,距离冷拉中线不得小于(　　)。
A. 2m　　　　　B. 3m　　　　　C. 4m　　　　　D. 5m

86. 搅拌机的安装要平稳、牢固,长期固定使用时,(　　)。
A. 应在机座上铺设木枕　　　　B. 机座应撑架找平
C. 应埋置地脚螺栓　　　　　　D. 机座应埋置在混凝土基础内

87. 袋装水泥必须压碴码放,高度不得超过(　　)。
A. 5袋　　　　B. 10袋　　　　C. 15袋　　　　D. 20袋

88. 采用泵送混凝土作业,要对输送泵和布料系统的管道、接头和卡箍进行检查并做(　　)。
A. 强度试验　　B. 稳性试验　　C. 流量试验　　D. 耐压试验

89. 混凝土浇筑作业停止需移动振动器时,(　　)。
A. 应先关闭电动机,再切断电源　　B. 应先切断电源,再关闭电动机
C. 关闭电动与切断电源应同步　　　D. 关闭电动与切断电源应异步

90. 电焊作业前,应检查焊机、线路、焊机外壳保护接零,电焊机外壳接地电阻不得大于(　　),确认安全后方可作业。
A. 2Ω　　　　　B. 4Ω　　　　　C. 6Ω　　　　　D. 8Ω

91. 悬空通道的下方有人通行或作业时,防护栏杆下边应设置(　　),并悬挂安全立网。
A. 警示标志　　B. 挡脚板　　　C. 浮筒　　　　D. 舢板

92. 舢板、木筏、浮筒等水上临时工作设施使用前,应经过(　　)重载漂浮试验。
A. 8h　　　　　B. 12h　　　　　C. 16h　　　　　D. 24h

93. 舢板、木筏、浮筒在波高(　　)时,不宜使用其进行水上作业。
A. ≥0.5m　　　B. ≥0.8m　　　C. ≥1.0m　　　D. ≥1.2m

94. 舢板、木筏、浮筒在流速(　　)时,不宜使用其进行水上作业。
A. ≥0.5m/s　　B. ≥0.8m/s　　C. ≥1.0m/s　　D. ≥1.2m/s

95. 施工临时用电的施工设计应由(　　)技术人员编写。
A. 项目总工　　B. 施工专业　　C. 电气工程　　D. 电工

96. 施工现场临时用电设备在5台以上和设备总容量在50kW以上者,应编制(　　)。

A. 施工组织设计 B. 用电组织设计
C. 安全用电方案 D. 安全用电措施

97. 施工现场临时用电设备在 5 台以下和设备总容量在 50kW 以下者,应编制( )。
A. 用电组织设计 B. 安全用电方案
C. 电气防火措施 D. 安全用电和电气防火措施

98. 在施工现场用电工程中采用 TN-S 系统,是在工作零线(N)以外又增加了一条( )。
A. 工作零线 B. 接地线 C. 零线 D. 保护零线

99. 配电箱、开关箱内的连接线必须采用( )绝缘导线。
A. 钢芯 B. 铜芯 C. 铝芯 D. 合金

100. 从岸上拉到船上架设的电缆线,应保持( )余量,并应采取措施,防止电缆受挤压破损、断裂。
A. 施工用电 B. 载流量 C. 潮水涨落或移船 D. 长度

101. 潮湿和易于触及带电体的触电危险场所,照明电源电压不得大于( )。
A. 12V B. 24V C. 36V D. 42V

102. 施工船舶必须具有相应的有效证书,船员必须持有与其岗位相适应的( )。
A. 技能证书 B. 职业资格证书 C. 适任证书 D. 特种作业证书

103. 野外测量作业需( )人以上团队组合,严禁单独作业。
A. 2 B. 3 C. 4 D. 5

104. 水上独立墩或较小区域设置测量控制点,须在周围( )。
A. 设置警示区 B. 安排巡逻艇警戒
C. 安排专人看守 D. 设置防护栏杆

105. 利用原码头做预制场时,预制、存放构件及施工机械的荷载不得超过码头的( )。
A. 永久荷载 B. 活荷载 C. 设计荷载 D. 自重

106. 临时码头应按规定设置安全( ),并应制定码头安全管理规定。
A. 操作规程 B. 警示标志 C. 消防规定 D. 停泊要求

107. 设计水上工作平台应按施工期间可能出现的( )组合进行核算。
A. 最高水位 B. 最大风浪 C. 最大荷载 D. 最不利荷载

108. 水上工作平台顶面的四周,应设置高度不低于( )的安全护栏。上下人员的爬梯应牢固,平台上作业场地的大小,应充分考虑施工人员的作业安全。
A. 0.9m B. 1.0m C. 1.1m D. 1.2m

109. 水上工作平台和水上搭设的临时栈桥应设置必要的( )。
A. 救生器材 B. 照明 C. 消防器材 D. 通信设备

110. 水上工作平台四面应设置安全警示灯。单边超过 10m 的每隔 10m 布置一盏,小于 10m 的,应不少于 1 盏,警示灯应采用( )。
A. 夜光型红灯 B. 闪烁警示灯 C. 普通白炽灯 D. 普通节能灯

111. 水上临时人行跳板,宽度不宜小于( ),跳板的强度和刚度应满足使用要求。跳板两侧应设置安全护栏或张挂安全网,跳板端部应进行固定或系挂,板面应设置防滑设施。

  A. 30cm   B. 40cm   C. 50cm   D. 60cm

112. 水上悬空通道的长度大于等于 3m 时,跳板应用( )加固或制作。

  A. 厚度≥7.5cm 的板材   B. 宽度≥50cm 的板材
  C. 型钢   D. 圆木

113. 半潜驳下潜至起浮物即将处于漂浮状态时,应控制好( )控制缆绳,以防起浮后撞击半潜驳。

  A. 半潜驳   B. 起浮物   C. 拖轮   D. 定位

114. 耙吸式挖泥船,下放泥耙后,泥耙的吊索应保持( ),不得松弛。

  A. 拉紧状态   B. 受力状态   C. 垂直状态   D. 水平状态

115. 绞吸式挖泥船采用定位钢桩应在船舶( )沉放。

  A. 停稳后   B. 抛锚定位后   C. 绞刀架放下后   D. 开始绞吸后

116. 耙吸式挖泥船泥浆浓度伽玛检测仪必须由( )使用管理。

  A. 专用工具   B. 专用设备   C. 专人监护   D. 专人负责

117. 水上排泥管线每间隔( )应设置一个昼夜显示的警示标志。固定浮管的锚应设置锚标。

  A. 25m   B. 50m   C. 75m   D. 100m

118. 链斗式挖泥船卸泥槽应在( )。

  A. 泥驳靠泊挖泥船后松放,并应在泥驳解缆前绞起
  B. 泥驳靠泊挖泥船前松放,并应在泥驳解缆前绞起
  C. 泥驳靠泊挖泥船后收紧,并应在泥驳解缆后松放
  D. 泥驳靠泊挖泥船前收紧,并应在泥驳解缆中松放

119. 挖泥船抓斗下落时,不得突然( )。

  A. 加速   B. 降速   C. 变速   D. 制动

120. 铲斗式挖泥船前移时,后钢桩的倾斜角最大不得超过( )。

  A. 10°   B. 15°   C. 20°   D. 25°

121. 泥驳不得在( )过程中卸泥。

  A. 横浪或转向航行   B. 横浪或航行
  C. 大浪或转向航行   D. 纵浪或航行

122. 实行总承包的建设工程,总承包单位要负责安全消防工作,按照"谁施工,谁负责"的原则,与分包单位签订( ),明确消防责任,并监督检查分包单位消防工作开展落实情况。

  A. 分包合同   B. 安全协议
  C. 安全生产责任书   D. 消防安全责任书

123. 雨季,对石灰、电石等常用的遇水燃烧物品应采取( )措施。

  A. 遮盖、遮阳   B. 清点、封存   C. 防雨、防潮   D. 少买、快用

124. 消防水带应干燥清洁,无破损,长度一般在( ),水带接口与水带连接应垫保护物,消防水带应每年做工作压力试验。

A. 10m≤L≤20m   B. 15m≤L≤25m
C. 15m≤L≤30m   D. 越长越好,最多不超过30m

125. 施工现场堆放大宗材料、成品、半成品和机具设备等必须规范、整齐,不得侵占( )及安全防护等设施。
　　A. 场内道路　　　　　　　　B. 员工文体活动设施
　　C. 员工生活设施　　　　　　D. 停车场

126. 预制场地的总体布置,应根据预制( )合理分区,满足生产安全和环境保护的要求。
　　A. 品种　　　B. 数量　　　C. 方法　　　D. 工艺

127. 排泥管线进入吹填区的入口应( )。
　　A. 靠近排水口,以缩短泥浆流程　　B. 靠近排水口,以缩短排水时间
　　C. 远离排水口,以延长泥浆流程　　D. 远离排水口,以延长排水时间

128. 排水口应设在有利于( )的位置上。
　　A. 缩短泥浆流程　　　　　　B. 加长泥浆流程
　　C. 泥沙流失　　　　　　　　D. 减少泥沙沉淀

129. 施工机械管理必须抓住( )四个环节,从而确保机械的使用安全。
　　A. 选型、购置、安装、使用　　B. 安装、使用、维修、改造
　　C. 使用、维修、改造、更新　　D. 管理、使用、保养、维修

130. 施工作业区域内有地下电缆、光缆及其他管线时,应查明位置与走向,用明显记号标示;施工前,应征得主管部门的同意和配合,方可施工。严禁在离上述管线( )距离以内作业。
　　A. 0.5m　　B. 1.0m　　C. 2.0m　　D. 3.0m

131. 起重机械在架空线附近作业时,必须与高压线保持( )以上的安全距离。
　　A. 2.0m　　B. 3.0m　　C. 4.0m　　D. 5.0m

132. 长期停用或可能受潮的电动机,使用前应测量绕组间和绕组对地的绝缘电阻,绝缘电阻值应大于( ),绕线转子电动机还应检查转子绕组及滑环对地绝缘电阻。
　　A. 0.5MΩ　　B. 1.0MΩ　　C. 1.5MΩ　　D. 2.0MΩ

133. 所锯木材的长度超过圆盘锯直径( )倍以上时,必须两人同时操作。
　　A. 1.5　　B. 2.0　　C. 2.5　　D. 3.0

134. 下列挖泥船中可独立完成各道挖泥工序的是( )挖泥船。
　　A. 耙吸式　　B. 绞吸式　　C. 链斗式　　D. 抓斗式

135. 绞吸式挖泥船特别适合于( )挖泥船。
　　A. 航道施工　　B. 泊位工程　　C. 港池工程　　D. 吹填工程

136. 施工船舶必须在核定的( )内施工。
　　A. 范围　　B. 航区　　C. 作业水域　　D. 航区或作业水域

137. 作业、航行或停泊时,施工船舶应按规定( )。
　　A. 派人值班瞭望　　　　　　B. 安排巡逻船警戒
　　C. 显示号灯或号型　　　　　D. 作业、航行或停泊

138. 吊装结束后,起重船应退离安装位置,并对起重吊钩进行( )。
　　A. 检查　　　　B. 验收　　　　C. 封钩　　　　D. 处理
139. 穿越桩群的打桩船的( ),应选择合适位置,严防兜拽基桩、桩帽或构筑物。
　　A. 前锚缆　　　B. 后锚缆　　　C. 左边锚　　　D. 右边锚
140. 拖航时,铺排船滑板应拉起并与船体( )。
　　A. 靠紧　　　　B. 锁定　　　　C. 水密　　　　D. 水平
141. 在制订施工方案时,应以各施工阶段的( )为依据对施工的工艺进行设计,并对工程结构进行验算。
　　A. 荷载　　　　B. 方法　　　　C. 材料　　　　D. 进度
142. 适于建造重力式码头的地基是( )。
　　A. 软弱地基　　B. 岩石地基　　C. 淤泥地基　　D. 软土地基
143. 在软土地基或淤泥覆盖层较厚的地基一般采用( )结构形式。
　　A. 重力码头　　B. 高桩码头　　C. 板桩码头　　D. 斜坡码头
144. 防波堤施工,当施工期间波浪较大、石料缺乏,且有足够起重能力时,可采用( )断面。
　　A. 人工块体　　B. 砌石块体　　C. 抛填块体　　D. 其他形式
145. 沿海港口护岸,采用变坡或不同的护面块体时,其分界点宜在设计低水位( )倍的设计波高值处。
　　A. 以上1.0　　B. 以下1.0　　C. 以上1.5　　D. 以下1.5
146. 当拟建造船坞的坞址范围内地基有承压水层时,不宜采用( )船坞。
　　A. 重力式　　　B. 锚拉式　　　C. 排水减压式　　D. 浮箱式
147. 船闸基坑开挖和基础施工应在最短时间内连续抓紧完成,以免( )和基坑底部的承载能力遭到破坏。
　　A. 洪水灾害　　B. 发生流砂　　C. 发生管涌　　D. 边坡塌方
148. 基建性疏浚实施前,宜进行扫床,确保施工人员和疏浚设备安全。对可能有爆炸物存在的施工区,可预先用( )扫测。
　　A. DGPS　　　B. 磁力仪　　　C. 单波速测深仪　　D. 多波速测深仪
149. 在有爆炸物存在的施工区,施工前应在挖泥船的吸入口安装( )等防护装置。
　　A. 格栅　　　　B. 磁力仪　　　C. 括道　　　　D. 阀门
150. 取土风浪大、运距远的吹填工程应选择( )施工方式。
　　A. 绞吸船直接吹填
　　B. 耙吸船吹填
　　C. 斗式船—泥驳—吹泥船吹填
　　D. 绞吸船加泵站吹填

(二) 多项选择题

1. 水下构件吊装完毕,应待( )后,方可起升吊钩或移船。
　　A. 潜水员解开吊钩
　　B. 起重挂钩工解开吊钩
　　C. 起重司索工解开吊钩
　　D. 潜水员避至安全水域

E. 起重司索工避至安全水域

2. 对施工作业有影响的海浪通常是(　　)。
　　A. 风浪　　　　B. 涌浪　　　　C. 离岸浪　　　　D. 近岸浪
　　E. 沿岸浪

3. 热带低压形成后,项目经理部应收听、收集热带低压信息,(　　)热带低压动向,向所辖船舶通报热带低压动向。
　　A. 跟踪　　　　B. 记录　　　　C. 分析　　　　D. 标绘
　　E. 预测

4. 在台风威胁中,项目经理部应跟踪记录、标绘、分析台风动向,(　　),所辖船舶通报台风最新信息。
　　A. 召开防台会议　　　　　　　B. 部署防台工作
　　C. 指定值班拖轮　　　　　　　D. 掌握施工船舶进入防台锚地时间
　　E. 掌握施工船舶进入防台锚地位置

5. 当8级大风到来2h前,(　　);大风来临后,船舶应勤测锚位。
　　A. 施工船舶备足生活用品　　　B. 施工船舶进入防台锚地
　　C. 船长应在驾驶台指挥　　　　D. 轮机长应下机舱指挥
　　E. 锚泊船舶应改抛双锚

6. 泥驳装舱作业时,(　　)。
　　A. 泥驳不得摇摆　　　　　　　B. 不得超载
　　C. 不得在泥驳舱内打捞杂物　　D. 甲板工作场所不得堆放杂物
　　E. 要注意船舶吃水变化

7. 吹填施工过程中,应使(　　)协调工作。
　　A. 施工船舶　　B. 排泥管　　　C. 吹填区　　　D. 围堰
　　E. 排水口

8. 吹填施工过程中,应建立有效的通信联系,并实行巡逻值班,随时掌握吹填区进度、质量、(　　)的安全情况。
　　A. 泥浆流量　　B. 泥浆流程　　C. 泥沙流失　　D. 围堰
　　E. 排水口

9. 排泥管线铺设时,应根据疏浚船舶的总扬程,吹填区至取土区的(　　),水位和潮汐变化等条件综合考虑。
　　A. 地形　　　　B. 地貌　　　　C. 排距　　　　D. 土质
　　E. 吹填高程

10. 在水上拼接自浮管线时,作业人员必须(　　),夜间施工应有足够的照明。
　　A. 穿救生衣　　B. 戴安全帽　　C. 系安全带　　D. 两人以上
　　E. 由锚艇配合

11. 吹填区内陆上排泥管线的间距应根据(　　)等因素确定。
　　A. 设计要求　　B. 泥泵功率　　C. 吹填土的特性　　D. 吹填土的流程

E. 吹填土的坡度

12. 冬季施工,必须做好( )、防中毒和防交通事故的"五防"工作。
    A. 防火　　　　　B. 防爆　　　　　C. 防冻　　　　　D. 防滑
    E. 防雪

13. 工程船舶海上拖航调遣,船舶主管单位负责人应组织( )等部门有关人员对船舶进行封舱检查,并认真审批航行计划。
    A. 工程　　　　　B. 调度　　　　　C. 设备　　　　　D. 安监
    E. 质量

14. 制订拖航计划时,应考虑拖轮和被拖轮船尺度、系柱力以及本航次航经海域的( )等因素。
    A. 水文　　　　　B. 气象　　　　　C. 地质　　　　　D. 航道情况
    E. 通航密度

15. 海上调遣起重、打桩、疏浚等施工船舶的( ),应进行封固。
    A. 吊臂　　　　　B. 桩架　　　　　C. 臂架　　　　　D. 绞车
    E. 活动物件

16. 调遣船舶必须认真执行船舶报告制度,拖轮应与岸上基地保持24h通信联络,并定时报告( )及航行情况。
    A. 船位　　　　　B. 气象　　　　　C. 海况　　　　　D. 航速
    E. 航向

17. 自航耙吸式挖泥船在进行调遣时,船舶必须对( )等进行封固。
    A. 耙臂　　　　　B. 耙头　　　　　C. 吊车　　　　　D. 吊臂
    E. 锚臂

18. 扶壁装驳时,扶壁的( )。
    A. 肋板应平行于驳船的纵轴线　　　　B. 肋板应平行于驳船的横轴线
    C. 重心应位于驳船的纵轴线上　　　　D. 重心应位于驳船的横轴线上
    E. 重心或与驳船的纵轴线平行且对称

19. 锤击沉桩过程中,锤击初始宜用较低落距,( )与桩应保持同一轴线,锤击过程应采用重锤低击。
    A. 桩架　　　　　B. 桩锤　　　　　C. 替打　　　　　D. 吊索
    E. 送桩

20. 锤击沉桩过程中,指挥人员应随时观察桩、锤、替打的运行状态,发现( )问题应立即停锤。待查明原因,采取相应的技术措施后,再恢复沉桩。
    A. 桩的贯入度反常　　　　　　　　　B. 桩身突然下降(溜桩)
    C. 桩身突然移位　　　　　　　　　　D. 桩身发生过大倾斜
    E. 桩身出现严重裂缝和桩头破损

21. 水上打桩船和运桩船驻位,应按船舶驻位图抛设锚缆,( )。
    A. 并应设置航标灯　　　　　　　　　B. 并应设置浮鼓

C.锚缆互绞　　　　　　　　　　　D.锚缆不得互绞
　　E.浮鼓夜间应按规定显示灯色

22.吊立桩入龙口时,桩身的起吊高度应根据(　　)确定,防止桩尖触及泥面而造成断桩。
　　A.桩重　　　　　　　　　　　　　B.桩长
　　C.水深　　　　　　　　　　　　　D.上吊桩扣至桩顶距离
　　E.下吊桩扣至桩尖距离

23.在基坑开挖前应制订系统的开挖监控方案,监控方案应包括(　　)及精度要求、监测周期、工序管理和记录制度以及信息反馈系统等。
　　A.监控目的　　B.监控项目　　C.监控报警值　　D.监控报警人
　　E.监测方法

24.基坑四周应设置(　　)。
　　A.挡水围墙　　B.挡水围堰　　C.排水井　　　　D.排水沟
　　E.安全护栏

25.基坑降水过程中,发现异常情况应及时分析,采取处理措施,防止(　　)等情况发生,确保降水有效。
　　A.滤管堵塞　　B.降水失效　　C.滤层破坏　　　D.抽空水层
　　E.抽空沙层

26.清除耙头杂物时,作业人员应(　　)清除。
　　A.携带通信工具　　　　　　　　　B.有专人监护
　　C.正确站位　　　　　　　　　　　D.穿戴好防护用品
　　E.使用专用工具

27.绞吸(斗轮)式挖泥船定位钢桩收放应(　　)。
　　A.待船停稳,检查水深合适后再开始放钢桩
　　B.如有流速,可先放桥架或抛锚,待船停稳后再下钢桩
　　C.船舶横向移动或停泊时,不得将双钢桩同时插入泥层
　　D.船舶移位时,不得调整定位钢桩
　　E.船舶调遣时须将定位钢桩进行倒桩封固

28.绞吸式挖泥船清理绞刀或吸泥口障碍物应(　　)。
　　A.靠泊码头　　　　　　　　　　　B.关闭绞刀动力源开关
　　C.锁定桥架保险销　　　　　　　　D.排净回路水
　　E.专人监护

29.链斗挖泥船应待斗桥下放至预定深度,(　　),并运转正常,方可启动斗链挖泥。
　　A.斗链着底　　B.收紧边缆　　C.泥驳靠妥　　　D.卸泥槽已收起
　　E.卸泥槽已放下

30.深层拌和处理机施工时,必须采取以下(　　)安全措施。
　　A.深层拌和处理机就位后应将机架摆放平整、稳定,并采取制动措施
　　B.深层拌和处理机就位后应将机架摆放平整、稳定,并采取支撑措施

C. 处理机移动时,须由专人看护和移动电缆线
D. 桩架出现摇晃、偏斜等异常现象,应适时纠正
E. 桩架出现摇晃、偏斜等异常现象,应立即停止作业

31. 建筑物拆除应采取( )的拆除方法。
    A. 自上而下　　B. 自下而上　　C. 逐层分段　　D. 先水上后水下
    E. 先水下后水上

32. 沉箱横、纵移及溜放过程中,指挥人员必须注意( )各部位操作人员的安全,卷扬机操作人员必须听从指挥。
    A. 平台　　　　B. 横移车　　　C. 纵移车　　　D. 斜架车
    E. 气囊

33. 采用气囊出运沉箱必须重点做好( )选型及其质量、出运通道的稳固、坡度及平整度、构件的临时支垫等的管理工作。
    A. 锚固系统　　B. 牵引系统　　C. 横、纵移车　　D. 斜架车
    E. 气囊

34. 陆上气囊移运构件的牵引和溜尾系统,应( )。移运中,钢丝绳两侧不得站人,且不得跨越行走。
    A. 配置相同品牌的卷扬机　　　　B. 配置技术性能相同的卷扬机
    C. 牵引速度宜为1.2~1.5m/min　　D. 先牵引后溜放
    E. 同步作业

35. 沉箱拖运前,为了保证沉箱拖运安全,必须按照相关规范的要求对沉箱的( )进行验算。
    A. 大小　　　　B. 吃水　　　　C. 压载　　　　D. 浮游稳定
    E. 拖运时间

36. 沉箱拖运的海况条件是( )。
    A. 近程:风速小于等于6级,波高小于等于1.0m
    B. 近程:风速小于等于6级,波高小于等于1.5m
    C. 远程:风速小于等于6级,波高小于等于1.0m
    D. 远程:风速小于等于6级,波高不大于1.0m
    E. 远程:风速小于等于6级,波高不大于1.5m

37. 沉箱浮运拖带方式有( )。
    A. 跨拖　　　　B. 正拖　　　　C. 斜拖　　　　D. 绑拖
    E. 混合拖

38. 构件起吊后,起重设备( )时,应缓慢、平稳,吊安的构件不得随意碰撞其他物件。
    A. 旋转　　　　B. 变幅　　　　C. 移船　　　　D. 牵引
    E. 升降

39. 防波堤护面块体起吊时,必须( ),方可起钩吊运。
    A. 待钩绳受力　　　　　　　　　　B. 块体尚未离地

C. 块体尚未入水 　　　　　　　D. 挂钩完毕
E. 挂钩人员退至安全位置后

40. 套箱或箱梁的临时支撑点,应( )。
A. 进行加固　　B. 进行受力计算　　C. 布置合理　　D. 满足承重要求
E. 稳定牢固

41. 沉箱安装时,应根据施工水域的( )以及施工工艺等研究确定。
A. 温度　　　　B. 风力　　　　　C. 波浪　　　　D. 流速
E. 流态

42. 充沙袋冲灌前,( )应连接牢固。冲灌时,高压水枪不得射向人员或电气设备。
A. 冲沙泵吸口　　　　　　　　　B. 灌沙口
C. 输沙管接头　　　　　　　　　D. 高压水管接头
E. 高压水泵出口

43. 当施工水域( )时,在无安全防御措施情况下,潜水员不得进行潜水作业。
A. 水温在5℃以下　　　　　　　B. 流速大于1.0m/s
C. 下潜深度超过20m　　　　　　D. 具有障碍物或污染物
E. 具有噬人的海生物

44. 通风式重装潜水作业组由( )和空压机操作人员组成。
A. 施工员　　B. 指挥员　　　　C. 潜水员　　　　D. 电话员
E. 收放供气管线人员

45. 潜水员下水作业前,必须熟悉了解现场( )和地质等情况。
A. 水深　　　　B. 流速　　　　C. 水温　　　　D. 气象
E. 水质

46. 任何情况下潜水员( )。
A. 不得站在两构件间　　　　　　B. 不得站在两构件边缘
C. 不得站在两构件上面　　　　　D. 供气管亦不得置于构件缝中
E. 供气管亦不得置于构件上面

47. 用船舶运送爆破器材和起爆药包时,应采用专用船。如采用普通船舶时,应采取( )措施,并应避免剧烈的颠簸或碰撞。
A. 防电　　　　B. 防震　　　　C. 防风　　　　D. 防浪
E. 隔热

48. ( ),不得进行水下钻孔或装药。
A. 内河水位暴涨、暴落　　　　　B. 海上风速≥4级
C. 海上风速≥6级　　　　　　　 D. 波高大于0.8m
E. 波高大于1.0m

49. 水下电爆网路的主线和连线,应采用( )的绝缘胶线。
A. 强度高　　　B. 电阻小　　　C. 电阻大　　　D. 防水
E. 柔韧性好

50.投药船离开投放药包的地点前,潜水员必须严格检查(　　)和其他附属物是否挂有药包、导线等。
　　A.船底　　　　　B.甲板　　　　　C.船舵　　　　　D.螺旋桨
　　E.缆绳

51.软基处理工程是指通过(　　)等各种施工方法对软土地基进行加固处理。
　　A.真空预压　　　B.堆载预压　　　C.振动水冲　　　D.强夯
　　E.深层搅拌

52.起重机的吊钩和吊环严禁补焊,当出现下列(　　)情况之一时应更换。
　　A.表面有裂纹、破口　　　　　　　B.危险断面及吊钩颈有永久变形
　　C.挂绳处断面磨损超过高度5%　　 D.吊钩衬套磨损超过原厚度50%
　　E.心轴(销子)磨损超过其直径的3%~5%

53.通过滑轮的钢丝绳不得有(　　),钢丝绳在卷筒上必须排列整齐,作业中最少需保留三圈。
　　A.弯曲　　　　　B.接头　　　　　C.结节　　　　　D.扭绕
　　E.变形

54.陆用起重机和驳船组合作业前,(　　)。
　　A.需编制施工组织设计　　　　　　B.需制订专项施工方案
　　C.附具船舶稳定性验算结果　　　　D.附具船舶结构强度验算结果
　　E.附具船舶甲板强度验算结果

55.高处作业人员应(　　)。
　　A.戴好安全帽　　　　　　　　　　B.戴好护目镜
　　C.身穿紧口工作服　　　　　　　　D.穿好防滑鞋
　　E.系好安全带

56.对于洞口作业,可根据具体情况采取(　　)等安全措施。
　　A.防护栏杆　　　B.搭设脚手架　　C.操作平台　　　D.加盖板
　　E.张挂安全网

57.进行悬空作业时,要设有牢靠的作业立足处,并视具体情况采用(　　)等安全措施。
　　A.设防护栏杆　　B.搭设脚手架　　C.设操作平台　　D.使用马登
　　E.张挂安全网

58.安全网作防护层时,必须封挂严密牢靠,(　　)。
　　A.密目安全网用于立网防护　　　　B.密目安全网用于水平防护
　　C.水平防护必须采用平网　　　　　D.水平防护必须采用立网
　　E.不准用立网代替平网

59.安全网、安全带应由专人发放、保管和检查,并应存放在(　　)和无尖锐物的仓库或专用场所。
　　A.干燥　　　　　B.通风　　　　　C.避风　　　　　D.避光
　　E.无化学品污染

60. 水上抛填块石,应根据设计及规范要求、施工能力、( )等的影响,确定分层和分段的施工顺序。
   A. 温度   B. 风级   C. 潮位   D. 水流
   E. 波浪

61. 当设计有控制抛石加荷速率要求时,应( )。
   A. 按设计要求加荷速率分层抛填   B. 设置沉降观察盘
   C. 设置位移观测点   D. 控制抛石时间
   E. 控制加荷间歇时间

62. 采用开体抛石船作业,应考虑船型、水位、( )等因素,确定开体船作业水深要求。
   A. 作业波高   B. 卸抛石体高度
   C. 船只卸石瞬间惯性下沉量   D. 船只卸石下沉量
   E. 富裕水深

63. 挖掘机、装载机等在驳船上作业完毕或船舶在拖航过程中,应对挖掘机、装载机等进行封固,并将铲斗( )于甲板上。
   A. 收回   B. 平放   C. 立放   D. 支撑
   E. 拆卸

64. 铺排船上的起重设备吊装及展开排布应有专人指挥。卷排时,( )周围不得站人。
   A. 吊机   B. 排布上   C. 滚筒   D. 滑轮
   E. 制动器

65. 模板工程施工方案应包括模板的制作、安装、拆除等施工( )。
   A. 程序   B. 方法   C. 安全措施   D. 时间
   E. 人员

66. 大型模板支撑系统搭设前,项目工程技术负责人或专项施工方案编制人员应当根据专项施工方案和有关规范、标准要求,对( )进行安全技术交底,并履行签字手续。
   A. 现场管理人员   B. 质检人员   C. 操作班组   D. 作业人员
   E. 木工

67. 大模板安装安全技术交底的内容包括模板支撑工程的( )等,并保留记录。
   A. 工艺   B. 工序   C. 作业要点   D. 搭设时间
   E. 搭设安全技术要求

68. 模板拆除区域应( ),对施工人员进行安全技术交底。
   A. 设置警戒线   B. 设置警示标志
   C. 设置隔离层   D. 张挂安全网
   E. 设专人监护

69. 吊运、捆绑钢筋应采取以下( )方法。
   A. 吊运短钢筋应使用吊笼
   B. 吊运超长钢筋应加横担
   C. 捆绑钢筋应使用钢丝绳千斤头双条绑扎

D. 捆绑钢筋应使用钢丝绳千斤头单条绑扎
E. 捆绑钢筋应使用单条千斤头或绳索绑吊

70. 采用吊罐浇筑混凝土时,( )应由专人指挥,吊罐下不得站人。
    A. 搅拌　　　　B. 起吊　　　　C. 运送　　　　D. 卸料
    E. 浇筑

71. 采用泵送混凝土作业,要对输送泵和布料系统的( )进行检查并做压力试验。
    A. 支架　　　　B. 支垫　　　　C. 管道　　　　D. 接头
    E. 卡箍

72. 混凝土构件孔道高压灌浆时,应严格按照规定压力进行,( ),防止浆液打击伤人。
    A. 喷嘴与孔口应紧固　　　　　　B. 输浆管与压浆管应连接牢固
    C. 排浆应戴好防护眼镜　　　　　D. 堵孔应戴好口罩
    E. 作业人员不得面对排浆孔

73. 吊装、运输、使用乙炔和氧气钢瓶时要防止( ),不准使用电磁吸盘链绳吊装。
    A. 振动　　　　B. 敲击　　　　C. 倾斜　　　　D. 碰撞
    E. 雨淋

74. 在( )场所焊接,应再增设绝缘垫板。
    A. 潮湿　　　　B. 低洼　　　　C. 水下　　　　D. 水上
    E. 金属容器

75. 在高处从事电焊、气焊作业时,( )。
    A. 作业区周围和下方应采取防火措施,并设专人巡视
    B. 作业人员必须使用标准的防火安全带
    C. 安全带必须系在可靠的构架上
    D. 作业人员必须使用防目镜
    E. 焊接电缆应绑紧在固定处,严禁绕在身上或搭在背上作业

76. 焊工作业时要( ),不得赤裸上身、穿拖鞋或赤脚作业。
    A. 穿好绝缘鞋　　　　　　　　　B. 戴好防护手套
    C. 穿好工作服　　　　　　　　　D. 正确使用防护面罩
    E. 使用安全带

77. 施工现场配电室应选择在( )位置。
    A. 靠近电源　　　　　　　　　　B. 靠近负荷中心
    C. 进、出线方便　　　　　　　　D. 周边道路通畅
    E. 易积水场所的正下方

78. 施工现场配电室应选择在周围环境( )的位置。
    A. 潮气少　　　B. 振动少　　　C. 无腐蚀介质　　　D. 无易燃易爆物
    E. 无积水

79. 配电箱、开关箱应有( )。
    A. 名称　　　　B. 用途　　　　C. 分路标记　　　　D. 系统接线图

E. 安装日期

80. 配电箱、开关箱的正确操作顺序是( )。
   A. 送电操作顺序为:总配电箱—分配电箱—开关箱
   B. 送电操作顺序为:开关箱—分配电箱—总配电箱
   C. 停电操作顺序为:开关箱—分配电箱—总配电箱
   D. 停电操作顺序为:总配电箱—分配电箱—开关箱
   E. 停电操作顺序为:开关箱—总配电箱—分配电箱

81. 使用行灯应符合下列( )要求。
   A. 电源电压不大于36V
   B. 灯体与手柄应紧固、绝缘良好并耐热耐潮湿
   C. 灯头与灯体结合牢固,灯头无开关
   D. 灯头与灯体结合牢固,灯头有开关
   E. 灯泡外部有金属保护网,并固定在灯具的绝缘部位上

82. 为船舶提供岸电的电缆线路必须( )。
   A. 有短路保护
   B. 有过载保护
   C. 有稳压保护
   D. 绝缘良好并具有防水功能
   E. 保持潮水涨落或移船的余量

83. 施工现场外电防护的主要技术措施是( )。
   A. 绝缘   B. 屏护   C. 保证安全距离   D. 限制放电能量
   E. 24V及以下安全特低电压

84. 电气防火制度性措施主要是建立电气防火( )等。
   A. 责任制度   B. 教育制度   C. 检查制度   D. 火警预报制度
   E. 领导体系及防火队伍

85. 进入下列( )等水上场所作业时,必须正确穿戴救生衣。
   A. 在无护栏或1.0m以下低舷墙的船甲板上
   B. 在工作船、舢板、木筏、浮筒、排泥管等上
   C. 在各类施工船舶的舷外或临水高架上
   D. 乘坐交通工作船和上下施工船舶时
   E. 在已成型的码头、栈桥、墩台、平台或构筑物边缘2.0m范围外

86. 遇到以下( )等几种情况严禁起重吊装作业。
   A. 超载或被吊物重量不明
   B. 起重设备安全装置不符合要求
   C. 被吊物埋在地下或位于水下情况不明
   D. 吊索系挂和附件捆绑不牢或不符合安全规定
   E. 被吊物捆绑处的棱角无衬垫,边缘锋利的物件无防护措施

87. 测量滩涂等地形时,须配备( )设备。
   A. 防水   B. 防滑   C. 防陷   D. 防溺

E.防冻

88.施工现场的办公区、生活区和作业区,不得设在易产生山体滑坡、(　　)或易受(　　)、洪水侵袭及(　　)的区域。
　　A.泥石流　　　　B.潮水　　　　C.雨水　　　　D.山顶
　　E.雷击

89.施工现场的平面布局应以施工工程为中心,明确划分(　　)、办公区和废品集中区,各区域之间的防火间距要符合法规的要求。
　　A.用火作业区　　B.材料堆放区　　C.仓库区　　D.暂设生活办公区
　　E.消防区

90.施工单位应当将施工现场的(　　)分开设置,并保持安全距离。
　　A.办公区　　　　B.生活区　　　　C.码头　　　　D.作业区
　　E.工具房

91.预制场地选择的基本要求包括(　　)。
　　A.预制场的临水岸坡应稳定,地基应有足够的承载力
　　B.在软土地基上建造预制场地,应对岸坡和地基进行加固处理
　　C.预制场不宜设在受水位变化和易受自然灾害影响的地带
　　D.预制场的总体布置,应根据预制工艺合理分区
　　E.混凝土搅拌和石料破碎系统,应设置在常风向的上风处

92.临时码头宜选择在(　　)、陆路交通便利的岸段。
　　A.水域窄　　　　B.岸坡稳定　　　C.波浪和流速小　　D.水深适宜
　　E.地质条件较好

93.水上工作平台应符合下列(　　)等规定。
　　A.应设警戒船,及时提醒过往船舶
　　B.夜间,平台四面应设置安全警示灯
　　C.施工平台通道上设置安全警示灯
　　D.水上工作平台上,应设置必要的救生器材,作业人员应携带有效的通信器材
　　E.水上工作平台顶面的四周,应设置高度不低于1.2m的安全护栏

94.搭设水上工作平台时,应按设计图进行施工,并应符合下列(　　)规定。
　　A.水上工作平台应稳固
　　B.顶部应满铺面板,面板与下部结构连接应牢固
　　C.水上工作平台顶面的四周,应设置高度不低于1.2m的安全护栏
　　D.上下人员的爬梯应牢固,梯阶间距以30cm为宜
　　E.水位落差不大,作业人员可从交通船甲板上跳跃上下

95.水上工作平台应设置(　　)等安全设施,确保施工作业人员和水上操作平台的安全。
　　A.水上工作平台顶面的四周,应设置高度不低于1.2m的安全护栏
　　B.水上工作平台周围水域应设置警戒船
　　C.夜间,平台四面应设置安全警示灯

D. 水上工作平台应设置必要的救生器材

E. 水上工作平台应配置救生筏或救生艇

96. 水上临时人行跳板应按（　　）要求设置，确保行人安全。

　　A. 跳板宽度不宜小于60cm

　　B. 跳板强度和刚度满足使用

　　C. 跳板两侧应设置安全护栏或张挂安全网

　　D. 跳板端部应进行固定或系挂

　　E. 跳板面应设置防滑设施

97. 施工船舶临时锚泊应选择（　　）。

　　A. 工况条件好　　　　　　　　B. 开敞的海域

　　C. 水底土质适宜　　　　　　　D. 具有足够的回转水域

　　E. 具有足够的水深

98. 临时用电工程包括以下（　　）图纸。

　　A. 用电工程总平面图　　　　　B. 用电器位置图

　　C. 配电装置布置图　　　　　　D. 配电系统接线图

　　E. 接地装置设计图

99. 三级配电系统应遵守以下（　　）规则。

　　A. 分级分路　　B. 动、照分设　　C. 动、照并设　　D. 压缩配电间距

　　E. 环境安全

100. 施工船舶禁止在（　　）区域抛锚。

　　A. 水下电缆　　B. 水下管道　　C. 水下构筑物　　D. 施工作业区

　　E. 禁止抛锚区

101. 施工船舶舷外作业应遵守（　　）规定。

　　A. 船上应悬挂慢车信号，作业现场应设置安全警示标志

　　B. 作业现场应有监护人员，并备有救生设备

　　C. 船舶在航行中或摇摆较大时，不得进行舷外作业

　　D. 舷外应设置安全可靠的工作脚手架或吊篮

　　E. 驾驶台有专人值班，提醒过往船舶

102. 下列关于船电使用规定，正确的是（　　）。

　　A. 带电作业必须有专人监护，并采取可靠的防护、应急措施

　　B. 船上人员不得随意改动线路或增设电器

　　C. 船舶上使用的移动灯具的电压不得大于50V，电路应设有过载和短路保护

　　D. 禁止使用超过设计容量的电器

　　E. 蓄电池工作间应通风良好，不得存放杂物，并应设置安全警示标志

103. 在封闭空间内实施焊接及切割时，（　　）必须放置在封闭空间的外面。

　　A. 气瓶　　　　　B. 饮料瓶　　　　C. 电焊机　　　　D. 灭火器

　　E. 工具

104. 下列关于拖轮安全作业要求,正确的是(   )。
    A. 拖航前应制订拖带方案
    B. 拖缆施放前,作业人员应清理甲板作业区
    C. 启拖时,拖轮应待拖缆受力后方可逐渐加速
    D. 拖轮傍靠被拖船时,靠泊角度不宜过大,并应控制船速
    E. 拖轮与被拖船间放置缓冲垫时,船员不得骑跨或站在舷墙上操作

105. 交通工作船应(   )。
    A. 持有有关部门签发的与施工水域相适应的有效证书
    B. 按要求配置消防、救生、通信设施
    C. 按核定人数载人,不得超员运行或客货混装
    D. 按顺序上下人员,并清点记录登船和下船的人数
    E. 按施工要求做好随时航行的准备

106. 下列关于耙吸式挖泥船安全作业要求,正确的是(   )。
    A. 疏浚过程中不得急剧大角度转向
    B. 清除耙头杂物应携带通信工具并设专人监护
    C. 进入抛泥区应控制船速,逐步开启泥门
    D. 进入抛泥区应控制船速,快速开启泥门
    E. 吹填作业应保持船舶平衡状态

107. 绞吸式挖泥船清理绞刀或吸泥口应(   )。
    A. 打开绞刀动力源开关   B. 关闭绞刀动力源开关
    C. 锁定桥架保险销   D. 打开桥架保险销
    E. 排净回路水

108. 链斗式挖泥船挖泥时(   )。
    A. 应密切观察斗链运转状况和斗桥动态
    B. 发现异常或遇有水下障碍物应立即停车检查
    C. 发现异常或遇有水下障碍物应立即检查
    D. 发现塌方应迅速松放主缆,移船躲避
    E. 发现塌方应迅速收紧主缆,防止移船

109. 抓斗式挖泥船安全作业要求是(   )。
    A. 移动抓斗时,抓斗不得碰撞泥驳或缆绳
    B. 抓斗下落时不得突然制动
    C. 抓斗机不得超载
    D. 抓斗的索链缠绕抓斗时应立即停止作业,排除故障
    E. 抓斗的索链缠绕抓斗时应立即排除故障

110. 吹泥船吹泥前(   )。
    A. 排泥管线附近的人员应撤离   B. 排泥区作业人员应撤离
    C. 排泥管线附近的船舶应撤离   D. 应与排泥区作业人员取得联系

E. 吸泥管堵塞后应立即清除堵塞物

111. 我国海区航标采用国际海上浮标制度,该标准包括( )、专用标志等五类。
 A. 侧面标志　　　B. 方位标志　　　C. 孤立危险标志　　D. 航行标志
 E. 安全水域标志

112. 利用原有码头做预制场时,必须了解原码头的设计荷载和使用现状,( )。
 A. 预制、存放构件及施工机械的荷载不得超过码头的设计荷载
 B. 预制、存放构件及施工机械的荷载不得超过码头的现行规定的荷载
 C. 预制、存放构件应在码头中间位置
 D. 防止超荷载使用导致码头坍塌
 E. 防止超荷载使用导致设备损失及人员伤亡事故

113. 重力式码头施工中的安全控制要点有( )和施工用电等。
 A. 构件运输　　　B. 起重安装　　　C. 潜水作业　　　D. 工程船舶
 E. 施工机械

114. 高桩码头施工安全控制要点有( )、施工机械、水上作业和水上施工用电等。
 A. 基槽挖泥　　　B. 基桩施工　　　C. 起重安装　　　D. 潜水作业
 E. 机械管理

115. 基建性疏浚实施前,在有爆炸物存在的施工区,施工前可采取下列( )措施,来确保施工人员和疏浚设备安全。
 A. 硬式扫床　　　　　　　　B. 磁力仪扫测
 C. 采用拖网方法打捞表面爆炸物　　D. 挖泥船的吸入口安装格栅等防护装置
 E. 在危险性较大的地区,宜在挖泥船敏感部位加装防护装置

116. 选择挖泥船应考虑( )等因素。
 A. 风浪影响　　　B. 水流的影响　　C. 避让安全　　　D. 土质条件
 E. 工程要求

117. 排泥管线岸管布置应满足( )的要求。
 A. 设计高程　　　B. 吹填高程　　　C. 吹填范围　　　D. 吹填厚度
 E. 吹填土质

118. 为了在机械化施工中杜绝或减少安全事故的发生,确保机械及人员的安全,创造良好的施工效益,必须抓住机械( )四个环节。
 A. 管　　　　　　B. 用　　　　　　C. 查　　　　　　D. 养
 E. 修

119. 陆用起重机械在驳船上组合作业,必须( )。
 A. 制订专项施工方案　　　　　B. 对船舶的稳定性和结构强度进行验算
 C. 对起重机的结构强度进行验算　D. 对起重机的吊重和作业半径做出规定
 E. 设置起重机、吊臂和吊钩土封固装置

120. 木工圆锯机使用前,应检查锯片有无( )。
 A. 断齿　　　　　B. 弯齿　　　　　C. 裂纹　　　　　D. 裂口

E. 杂物

(三) 判断题

1. 排泥管线拖航前,浮筒必须经过漂浮试验,保证浮筒的水密性。( )
  A. 正确   B. 错误

2. 吊装作业,雨天视程不足100m时,或在4m内作业人员之间、作业人员与构件之间无法辨认时,应停止作业。( )
  A. 正确   B. 错误

3. 主拖船拖带航行应考虑每隔24小时航程选定一避风锚地备用。( )
  A. 正确   B. 错误

4. 被拖船起拖时不得有横倾角。( )
  A. 正确   B. 错误

5. 拖航过程中如发现被拖船有异常情况,值班人员应立即采取措施,并电告主管单位。( )
  A. 正确   B. 错误

6. 主拖船每天不少于1次适当收放主拖缆,以改变主拖缆摩擦部位。( )
  A. 正确   B. 错误

7. 拖航中应时刻保持拖缆在水下有足够的垂曲度。( )
  A. 正确   B. 错误

8. 海上拖带时的减速应逐级进行,并逐渐收短拖缆。( )
  A. 正确   B. 错误

9. 解拖应在主拖船停止航行后进行。( )
  A. 正确   B. 错误

10. 热带低压生成后,项目经理部应按时收听、收集热带低压信息,跟踪、分析热带低压动向,向所辖船舶通报热带低压动向。( )
  A. 正确   B. 错误

11. 当8级大风到来1h前,船长应在驾驶台指挥,轮机长应下机舱指挥。( )
  A. 正确   B. 错误

12. 起吊混凝土桩时,捆绑位置与设计吊点位置的偏差不得大于20cm,以免混凝土桩断裂。( )
  A. 正确   B. 错误

13. 水上沉桩后,应及时挖泥施工。( )
  A. 正确   B. 错误

14. 深度大于等于2.0m的基坑应设置临边防护设施。( )
  A. 正确   B. 错误

15. 深度大于等于5.0m的基坑应设置临边防护设施。( )
  A. 正确   B. 错误

16. 板桩支护结构应按设计施工。（ ）
    A. 正确　　　　　　　　　　　　　B. 错误

17. 沉井内挖土，采用水力机械挖泥时，沉井内水位应低于外侧水位。（ ）
    A. 正确　　　　　　　　　　　　　B. 错误

18. 泥浆浓度伽玛仪必须由专人负责使用管理。（ ）
    A. 正确　　　　　　　　　　　　　B. 错误

19. 耙吸式挖泥船卸泥时应微速或停车，风浪较大时应顶浪顺浪，避免横浪作业。（ ）
    A. 正确　　　　　　　　　　　　　B. 错误

20. 耙吸式挖泥船下耙时，先检查限位开关的灵敏度和可靠性，再将泥管及耙头下放到最低位置后，方可启动吊架。（ ）
    A. 正确　　　　　　　　　　　　　B. 错误

21. 耙吸式挖泥船抛卸作业时，在不影响周围船舶和设施安全的情况下，应偏向水流的上方抛卸。（ ）
    A. 正确　　　　　　　　　　　　　B. 错误

22. 绞吸式挖泥船调遣时，须将定位钢桩进行倒桩封固。（ ）
    A. 正确　　　　　　　　　　　　　B. 错误

23. 绞吸式挖泥船施工中需要对排泥管线进行检查、整理或松放缆时，应先减速或停泵。（ ）
    A. 正确　　　　　　　　　　　　　B. 错误

24. 链斗挖泥船施工一般采用顺流作业，定位时应根据施工水域条件确定抛锚顺序和选择适当的锚位。（ ）
    A. 正确　　　　　　　　　　　　　B. 错误

25. 链斗挖泥船挖泥摆动时，应合理控制横移速度，防止斗链出轨。（ ）
    A. 正确　　　　　　　　　　　　　B. 错误

26. 施工中，泥驳靠离挖泥船或有其他船舶通过时，应松放缆绳。（ ）
    A. 正确　　　　　　　　　　　　　B. 错误

27. 作业人员不得攀爬或站在处于悬吊状态的抓斗上作业。（ ）
    A. 正确　　　　　　　　　　　　　B. 错误

28. 排泥管进入吹填区的入口应远离排水口，以延长泥浆流程。（ ）
    A. 正确　　　　　　　　　　　　　B. 错误

29. 水面自浮管线铺设不必抛锚固定。（ ）
    A. 正确　　　　　　　　　　　　　B. 错误

30. 在通航区沉放水下排泥管线时，应设立警戒船。（ ）
    A. 正确　　　　　　　　　　　　　B. 错误

31. 排泥管线堆放，一般不超过6层，配置桥式起重机的堆场，最高不得超过7层。（ ）
    A. 正确　　　　　　　　　　　　　B. 错误

32. 排泥管线对接时，操作人员应站在活动管线一侧。（ ）

A. 正确　　　　　　　　　　　　　B. 错误

33. 采用钻孔爆破船施工时,临时存放的炸药和雷管可以同舱放置。(　　)

　　A. 正确　　　　　　　　　　　　　B. 错误

34. 水下安放爆炸挤淤的药包时,宜采用顺风或逆流向布药。(　　)

　　A. 正确　　　　　　　　　　　　　B. 错误

35. 排水板打设机不得在斜坡上回转。(　　)

　　A. 正确　　　　　　　　　　　　　B. 错误

36. 强夯施工应设置警戒区,警戒区的警戒范围应通过试夯确定,但不得少于起重机吊臂长度的1.0倍。(　　)

　　A. 正确　　　　　　　　　　　　　B. 错误

37. 拆除施工的安全防护采用脚手架、安全网、施工平台等,必须由专业人员搭设。(　　)

　　A. 正确　　　　　　　　　　　　　B. 错误

38. 沉箱移运应统一指挥、缓慢启动、匀速运行,牵引绳两侧严禁站人。(　　)

　　A. 正确　　　　　　　　　　　　　B. 错误

39. 沉箱处于漂浮状态之前,应按规定向沉箱各舱内抛石,并满足浮游稳定的要求。(　　)

　　A. 正确　　　　　　　　　　　　　B. 错误

40. 陆上预制大型构件气囊运出过程中,停滞时间超过2h应对构件进行支垫,不得长时间以气囊作为支垫座。(　　)

　　A. 正确　　　　　　　　　　　　　B. 错误

41. 远程拖带的沉箱应采取简易封舱。(　　)

　　A. 正确　　　　　　　　　　　　　B. 错误

42. 浮运拖带沉箱,拖运前必须对所拖运的沉箱进行不少于24h的漂浮试验,检验沉箱是否有漏水、渗水现象。(　　)

　　A. 正确　　　　　　　　　　　　　B. 错误

43. 沉箱拖曳力着力点的确定原则是设在沉箱的浮心、重心之间,靠近浮心附近。(　　)

　　A. 正确　　　　　　　　　　　　　B. 错误

44. 沉箱浮运拖带,沉箱顶部应按规定设置号灯、号型,其高度不得低于1.5m,且应明显、牢固。(　　)

　　A. 正确　　　　　　　　　　　　　B. 错误

45. 沉箱拖运启航后,为了便于控制沉箱的平衡性,沉箱上应载1~2人监控沉箱的平衡性。(　　)

　　A. 正确　　　　　　　　　　　　　B. 错误

46. 受风、浪或水流影响的梁、板、靠船构件等安装后,应立即采取封固措施,以免坠落。(　　)

　　A. 正确　　　　　　　　　　　　　B. 错误

47. 套箱或箱梁安装后,临时封固未完成前,不得降钩或移船。( )
   A. 正确　　　　　　　　　　　B. 错误
48. 半潜驳的下潜坑深度,必须满足半潜驳最小潜深的要求。( )
   A. 正确　　　　　　　　　　　B. 错误
49. 吊桩绳扣、滑车、索具等和桩的吊点数量、位置应根据桩长、桩重、断面尺寸和配筋等进行计算,审核后选用。( )
   A. 正确　　　　　　　　　　　B. 错误
50. 水上沉桩施工,桩的吊点数根据打桩船的起重设备决定。( )
   A. 正确　　　　　　　　　　　B. 错误
51. 打桩船吊桩时,桩锤就置于桩架顶部,捆桩绳扣应采取防滑措施,不得斜拉或越钩吊桩。( )
   A. 正确　　　　　　　　　　　B. 错误
52. 在打桩作业时,作业人员不准乘锤、替打上下,不准将头、手、脚靠近龙口滑道。( )
   A. 正确　　　　　　　　　　　B. 错误
53. 沉桩过程中,指挥人员应随时观察桩、锤、替打的运行状态,发现问题应放慢沉桩速度。( )
   A. 正确　　　　　　　　　　　B. 错误
54. 电缆选择主要依据是线路敷设的要求和计算的线路负荷电流。( )
   A. 正确　　　　　　　　　　　B. 错误
55. 为船舶提供岸电的电缆必须有短路保护和过载保护。( )
   A. 正确　　　　　　　　　　　B. 错误
56. 电缆架空线路的挡距不得小于35m。( )
   A. 正确　　　　　　　　　　　B. 错误
57. 保护性接地是为满足电气设备使用安全的基本保护要求。( )
   A. 正确　　　　　　　　　　　B. 错误
58. 起重作业必须遵守"十不吊"作业规定,驾驶员对任何人发出的紧急停止信号,均应服从。( )
   A. 正确　　　　　　　　　　　B. 错误
59. 钢模、木材应堆放平稳,模板的堆放高度不宜超过3m。( )
   A. 正确　　　　　　　　　　　B. 错误
60. 大型钢模板上应设置工作平台和爬梯,工作平台上应设置防护栏杆和限载标志。( )
   A. 正确　　　　　　　　　　　B. 错误
61. 混凝土浇筑作业停止,需移动振动器时,应先切断电源,再关闭电动机。( )
   A. 正确　　　　　　　　　　　B. 错误
62. 氧气瓶和乙炔瓶与明火间的距离应在5m以上。( )

  A. 正确   B. 错误

63. 凡在坠落高度基准面≥2.0m 的可能坠落的高处所进行的作业,称为高处作业。(　　)
  A. 正确   B. 错误

64. 使用安全带时要高用低挂,防止摆动碰撞,绳子不能打结。(　　)
  A. 正确   B. 错误

65. 抛石船可根据抛填工程量大小、施工环境和条件、石料来源等因素选择。(　　)
  A. 正确   B. 错误

66. 水上抛填块石,若抛填工程量较大时,可随意抛填。(　　)
  A. 正确   B. 错误

67. 抛石控制抛填高差,粗抛时宁高勿低,细抛一般为0~30cm,细抛应趁平潮时进行。(　　)
  A. 正确   B. 错误

68. 斜坡堤软土地基上的抛石,当有挤淤要求时,应从断面两侧逐渐向中间抛填。(　　)
  A. 正确   B. 错误

69. 抛石过程中打水测量水深时,必须暂停抛石。(　　)
  A. 正确   B. 错误

70. 挖掘机、装载机等在驳船上作业时,驳船的纵横倾角应控制在允许范围内,并不得超载。(　　)
  A. 正确   B. 错误

71. 铺排船上的起重设备吊装及展开排布应由项目经理指挥。(　　)
  A. 正确   B. 错误

72. 潜水作业现场应备有急救箱及相应急救器具,水深超过60m 时应备有减压舱等设备,并制订应急措施。(　　)
  A. 正确   B. 错误

73. 潜水作业应执行潜水员作业时间和替换周期的规定,在12.5m 水深以下作业时间不能超过2h。(　　)
  A. 正确   B. 错误

74. 爆破单位及爆破人员必须具有相应的爆破资质和资格证书。(　　)
  A. 正确   B. 错误

75. 交通工作船在大风、大雾、大雪、暴雨等恶劣天气中,严禁冒险航行,无夜航设备的交通工作船不得在夜间航行。(　　)
  A. 正确   B. 错误

76. 打桩船移船过程中,要注意锚缆位置,防止缆索拌桩或伤人,如桩顶被水淹没时,应在该桩顶端设置不被水淹没的警示标志。(　　)
  A. 正确   B. 错误

77. 拆卸混凝土输送管道接头时,应释放管内混凝土。(　　)

A. 正确　　　　　　　　　　　　　　B. 错误

78. 拖航时,铺排船的滑板应拉起并与船体锁定。( )

    A. 正确　　　　　　　　　　　　　　B. 错误

79. 半潜驳在起浮或下潜过程中,甲板面即将露出水面或潜入水面时,由于加水不平衡而产生的纵、横倾角并不影响下潜工作。( )

    A. 正确　　　　　　　　　　　　　　B. 错误

80. 耙吸式挖泥船疏浚过程中遇有横向强风、流压时,船舶航向应与风向、流向保持一致。( )

    A. 正确　　　　　　　　　　　　　　B. 错误

81. 绞吸式挖泥船在横移时,严禁将副桩插入河底。( )

    A. 正确　　　　　　　　　　　　　　B. 错误

82. 链斗挖泥船施工时,发现塌方应迅速收紧主缆,防止船舶后退。( )

    A. 正确　　　　　　　　　　　　　　B. 错误

83. 链斗挖泥船卸泥槽应在泥驳靠泊挖泥船前松放,并应在泥驳解缆后绞起。( )

    A. 正确　　　　　　　　　　　　　　B. 错误

84. 抓斗挖泥船的抓斗下落时不得突然制动。( )

    A. 正确　　　　　　　　　　　　　　B. 错误

85. 铲斗式挖泥船开挖风化岩或坚硬土质时应采用隔斗挖掘法。( )

    A. 正确　　　　　　　　　　　　　　B. 错误

86. 施工现场的平面布局应以施工工程为中心,明确划分用火作业区、材料堆放区、仓库区以及生活、办公等区域,各区域之间的防火间距要符合法规的要求。( )

    A. 正确　　　　　　　　　　　　　　B. 错误

87. 消防安全检查是对消防设备、器材和防火、灭火措施的检查。( )

    A. 正确　　　　　　　　　　　　　　B. 错误

88. 海上助航标志中,"右侧标志"设在航道的右侧,标示航道的右侧边界,顺航道走向行驶的船舶应将其置于左舷通过。( )

    A. 正确　　　　　　　　　　　　　　B. 错误

89. 内河助航标志的主要功能是标示内河航道的方向、界限与障碍物,揭示有关航道信息,为船舶航行指出安全、经济的航道。( )

    A. 正确　　　　　　　　　　　　　　B. 错误

90. 混凝土搅拌和石料破碎系统,应设置在常风向的下风处,并采取防尘措施。( )

    A. 正确　　　　　　　　　　　　　　B. 错误

91. 水上工作平台应设置必要的救生器材,作业人员应携带有效的通信器材。( )

    A. 正确　　　　　　　　　　　　　　B. 错误

92. 施工船舶临时锚泊地,应进行扫海和水深测量。( )

    A. 正确　　　　　　　　　　　　　　B. 错误

93. 施工现场用电工程的二级漏电保护系统中,漏电保护器必须分设于分配电箱和开关箱

中。( )
  A. 正确   B. 错误

94. 配电箱、开关箱中导线的进线口和出线口应设在箱体的背面。( )
  A. 正确   B. 错误

95. 施工现场停止作业1小时以上时,应将动力开关箱断电上锁。( )
  A. 正确   B. 错误

96. 高桩码头是依靠桩基入土部分的侧向土压力和安设在码头上部的锚碇结构来维持其整体稳定的。( )
  A. 正确   B. 错误

97. 高桩码头上部结构简单,构件断面大,工序多,工作面狭窄,施工困难。( )
  A. 正确   B. 错误

98. 建于浅水区域的斜坡堤,水上材料运输和抛填施工需要趁潮作业,有效工作时间长,要求施工船舶的吃水较小。( )
  A. 正确   B. 错误

99. 斜坡式护岸的施工程序为:岸坡开挖及削坡→铺设砂垫层及土工织物垫层→护底、堤身及护脚的抛填→倒滤层施工→上部结构施工→后方回填或吹填。( )
  A. 正确   B. 错误

100. 船坞坞首的作用是挡水。( )
  A. 正确   B. 错误

101. 采用重力式结构的船坞,可以不采取措施截断坞口的渗流。( )
  A. 正确   B. 错误

102. 船闸工程中,常用的导流方式有全段围堰法和分段围堰法。其中全段围堰法又分为明渠、隧洞、涵洞、倒虹吸、渡槽导流等。( )
  A. 正确   B. 错误

103. 施工区波浪具有明显季节性的沿海开敞海域,可安排组装绞吸船施工。( )
  A. 正确   B. 错误

104. 当风浪条件恶劣和避风锚地距离较远时,只要挖槽尺度和土质合适,均可采用大型绞吸式挖泥船施工。( )
  A. 正确   B. 错误

105. 混凝土联锁块软体排一般不需要补充压载,在特殊重点部位如要压载,也可采用加抛块石的方式。( )
  A. 正确   B. 错误

106. 禁止使用缺少安全装置或安全装置已失效的设备。( )
  A. 正确   B. 错误

107. 起重臂下严禁站人,工作有效半径内,作业人员不得进入。( )
  A. 正确   B. 错误

108. 新安装或长期停用的电动机,使用前应检查电动机定子、转子绕组各相之间和各绕组

对机壳之间的绝缘电阻,应不小于4Ω。（　　）
  A. 正确　　　　　　　　　　　　B. 错误
109. 桩锤的打击能量通过替打传递给桩,使桩逐渐下沉,并有保护桩顶、调节高程与固定桩的作用。（　　）
  A. 正确　　　　　　　　　　　　B. 错误
110. 起重船的吊钩是起重作业的主要属具,一般设有主钩、副钩和索具钩。（　　）
  A. 正确　　　　　　　　　　　　B. 错误
111. 混凝土搅拌船是水上流动搅拌站,集原材料运输、配制、搅拌、输送于一体,是海上大体积混凝土浇筑必不可少的施工船舶。（　　）
  A. 正确　　　　　　　　　　　　B. 错误
112. 施工船舶必须在核定航区或作业水域内施工。（　　）
  A. 正确　　　　　　　　　　　　B. 错误
113. 上下船舶应安设跳板,张挂安全网。（　　）
  A. 正确　　　　　　　　　　　　B. 错误
114. 使用软梯上下船舶应设专人监护,并备有带安全绳的救生圈。（　　）
  A. 正确　　　　　　　　　　　　B. 错误
115. 在内河施工时,施工船舶位于或跨越航道的锚缆应采用非金属索。（　　）
  A. 正确　　　　　　　　　　　　B. 错误
116. 风浪中起锚时,锚艇不得顶浪驻位或强行起锚。（　　）
  A. 正确　　　　　　　　　　　　B. 错误
117. 交通工作船应按核定人数载人,不得超员运行,可以客货混装。（　　）
  A. 正确　　　　　　　　　　　　B. 错误
118. 施加在结构上的集中力和均布力,工程上称为荷载。（　　）
  A. 正确　　　　　　　　　　　　B. 错误
119. 在确定施工方案时,应以各施工阶段的荷载为依据对施工工艺进行设计,并对工程结构进行验算。（　　）
  A. 正确　　　　　　　　　　　　B. 错误
120. 重力式码头施工工艺流程:基槽挖泥→基础处理→墙身安装→墙后减压棱体施工→倒滤层施工→后方回填→码头附属设施施工等。（　　）
  A. 正确　　　　　　　　　　　　B. 错误

（四）案例题

1. 背景资料:某年某月某日,某驳船驾长陶某某与另一位水手张某收起前锚后,张某留船首瞭望,陶某某至船尾起后锚。9:40左右,陶某某将后锚机的离合器分离并启动锚机,然后走到锚机右边准备起锚,由于锚机小齿轮和绞缆车齿轮位置不对,无法合进,陶某某就合上离合器,使机动轴带动小齿轮轴转动,随即用右脚踩离合器,使其再分离。此时,陶某某立即用带着皮手套的左手抓转动惯性较大的小齿轮轴,企图将轴稳住。由于手套有油污,又抓得很紧,转动的齿轮轴把手带进机械被压伤,造成左手手臂中段尺骨和桡骨骨折。

(1)陶某某违反操作规程,用手代替工具直接操作,是导致左手被运转中的齿轮轴带进,发生人身伤害事故的直接原因。(　　)

  A. 正确　　　　　　　　　　　　B. 错误

(2)施工船舶的各种设备、设施、安全装置及工索具等应定期进行检查、维护、保养或更换。(　　)

  A. 正确　　　　　　　　　　　　B. 错误

(3)陶某某违反操作规程,用手代替工具直接操作,存在(　　)。

  A. 侥幸心理　　B. 逞能心理　　C. 逐利心理　　D. 好奇心理

(4)绞缆时,绞缆机应根据缆绳的受力状态适时调整(　　)。

  A. 绞缆时间　　B. 绞缆长度　　C. 绞缆拉力　　D. 运转速度

2. 背景资料:某建设工程已委托某施工单位作为总承包单位。该施工单位提出由另一家施工单位作为分包,承担主体施工。所有安全责任由分包单位负责,如果有了事故也由分包单位上报,并已签订分包合同。

(1)主体工程可以由分包单位承担。(　　)

  A. 正确　　　　　　　　　　　　B. 错误

(2)总承包单位应对工程建设项目施工的安全生产负总责。(　　)

  A. 正确　　　　　　　　　　　　B. 错误

(3)实行施工总承包的建设工程,由(　　)负责上报事故。

  A. 建设单位　　B. 总承包单位　　C. 分包单位　　D. 项目部

(4)根据《建设工程安全生产管理条例》,分包单位应当服从总承包单位的安全生产管理,分包单位不服从管理导致生产安全事故的,由分包单位承担(　　)。

  A. 全部责任　　　　　　　　　　B. 合同中约定的责任
  C. 一般责任　　　　　　　　　　D. 主要责任

3. 背景资料:某年某月某日,某港口工地,因前一天下午天气预报有强风,工地停工。一艘舱容为1000m³的自航泥驳也因防强风,于前一天晚上靠泊在港口的码头上,同时还有另外一艘相同的泥驳靠在其外档。当天早上5:40时,由于受强风影响形成突风,突风风向为码头吹开风。该泥驳受突风袭击影响,再加上同时受较大涌浪冲击,系缆受力增大。该泥驳船艏4根系缆和船艉2根系缆共6根,先后在很短时间内被绷断,只剩一条艉缆系在码头上。此时,两艘泥驳应急备车,备好车后,两艘泥驳试图共同用车,解缆离开码头,但失败。靠其外档的泥驳只好解缆离开。该泥驳受突风袭击和涌浪冲击共同作用,船体向其艉部后面的一艘靠码头的集装箱外轮压去。泥驳左舷艉部压到了外轮右舷艉部上,造成外轮右舷艉部水线以上舷板受压凹陷。

(1)该泥驳对北方强风可能形成突风甚至强突风了解不足,误认为加缆可以防御,没有真正做好防突风袭击的充分准备。(　　)

  A. 正确　　　　　　　　　　　　B. 错误

(2)北方地区渤海湾冬季寒潮大风、季风以及风暴潮出现频率最高。(　　)

A. 正确　　　　　　　　　　　　B. 错误

(3)船舶冬季在北方工地锚泊防强风时,因为强风可能带来( ),甚至强风袭击,因此,应选择锚地锚泊的方法。

　　A. 突风　　　B. 强对流天气　　　C. 低气压天气　　　D. 热带气旋

(4)船舶在北方工地锚泊防强风时,应充分考虑到可能有突风的袭击,选择底质强的锚地,锚链适当( ),提高锚的抓力。

　　A. 缩短　　　B. 放长　　　C. 拉紧　　　D. 受力

4.背景资料:某年某月某日,某混凝土拌和船船长在混凝土浇筑前的例行检查中发现直径为17cm的输送软管有一个2cm×10cm的裂口,立即安排船员用橡胶板和铁丝进行包扎。10:20左右开始浇筑混凝土,当砂浆即将出口时,从裂口处高压喷出,刚包扎的橡胶板软管在原裂口处爆裂,喷出的砂浆打在船员朱某某脸部,使其从5m高处摔倒并坠落在小船上,双眼受伤,胸骨等部位骨折。

(1)混凝土输送管爆裂,致使砂浆高压喷射,打在船员朱某某的脸部,是使其发生高处坠落事故的直接原因。(　　)

　　A. 正确　　　　　　　　　　　　B. 错误

(2)前班工作结束时,未按操作规定清洗管道,发现混凝土输送管破裂,只进行简单包扎,而未更换新的输送软管,是此次事故的又一直接原因。(　　)

　　A. 正确　　　　　　　　　　　　B. 错误

(3)采用泵送混凝土,管道敷设后应进行( )。

　　A. 强度试验　　　B. 应力试验　　　C. 密封试验　　　D. 耐压试验

(4)拆卸混凝土输送管接头前应释放管内( )。

　　A. 剩余混凝土　　　B. 剩余砂浆　　　C. 剩余压力　　　D. 剩余流量

5.背景资料:某年某月某日,某单位进行打桩船倒架作业,后倾30°时,由4名架子工进行穿销轴工作。按顺序穿好上销轴后,进行穿下销轴作业,当穿至撑杆交会处,销轴受阻,难以穿入。组长带3名架子工去拿撬杠等工具。此时,只有架子工郑某某留在现场,站立在销轴正面约2.0m处。忽然打桩架晃动一下,紧接着240kg的销轴沿正面弹出,打中了站立在销轴对面的郑某某左胸。郑某某当即砸倒在地,继而销轴落下,砸在其左小腿上,致使郑某某左胸外表伤,左脚腓骨、胫骨开放性骨折,造成重伤事故。

(1)作业人员安全意识不强,未能考虑船舶作业场所的特殊性(船舶晃动),缺少应对防范措施。工前准备工作不到位,是此次事故的主要原因。(　　)

　　A. 正确　　　　　　　　　　　　B. 错误

(2)设备本身存在缺陷,撑杆交会处设计不合理,造成穿销轴受阻,是此次事故的直接原因。(　　)

　　A. 正确　　　　　　　　　　　　B. 错误

(3)打桩船( )时,桩锤、替打宜降至桩架滑道下部进行封固,吊锤的钢索应收至受力状态。

　　A. 吊桩作业　　　B. 打桩结束　　　C. 长途调遣　　　D. 短途调遣

(4)调遣船舶接到"封舱通知"后,应召开船务会议进行布置落实,须对本船进行全面封舱和检查。本船无法自封的项目,应填写( )单,并将该单和材料申领单等送主管部门办理。

  A.封舱修理　　　　B.封舱加固　　　　C.封舱计划　　　　D.封舱任务

6.背景资料:某年某月某日,某驳船与运桩驳船并排靠在工地,考虑到现场停泊用电问题,即在中午将大舱盖打开,取出油桶,想事先备足燃油。发现大舱常年未开,水汽较大,气味难闻,乘天气尚好,索性将大舱盖开启通风,待准备吃完晚饭后再盖上。但没有任何警戒标志和采取防护措施,当晚6:30左右,天刚变暗,船还未开启照明灯,并靠在旁边的运桩驳船的船员杨某某登上本驳船,途经舱口时,从舱口坠落舱底,造成脊柱骨骨折。

(1)舱口无防护设施和安全警示标志,是造成此次事故的直接原因。( )

  A.正确　　　　　　　　　　　　　　B.错误

(2)天刚变暗,尚未开启照明灯。非本船人员不熟悉该船环境,麻痹大意,是造成此次事故的直接原因。( )

  A.正确　　　　　　　　　　　　　　B.错误

(3)高温季节,施工船舶的舱室应经常( )进行通风透气,并在打开的舱口处设置安全防护装置。

  A.打开舱盖　　　　B.检查　　　　　　C.清理　　　　　　D.打扫

(4)夜间,作业场所的预留孔洞、上下道口及沟槽、舱口等危险部位应设置( )。

  A.警示牌　　　　　B.警示旗　　　　　C.警示灯　　　　　D.安全区

7.背景资料:某年某月14日,某起重船在某国际集装箱码头施工结束,奉公司调度命令进行倒架、封舱、加固工作。在准备加固主架保险绳时,大副王某某发现主架顶端卸扣有锈蚀。在未系安全带情况下,他带着一双油腻的手套登高检查。当由小钩架往上主架行走时,抓手一滑,从主架上(高2.6m)摔下,身体前冲,右脚触跪甲板,造成右腿髌骨粉碎性骨折。

(1)王某某违反安全防护用品使用规定,高处作业未系安全带,是造成此次事故的间接原因。( )

  A.正确　　　　　　　　　　　　　　B.错误

(2)安全管理制度宣传教育力度不够,大副王某某安全意识差,是造成此次事故的直接原因。( )

  A.正确　　　　　　　　　　　　　　B.错误

(3)海上调遣船舶应按要求进行封舱加固,专用设备应按( )对施工设备进行封固。

  A.《工程船舶封舱加固特殊要求》　　　B.《钢质海船入级与建造规范》

  C.《海上拖航技术要求》　　　　　　　D.《海上避碰规则》

(4)全回转起重船、打桩船、铲斗或抓斗挖泥船等的机身转动部分与( )之间应垫牢、封固。

  A.甲板　　　　　　B.机座　　　　　　C.船底板　　　　　D.预埋铁件

8.背景资料:某年某月19日傍晚,某拖轮按照调度计划,拟将停在码头龙门档内已装妥混凝土桩一驳船拖至起重船外档。当时,龙门档口违章停有五艘民船,拖轮多次用高音喇叭要求他们离开,均未果。那天,拖轮船员到岗不足,派出一人既要带缆又要瞭望。当班船舶驾驶员操作不慎,被拖船舶所装超长桩碰撞了违章停靠在预制厂码头的一艘民船,致使该船一名船员落江失踪。

(1)船舶驾驶员操作不慎,瞭望人员未尽职责,致使碰撞民船,是造成船员落江失踪事故的直接原因。(　)
  A.正确   B.错误

(2)船舶违反最低安全配员规定,瞭望人员不足;民船违章停靠是造成船员落江失踪事故的间接原因。(　)
  A.正确   B.错误

(3)《船舶最低安全配员规则》所要求的船舶安全配员标准是船舶配备船员的最低要求。船舶所有人应当根据本规则的要求,为所属船舶配备(　)的船员。
  A.相应技能   B.相应经历   C.学历   D.合格

(4)拖轮傍靠被拖船时,靠泊角度不宜过大,并应控制船速。(　)时,各系缆受力应均衡有效。
  A.带缆   B.傍拖   C.正拖   D.解缆

9.背景资料:某年某月某日某时,交通艇载20多名作业人员打算离泊出档,之前未认真观察江面动态,解开交通艇缆绳后,只见11艘船舶一条龙急速迫近,拦截出路。交通艇见状立即停车,很快船体打横,并向上游一驳船扫去,为避免碰撞靠泊在码头上的两艘油船,只好采取掉头措施。掉头时,船艏碰擦了第5艘机帆船,致使其木驳顶篷全部倒塌。

(1)船舶驾驶员违反操作规程,船舶离泊前未实施瞭望,贸然离泊出档是造成事故的间接原因。(　)
  A.正确   B.错误

(2)船舶驾驶员安全意识差,安全技能操作素质低,船舶安全管理松弛,安全技术措施落实不到位,是造成事故的间接原因。(　)
  A.正确   B.错误

(3)交通工作船应持有有关部门签发的与施工水域相适应的(　)。
  A.抗风能力   B.抗浪能力   C.有效证书   D.许可证书

(4)交通工作船应按要求,配置消防、救生、通信设施。所有的救生器材应以(　)进行标识,并对其进行编号。
  A.红色   B.白色   C.黄色   D.橙黄色

10.背景资料:某大型工程船舶在拖航过程中,遇到能见度不良情况,船长李某提醒拖轮驾驶员刘某选择锚地抛锚,待雾消散后再继续航行。拖轮驾驶员刘某认为有雷达助航,减速航行即可。半小时后,当拖行船队进入狭窄航道时与另一艘当地货船相撞,导致拖航钢丝绳绷断,拖船与被拖船舶分离,并出现人员受伤的情况。

(1)"能见度不良"是指任何由于雾、霾、下雪、暴风雨、沙暴或其他类似原因使能见度受限制的情况。(　)
  A.正确   B.错误

(2)造成此次碰撞事故的直接原因是"能见度不良"。(　)

A. 正确　　　　　　　　　　　　B. 错误

(3)船舶雾航时,驾驶员应按规定(　　),减速慢行,注视雷达信息,并派专人进行瞭望。

A. 显示号灯　　B. 悬挂号旗　　C. 鸣放雾号　　D. 通信畅通

(4)发现雾情船长应立即进入驾驶室,亲自(　　),值班驾驶员仍应协助操作,加强瞭望。

A. 驾驶和指挥　　　　　　　　B. 掌握和布置安全措施

C. 掌握航道情况　　　　　　　D. 掌握雾情

11. 背景资料:冬季,某沿海港口施工现场,工程船舶正进行水下沉桩作业,甲板部人员张某以穿救生衣行动不便、影响工作为由,脱掉救生衣。由于天气较冷,甲板结有少量冰霜,张某在作业过程中不慎滑倒跌落水中,酿成死亡事故。

(1)此次事故属于责任事故。(　　)

A. 正确　　　　　　　　　　　　B. 错误

(2)打桩船船长没有及时发现和制止张某不穿救生衣的违章作业行为,也未提前采取防滑措施,存在管理过失。(　　)

A. 正确　　　　　　　　　　　　B. 错误

(3)根据当地多年气象资料,室外日平均气温(　　),即视为进入冬季。

A. 连续5天稳定低于0℃　　　　B. 连续5天稳定低于5℃

C. 连续一周稳定低于0℃　　　　D. 连续一周稳定低于5℃

(4)冬季作业前,工作平台、脚手架、斜坡道和船舶甲板上的冰霜应清除干净,并(　　)。

A. 铺设防滑物　　B. 铺设石棉层　　C. 加装隔离层　　D. 加装垫板

12. 背景资料:某年某月某日,某项目部浇筑大型水上混凝土承台,混凝土浇筑完毕后,18:15时施工人员分三批乘坐由项目部租用的交通船(总吨位20t)返回驻地。在第三批28人于19:50时左右乘坐交通船返回驻地途中,交通船被下游突然急驶而来的一艘拖网渔船撞击,导致左舷艉部被撞后进水、倾斜并急速下沉,船上28人全部落水。事故发生后,遇险船员中有6人爬上了渔船,另有17人被事后赶到的救助船舶救起。由于天黑、风大浪高,给营救工作带来了极大困难,经过4天的搜救,仍有11人下落不明。

(1)交通船航行中,乘船人员不得站、坐在无安全护栏的舷边。(　　)

A. 正确　　　　　　　　　　　　B. 错误

(2)该事故属于责任事故,两船航行中双方没有加强瞭望、及时避让,最终导致事故发生。(　　)

A. 正确　　　　　　　　　　　　B. 错误

(3)施工项目部安全监管不到位,管理人员安全意识不强,安全制度与措施实施不到位,对事故负有(　　)责任。

A. 直接　　B. 间接　　C. 主要　　D. 次要

(4)交通工作船应按核定人数载人,不得(　　)运行或客货混装。

A. 超员　　B. 超速　　C. 超时　　D. 改航

13. 背景资料:某爆破公司进行水下裸露药包爆破,投药船抛锚定位后,即由潜水员进行水下投放药包。在投放药包过程中,一药包与加重物(沙包)的捆扎不牢脱开,潜水员在水下把沙包压在药包上后继续作业。后来因船舶走位,此药包挂到船舵致使药包上浮(未浮出水面)。投放完药包后水流已加急,潜水员马上出水移船放炮,结果一药包在离投药船不远处爆炸,造成翻船事故。

(1)从事爆破施工的企业,应有资质和爆破工程技术人员、爆破工、安全员。( )
  A.正确   B.错误

(2)投药船离开投放药包的地点前,潜水员必须严格检查船底、船舵、螺旋桨、缆绳和其他附属物是否挂有药包、导线等。( )
  A.正确   B.错误

(3)捆扎药包和连接加重物,应在( )进行,并应捆扎牢固。
  A.水下   B.木质的船舱板上   C.方便投放处   D.药库舱

(4)药包脱开沙包后,潜水员应采取的措施是( )。
  A.用药包的电线绑附其他药包   B.用药包的电线捆绑沙包
  C.通知水面再送沙包加重压住药包   D.将药包送上投药船加工再用

14.背景资料:某防波堤工地,方驳 2 号、方驳 3 号同时在现场驻位,两船锚位交叉,由于风大,方驳 2 号受风压将整个船身压在方驳 3 号锚缆上。船员赵某准备调整锚缆,由于锚缆受力较大,而刹车未能及时打死,造成锚机反转,导致赵某左额部被锚机摇臂划伤,缝合 8 针。

(1)锚缆互相不能相压,如互相压上,上面的锚应先移开。( )
  A.正确   B.错误

(2)如发现相压,应采取具体措施然后再动锚缆。( )
  A.正确   B.错误

(3)风力大是造成此次事故的( )原因。
  A.主要   B.次要   C.直接   D.间接

(4)造成此次事故的另一个直接原因是( )。
  A.安全教育不到位   B.两船锚位交叉
  C.锚机制动失效   D.锚机反转

15.背景资料:某年某月某日某防波堤工地,"驳 31"船执行抛石定位任务。驾长何某在等待"抛 2"船靠泊抛石期间回约定宿舍喝水,并将救生衣脱下。在"抛 2"船靠驳时,何某从船艏右舷石料舱围板外走到第二个系缆桩为"抛 2"船带缆,受拢风及涌浪的影响,两船相碰的瞬间何某身体站立不稳坠落在两船之间的海里,"抛 2"船船员看见何某掉进海里时两手仍然拉住缆绳,该船员试图将其拉上船未果,另外的船员抛救生圈,见他接到救生圈并套在头上后,也想将他拉上来,但未成功。"驳 31"的船员因围板阻挡视线,未能及时把船移开。"抛 2"船因受风浪及涌浪作用,与"驳 31"船先后 3 次靠拢又撞开。但当第三次撞开后,发现何某已经不见,救生圈于数秒后浮出水面。船员在海面上继续搜索均无果。事隔 16 日之后,在事故发生地发现何某尸体。

(1)原作装石用途的驳船,如改作定位驳使用,必须割除阻碍船员操作的部分围板,并制订相应的安全技术措施。( )
  A.正确   B.错误

(2)定位船舶的艏、艉部的两舷安放直径不小于 1m 的浮式或固定橡胶碰垫。( )

A. 正确 B. 错误

(3)下列关于造成该事故的直接原因,说法错误的是( )。
A. 操作者安全意识淡薄,操作姿势不妥,站立位置不当
B. 船舶改造后操作者的作业道路狭窄
C. 违章作业,防护措施不到位
D. 施工环境不良

(4)下列关于该事故应吸取主要教训,说法错误的是( )。
A. 加强船员安全教育,提高船员海上作业的自我防护意识
B. 船舶改装,必须进行安全论证,并制订相应的安全措施
C. 船员在进行绑、解缆绳或船边舷外作业时应站稳防摇晃
D. 应制订水上作业应急预案,并进行定期救生消防演练

16. 背景资料:某沿海港口施工船舶,在台风季节施工期间,受到台风警报后,将船舶拖至指定的地点避风。因预报台风中心距离船舶避风锚地较远,船员放松了警惕,未按照规定抛出足够的锚链,夜间突然遇到强风,船舶发生走锚,导致船舶搁浅。

(1)工程船舶防台期间,锚泊时抛出锚链的长度应为当时水深的6~8倍。( )
A. 正确 B. 错误

(2)每年台风季节到来前,为了保证船舶的机动能力,船舶的主机、辅机、舵机、锚机等航行或锚泊重要设施应拆检。( )
A. 正确 B. 错误

(3)在台风威胁中,( )单位在施工现场和避风锚地必须设有抗台指挥人员。
A. 建设 B. 监理 C. 施工 D. 海事

(4)施工船舶进入防台锚地锚泊时,要确保船与船之间,船与浅滩、危险物之间有( )的安全距离。
A. 10m以上 B. 20m以上 C. 一定 D. 足够

17. 背景资料:某码头工地在进行混凝土灌注桩灌注作业过程中,使用一条由钢丝绳卡(已有裂缝)连接的钢丝绳起吊料斗,且两边没有采取防止滑动措施。由于钢丝绳卡突然断裂,脱扣钢丝绳急速下落直接缠绕在桩机钢梁上作业的邹某脖子上,其头部被拉至料斗边缘,经抢救无效死亡。

(1)施工作业前,必须进行安全技术交底,并对施工设施、设备进行安全检查,查出的隐患没有整改前不得施工作业。( )
A. 正确 B. 错误

(2)灌注混凝土作业过程中起吊料斗时,料斗质量不是很重,可以不设专人负责指挥灌注混凝土作业人员。( )
A. 正确 B. 错误

(3)下列不属于该事故的间接原因的是( )。
A. 钢丝绳卡突然断裂 B. 违反操作规程
C. 安全检查不到位 D. 邹某站立位置不当

(4)采用绳卡固接钢丝绳时,绳卡的滑鞍应设在钢丝绳受力的一侧,U形螺栓应在钢丝绳的尾端且不得（　　）使用,最后一个绳卡距绳头的长度不小于140mm。
　　A.正反交错　　　　B.正反同向　　　　C.一正一反　　　　D.两正两反

18.背景资料:某打桩船打桩过程中桩锤发生故障,打桩工冯某上身伸进笼口检查,被正在下降的提升架挤压。由于当时指挥紧急停车,避免了重大事故发生,但不幸的是冯某右肋已骨折。

(1)提升架下降时,应禁止检查柴油锤,提升架下降时严禁将身体伸进笼口架内的危险区。（　　）
　　A.正确　　　　　　　　　　　　B.错误

(2)打桩架上的作业人员应站在电梯笼内或作业平台上操作。（　　）
　　A.正确　　　　　　　　　　　　B.错误

(3)桩架电梯笼升降前,应将电梯笼回至水平原位并（　　）后方可升降。
　　A.插牢固定销　　　　　　　　　B.吊笼钢丝受力
　　C.经试运行　　　　　　　　　　D.检查

(4)水上沉桩施工,桩定位之后,解除捆桩扣的时间选择在（　　）。
　　A.下桩后立即解扣　　　　　　　B.桩自沉结束后解扣
　　C.压锤过程中解扣　　　　　　　D.压锤结束并稳定后解扣

19.背景资料:某年某月某日,打桩船在某地进行水上沉桩施工,移位到方驳准备吊桩时,大钩挂在桩架第三层,一名原来一直在陆地施工的架子工看后,乘坐电梯到三层,右手拉住龙口槽钢,左手拉出了大钩。此时有一艘拖轮航过,掀起江浪,桩船船体摇晃,大钩撞在架子工拉住龙口的手上,当即造成右手食指第三节粉碎性骨折,被迫截指,酿成重伤。

(1)造成此次事故的原因是架子工站位不当。（　　）
　　A.正确　　　　　　　　　　　　B.错误

(2)项目部是否对转岗的架子工进行安全教育与此次事故没有因果关系。（　　）
　　A.正确　　　　　　　　　　　　B.错误

(3)水上沉桩作业区应（　　）,非作业人员或非作业船舶不得进入沉桩作业区。
　　A.设置明显的安全警示标志　　　B.安排警戒船警戒
　　C.有专人昼夜警戒　　　　　　　D.安排打桩船警戒

(4)系解吊扣或在桩架临边作业时,必须（　　）。
　　A.搭设操作平台　　　　　　　　B.使用舢板或浮筒
　　C.正确佩戴和使用安全带　　　　D.正确使用救生水圈

20.背景资料:某年某月某日,在某码头工地一艘起重船在安装码头纵梁过程中,因风浪较大,移船速度过快,悬吊在空中(距起重船甲板面约3m)的钢筋混凝土纵梁出现大幅度摇晃,吊钩防脱装置失效,导致悬吊在半空中的纵梁坠落,砸中船右舷边的孙某头部,当即死亡。

(1)起重船吊装作业中,吊钩防脱装置失效,是导致这起事故的直接原因,也是本起事故的主要原因。（　　）
　　A.正确　　　　　　　　　　　　B.错误

(2)水上吊装大型钢筋混凝土构件,控制其摆动的控制绳,宜使用起重船上的绞缆机和缆绳。( )
    A.正确   B.错误

(3)绞缆移船时,应缓慢操作,控制( )。
    A.缆机   B.绳速   C.锚缆   D.船体

(4)起重船吊装前,吊钩升降、吊臂仰俯、制动性能应良好,( )应正常有效。
    A.安全装置   B.吊点位置   C.司索指挥   D.构件起吊

21.背景资料:某项目部在码头胸墙混凝土浇筑作业中,一名混凝土工站在模板工作平台中部振捣混凝土。突然模板整体倒塌连同混凝土一起坠入海中,混凝土工亦同时落水,经抢救无效,溺水窒息死亡。进行事故调查时发现,该工程施工组织设计中无模板工程专项施工方案。问项目经理为什么未编制模板工程专项施工方案时,项目经理说,本工程与以往干过的工程类似,模板只比以往的大了一点,没有必要再让技术人员进行方案设计,凭经验不必再编制模板工程专项施工方案。

(1)事故的主要原因是混凝土工不应站在模板工作平台中部进行混凝土振捣作业。( )
    A.正确   B.错误

(2)建设工程施工前,施工单位负责项目管理的技术人员应当对有关安全施工的技术要求向施工作业班组、作业人员做出详细口头说明,亦可不履行签认手续。( )
    A.正确   B.错误

(3)高处作业,如无可靠的安全设施,必须系好安全带并( ),或架设安全网。
    A.戴好安全帽   B.穿好防护服
    C.穿好防滑鞋   D.戴好绝缘手套

(4)安全防护设施的验收,应具备施工组织设计及有关验算数据、安全防护设施验收记录、安全防护设施( )等资料。
    A.变更记录   B.变更验收   C.变更签证   D.变更记录及签证

22.背景资料:某工程公司项目部承担煤码头翻车机房施工。翻车机房基坑土方开挖工程完工后,基坑周围未按施工组织设计安装防护栏杆,也未设明显的安全警示标志。该项目部一名技术员按照项目经理的安排,骑自行车到煤码头工地联系工作,路过基坑时,不慎连人带车一起滑入坑内。所幸未造成重大后果,只是左小指受挫骨折。项目经理说,万幸后果不严重,你休息几天,此事就不必上报公司了。

(1)施工单位应按类别,有针对性地将各类安全警示标志悬挂于施工现场各相应部位,夜间应设红灯示警。( )
    A.正确   B.错误

(2)负伤者伤情不严重,可以不作为工伤事故上报。( )
    A.正确   B.错误

(3)深度大于等于5.0m的基坑,或虽未达到5.0m,但地质条件和周围环境复杂、地下水位在( )的基坑,应制订支护及开挖专项施工方案。

  A. 坑底以上   B. 坑底以下   C. 坑底周围   D. 坑底以下6m

(4)局部或全部放坡开挖的边坡应符合设计要求,当发现与地质资料不符的软土层时,应与( )研究处理方案。
  A. 业主   B. 监理   C. 设计   D. 作业人员

23.背景资料:某公司在进行基础灌注桩施工时,一吊机将直径0.8m、长10m的钢筋笼吊至桩孔边放下时,压在灌注桩施工机械电缆线上,造成电缆破损漏电,一起重工在解钢丝扣时突然触电倒地,后送医院经抢救脱险。

(1)施工现场灌注桩架的电缆线没有埋设或架空,致使钢筋笼压破电缆线,发生漏电。( )
  A. 正确   B. 错误

(2)灌注桩架的电源开关箱中应安装漏电保护器。( )
  A. 正确   B. 错误

(3)钢筋笼吊装前,要对钢筋笼的( )加以检查,重点检查各焊接和绑扎部位,科学计算,合理设置吊点。
  A. 长度   B. 重量   C. 强度   D. 稳定性

(4)水上钢筋笼分节吊装时,宜在工作平台上设置( )进行钢筋笼的对接,确保钢筋安装时的稳定性。
  A. 悬吊装置   B. 支撑装置   C. 防风装置   D. 牵引绳索

24.背景资料:某年某月某日,长江下游某码头建筑工地钢筋工朱某受钢筋班长指派在码头下横梁平台上绑扎钢筋,由于工作面狭窄,只能容一人作业。时值夏日,天气炎热,朱某干了一会儿就已汗流浃背,环顾近处无人,便将救生衣脱下置于正在绑扎的钢筋上。朱某刚一低头,因安全帽未按规定扣牢掉落江中。朱某为打捞安全帽,左手抓住钢筋,低头探身用右手中的钢筋棍去打捞安全帽,不料左手所抓钢筋并未绑牢,在朱某体重的拉拽下从尚未绑扎好的钢筋骨架中抽出。朱某随即落入湍急的河水中,连呼救命。当人们闻讯赶来时,人已随水流冲出很远,而当班交通艇又被项目部调度安排去河对岸接人。这时有路过船只奋力抢救,10min后人被打捞出水,但终因溺水时间过长不治身亡。

(1)钢筋工朱某违反水上作业安全操作规程,应对事故负主要责任。( )
  A. 正确   B. 错误

(2)项目部调度安排值班交通船离开值守岗位,负有一定的责任。( )
  A. 正确   B. 错误

(3)施工人员在未成型或已成型的码头、栈桥、墩台、平台、构筑物边缘( )范围内作业时,必须穿戴救生衣。
  A. 1m   B. 2m   C. 3m   D. 4m

(4)港口工程临水、临边违章冒险作业,极易发生( )事故。
  A. 机械伤害   B. 起重伤害   C. 落水淹溺   D. 触电

25.背景资料:某工程公司某项目部承担的某重力式码头工程需进行炸礁。项目部未制订爆破工程专项施工方案,只是由项目部安全员和承担炸礁工程的具有资质的分包队伍的负责人研究了爆破应注意的事项。分包队伍的负责人对其所属的人员安排了任务,为节省人工,安排一名无特种作业资格、有些爆破常识的农民工负责哑炮的排除工作。这名农民工在排除一哑炮时,由于不具备排除哑炮的知识被炸身亡。

(1)项目部与分包队伍已签订了安全生产协议书,发生一切事故由分包队伍负责。(　　)

　　A.正确　　　　　　　　　　　　B.错误

(2)施工单位没有必要编制爆破工程专项施工方案。(　　)

　　A.正确　　　　　　　　　　　　B.错误

(3)建设工程实行施工总承包的,总承包单位应对施工现场的安全生产负(　　)。

　　A.主要责任　　B.次要责任　　C.总责　　D.部分职责

(4)爆破作业人员,必须按照国家有关规定经过专门的安全作业培训,并取得(　　)证书后,方可上岗作业。

　　A.技能等级　　　　　　　　　　B.专业操作资格
　　C.安全操作资格　　　　　　　　D.特种作业操作资格

26.背景资料:某工程公司某项目部承担某重力式码头施工。由于潜水作业前未按规定对潜水设备进行认真检查,一名持有潜水员证书(但已失效)的潜水员在水下进行基床整平时,通风管突然破裂,导致该潜水员窒息死亡。

(1)本事故的主要原因是潜水作业前,未按规定对潜水设备进行认真检查。(　　)

　　A.正确　　　　　　　　　　　　B.错误

(2)此次事故的直接原因是潜水员证书失效。(　　)

　　A.正确　　　　　　　　　　　　B.错误

(3)潜水员证书是潜水员资格认可之凭证。经(　　)后,证书继续有效。

　　A.继续教育　　B.年审合格　　C.潜水工作　　D.企业考核

(4)持有空气潜水员证书的潜水员,可使用空气从事(　　)以浅的潜水。

　　A.30m　　　B.60m　　　C.120m　　　D.300m

27.背景资料:某公司某项目经理部进行沉箱安装工程。潜水员赵某某和王某某负责水下安装,潜水员李某某在潜水工作船上负责与赵某某和王某某的通信联系。10:30时,潜水员赵某某和王某某下水,赵某某负责沉箱东侧,王某某负责沉箱西侧。10:40时,赵某某要求将起重船吊着的沉箱向东侧已安装好的沉箱靠拢,没有注意到自己的供气管正位于两沉箱缝中。沉箱向东侧移动时,压住了赵某某的供气管。由于潜水员李某某此时正在与方驳上的船员聊天,没有注意到赵某某的反常现象。王某某发现后,即前去抢救,将赵某某救出水面。赵某某终因窒息,经抢救无效死亡。

(1)潜水员李某某在负责接听水下电话时,擅离职守,是造成本起事故的间接原因,对本起事故的发生负有重要责任。这种说法正确吗?(　　)

　　A.正确　　　　　　　　　　　　B.错误

(2)施工企业应进一步加强对员工的安全操作规程教育和遵章守纪教育,提高员工的自我保护意识和遵章守纪的自觉性,并进一步完善安全技术交底工作,使员工掌握其所承担工作的施工作业特点、危险源和危害因素;相应的安全技术措施;职业健康与环保要求;生产安全现场处置方案及其他应注意的安全事项。( )

  A. 正确   B. 错误

(3)本次事故的直接原因是( )。

  A. 潜水员赵某某由于走位不对,又未能注意检查自己的供气管位置,在未发现供气管已落于构件缝中的情况下,指挥沉箱东移

  B. 潜水员李某某在负责接听电话时擅离职守

  C. 现场安全员没有在现场监督

  D. 潜水员与起重吊装配合不当

(4)本次事故的主要责任人是( )。

  A. 潜水员赵某某   B. 潜水员李某某

  C. 现场专职安全管理人员   D. 项目经理

28. 背景资料:某月某日约07:00时,S号半潜驳开始压水下潜进行卸沉箱作业。约10:25时,S号半潜驳船坞内三个沉箱开始起浮。这时工地项目部的工人驾着小艇,准备对沉箱实施水密检查和加压仓水作业,但因有涌浪,小艇无法靠上沉箱。约10:40时,沉箱开始浮动,沉箱起浮后在涌浪的作用下晃动。约10:43时,S号半潜驳靠船艉右侧一个沉箱出现严重倾斜、箱口进水沉没;紧接着,左侧一个也倾倒进水沉没。三个沉箱相继倾倒后,S号半潜驳艉部快速下沉并向右倾斜,船舶右艉浮力柜甲板浸入水中,大量海水从右舷浮力柜甲板上的机舱入口、风机透气孔等部位进入机舱。约11:00时,S号半潜驳发电机因浸水停机,全船供电中断,机舱排水工作被迫停止,人员撤离机舱。约11:05时,S号半潜驳下沉至艉部坐底。

(1)沉箱倾倒沉没是造成S号半潜驳艉部下沉坐底的直接原因。( )

  A. 正确   B. 错误

(2)船方忽视沉箱海上安全起浮的特定要求,沉箱未经压载,浮游稳定不足,盲目下沉,是导致沉箱达到吃水水深后起浮倾倒的间接原因。( )

  A. 正确   B. 错误

(3)半潜驳装运沉箱至下潜坑后,应检查、调整沉箱与半潜驳之间四根交叉控制缆绳的松紧度,以防沉箱处于( )状态后撞击半潜驳。

  A. 注水   B. 漂浮   C. 下沉   D. 拖离

(4)半潜驳重载下潜、沉箱起浮时,风力、波高、流速等工况条件,必须符合半潜驳设计性能和( )的安全要求。

  A. 沉箱出运   B. 沉箱下沉   C. 沉箱起浮   D. 沉箱稳定

29. 背景资料:2012年12月,某水运工程施工单位为了加强企业安全生产费用财务管理,维护企业、职工利益,按照财政部和国家安全监管总局《企业安全生产费用提取和使用管理办法》的通知,编制上报了2013年安全生产资金计划,该单位主要负责人对上报的2013年安全费用使用计划做出批示。

(1)2013年预计完成施工营业额10亿元,计划提取安全生产费用1000万元,在成本中列支。( )

  A. 正确   B. 错误

(2)提取的安全生产费用将用于完善和改进企业安全生产条件所发生的各项资金。( )

  A. 正确   B. 错误

(3)提取的安全生产费用可用于( )支出。

  A. 新建项目安全评价   B. 改建项目安全评价
  C. 扩建项目安全评价   D. 咨询和标准化建设

(4)安全生产资金必须专项立户核算,接受企业安全监督管理部门的监督检查,审计部门应定期对安全生产投入资金使用情况进行专项( ),并出具报告。

  A. 调查   B. 检查   C. 审计   D. 抽查

30.背景资料:2007年初,某公司承建某港口码头及支流大桥综合工程。该工程位于山区河流的干支流交汇水域处。2月初,进行了现场踏勘后,决定将工程项目部设在支流河口的山顶处,为了施工和生活的方便,将材料堆场和施工人员的生活区设在支流河口上游方向的山脚下。3月初,施工人员和设备陆续进场,3月中旬工程开工,4月至6月工程进展顺利。7月进入汛期,支流水位已接近工程材料堆场和施工人员的生活区。8月11日至17日该地区连续阴雨,18日突降暴雨,日降雨量达到120mm。因连续阴雨,加上暴雨,18日夜间支流的上游山洪暴发,河水猛涨,加上山体表面地质疏松,受连续阴雨浸泡,发生山体滑坡而产生泥石流,材料堆场和施工人员的生活区因滑坡下坠,被支流山洪卷走,致5人死亡,2人失踪,库存材料全部损失。

(1)这是一起因生活区选址不当而导致的重大人员伤亡、财产损失事故。( )

  A. 正确   B. 错误

(2)将材料堆场和工人生活区选择在山体疏松的山脚下,是发生事故的间接原因。( )

  A. 正确   B. 错误

(3)施工现场的办公区、生活区、作业区,( )在易产生山体滑坡、泥石流,易受潮水、洪水侵袭及雷击的区域。

  A. 不得设置   B. 夏季可以设置
  C. 采取安全措施后方可设置   D. 保持安全距离后可以设置

(4)施工现场的办公、生活区与作业区分开设置,并保持( )。

  A. 拆装方便   B. 起居方便   C. 交通方便   D. 安全距离

31.背景资料:某建筑机械有限公司承接了某预制场10t门式起重机改造、安装业务,在进行设备调试时,其劳务公司现场负责人李某某指派张某某、王某操作起重机予以配合;张某某、王某均无特种设备作业人员证书。8月19日调试的第三天下午,预制场安排10t门式起重机拆卸T形梁钢模板(每块重8t)任务,由张某某、王某操作。下午16:30左右,在吊运完第二块钢模板时,突遇强对流天气,张某某停机,王某关闭起重机电源,张某某和王某因未经过正式培训、考核,无法正确操作轨道夹轨钳,致使起重机被大风吹动,在轨道上滑行50余米后整机倾覆,其一侧支腿砸在置于地面上待安装的80t门式起重机驾驶室,造成在驾驶室内避雨的8名安装人员中4人死亡,3人受伤。

（1）起重机在作业过程中,突遇强对流天气,起重机作业人员未能进行正确处置,导致起重机在风力作用下沿轨道加速运行50m后脱轨倾覆,是造成本次事故的间接原因。(　　)

　　A.正确　　　　　　　　　　B.错误

（2）某劳务公司指派2名无特种设备作业证书人员操作起重机,是本次事故的间接原因。(　　)

　　A.正确　　　　　　　　　　B.错误

（3）起重机行走轮(行走方向)至轨道端部的距离不得小于(　　)。

　　A.1m　　　B.2m　　　C.3m　　　D.5m

（4）预制场使用在轨道上露天作业的起重机,当(　　),应将轨道夹轨钳、锚定装置和铁鞋等防风装置处于有效状态。

　　A.工作开始时　　B.作业时　　C.工作结束时　　D.任何时候

参 考 答 案

（一）单项选择题

1. A	2. D	3. D	4. D	5. D	6. B	7. B	8. C	9. D	10. B
11. B	12. B	13. D	14. C	15. A	16. A	17. D	18. D	19. D	20. B
21. A	22. D	23. C	24. D	25. A	26. B	27. C	28. B	29. C	30. B
31. A	32. C	33. A	34. B	35. A	36. C	37. D	38. C	39. A	40. B
41. B	42. A	43. B	44. C	45. D	46. D	47. B	48. D	49. C	50. A
51. A	52. B	53. B	54. D	55. D	56. D	57. C	58. B	59. C	60. D
61. D	62. A	63. D	64. D	65. C	66. B	67. D	68. D	69. D	70. A
71. B	72. B	73. B	74. C	75. D	76. D	77. B	78. A	79. D	80. A
81. D	82. A	83. C	84. D	85. D	86. C	87. B	88. D	89. A	90. B
91. B	92. D	93. B	94. C	95. C	96. B	97. D	98. C	99. B	100. C
101. B	102. C	103. B	104. D	105. C	106. B	107. D	108. D	109. A	110. A
111. D	112. C	113. B	114. C	115. B	116. D	117. B	118. A	119. D	120. C
121. A	122. D	123. C	124. B	125. A	126. D	127. C	128. B	129. D	130. B
131. D	132. A	133. B	134. A	135. D	136. D	137. C	138. C	139. A	140. B
141. A	142. B	143. B	144. C	145. B	146. B	147. D	148. B	149. A	150. B

（二）多项选择题

1. AD	2. ABD	3. ABC	4. ABC	5. CDE
6. BCDE	7. ABDE	8. CDE	9. ABCE	10. ABDE
11. ABCDE	12. ACD	13. ABCD	14. ABDE	15. ABCE
16. ABCD	17. ABCD	18. ACE	19. BCE	20. ABCDE
21. BDE	22. BCE	23. ABCE	24. BDE	25. ABCE
26. ABCDE	27. ABCDE	28. BCDE	29. ABCE	30. ACE
31. ACE	32. ABCD	33. ABE	34. BCE	35. BCD
36. AE	37. ABCE	38. ABCE	39. ABE	40. BCDE
41. BCD	42. BCD	43. ABDE	44. BCDE	45. ABCDE
46. AD	47. ABE	48. ACD	49. ABDE	50. ACDE
51. ABCDE	52. ABDE	53. BCD	54. BCD	55. ACDE

56. ADE	57. ABCDE	58. ACE	59. ABDE	60. CDE
61. ABE	62. ABCE	63. ABD	64. BCE	65. ABC
66. ACD	67. ABCE	68. ABE	69. ABC	70. BCD
71. BCD	72. ABCE	73. ABD	74. ABE	75. ABCE
76. ABCD	77. ABCD	78. ABCDE	79. ABCD	80. AC
81. ABCE	82. ABDE	83. ABCE	84. ABCDE	85. ABCD
86. ABCDE	87. BC	88. ABE	89. ABCD	90. ABD
91. ABCD	92. BCDE	93. BCDE	94. ABCD	95. ACD
96. ABCDE	97. ACDE	98. ACDE	99. ABDE	100. ABCE
101. ABCD	102. ABCDE	103. AC	104. ABCDE	105. ABCD
106. ABCE	107. BCE	108. ABD	109. ABCD	110. ACD
111. ABCE	112. ABDE	113. ABCDE	114. ABCD	115. CDE
116. ABCDE	117. ACD	118. ABDE	119. ABDE	120. ACD

(三) 判断题

1. A	2. A	3. B	4. A	5. B	6. B	7. A	8. A	9. B	10. A
11. B	12. A	13. B	14. A	15. B	16. A	17. B	18. A	19. A	20. B
21. B	22. A	23. A	24. B	25. A	26. A	27. A	28. A	29. B	30. A
31. A	32. B	33. B	34. B	35. A	36. B	37. A	38. A	39. B	40. A
41. B	42. A	43. A	44. B	45. B	46. A	47. A	48. B	49. A	50. B
51. B	52. A	53. B	54. A	55. B	56. A	57. A	58. A	59. B	60. A
61. B	62. B	63. A	64. B	65. A	66. B	67. B	68. B	69. A	70. A
71. B	72. B	73. A	74. B	75. A	76. A	77. B	78. A	79. B	80. B
81. A	82. B	83. B	84. A	85. A	86. A	87. B	88. B	89. A	90. A
91. A	92. A	93. B	94. B	95. A	96. B	97. B	98. B	99. A	100. B
101. B	102. A	103. B	104. B	105. A	106. A	107. B	108. B	109. A	110. A
111. A	112. A	113. A	114. A	115. B	116. B	117. B	118. A	119. A	120. A

(四) 案例题

1. (1) A   (2) A   (3) A   (4) D
2. (1) B   (2) A   (3) B   (4) D
3. (1) A   (2) A   (3) A   (4) B
4. (1) A   (2) B   (3) D   (4) C
5. (1) A   (2) B   (3) D   (4) A
6. (1) A   (2) B   (3) A   (4) C
7. (1) B   (2) B   (3) A   (4) A

8.（1）A	（2）A	（3）D	（4）B
9.（1）B	（2）A	（3）C	（4）D
10.（1）A	（2）B	（3）C	（4）B
11.（1）A	（2）A	（3）B	（4）A
12.（1）A	（2）A	（3）B	（4）A
13.（1）B	（2）B	（3）B	（4）D
14.（1）A	（2）A	（3）C	（4）B
15.（1）A	（2）A	（3）D	（4）C
16.（1）A	（2）B	（3）C	（4）D
17.（1）A	（2）B	（3）A	（4）A
18.（1）A	（2）B	（3）A	（4）D
19.（1）A	（2）B	（3）A	（4）C
20.（1）A	（2）A	（3）B	（4）A
21.（1）B	（2）B	（3）A	（4）D
22.（1）A	（2）B	（3）A	（4）C
23.（1）A	（2）A	（3）D	（4）A
24.（1）A	（2）A	（3）B	（4）C
25.（1）B	（2）B	（3）C	（4）D
26.（1）A	（2）B	（3）D	（4）B
27.（1）A	（2）A	（3）A	（4）A
28.（1）A	（2）B	（3）B	（4）C
29.（1）B	（2）A	（3）D	（4）C
30.（1）B	（2）B	（3）A	（4）D
31.（1）B	（2）A	（3）D	（4）A

参 考 文 献

[1] 交通运输部工程质量监督局.公路水运工程施工安全标准化指南[M].北京:人民交通出版社,2013.

[2] 中华人民共和国行业标准.JTG F90—2015 公路工程施工安全技术规范[S].北京:人民交通出版社股份有限公司,2015.

[3] 中华人民共和国行业标准.JTS 205-1—2008 水运工程施工安全防护技术规范[S].北京:人民交通出版社,2008.

[4] 中华人民共和国国家标准.GB 50656—2011 建筑施工企业安全生产管理规范[S].北京:中国计划出版社,2011.

[5] 中华人民共和国国家标准.GB 50720—2011 建设工程施工现场消防安全技术规范[S].北京:中国计划出版社,2011.

[6] 中华人民共和国国家标准.GB 6722—2014 爆破安全规程[S].北京:中国标准出版社,2014.

[7] 中华人民共和国行业标准.JGJ 46—2005 施工现场临时用电安全技术规范[S].北京:中国建筑工业出版社,2005.

[8] 中华人民共和国国家标准.GB/T 29639—2013 生产经营单位生产安全事故应急预案编制导则[S].北京:中国标准出版社,2013.